金融科技系列

R语言

金融分析与建模

Financial Analysis and Modeling Using R

严玉星◎著

张敬信◎审校

人民邮电出版社

北京

图书在版编目（CIP）数据

R语言金融分析与建模 / 严玉星著. -- 北京 ：人民
邮电出版社，2021.10
（金融科技系列）
ISBN 978-7-115-57225-7

Ⅰ. ①R… Ⅱ. ①严… Ⅲ. ①程序语言－程序设计－
应用－金融－经济模型 Ⅳ. ①F830.49-39

中国版本图书馆CIP数据核字(2021)第177729号

内 容 提 要

R 既是统计、挖掘、计算、分析、制图等方面的工具，也是一个强大的开发与应用平台。几乎任何与数据相关的难题，都可以借助 R 语言来解决。而金融领域正是与数据密切相关的行业，可以通过 R 实现量化金融分析与建模。

本书系统地介绍了 R 的包与编程方法，并通过丰富的金融案例展示了 R 在金融分析和金融建模方面的应用。本书分为 5 篇，共 30 章，从 R 语言基础、金融模型及基础知识、数据及相关操作、R 在金融建模中的应用和 R 高级技能几个主题出发，全面讲解了 R 在金融量化中的应用和技巧。

本书适合从事金融数据分析、金融量化建模的读者学习。通过阅读本书，读者将了解全球化的金融市场数据，学习多样的金融建模思想和解决方案。

◆ 著　　　　严玉星
　 审　校　　张敬信
　 责任编辑　胡俊英
　 责任印制　王　郁　焦志炜

◆ 人民邮电出版社出版发行　　北京市丰台区成寿寺路 11 号
　 邮编　100164　　电子邮件　315@ptpress.com.cn
　 网址　https://www.ptpress.com.cn
　 三河市君旺印务有限公司印刷

◆ 开本：800×1000　1/16
　 印张：26.75
　 字数：562 千字　　　　　　　　　　　2021 年 10 月第 1 版
　 印数：1 – 2 000 册　　　　　　　　　　2021 年 10 月河北第 1 次印刷

定价：99.80 元
读者服务热线：(010) 81055410　印装质量热线：(010) 81055316
反盗版热线：(010) 81055315
广告经营许可证：京东市监广登字 20170147 号

作者简介

严玉星，毕业于麦吉尔大学，获金融学博士学位。他有丰富的教学经验，教授过各类金融课程，如金融建模、期权和期货、投资组合理论、定量财务分析、企业融资和金融数据库。此外，他精通 R、Python、SAS、MATLAB 和 C 语言，是金融数据分析方面的专家。

审校者简介

张敬信，哈尔滨工业大学基础数学博士，哈尔滨商业大学数学与应用数学系主任，副教授。奉行终生学习理念，热爱编程，是一名 R 语言爱好者。在知乎开设"R&Python 数据科学""数学建模与数学实验""高等数学学习"等专栏，所创作的内容深入浅出、通俗易懂，受到广泛好评。

前言

大数据时代已经到来，如何基于数据完成科学、有效的决策是多数人应该学习和掌握的新技能。开源软件 R 是世界上流行的数据分析、统计计算及制图语言，几乎能够完成任何数据处理工作。近来 R 在编程语言排行榜的排名也逐渐上升，可见 R 的影响力和受欢迎程度都有提升。R 可安装并运行于所有主流平台，为我们提供了成千上万的专业模块和实用工具，是数据挖掘、数据分析领域的好工具。

本书注重基础知识和实用技能，系统地介绍了 R 的特性和它的强大功能，引导读者由浅入深地学习 R 语言并掌握 R 在金融领域的应用。本书的作者不仅有丰富的教学经验，而且对 R 的金融应用有着深入的见解。

读者对象

本书的读者对象如下：
- 想用 R 语言完成金融分析任务的读者；
- 想用 R 语言完成金融量化建模的读者；
- 有金融相关背景，想学习 R 语言的读者；
- 高校统计学、金融学等相关专业的师生。

如何阅读本书

本书的结构是基于作者丰富的教学经验和学生反馈来搭建的。全书分为 5 篇，共 30 章。

第 1 篇（第 1～5 章）是 R 语言基础，由浅入深地介绍了 R 语言的基础知识，包括如何下载和安装 R、如何启动和退出 R、一些基本的 R 命令、日期变量、循环语句、条件语句、用 R 作图以及一些常用的 R 包等内容。

第 2 篇（第 6～10 章）是金融模型及基础知识，介绍了金融财务相关的公式和知识点，并通过编写 R 程序完成基本的计算，同时结合 R 完成财务报表分析、资本资产定价模型，并讲解了多因子线性模型和夏普比率等知识点。

第 3 篇（第 11～19 章）是数据及相关操作，介绍了各种开源数据接口、如何获取数据、数据的处理及相关操作、矩阵、数据框和数据列、R 和 Excel 的互动、读写二进制数据、字符串变量的操作等内容。

第 4 篇（第 20～28 章）是 R 在金融建模中的应用，介绍了各类检验及事件研究、期权定价模型、蒙特卡罗随机模拟法、投资组合理论、在险价值、信用风险、买卖价差、交易成本、流动性、文本处理、金融学相关的 R 包等内容。

第 5 篇（第 29、30 章）是 R 高级技能，介绍了如何用 R 对内容加密，如何用 R 读取压缩文件。

每章还提供了练习题，以便读者巩固当前章节所学的知识点，夯实基础。

关于勘误

虽然作者花了很多时间和精力去核对书中的文字、代码和图片，但因为时间仓促和水平有限，书中仍难免会有一些错误和纰漏。如果大家发现什么问题，恳请反馈给作者，他的邮箱是 pyan@geneseo.edu。

资源与支持

本书由异步社区出品，社区（https://www.epubit.com/）为您提供相关资源和后续服务。

配套资源

本书提供配套资源，请在异步社区本书页面中点击"配套资源"，跳转到下载界面，按提示进行操作即可。注意：为保证购书读者的权益，该操作会给出相关提示，要求输入提取码进行验证。

提交错误信息

作者和编辑尽最大努力来确保书中内容的准确性，但难免会存在疏漏。欢迎您将发现的问题反馈给我们，帮助我们提升图书的质量。

当您发现错误时，请登录异步社区，按书名搜索，进入本书页面，点击"提交勘误"，输入错误信息，点击"提交"按钮即可。本书的作者和编辑会对您提交的错误信息进行审核，确认并接受后，您将获赠异步社区的 100 积分。积分可用于在异步社区兑换优惠券、样书或奖品。

详细信息	写书评	提交勘误

页码：_____ 页内位置（行数）：_____ 勘误印次：_____

B I U ⚏ E· E· " ∞ ☒ 🖼

字数统计

提交

扫码关注本书

扫描下方二维码，您将会在异步社区微信服务号中看到本书信息及相关的服务提示。

与我们联系

我们的联系邮箱是 contact@epubit.com.cn。

如果您对本书有任何疑问或建议，请您发邮件给我们，并请在邮件标题中注明本书书名，以便我们更高效地做出反馈。

如果您有兴趣出版图书、录制教学视频，或者参与图书翻译、技术审校等工作，可以发邮件给我们；有意出版图书的作者也可以到异步社区在线投稿（直接访问 www.epubit.com/selfpublish/submission 即可）。

如果您所在的学校、培训机构或企业，想批量购买本书或异步社区出版的其他图书，也可以发邮件给我们。

如果您在网上发现有针对异步社区出品图书的各种形式的盗版行为，包括对图书全部或部分内容的非授权传播，请您将怀疑有侵权行为的链接发邮件给我们。您的这一举动是对作者权益的保护，也是我们持续为您提供有价值的内容的动力之源。

关于异步社区和异步图书

"异步社区"是人民邮电出版社旗下 IT 专业图书社区，致力于出版精品 IT 技术图书和相关学习产品，为作译者提供优质出版服务。异步社区创办于 2015 年 8 月，提供大量精品 IT 技术图书和电子书，以及高品质技术文章和视频课程。更多详情请访问异步社区官网 https://www.epubit.com。

"异步图书"是由异步社区编辑团队策划出版的精品 IT 专业图书的品牌，依托于人民邮电出版社近 40 年的计算机图书出版积累和专业编辑团队，相关图书在封面上印有异步图书的 LOGO。异步图书的出版领域包括软件开发、大数据、人工智能、测试、前端、网络技术等。

异步社区

微信服务号

目录

第 1 篇　R 语言基础

第 2 篇　金融模型及基础知识

第 3 篇　数据及相关操作

第 1 篇　R 语言基础

第 1 章
R 简介

在本章中，我们简单介绍一下如何下载及安装 R，如何启动和退出 R，R 是否区分大小写，以及如何为变量赋值。简言之，我们假定读者是 R 初学者，如金融专业的学生，对 R 一无所知。对于有一定 R 基础的学员，他们可以快速地浏览本章的内容，或直接跳到下一章。在本章中，我们将讨论为变量赋值的不同方法。在本章末尾，我们还讨论了将 R 应用到金融学上的优势及阻碍。实际上，最大的阻碍是金融相关专业的学生对学习计算机编程的内在恐惧。为此，在本书中，我们从最简单的方法入手，主要的目的是消除这些学生内在的恐惧，以增强他们的信心。我坚信在不远的将来，用一门计算机语言编程是每个金融系的学生所必备的能力之一。

1.1 下载和安装 R

为安装 R，我们有以下 5 个步骤。

第 1 步：访问 R 官网。

第 2 步：单击 "Download R"。

第 3 步：选择一个靠近你的地址。

第 4 步：选择适当的软件（PC、Mac）。

第 5 步：单击 "base"。

安装完毕后，R 图标将出现在你的计算机桌面上，如图 1-1 所示。

R

R x64 3.2.0

图 1-1　R 图标

1.2 启动和退出 R

若要启动 R，请双击计算机桌面上 R 图标（见图 1-1）。若要退出 R，只需键入 q() 即可。

```
> q()      # 第一种方法退出 R
```

以上语句中，#标志是指注释句的开始。

```
#    这是一个注释行
#    >   这左边的大于号是 R 的命令提示符
```

当退出时，R 软件将询问你"是否保存工作空间映像"（见图 1-2）。这实际上是问你是否"要保持所生成的变量及自编函数以供将来使用"。此阶段对新手而言，只需回答否（No），即选择图 1-2 中的第 2 个选项。

还有另一种方式可以退出 R，即通过单击 R 软件菜单上的"File"，再单击"Exit"即可。在退出 R 且不想保存我们的一些已赋值的变量和自写函数时，可以使用 q("no")的命令。

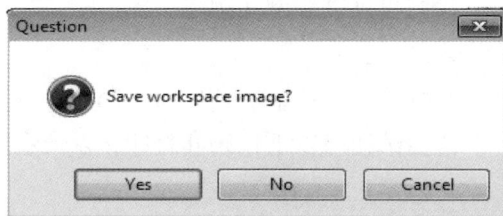

图 1-2 询问用户是否保存工作空间映像

```
> q("no")        # 退出 R 不保存生成的变量和函数
> q("yes")       # 退出 R 保持生成的变量和函数
```

1.3 R 的基本概念和功能

为变量赋值，可以使用<-、=或->。

```
> x <-10              # 为 x 赋值 10
> y = 20              # 为 y 赋值 20
> 30 -> z             # 为 z 赋值 30
> word <-"Hello "     # word 是一字符变量（字符串）
```

若要显示变量的值，只需键入它的变量名即可。

```
> x<-10
> x
 [1] 10
```

对 R 软件而言，我们不需要单独定义一个变量而可以直接为它赋值。

```
> fv <-100
```

R 是区分大小写的，这意味着大写的 X 和小写的 x 代表不同的变量。

```
> x <-10
> X
Error: object 'X' not found
```

以上的出错信息是指（大写的）'X'没能找到，原因是我们没有为其赋值。若要把几个 R 命令放在一起（同一行），可以使用分号（;）将它们隔开。

```
> fv <-10;pv <-100;n <-10;rate <-0.05
```

将一系列的值分配给一个向量，可以使用 c()指令，这里 c 可理解为一列（英文为 column）。

```
> x<-c(1,2.5,3.4,6.2)
```

如果向量内各个值之间的增量为 1，起始值和终止值为 n_1 和 n_2，我们可以使用 $n_1:n_2$。

```
> y <-1:50
```

此时，意味着给 y 赋值为 "1，2，3…，49，50"。

我们也可以颠倒其顺序。

```
> z <-10:1
```

此时，意味着给 z 赋值为 "10，9，8…，2，1"。

请尝试使用以下代码和打印 *x* 以查看其值。

```
> x <-1.5: 10
```

1.4　ls()函数和 rm()函数

有时我们需要列出所有变量。此时，可以使用 ls()函数。

```
> ls()
```

当不再需要一个变量时，我们可以从内存中删除它。

```
> rm(x)              # 删除 x 变量
```

若要同时删除多个变量时，我们用逗号来分隔它们。

```
> rm(x,y,pv)     # 同时删除 x、 y 及 pv
```

若要删除所有变量，我们有以下代码。

```
> rm(list=ls()) # 删除所有变量
```

还有另一方法来删除所有对象（变量），即 [单击]R 菜单上的 "Misc"，然后选择 "Remove all objects…"。

若要在屏幕上打印字符变量（字符串），我们可以使用 cat()或 print()函数。记住要把句子用双引号或单引号包括起来。在下面的语句中，\n 为换行符号。

```
> cat("Hello World!\n\n\n")
Hello World!


>
```

然而，对 print()函数而言，另起一行的符号 "\n" 是无效的，见下例。

```
> print("Hello R\n")
[1] "Hello R\n"
>
```

我们也可以打印已赋值的变量。

```
> x<-'this is great'
> print(x)
  [1] "this is great"
>
```

1.5 换行符号（+）及 R 提示符

当一个命令占用多行时，我们会看到+符号。假设我们打算将 1～10 赋值给 x。

```
> x <-1:10 # 将 1, 2, ......到 10 赋值给 x
```

出于某些原因，在完成整个命令之前，我们不小心按下了回车键。这时+符号将显示。换句话说，我们使用了两行来完成该语句。

```
> x <-1:            # 我们不小心按下回车键
+ 10                # 继续键入其余的命令
>
```

在编程时，往往会按错键，如双引号或单引号不匹配等。对初学者而言，尤其如此。很多时候，我们并不想弄清楚问题在哪里，因为找错可能比重新键入语句更为费时。我们只想回到 R 提示符并重新打入该命令。在这种情况下，按 Esc 键即可返回到 R 的提示符（<）。Esc 键在键盘的左上角。

```
> x <-9"(999asdfklj

+
# 使用 Esc 重新回到 R 的提示符
>
```

1.6 寻求帮助

我们有几种方法来找到有关特定函数的信息。如果我们想查找均值函数（mean）的信息，我们可用"?mean""help(mean)"或"example(mean)"。

```
>?mean
```

help(mean)的命令可达到和"?mean"命令相同的目的。

```
> help(mean)
```

若要获取一个特定函数的有关实例，我们可使用 example()函数。

```
> example(mean)
```

为了寻求帮助，我们也可以使用 R 菜单上的 Help 功能，即单击"Help"，然后选择"FAQ on R"。

FAQ 的英文全拼为 Frequently Asked Questions，意思为"常问的问题"。图 1-3 显示了单击 R 菜单上的"Help"后所显示的所有条目。

当不确定函数的拼法时，可以使用 apropos()函数。

```
> apropos("sd")
```

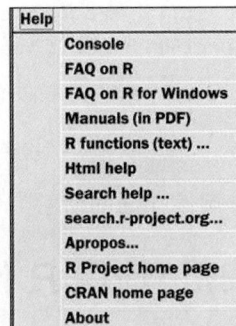

图 1-3 Help 菜单

```
 [1] ".F_dqrrsd"                 ".isMethodsDispatchOn"
 [3] "assignClassDef"            "completeClassDefinition"
 [5] "getClassDef"               "isClassDef"
 [7] "isdebugged"                "makePrototypeFromClassDef"
 [9] "sd"                        "SSD"
[11] "superClassDepth"           "tsdiag"
[13] "TukeyHSD"                  "UScitiesD"
>
```

若想我们的关键字（字母）在一词的开始时出现，我们使用"^关键字"，如 apropos ("^col")。若希望其在词尾出现用"关键字$"，如 apropos ("col$")。

```
> apropos("col$")
  [1] "col"       "max.col" "ncol"      "NCOL"
> apropos("^col")
  [1] "col"                "col2rgb"            "colMeans"
  [4] "colnames"           "colnames<-"         "colorConverter"
  [7] "colorRamp"          "colorRampPalette"   "colors"
 [10] "colorspaces"        "colours"            "colSums"

> apropos("col$")
  [1] "col"       "max.col" "ncol"      "NCOL"
>
```

此外，为显示长度为 3 的所有函数，我们有以下指令：apropos ("^.{3}$")。

```
> apropos("^.{3}$")
 [1] "$<-" "%*%" "%/%" "%o%" "%x%" ".gt" ":::" "@<-" "[<-" "<<-"
[11] "abs" "acf" "AIC" "all" "any" "aov" "Arg" "ave" "BIC" "bmp"
[21] "BOD" "box" "bxp" "cat" "ccf" "co2" "CO2" "col" "cor" "cos"
[31] "cov" "cut" "det" "dim" "dir" "end" "exp" "fft" "fix" "for"
[41] "get" "glm" "hat" "hcl" "hsv" "IQR" "lag" "lcm" "log" "mad"
[51] "Map" "max" "min" "Mod" "new" "nlm" "nls" "npk" "Ops" "par"
[61] "pdf" "pie" "png" "ppr" "raw" "rep" "rev" "rgb" "rle" "row"
[71] "rug" "seq" "sin" "SSD" "stl" "str" "sub" "sum" "svd" "svg"
[81] "tan" "tar" "try" "tsp" "unz" "url" "var" "x11" "X11" "xor"
[91] "zip"
>
```

在此阶段对于新手而言，无须理解（"^.{3}$"）的确切含义。我们会在以后章节中对该语句作详细的讲解。

1.7 使用 R 作为一个普通计算器

R 可以用作一个简单的计算器。原因是通过 R，我们可以调用许多内存函数。例如，mean() 是求平均值的函数。

```
> x <-1:50
> mean(x)
[1] 25.5
```

大家可以尝试其他的函数：max()、min()、median()、sd()和 var()等。

```
> x <-1:50
> max(x)
    [1] 50
> min(x)
    [1] 1
> median(x)
    [1] 25.5
> sd(x)
    [1] 14.57738
```

1.8　找回以前的命令

当我们要重新显示已执行的命令并修改它时，可以按键盘上的向上键。

```
> x <-1:5
> x <-1:500
```

发出一组命令行后，我们可以反复使用向上键和向下键来"召回"并纠正"老"的命令。这对检查和修改我们的代码非常方便，原因是你总能找回前一命令并对其做少许的修改。

1.9　比较 ls()函数和 dir()函数

我们不应混淆 dir()和 ls()的区别。dir()可以列出我们当前的工作目录或指定目录（如使用绝对路径法）下的文件，如程序、输入数据文件、输出数据文件、输入数据集和输出数据集等。ls()可以列出在我们当前的工作空间所包含的 R 对象（objects）。

```
> ls()        # 列出当前工作空间包含的所有对象
```

R 对象包括我们定义的变量、数据表、数据框、向量、数组和函数。在此阶段，如果你不了解数据表、数据框、向量和数组等的定义，不必担心。因为在后面的章节中，我们将仔细讨论这些概念。

```
> ls(pat='test')              # 显示包含 'text' 的所有对象
```

另一种方式来显示所有的目标是使用 objects()函数

```
> objects()                   # 第二种方式来显示所有的对象
```

我们用 rm()函数从内存中删除不必要的变量、函数及数据。

```
> rm(x)          # 删除 x
> rm(x,y)        # 删除 x 和 y
```

有几种方法可以删除所有对象，如下所示。

```
# rm(list=ls((all=TRUE)))      # 删除所有对象 （方法 1）
# rm(list=ls())                # 简单一点的方法来删除所有对象
```

通过 R 软件的菜单，也可以删除所有对象，即单击 R 菜单上的 "Misc"，然后选择
"Remove all objects…"

另外，如果想要从我们当前的工作目录或指定目录下删除一个文件，可以使用
file.remove()函数。

```
> file.remove('test.R')          # 相对路径法
> file.remove ('datas/test2.R')  # 绝对路径法
```

1.10　R 的精度

在大多数情况下，大多数研究人员并不在意 R 软件的精度。然而，知道如何找到它对
将来可能有益，因为我们可能会遇到有关的问题。

```
> .Machine $ double.eps
[1] 2.220446e-16
```

1.11　列出当前工作目录下的文件

dir()函数用来列出所有的程序、数据集和其他存在于当前的工作目录下的文件。

```
> dir()                    # 显示当前工作目录中下的所有程序等
```

当我们想要显示某一类文件时，可以使用以下代码。

```
> dir(pattern="ratio")  # 显示文件名中含有"ratio" 的文件
```

如果我们打算检查非当前工作目录下的文件，则需添加 path="our_path_here"，这就是所
谓的绝对途径法。

```
> dir(path="datas/",pattern="t.R")
```

1.12　改变当前的工作目录

为显示当前的工作目录，我们使用 getwd()函数。

```
> getwd()
[1] "C:/Users/yyan/Documents"
```

在做项目时，我们往往会生成专门的文件目录（档案），以包含所有的数据、程序和其他相关的文件。在启动 R 后，我们通常希望那个与项目相关联的目录成为当前工作目录。第 1 种改变当前工作目录的方式是使用 R 菜单栏，即通过单击"File"，然后选择"Change dir…"。

第 2 种方式是使用 setwd()函数来改变当前的工作目录。

```
> setwd("datas")        # 改变当前的工作目录
> getwd()               # 查看当前的工作目录
[1]"datas"
```

在上述语句中，getwd()用于显示当前目录。上面我们用该函数来确认已经改变了的工作目录。

1.13　改变启动 R 时的工作目录

如我们在下面 3 个月将用 R 完成一个项目。在启动 R 时，我们希望 R 直接将有关的目录设置为当前工作目录。为此，我们将按下面的步骤设置。第 1 步，在 R 软件的图标上单击鼠标右键；第 2 步，选择"属性"；第 3 步，在弹出窗口的"起始位置"选项处，填入我们指定的工作目录。

例如，如果你打算在启动 R 时，直接将 c:\test_R\作为工作目录，那就可以按照上面的方法去做。

1.14　R 在金融建模中的优势与障碍

本书的主要目的是将 R 应用在金融学上面将 R 应用在金融领域方面的优势，这里就不再赘述了。我们只是将金融学的学生学习 R 的优点用表给出。表 1.1 列出在财务入门课程中引入 R 软件的优势。

表 1.1　R 软件在金融学上使用的优势

1．零成本，用户可以免费下载
2．没有黑箱（透明的函数、公式和逻辑）
3．比金融计算器或 Excel 更为灵活（如用户可以生成自己的函数）
4．用户可以查看使用各函数的实例
5．可以估计市场风险、总风险、流动性度量和资本资产定价模型等
6．可以从雅虎财经等互联网平台下载数据
7．可扩展并包括其他的功能
8．对有关金融学方面的研究特别有用

续表

9. 使个人的简历更加抢眼	
10. R 在金融业已得到广泛的使用	
11. 现有 30 多个有关金融的 R 包（软件包）	
12. 因为世界各地的许多用户的继续研发，会出现更多有用的 R 包	

灵活性意味着，用户可以选取他们自己最喜欢的函数。例如，我们知道可以写很简单的一行的 R 程序来计算未来值的现值。有关公式为：

$$PV = \frac{FV}{(1+R)^n} \tag{1-1}$$

在公式（1-1）中，*PV* 是现值，*FV* 是未来值，*R* 是资本的期贴现率（折现率），*n* 是周期数。

```
pv_f<-function(fv,r,n) fv/(1+r)^n
```

在后面我们将仔细讲解该函数的构造。对上述的 pv_f 的函数而言，用户可以为其重命名为 pv_function 或 my_PV_function 等。如果你仍想保持原有的函数，可以添加另一个函数。请参阅下面的示例。

```
> my_PV_function(fv,r,n) pv_f(fv,r,n)
```

在上面的程序中，my_PF_function()的功能和我们原有的 pv_f()函数一样。当一名本科学生申请硕士学位时，R 的知识会给她/他许多优势。使用 R 的知识和技能会为想去华尔街工作的毕业生增加一定的分量。因为很多金融机构都是使用 S+。S+可以认为是 R 的表姐妹。表 1.2 给出了 R 在金融学上使用的障碍。

表 1.2　R 在金融学上使用的障碍

1. 大多数金融学教师不知道 R 软件
2. 使用金融计算器可以设计闭卷考试
3. 几乎没有金融教科书包括 R 的使用
4. 金融教科书的作者不愿意改变他们教科书
5. 很多出版商不愿意打破当前的模式
6. 金融计算器的厂家
7. 守旧的心态

1.15　练习题

（1）使用 R 软件的优点和阻碍有哪些？

（2）就 R 而言，如何将一个值分配给一个新的变量？

（3）R 区分大小写吗？如何获取有关特定函数的帮助？

（4）使用 R 时，如何添加注释？R 编译器编译它吗？

（5）空格在 R 中有无作用？

（6）如何下载与 R 相关的手册？

（7）我们需要先定义一个变量，例如整数或字符，然后再使用它吗？

（8）函数 ls() 和 rm() 之间的区别有哪些？

（9）为某个向量赋值，起始值为−2.45，终止值为 10，相同的增值为 2.25。共有多少值？

（10）x 的输入值范围 1～100 和 202～300。

（11）反转上题中的输入值。

（12）如何列出所有文件？

（13）函数 ls() 和 dir() 有何区别？

（14）如何发现有关 sd() 函数的有用信息？

（15）如何发现所有 5 个字母的内在函数？

（16）对非计算机系的学生而言，如何克服学习编程的恐惧？

（17）生成一系列数字：1、2、3、5、8 及 10 并计算他们的均值及方差。

（18）R 中的零是如何定义的？

第 2 章
日期变量

大多数金融数据是按时间排列的。而处理好时间序列中最重要的要素之一就是生成一有效的日期变量。在这一章中，我们会说明为什么它很重要，如何正确地定义它，以及如何使用它。对于各种金融数据库和数据操作，日期变量扮演着独特的角色，因为我们在很多场景下，例如每个月末选择特定的工作日或最后一天以及合并的个别股票收益与市场指数收益数据集时，需要这样的一个变量。一个比较典型的例子是将包含个股收益率数据集和包含市场收益率的时间序列相合并，提取从 1960 年到 1980 年所有的数据，将月数据分成两组：一组是有 1 月份的收益率，另一组是其他月份的收益率。

2.1   as.Date()函数

有很多方法可以生成这样的日期变量。其中，最好的是使用 as.Date()函数。如果 x 定义为 1 月的最后一天，那么 x+1 应该是 2 月的第一天。在第一行代码中，"%Y-%m-%d"是依赖于输入值结构的格式。

```
> x<-as.Date("2011-01-31","%Y-%m-%d")
> x
  [1] "2011-01-31"
> x+40
[1] "2011-03-12"
```

以下是使用 as.Date()函数的另一例子。

```
>  x <- "03/31/2017"
>  date <-as.Date(x,"%m/%d/%Y")
> date+ 1
[1] "2017-04-01"
```

对第一行语句而言，因为输入的是"03/31/2017"，所以相应的格式为"%m/%d/%Y"。如果日期无效，那么 as.Date()函数会给出一个出错的结果——NA。例如我们用 as.Date()函数定义"2/31/2012"时，将产生 NA，即一个无效的结果。

```
> x <- "02/31/2012"
```

```
> date <-as.Date(x,"%m/%d/%Y")
> date
[1] NA
> x <- "02/3/2012"
> date <-as.Date(x,"%m/%d/%Y")
> date
[1] "2012-02-03"
```

2.2 将整数转换成日期变量

由于 as.date()函数的输入值必须是字符变量，因此我们必须将整数转换为字符变量。不然，就会有出错信息。

```
> as.Date(20171212,"%Y%m%d")
Error in charToDate(x) :
  character string is not in a standard unambiguous format
>
```

函数 as.date()的输入值是字符串，而不是整数。因此我们可以用 as.character()函数将其转换成字符串变量。

```
> a<-20110131
> typeof(a)
[1] "double"
> b<-as.character(a)
> typeof(b)
[1] "character"
> d<-as.Date(b,format="%Y%m%d")
> d
[1] "2011-01-31"
> d+50
[1] "2011-03-22"
>
```

2.3 将日期变量定义为整数

正如我们之前所讨论的，这不是定义日期变量的好方法。在以后的章节中我们会对该方法加以明确的叙述。

```
> date<-19900101
> year<-as.integer(date/10000)
> year
```

```
[1] 1990
```

2.4　将日期变量定义为字符串

有时与日期相关的输入变量是一个字符变量。因此,我们需要其他方式来转换那些字符使其变成有用的日期变量。

```
> x<-"1990-01-02"
> year<-substr(x,1,4) # from 1 to 4
> month<-substr(x,6,7) # from 6 to 7
> day<-substr(x,9,10)
> date<-paste(year,month,day,sep="") #
> date
[1] "19900102"
```

在上述代码中,paste()函数用来将两个字符串联起来,我们还可以进一步处理数据(例如获取日期和计算回报)。

```
x<-read.csv('ibm.csv',header=T)
y<-substr(x[,1],1,4) # year
m<-substr(x[,1],6,7) # month
d<-substr(x[,1],9,10) # day
date<-as.integer(as.character(paste(y,m,d,sep="")))
data<-cbind(date,x[,7]) # combine date and price
```

函数 gsub()用于全局替换(即,用新的字符替换所有的字符)。

```
>x<-"1990-01-02"
>date<-gsub("-","",x) # replace all - with nothing
> date # i.e., remove all -
[1] "19900102"
> as.integer(date)
[1] 19900102
```

2.5　从日期变量中提取年、月、日

在下面的例子中,我们要检索年份变量。你应该记住,输出是一个字符串而不是一个整数。

```
> ddate<-as.Date("2011-01-31","%Y-%m-%d")
> format(ddate, "%Y")
[1] "2011"
```

我们用%mand%d 来输出月和日的字符串变量,如下所示。

```
> ddate<-as.Date("2011-01-31","%Y-%m-%d")
> format(ddate, "%m")
[1] "01"
```

```
> format(ddate, "%d")
[1] "31"
>
```

2.6　将字符串转换为整数或实数

为了把"2010"这样的字符串转换成整数，我们可以使用 as.integer()函数。

```
> x<-"2010"
> as.integer(x)+1
[1] 2011
```

为了将"201.1"这样的字符串转换成实数，可以使用 as.numeric()函数。

```
> x<-"201.1"
> as.numeric(x)
[1] 201.1
```

如果我们想把一个字符串日期变量转换成一个整数，我们使用 as.integer()函数。

```
> x<-as.Date("2011-01-31","%Y-%m-%d")
> as.integer(format(x,"%Y")) # convert string to integer
[1] 2011
> as.integer(format(x,"%m"))
[1] 1
> as.integer(format(x,"%d"))
[1] 31
```

2.7　合并字符串变量

对于字符串操作，paste()函数非常重要。如果我们打算将两个字符串变量 x="hello"和 y="world!"放在一起。

```
> x<-"hello"
> y<-"world!"
> paste(x,y,sep=" ") # sep is separator
[1] "hello world!"
```

如果两个字符串之间不需要任何空间，我们使用 sep="".

```
> x<-"hello"
> y<-"world!"
> paste(x,y,sep="") # sep is separator
[1] "helloworld!"
```

如果我们把 sep=""省略，就会有下面的情况出现，这说明 sep 的缺省值是一个空格。

```
> x<-"hello"
> y<-"world!"
```

```
> paste(x,y)
[1] "hello world!"
```

2.8　将字符串转换成整数型日期变量

在下面的代码中，我们实现了将字符串拆分，再合并，然后转换成整数形式的日期变量。

```
> x<-"2011-01-31"
> y<-substr(x,1,4)
> m<-substr(x,6,7)
> d<-substr(x,9,10)
> date<-as.integer(paste(y,m,d,sep=""))
> date
[1] 20110131
```

我们也可以使用 sub()函数（单个替换）和 gsub()函数（全局替换）把字符串转换成整数形式的日期变量，请参阅下面的例子。

```
> x<-"2011-02-25"
> sub("-","",x) # replace "-" with nothing
[1] "201102-25"
> x<-"2011-02-25"
> gsub("-","",x) # replace all "-" with nothing
[1] "20110225"
```

由于我们通常需要一个整数形式的输出。如在后面的章节中，我们需要计算股票的 10 年风险。为此，我们可以使用 as.integer()函数。

```
> x<-"2011-01-31"
> as.integer(gsub("-","",x))
```

2.9　选择日期作为日期变量

我们可以指定一个时间范围，并计算起始日期到结束日期之间的天数。

```
> d1<-as.Date("19900101",format="%Y%m%d")
> d2<-as.Date("19901231",format="%Y%m%d")
> days<-seq(d1,d2,by=1)
> length(days)
  [1] 365
```

2.10　选择每个月的最后一天

在将每日价格转换为估计月度回报时，我们可能需要每月股市的结束日期。

```
x<-seq(as.Date("2005/1/1"),as.Date("2005/10/30"), "days")
```

```
> n<-length(x) # note: days is the keyword
> m<-format(x,"%m") # generate a month variable
> y<-data.frame(x,m)
> y2<-subset(y,y[1:(n-1),2]!=y[2:n,2])
> y2[1:5,]
    x          m
31  2005-01-31 01
59  2005-02-28 02
90  2005-03-31 03
120 2005-04-30 04
151 2005-05-31 05
```

从理论上而言上述的程序给出了每月的最后一个日期。可惜的是，上诉方法不能保证每月的最后一天是不是交易日，因为有假期的存在。为此我们需要再生成两个有关的 R 数据集，详见下面小节。

2.11 和日期有关的数据集

在一些情况下，我们想知道哪一天股票市场是有交易的，这里我们是指北美的股票市场。为此我们生成了两个 R 数据集：一个是日频率，另一个为月频率，如图 2-1 所示。

ℝ tradingDaysMonthly.RData		12/20/2017 1:26 PM	R Workspace	3 KB	RData (H:\public_html)
ℝ tradingDaysDaily.RData		12/20/2017 1:24 PM	R Workspace	58 KB	RData (H:\public_html)

图 2-1　两个 R 数据集

我们可以写一个 R 程序直接下载：

```
> con<-url("http://datayyy.com/data_R/tradingDaysMonthly.RData")
> load(con)
> close(con)
> tradingDaysM=read.csv("datas/tradingDaysMonthly.csv")
> nrow(tradingDaysM)
[1] 1090
> head(.tradingDaysM)
[1] "1925-12-31" "1926-01-30" "1926-02-27" "1926-03-31" "1926-04-30"
[6] "1926-05-28"
> tail(.tradingDaysM)
[1] "2014-07-31" "2014-08-29" "2014-09-30" "2014-10-31" "2014-11-28"
[6] "2014-12-31"
```

同理，我们可下载 tradingDaysDaily.RData。

```
> tradingDaysDaily=read.csv("datas/tradingDaysDaily.csv")
> nrow(tradingDaysDaily)
[1] 23986
```

```
> head(tradingDaysDaily)
[1] "1925-12-31" "1926-01-02" "1926-01-04" "1926-01-05" "1926-01-06"
[6] "1926-01-07"
> tail(tradingDaysDaily)
[1] "2017-12-12" "2017-12-13" "2017-12-14" "2017-12-15" "2017-12-18"
[6] "2017-12-19"
```

2.12 选择特定的工作日

在后面的章节中我们将解释周日效应：即星期一的收益率不同于星期二的收益率，等等。在测试所谓的周日效应时，我们需要按不同周的周日将日股票收益率分成不同的小组。

```
> x<-"2011-2-13"
> weekdays(as.Date(x))
[1] "Sunday"
```

以下代码显示如何获取星期一的观察值。

```
> x<-read.csv("http://canisius.edu/~yany/ibmDaily.csv",header=T)
> n<-nrow(x)
> d<-data.frame(as.Date(x[1:(n-1),1]),(x[1:(n-1),7]-x[2:n,7])/x[2:n,7])
> colnames(d)<-c("date","ret")
> y<-subset(d,weekdays(d[,1])=="Monday")
> head(y)
date ret
8 2011-02-14 -0.003844980
13 2011-02-07 0.005019896
18 2011-01-31 0.017530584
23 2011-01-24 0.026534960
32 2011-01-10 -0.001968103
37 2011-01-03 0.004925434
```

在以后的章节中我们将对上述程序中一些相关的关键词加以描述。

2.13 cbind()函数和 data.frame()函数

对 cbind()函数而言，要求所有的变量有相同的类型。因此，当使用 cbind()函数来连接不同类型的列时，我们可能会有意想不到的结果。

```
> x<-as.Date("1990-01-02",format="%Y-%m-%d")
> y<-as.integer(format(x, "%Y"))
> data<-cbind(x,y)
> data
x y
[1,] 7306 1990
```

```
> x<-as.Date("1990-01-02",format="%Y-%m-%d")
> y<-as.integer(format(x,"%Y"))
> data<-data.frame(x,y)
> data
x y
1 1990-01-02 1990
```

cbind()函数产生意想不到的结果的主要原因是它产生了一个矩阵这要求所有列具有相同的类型（即，全部是数字或全部是字符）。

```
> x<-2001
> y<-2009
> cbind(x,y)
x y
[1,] 2001 2009
> x<-"2001"
> y<-2009
> cbind(x,y)
x y
[1,] "2001" "2009"
```

因此，使用 data.frame()用于组合具有不同数据类型的列是一个好主意。

```
> x<-"2001"
> y<-2009
> z<-data.frame(x,y,stringsAsFactors=FALSE)
> z
      x    y
1 2001 2009
> z[1,1]
[1] "2001"
> z[1,2]
[1] 2009
```

2.14 seq()函数

要在 date1 和 date2 之间生成日期，请参阅下面的代码：

```
> seq(as.Date("2010/1/1"), as.Date("2010/12/31"), "days")
```
要生成每个月的第一天，请使用以下程序：

```
> x<-seq(as.Date("2010/1/1"), as.Date("2010/12/31"), "months")
> head(x)
[1] "2010-01-01" "2010-02-01" "2010-03-01" "2010-04-01" "2010-05-01" "2010-06-01"
> tail(x)
[1] "2010-07-01" "2010-08-01" "2010-09-01" "2010-10-01" "2010-11-01" "2010-12-01"
>
```

同理，如要生成每年的第一天，可以使用以下程序：

```
> y<-seq(as.Date("1926/1/1"), as.Date("2018/1/1"), "years")
> head(y)
[1] "1926-01-01" "1927-01-01" "1928-01-01" "1929-01-01" "1930-01-01"
[6] "1931-01-01"
> tail(y)
[1] "2013-01-01" "2014-01-01" "2015-01-01" "2016-01-01" "2017-01-01"
[6] "2018-01-01"
>
```

2.15 显示当前日期

我们可以用 Sys.Date()函数来显示今日的日期。

```
> today<-Sys.Date()
> today
[1] "2017-12-22"
```

2.16 timeDate 包

该软件包用于更高级的数据操作。如果我们想知道今天的日期和时间，可以使用下面的命令。

```
> library(timeDate)
> Sys.timeDate()
GMT
[1] [2017-12-19 20:59:56]
>
```

如果你想知道有关这个更多的信息，可以用 help()函数。

```
> library(timeDate)
> help(package=timeDate)
starting httpd help server ... done
>
```

如果你想发现有关假日的信息，可以用 holiday()函数。

```
> holiday(2000:2017,Holiday="ChristmasEve")
GMT
 [1] [2000-12-24] [2001-12-24] [2002-12-24] [2003-12-24] [2004-12-24]
 [6] [2005-12-24] [2006-12-24] [2007-12-24] [2008-12-24] [2009-12-24]
[11] [2010-12-24] [2011-12-24] [2012-12-24] [2013-12-24] [2014-12-24]
[16] [2015-12-24] [2016-12-24] [2017-12-24]
```

下面语句生成基于纽约股票交易所的节假日。NYSE 是（New York Stock Exchange，纽约股票交易）的第一个字母的缩写。

```
> holidayNYSE(2017)
NewYork
[1] [2017-01-02] [2017-01-16] [2017-02-20] [2017-04-14] [2017-05-29]
[6] [2017-07-04] [2017-09-04] [2017-11-23] [2017-12-25]
>
```

2.17 练习题

（1）指出将日期变量定义为整数的不足之处。

```
>  ddate<-20110131
>  year<-as.integer(ddate/10000)
> month<-as.integer(ddate/100)-year*100
> day<-ddate-year*10000-month*100
```

（2）对于 1990/02/03，生成相应的日期变量作为整数。

（3）对于（1）题中的同一日期，使用 as.Date()函数将其定义为具有真正意义的日期变量。

（4）使用 as.Date()函数在 2000 年 1 月 1 日～2007 年 12 月 31 日之间生成所有日期。

（5）对（4）题中为时间序列生成相应的年份、月份和日期。

（6）从 1975 年 7 月 1 日～2010 年 12 月 31 日之间有多少天？

（7）从 1975 年 7 月 1 日至 2010 年 12 月 31 日之间有多少个交易日？

> **[i] 提示**
>
> 使用 tradingDaysDaily.RData 数据集

（8）2000 年是闰年吗？

（9）先尝试运行下面的代码然后解释功能。

```
>x <- as.Date(paste(1999:2009, "-12-31",sep=""))
```

（10）下面的命令有什么问题？

```
> date<-as.Date("01/31/2011","%m-%d-%Y")
> z<-as.Date("01/31/2011","%d/%m/%Y")
> z
[1] NA
```

（11）解释以下代码和结果：

```
> days<- seq(as.Date("2005/1/1"),as.Date("2005/1/10"), "days")
> days
[1] "2005-01-01" "2005-01-02" "2005-01-03" "2005-01-04" "2005-01-05"
[6] "2005-01-06" "2005-01-07" "2005-01-08" "2005-01-09" "2005-01-10"
>w<-format(days, "%W")
> w
```

```
[1] "00" "00" "01" "01" "01" "01" "01" "01" "01" "02"
```

（12）解释下列语句。

```
> x<-as.Date("2017/12/25")
> isWeekday(x)
2017-12-25
        TRUE
> isWeekend(x)
2017-12-25
      FALSE
> x<-Sys.Date()
> isHoliday(x)
Error in isBizday(x, holidays, wday = wday) :
  trying to get slot "Data" from an object (class "Date") that is not an S4 object
> dd<-as.timeDate(x)
> dd
GMT
[1] [2017-12-25]
> isHoliday(dd)
2017-12-25
        TRUE
```

（13）如何从日期函数中读取年、月、日？

（14）如何从 20170201 读取年、月、日？

（15）如何从 3/31/2017 读取年、月、日？

（16）cbind()data.frame()函数的主要区别是什么？

（17）如果 x 为整数，y 为字符串，如用 cbind()函数将它们放在一起。结果如何？

（18）如果 x 为整数，y 为字符串，如用 data.frame()函数将它们放在一起。结果如何？

（19）写一个 R 程序列出所有从 1900 年至 2018 年之间的闰年。

（20）从 timeDate 包中，找出所有有关不同地区节假日的函数。

```
> library(timeDate)
> help(package=timeDate)
```

第 3 章
R 的基本语法

对所有的编程语言而言，循环语句是非常重要的。因为我们使用各种循环来处理各类数据。例如从一个数据集中不断地取出各类子集。典型的例子是如果我们有一个数据集包含 5000 支股票，我们计划计算每一只股票的各种特征。为此我们可以用循环语句从 1 到 5000 循环 5000 次。其他应用还包括：合并不同的数据集，或按各种条件重新定义程序流程。

最常用的两个循环是 for()循环和 while()循环。下面为在屏幕上打印 3 个值的最简单的 for()循环。

```
> for(i in 1:3) print(i)
[1] 1
[1] 2
[1] 3
```

3.1 for 循环

for()是最为常用的循环语句，上面的单行代码相当于以下两行。

```
> x<-1:3
> for(i in x)print(i)
```

for()是关键词，i 为变量，i 的取值从 1 到 3，每次取一个值。x 本身是一个向量。向量是一个列变量。其维数是 $n×1$ 或 $1×n$。下面是另一个类似的例子，其中 tickers 是一个字符向量。

```
> tickers<-c("DELL","IBM","C","MSFT")
> for(ticker in tickers) print(ticker)
[1] "DELL"
[1] "IBM"
[1] "C"
[1] "MSFT"
```

在下面的程序中，i 从 1 到 n 每次取一个值，其中 n 是 x 的总观测值的个数。

```
> x<-5:15
> n<-length(x)
```

```
> for(i in 1:n) print(x[i])
```

更为简洁的语句如下：

```
> x<-5:15
> for(i in x) print(i)
```

对于占多行的程序，我们使用一对花括号{}来包含这些命令行。

```
for(i in 1:10){
#
# add your codes here
#
print(i)
}
```

在 R 语言中，有一些预先定义好的数据集。例如，名为 LETTERS 的字符数据集包含 26 个大写字母。而 letters 包含 26 个小写字母。

```
> LETTERS
 [1] "A" "B" "C" "D" "E" "F" "G" "H" "I" "J" "K" "L" "M" "N"
[15] "O" "P" "Q" "R" "S" "T" "U" "V" "W" "X" "Y" "Z"
> letters
 [1] "a" "b" "c" "d" "e" "f" "g" "h" "i" "j" "k" "l" "m" "n"
[15] "o" "p" "q" "r" "s" "t" "u" "v" "w" "x" "y" "z"
> typeof(letters)
[1] "character"
> length(letters)
[1] 26
```

以下代码显示了如何用 for()循环打印各个字母。为节省篇幅，我们只显示了最前面的 6 个字母。

```
> for(letter in letters) print(letter)
[1] "a"
[1] "b"
[1] "c"
[1] "d"
[1] "e"
[1] "f"
```

当使用 cat()函数而不是 print()函数时，我们可以将所有 26 个字母打印在一行中。

```
> for(letter in letters) cat(letter)
abcdefghijklmnopqrstuvwxyz>
```

如果我们打算每行仅仅打印一个字母，我们可以添加一个换行符号（"\n"）。为节省篇幅，下面我们只显示了最前面的 6 个字母。

```
> for(letter in letters) cat(letter, "\n")
```

```
a
b
c
d
e
f
```

如果我们想以从 Z～A 的顺序打印字母，可以用以下语句。

```
> for(i in 1:26)print(LETTERS[27-i])
[1] "Z"
[1] "Y"
[1] "X"
[1] "W"
[1] "V"
[1] "U"
```

3.2 利用取余函数改变输出格式

两个百分比%%，放在一起为取余函数。如给定两个整数值 n 和 m，对于 $n\%\%m$ 而言，我们得到的是将 n 除以 m 以后而余下的整数值。例如，$15\%\%10$ 结果是 5，$9\%\%4$ 结果为 1。

```
> 15%%10
[1] 5
> 9%%4
[1] 1
```

如果我们想将 5 个字母打印在一行中，可以在 5 个字母后添加一个换行符合，"\n"。见下面语句。

```
n<-length(letters)
for(i in 1:n){
cat(letters[i])
    if(i%%5==0) cat("\n")
}
abcde
fghij
klmno
pqrst
uvwxy
z>
```

3.3 双循环

双循环的是常见的语句之一。例如我们有 500 只股票，想计算它们从 2007 年～2017 年每年的市场风险。我们可以分成两个循环：第一个循环从 1 到 500，第二个循环从 2007 年到 2017年。对于双循环，通常我们使用 i 和 j。同样，正确缩进的代码会使我们的程序更具可读性。

```
> n1<- 1:500
> n2<- 2007:2017
> for(i in n1) {
      for(j in n2){
          #
          # your codes here
          #
          cat(i,j,"\n")
      }
   }
1 2007
1 2008
1 2009
1 2010
1 2011
1 2012
1 2013
```

为节省篇幅，上面我们只显示少数几组输出。在第 9 章中，我们将介绍如何计算股票的市场风险。在下列中，我们打算将主要对角变量 y[i, i]加上 5，其中 i=1, 2, …, 5 的方矩阵。方阵的主要对角线是从左上角（NW，西北）到右下角（SE，东南）。为此，我们先生成一个方阵。

```
> x<-1:49 # x is a vector
> y<-matrix(x,7,7,byrow=T) # y is 7 by 7 matrix
> y
     [,1] [,2] [,3] [,4] [,5] [,6] [,7]
[1,]  1    2    3    4    5    6    7
[2,]  8    9   10   11   12   13   14
[3,] 15   16   17   18   19   20   21
[4,] 22   23   24   25   26   27   28
[5,] 29   30   31   32   33   34   35
[6,] 36   37   38   39   40   41   42
[7,] 43   44   45   46   47   48   49
```

语句 byrow=T 是指按行排列。即第 1 行，第 2 行，等等。以下是为主对角线上的数据项加上 5 的代码。

```
n1<-nrow(y)
n2<-ncol(y)
for(i in 1:n1) {
    for(j in 1:n2){
        if(i==j) y[i,j]=y[i,j]+5
    }
}
```

下面检验我们是否成功地将 5 添加到这些值上了。

```
> y
[,1] [,2] [,3] [,4] [,5] [,6] [,7]
[1,] 6 2 3 4 5 6 7
[2,] 8 14 10 11 12 13 14
[3,] 15 16 22 18 19 20 21
[4,] 22 23 24 30 26 27 28
[5,] 29 30 31 32 38 34 35
[6,] 36 37 38 39 40 46 42
[7,] 43 44 45 46 47 48 54
```

3.4 while 循环

下面是一个使用 while 循环的例子。对 while()循环而言，注意当 while()条件不成立的情况是否可以满足，否则就会变成死循环。

```
i <- 0
while(i<15) {
    i<- i+2
    print(i)
}
```

请思考，下面的代码有什么问题？

```
j <- 20
while(j>10) {
        print(j+2)
}
```

3.5 取消正在执行的程序

要停止当前的程序，我们可以单击菜单栏上的"Misc"，然后选择"Stop current calculation"，如图 3-1 所示。

或者干脆按 Esc 键。第 3 种方法是单击菜单栏上的红色停止键，如图 3-2 所示。

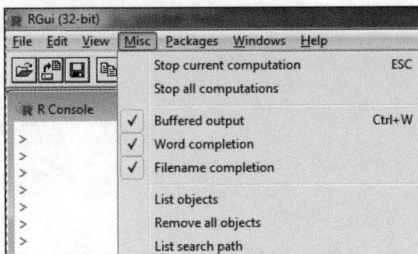

图 3-1 Misc 菜单

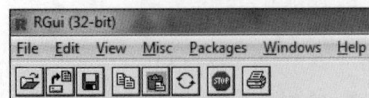

图 3-2 STOP 按钮

3.6 停止程序运行

设置 if()stop()语句，会使我们的编程调试工作更有效率。例如我们生成一个函数将输入数值翻倍。

```
> dd<-function(x)x*2
> dd(3.4)
[1] 6.8
```

但当你输入字符变量时，就会有出错信息。

```
> dd("good")
Error in x * 2 : non-numeric argument to binary operator
```

为此，我们可以用函数 if()stop()及 is.numeric()函数来解决这个问题。

```
dd<-function(n){
if (is.numeric(n)==FALSE) stop("Input should be numeric!")
    return(2*n)
}
```

激活该函数之后，我们可以使用以下两个命令进行测试：一个是整数输入，另一个用于字符输入。

```
> dd(2)
[1] 4
> dd("live")
Error in double("live") : Input should be numeric!
```

我们可以用下列函数计算未来价值：

$$FV = PV(1+R)^n \qquad\qquad (3-1)$$

在上式中，FV 是未来值，PV 是现值，R 是利率，n 是周期数。如果我们不允许负的利率存在那在这种情况下，我们就可以使用 if()和 stop()函数。

```
fv_f<-function(pv,r,n){
    if(r<0)stop("interest is negative")
    return(pv*(1+r)^n)
}
```

我们可以通过输入负利率来测试。

```
>fv_f(100,0.1,1)
  [1] 110
> fv_f(100,-0.1,1)
Error in fv_f(100, -0.1, 1) : interest is negative
```

3.7 向量和矩阵

一个向量被定义为"列变量"，我们可使用 length()函数来得出它的长度。

```
> x<-c(1,2,4.5,7,9)
> x
[1] 1.0 2.0 4.5 7.0 9.0
> length(x)
[1] 5
```

矩阵是一个二维数据集（变量）。我们可以使用 cbind()函数来将两个向量联成一个矩阵。如 cbind(vector1, vector2)。

```
> x<-c(1,2,4.5,7,9)
> y<-c(0.3,0.2,0,4,5)
> z<-cbind(x,y)
> z
     x   y
[1,] 1.0 0.3
[2,] 2.0 0.2
[3,] 4.5 0.0
[4,] 7.0 4.0
[5,] 9.0 5.0
```

在上述情况下，x 和 y 都是向量，而 z 是矩阵。有时我们需要知道向量包含的数据点（值）（即向量的长度）。在这些情况下，我们用 length()函数。

```
> x<-c(1:20,4:22,9)
> n<-length(x)
> n
[1] 40
```

对于一个矩阵而言，我们使用 nrow()函数来得出一矩阵的行数和用 ncol()函数来得出一矩阵的列数，详见下面示例。

```
> x<-matrix(0,3,4)
> x
     [,1] [,2] [,3] [,4]
[1,]    0    0    0    0
[2,]    0    0    0    0
[3,]    0    0    0    0
> nrow(x)
[1] 3
> ncol(x)
[1] 4
```

要得到一个矩阵的行数和列数，我们可以使用 dim()函数。

```
> x<-matrix(0,3,4)
> dim(x)
[1] 3 4
> n<-dim(x)
> n[1]
[1] 3
> n[2]
[1] 4
```

3.8 条件语句

if()和 if()-else()函数等条件通常用于处理数据，或重定义程序的流程。假设我们有一个包含 1000 只股票的数据集，但我们可能只关注其中的某股票，例如要选择 IBM 在 2010 年的数据。为此，我们的条件可设定为：if(ticker=="IBM"＆year==2010)，其中＆是逻辑与。下面是使用 if()函数的最简单的例子。

```
> x<-10
> if(x>0) print("x>0")
```

假设我们有以下两列的简单数据集。

```
> year<-c(1991,1992,1993,1994)
> ret<-c(0.01,0.02,0.03,0.034)
> data<-cbind(year,ret)
> data
year ret
[1,] 1991 0.010
[2,] 1992 0.020
[3,] 1993 0.030
[4,] 1994 0.034
```

我们想要得到一个数据子集，比如 1992 年以后的数据，可以用 subset()函数加上一个条件语句。

```
> x<-subset(data,year>1992)
> x
year ret
[1,] 1993 0.030
[2,] 1994 0.034
```

3.9 if()语句

在下面的代码中，我们有一个名为 decision 的变量。其默认值为"rejecttheproject"。当其 NPV 为正时，我们接受该项目。在第 6 章中，我们将介绍该 NPV 规则：如果 NPV>0，接受该项目；如果 NPV≤0，拒绝该项目。

```
>decision<-"reject the project"
>if(npv>0) decision<-"accept the project"
>print(decision)
```

3.10 if-else 语句

if-else 是另一种广泛使用的结构，参见下面这个极为简单的例子。

```
if(x>0){
        print("x>0")
        # your codes here
} else {
        print("x<=0")
        # your codes here
}
```

在上面的代码中，我们将 x 值分为两组：正值和非正。

3.11 if-else-if-else 语句

对于多组分类，我们可以将多个 if()函数组合在一起。下面，我们生成将百分制成绩换为相应的字母成绩。

```
letter_grade<-function(grade){
if(grade>=90){
        final<-"A"
} else if(grade>=80){
        final<-"B"
} else if (grade>=70){
        final<-"C"
} else if (grade>=60){
        final<-"D"
} else{
        final<-"Fail"
}
    return(final)
}
```

调用这个函数很简单。

```
> letter_grade(90)
[1] "A"
> letter_grade(89)
[1] "B"
> letter_grade(79)
[1] "C"
```

```
> letter_grade(50)
[1] "Fail"
```

3.12　逻辑或

在 R 中,逻辑或意味着如果满足条件 A 或 B。

```
> x=1
> y=-3
> if(x>0 | y>0) cat("x=",x,"y=",y,"\n")
x= 1 y= -3
```

假设我们试图从所有美国股票中选择样本数据。根据研究主题,我们对纽约交易所上市或美国交易所上市的股票感兴趣。对一个名为 EXCHAGE 的变量,NYSE(纽约证券交易所)的值为 1,AMEX(美国证券交易所)的值为 2,NASDAQ(纳斯达克)为 3。那么我们可以有以下代码:

```
>x2<-subset(x,EXCHAGE==1 | EXCHAGE==2)
```

3.13　逻辑与

在 R 中,我们使用&符号来表示逻辑和。

```
> x<-1
> y <- -3
> if(x>0 & y>0) print("both positive")
```

3.14　各种条件语句的组合

我们可以将有不同类型的条件组合在一起。例如对两个变量 (x 和 y),在两者都应该是正数,且 x 是偶数时,我们打印“pass”。

```
> x<-7
> y<-9
> if((x>0 | y>0) & x%%2==0) print("pass")
```

3.15　练习题

(1)有几种循环语句?
(2)用 for()语句打印 2～100。
(3)用 while()语句打印 2～100。

（4）用 for()语句打印 10～-10。

（5）用 while()语句打印 10 到-20。

（6）用 while()语句打印 26 个字母。

（7）用 for()语句打印 26 个字母，每 3 个字母换行。

（8）双重循环有何意义？

（9）如何取消一个正在执行的程序？

（10）如何生成一个死循环？

（11）逻辑或有何应用？

（12）什么是逻辑与？请举例说明。

（13）假设数字 1～26 相对等于 a～z。写一个 R 程序当给出 1 时打印 c。当给出 2 时打印 d。依次类推。

（14）如何使用 if()stop()语句？

（15）在使用 while()循环语句时，如果有多行语句，如何处理？

（16）在下面的代码中，我们将 x 值分为两组：正数或负数。以下程序是否对？

```
if(x>0){
        print("x>0")
} else {
        print("x<0")
}
```

（17）以下代码有什么问题？

```
if(x=0) print("x is zero")
```

（18）我们计划打印（1，A），（2，B），…，（26，Z），请找出下面代码的问题。

```
for(i in 1:26)
    print(i)
    print[letters(i)]
```

（19）解释下面两个条件语句的不同之处。

```
> if((x>0 | y>0) & x%%2==0) print("pass")
> if(x>0 | y>0 & x%%2==1) print("pass")
```

（20）如何将逻辑或和逻辑与结合在一起用？请举例说明。

第 4 章
用 R 作图

常言道：一图胜千言。在本章中，我们会讨论简单的作图，如曲线、直线、直方图，将几个图示放在一起并在简单的图上打字。学会输出高质量、高精度的图形，学会导出为 PDF 文件，学会制作成比例的图形，学会用大小、形状和色彩等来作图。

下面为正弦函数作图，自变量从−3.141593 到 3.141593。在启动 R 后，我们输入下面 R 语句。

```
> plot(sin,-pi,pi)
```

在上面的例子中，plot()为最常用的作图函数。sin()为正弦函数，是一保留函数。相应的输出图形如图 4-1 所示。

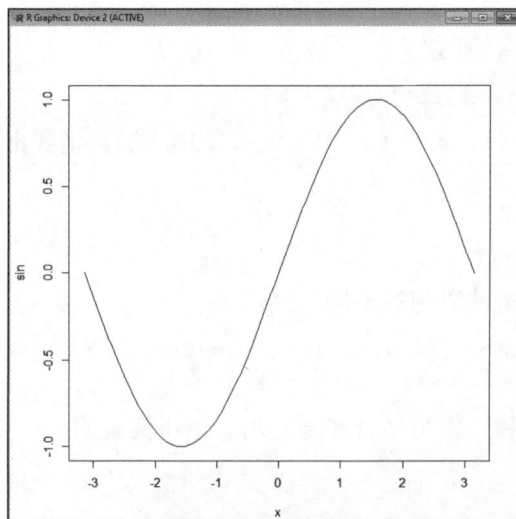

图 4-1   正弦函数图

保留变量 pi（π）的值为 3.141593。键入 pi 就能发现其数值，见下。

```
> pi
[1] 3.141593
```

4.1 绘制单一的图

在制图中，最常用的函数是 plot(x, y)函数。该函数有两个变量（x 和 y），其中 x 为横坐标，y 为纵坐标。比如，我们打算将 $y=4+2x^2$ 作图（见图 4-2）。这里，自变量 x 的取值从-3到 3。语句 seq(−3, 3, by=0.5)将生成−3～3 的一系列数值，它们之间的间距为 0.5。

```
> x<-seq(-3,3,by=0.5)
> y<-4+2*x^2
> plot(x,y,type='l')
>
```

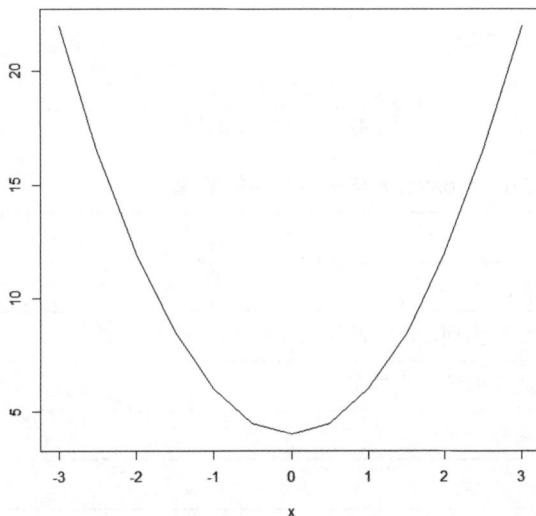

图 4-2　$y=4+2x^2$ 的图示

下面为直线 $y=2+2x$ 作图。与上例相同，x<−1:10 是为自变量 x 赋值。相应于 plot(x, y)语句的图示为中间的图示，即有小圆圈的图示。

```
> x<-1:10
> y<-2+2*x
> plot(x,y)
># plot(x,y,type='p')

> plot(x,y,type='l')
```

在 plot(x,y,type='l')中，type 变量定义曲线的类型。在 type='l'中，在引号中是小写的 L 字母，不是数字 1。相应的图示为图 4-3 最右的图示，即一条实线。对比左右两图，我们可以看出变量 type 的缺省值为 p。即当 type 没有定义时，我们得到圆点。即 plot(x,y)语句和 plot(x,y,type='p')语句相同。表 4.1 给出了 type 变量可能的取值。

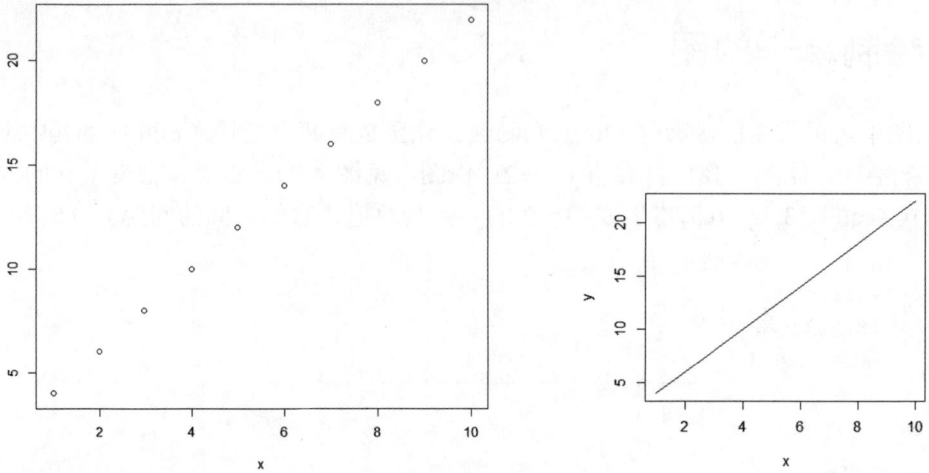

图 4-3 *y*=2+2*x* 的图示

表 4.1 type 在 plot（x，y，type='x'）语句中可能的取值

'p'	点
'l'	线
'b'	点和线交替出现，b 代表 both
'c'	间隔的线，但除去点的部分
'o'	点和线重叠
'h'	竖直线
's'	楼梯线型
'S'	另样楼梯线型
'n'	不作图

4.2 在横坐标及纵坐标上添加注释

下面我们假设收入（Income）与工作的时间（time）成正比，要在两个坐标轴上添加不同的标签，我们使用 xlab="time" 和 ylab="Income"，结果如图 4-4 所示。

```
> x<-1:10
> y<-2+2*x
> plot(x,y,xlab="time",ylab="Income")
```

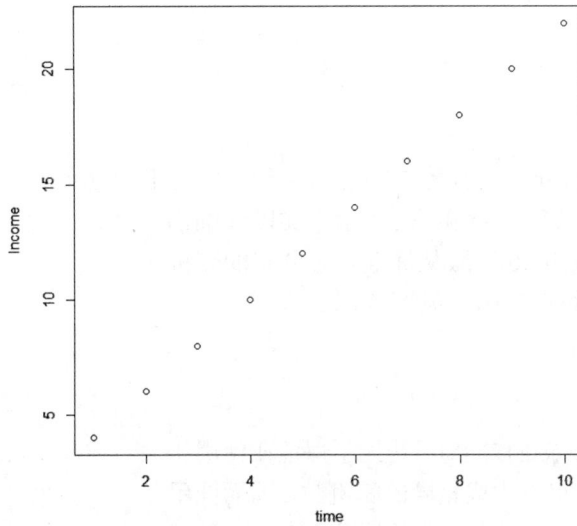

图 4-4 为坐标轴加标签

4.3 直方图

直方图可以显示一组数量相应的比例，直观明了，易于解释和理解。下面作一最简单的直方图。*x* 变量只有 3 个值：2、3 和 4。就这 3 个数的频率而言，其中 2 出现了 3 次，3 出现了两次，4 出现了 5 次，如图 4-5 所示。

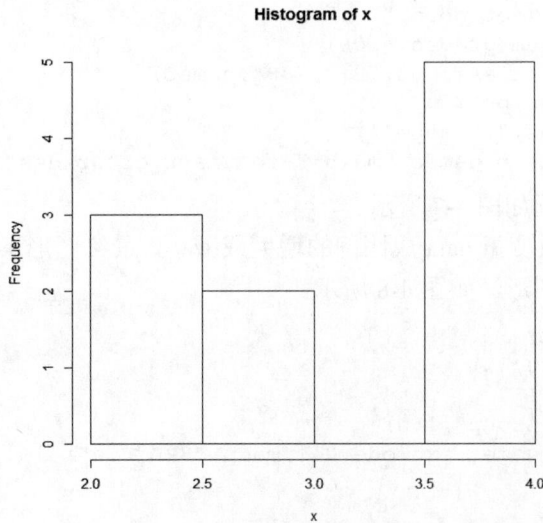

图 4-5 数值频次图

```
> x<-c(2,3,4,2,3,2,4,4,4,4)
> hist(x)

> unique(x)
[1] 2 3 4
```

对金融学而言，正态分布具有特殊的意义。至于为何正态分布对金融学享有其特殊的意义，我们将在第 20 章、第 21 章和第 22 章中加以仔细描述。在这里我们仅仅生成 1000 个服从标准正态分布的随机数，然后用它们作相应的直方图（见图 4-6）。

```
> set.seed(12345)
> x<-rnorm(1000)
> hist(x)
```

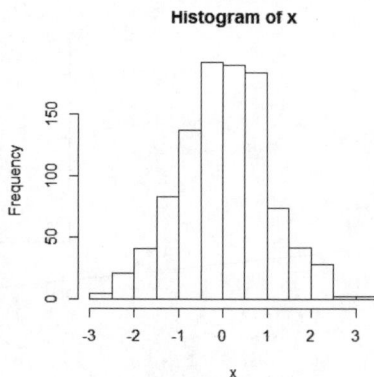

图 4-6　随机数正态分布图

上面第一行语句 set.seed(12345)，是为了保证在使用相同的种子时，不同的用户可以生成相同的随机数，因而图示也将相同。函数 rnorm(n)将生成 n 个服从标准正态分布的随机数。

4.4　饼图

下面我们将成绩的分析结果制作成饼图。

```
grades <- c(9,10,14, 16,8)
nameA<-"grade:A (excellent)"
nameAminus<-"grade:A- (good)"
nameC<-"grade: C (not good)"
pct<-round(data/sum(grades)*100)
names <- c(nameA,nameAminus,"B+", "B",nameC)
names<-paste(names,pct)
names<-paste(names,"%",sep='')
pie(grades, labels = names, main="Pie Chart of grades")
```

各分数段的分布情况如图 4-7 所示。

在上述语句中，如果变量 data 成比例的增大或减小，最终图形不变。此外，我们可以生成更有视觉效果的三维图形，如图 4-8 所示。

```
> library(plotrix)
> x <- c(8, 10, 20,30)
> n<-length(x)
> names <-paste("Group",1:n)
> pie3D(x,labels=names,explode=0.1,main="3-D Pie")
```

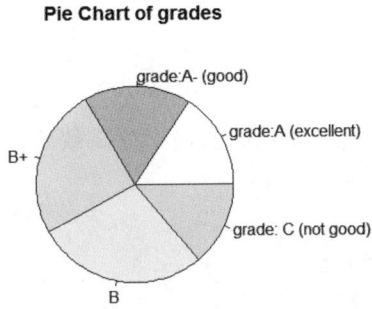

图 4-7　成绩分布图

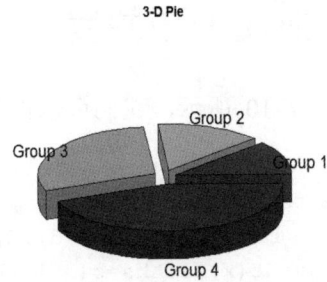

图 4-8　三维分布图

4.5　将某区域涂上阴影

在下面的例子中，当标准正态分布的 z 小于 -2.33 时，我们对区域进行阴影处理。以下代码可用于显示标准正态分布的 1% 左尾（见图 4-9）。

```
> x<-seq(-4,4,length=200)
> y<-dnorm(x,mean=0,sd=1)
> plot(x,y,type="l",lwd=2,col="red")
> x<-seq(-4,-2.33,length=200)
> y<-dnorm(x,mean=0,sd=1)
> polygon(c(-4,x,-2.33),c(0,y,0),col="gray")
>
```

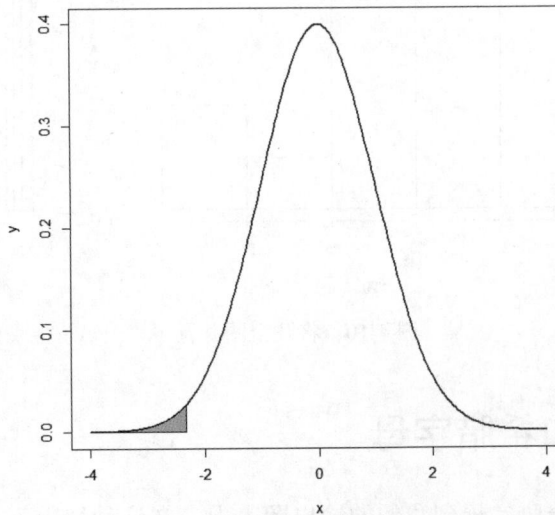

图 4-9　为某区域加阴影

4.6 把几个图并置

如图 4-10 所示，我们可以把几个图表放在一起，使我们的输出更高效或表述的意义更为清晰。

```
> attach(mtcars)
> x<- matrix(c(1,1,2,3),2, 2, byrow = TRUE)
> layout(x,widths=c(3,1),heights=c(1,2))
> hist(wt)
> hist(mpg)
> hist(disp)
```

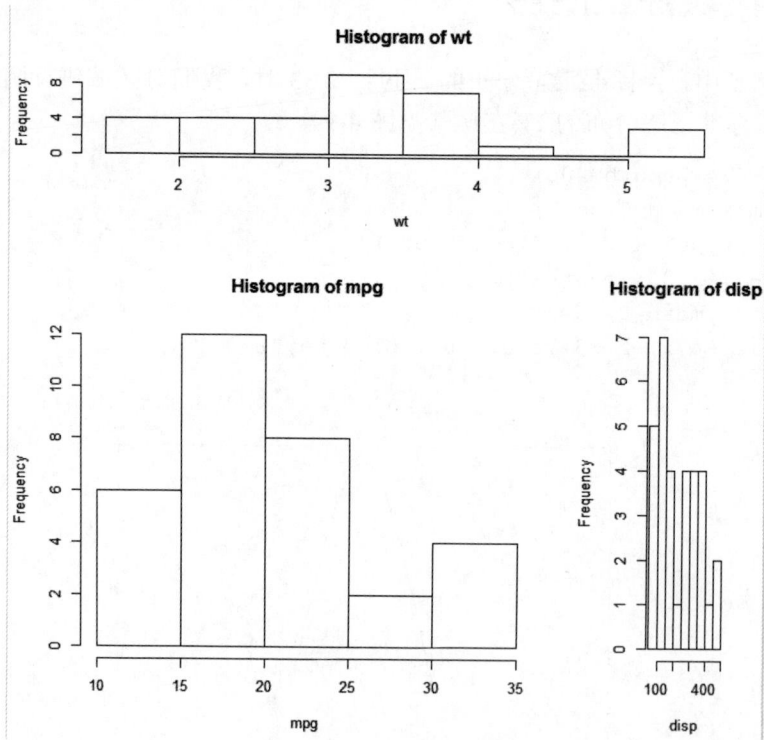

图 4-10 将几个图并置

4.7 在图上添加希腊字母

偶尔我们需要添加希腊字母到我们的输出图表上。在这种情况下，我们用 expression() 函数。首先让我们看看如何使用 expression() 函数的。

```
> x <- expression(1 + 0:9)
> eval(x)
 [1]  1  2  3  4  5  6  7  8  9 10
```

下面，我们将α_i加在横坐标上，β_j加在纵坐标上。R 语句如下所示，输出结果如图 4-11 所示。

```
> a<-expression(alpha[i])
> b<-expression(delta[j])
> plot(1,1,xlab=a,ylab=b)
```

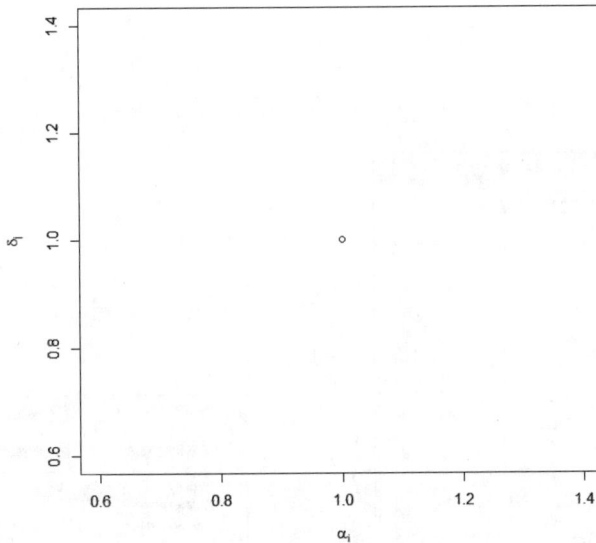

图 4-11　为坐标轴添加希腊字母标签

4.8　将图保存为 PDF 文件

在下面的程序中，我们生成一个图并将其保存到一个 PDF 文件中。pdf("datas/t.pdf")定义了输出的路径及函数名。dev.off()告诉程序，这个输出文件的过程已经完成。

```
> pdf("t.pdf")
> plot(sin,-pi,pi)
> dev.off()
```

4.9　输出高分辨率的图像

如今，我们喜欢把更多的图像纳入学术论文或技术文章中。不过，大多数出版商要求图片的质量至少有 300dpi。dpi 全称为每英寸的像素点数，是一个图像分辨率的单位，如 300dpi 是指每英寸有 300 点。点数越高，图像愈清晰。如果我们使用下面的代码，会发现 dpi 实际上只有 96。找到输出文件并用鼠标右键单击它，然后选择"详细信息"（见图 4-12），你会发现分辨率只有 96dpl。

```
> jpeg('test.jpg')
> plot(sin,-pi,pi)
> dev.off()
```

为增加分辨率，我们用以下语句。

```
> jpeg('test2.jpg', width = 4, height =4, units = 'in', res = 600)
> plot(sin,-pi,pi)
> dev.off()
```

经过处理以后，分辨率提高了许多，如图 4-13 所示。

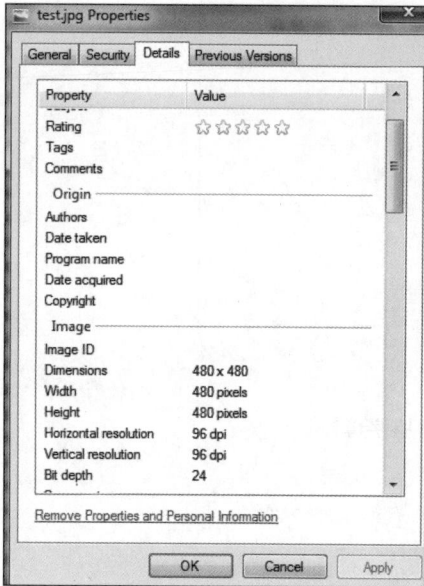

图 4-12　查看分辨率

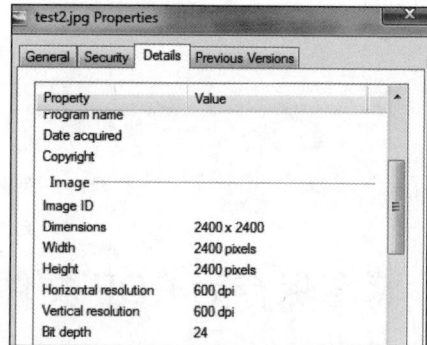

图 4-13　提高分辨率

4.10　重叠图

让我们来看图 4-14 所示的最简单的一个重叠图。

```
> x <- c(7,9,10,10,12,11,11,13,13,12)
> y <- c(9,12,12,11,13,14,15,10,15,1)
> plot(density(x))
> lines(density(y))
```

density.default(x = x)

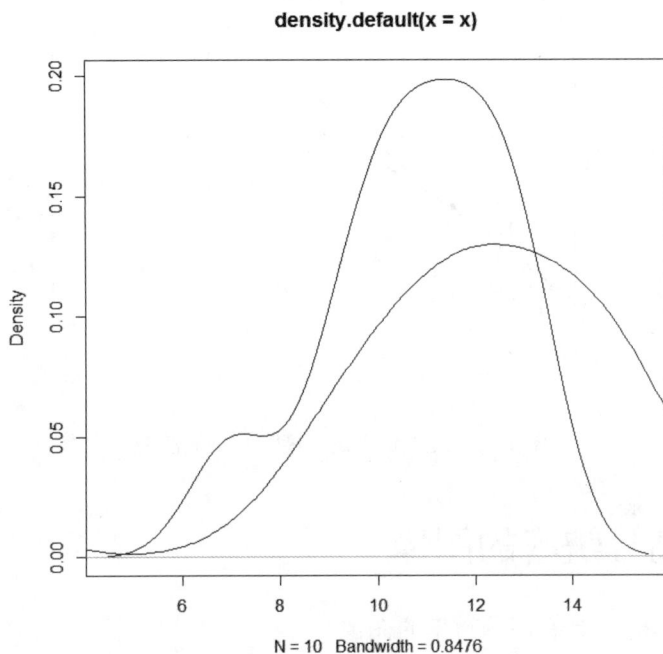

图 4-14 重叠图

4.11 资本资产定价模型和有效前沿的图示

有时候，我们需要把两个图形放在一起，看下面的代码。

```
> jpeg('test.jpg', width = 4, height = 4, units = 'in', res = 600)
> rf<-0.175
> x<-seq(0,0.7,0.05)
> y<-rf+1.7*x
> y2<-0.01 +x^0.5+0.2*(x-0.1)
> plot(x,y2,type='l',main="Efficient Frontier and CAPM",xlab=expression
(paste(sigma," (risk)")),ylab="Rp (Portfolio Return)",lwd=4)
> lines(x,y,lwd=3)
> text(0.09, 0.45, labels=expression("Rm") ,cex = 1)
> dev.off()
```

得到的结果如图 4-15 所示，在后面章节中我们将解释该图的含意。

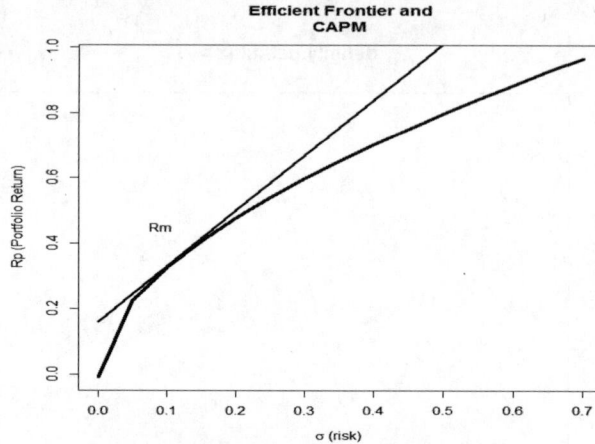

图 4-15 资本资产定价模型和有效前沿

4.12 输出高分辨率的图像

运行以下代码，输出具有高分辨率的图像。

```
> par(bg = "white")
> x<-c(0.1,0.3,0.5,0.5,0.7,1)
> y<-c(0.1,0.5,0.3,0.7,0.5,1)
> plot(x, y,type='n',lwd=0.1,ann=FALSE,axes=FALSE, frame.plot=FALSE)
rect(par("usr")[1], par("usr")[3], par("usr")
[2], par("usr")[4],col= "grey")
> text(0.3, 0.7, labels="FINANCIALS", adj = c(0.2,0),cex = 4)
> text(0.3, 0.6, labels="Income Statement", adj = c(0.1,0),cex = 3 )
> text(0.3, 0.5, labels="Balance Sheet", adj = c(0.1,0),cex = 3 )
> text(0.3, 0.4, labels="Income Cash Flow", adj = c(0.1,0),cex = 3 )
```

输出的高分辨率图像如图 4-16 所示。

图 4-16 代码生成高分辨率图像

4.13 添加阴影区域

通过以下代码添加阴影区域：

```
> set.seed(12345)
> n <- 100
```

```
> x <- c(0:n, n:0)
> a<-cumsum(rnorm(n))
> b<-cumsum(rnorm(n))
> y <- c(c(0,a), rev(c(0,b)))

> plot (x, y, type = "n", xlab = "Time", ylab = "Distance")
> polygon(x, y, col = "gray", border = "blue")
> title("Distance Between Brownian Motions")
```

输出结果如图 4-17 所示。

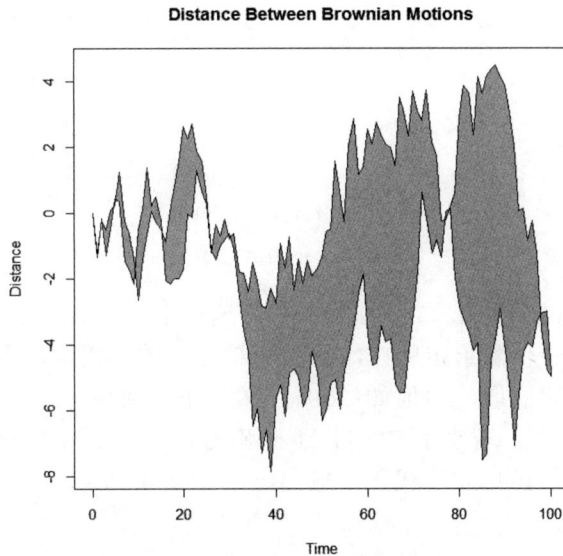

图 4-17　通过代码生成阴影区域

4.14　animation 包

对大多数初学者而言，本节内容仅供参考。如有读者发现学习本节有许多问题，或根本无法理解，就可以跳过。因为忽略本节的阅读，对以后章节的学习不会有任何负面的影响。下面我们就简单介绍包含在该包中的两个典型例子，第 1 个例子是有关布朗运动，详见以下代码，输出结果如图 4-18 所示。

```
>library(animation)
>ani.options(interval = 0.05, nmax = 30)
>a<-c(3,3,2,0.5)
>b<-c(2,0.5,0)
>name<-"Demonstration of Brownian Motion"
>par(mar=a,mgp=b,tcl=-0.3,cex.axis=0.8,cex.lab=0.8,cex.main=1)
>brownian.motion(pch=21,cex=5,col="red",bg="yellow",main=name)
```

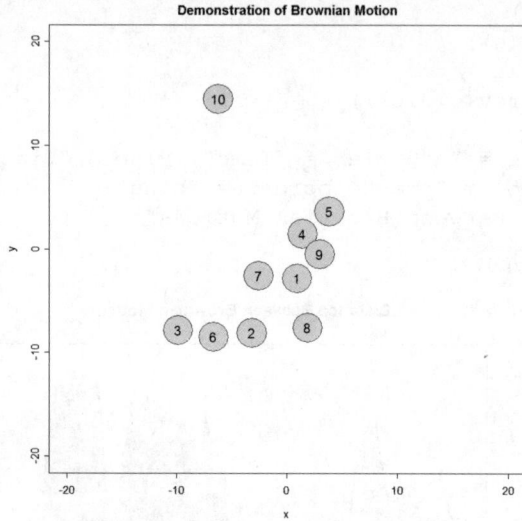

图 4-18　布朗运动示例

　　第 2 个例子是关于二分法的。二分法是一种加速检索的方法，例如我们有 1～5000 的数字。如顺序检索时，对于任意给定的在 1 到 5000 之中的随机数，我们平均检测的次数为 2500。对二分法而言，我们取一中值如 2501。然后作一判别。如大于 2501，下一步将在 2502～5000 间检索。反之，若小于 2501，下一步将在 1～2500 间检索。仅一步，我们就将检索的范围减少一半，详见如下代码，输出结果如图 4-19 所示。

```
>par(mar = c(4, 4, 1, 2))
>bisection.method(main = "")
```

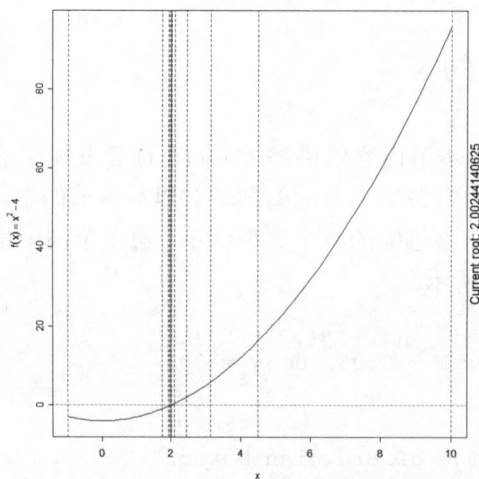

图 4-19　二分法图示

如果有读者想了解更多有关该包的信息和例子，或如何生成上述两个网页，可键入以下语句：

```
>help(package=animation)
```

4.15　练习题

（1）作图有什么用处？

（2）如何画一根直线？如 $y=4$，x 变量从 0～10 取值。

（3）做直方图有什么意义？相应的函数是什么？

（4）为下列函数作图。

$$y=5-0.45x^2$$

（5）为下面两个函数作图。

$$y_1 = a - bx^2$$
$$y_2 = c + dx^{0.5}$$

（6）以人口计算，找出世界上人口最多的 10 个国家，并用三维图示显示。

（7）作几条直线：$y=4$，x 从 1 到 10。$y=3+4x$，x 从 1 到 10。

（8）以 cos 函数作图。自变量 x 范围从 $-2pi$ 到 $2pi$。

（9）我们有一函数：$y=a+bx+cx^2+dx^3$。以该函数作图。

（10）用 R 为 sin()函数和 cos()函数作图。

（11）解释下面语句的意义。

```
> x<-c(1,3,4,10,2,1,2,4,4,4,4)
> hist(x)
```

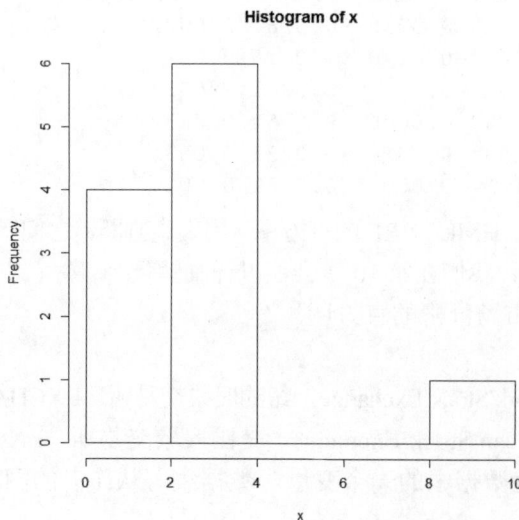

Histogram of x

（12）解释下列语句的意义。

```
> set.seed(1245)
> x<-runif(100)
> hist(x)
>
```

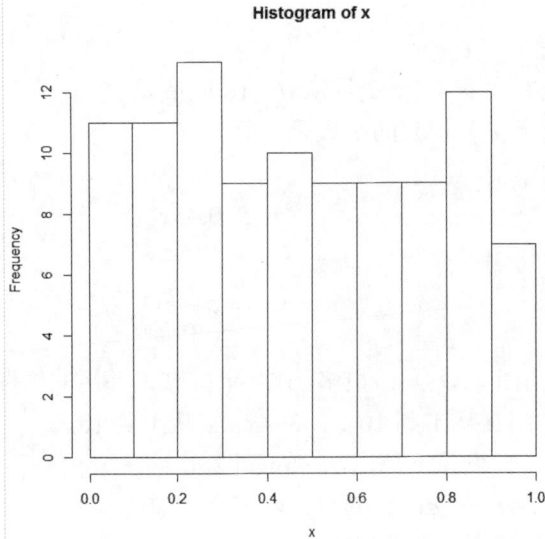

Histogram of x

（13）从作者的网页下载 ff3monthly.Rdata，或用下述语句下载。

```
> load("data/ff3Monthly.rda")
> head(ff3monthly)
        DATE   MKT_RF     SMB      HML     RF
1 1926-07-01  0.0296  -0.0230  -0.0287 0.0022
2 1926-08-01  0.0264  -0.0140   0.0419 0.0025
3 1926-09-01  0.0036  -0.0132   0.0001 0.0023
4 1926-10-01 -0.0324   0.0004   0.0051 0.0032
5 1926-11-01  0.0253  -0.0020  -0.0035 0.0031
6 1926-12-01  0.0262  -0.0004  -0.0002 0.0028
```

显示 MKT_RF、SMB、HML 及 RF 的直方图。用肉眼判断，它们是否相同？有关 MKT_RF、SMB、HML 及 RF 的意义，我们在第 10 章会加以详细解释。

（14）生成美国股票市场价格的直方图。

1）用所有股票；

2）用 NYSE（New York Stock Exchange，纽约股票交易所，EXCHANGE=1）股票作图；

3）用 AMEX（American Stock Exchange，美国股票交易所，EXCHANGE=2）股票作图。

其中 EXCHANGE 为数据中的一个变量。数据集可从作者的网站下载，数据集的名称为.marketCap。

第 5 章
R 包

R 包或软件包在 R 的编程中占占据一独特的地位。R 包是为服务于特定目的而由一个或多个专家（或任何人）编写的一套 R 程序集。例如，一个名为 fOptions 的软件包有十几个 R 函数，可以用来为各种类型的期权定价。在第 21 章中，我们将仔细讨论该包的用途。对于 R 包的作用，可以用一句话来概括：当你学会 R 的基本语句后，能否熟练地应用一些有关金融的 R 包包将决定你是否能将 R 有效地应用在金融学上。为此，在第 28 章中，我们将介绍近 20 个和金融密切相关的 R 包。截至 2018 年 1 月 12 号，已有 12067 个 R 包可供选择。据作者估计，平均每天会产生两个新的 R 包。

5.1 从雅虎财经下载年报表

假设我们要从雅虎财经下载 IBM 公司最新几年的年报表。IBM 是该公司的代码。为此目的，我们采用半手动的方式实现，因为 quantmod 包从 Google 金融服务获取数据的通道已经不可用，新包 finreportr 获取的数据不够全、不够新。

打开雅虎财经 IBM 公司金融数据的网址：

https://finance.yahoo.com/quote/IBM/financials?p=IBM

其他公司，将该网址中的两处 IBM 换成其他公司代码即可。

可以看到如下表格：

Breakdown	TTM	12/30/2020	12/30/2019	12/30/2018	12/30/2017
> Total Revenue	73,621,000	73,621,000	77,147,000	79,590,000	79,139,000
Cost of Revenue	38,046,000	38,046,000	40,659,000	42,655,000	42,913,000
Gross Profit	35,575,000	35,575,000	36,488,000	36,936,000	36,227,000
> Operating Expense	28,680,000	28,680,000	25,857,000	23,651,000	24,372,000
Operating Income	6,895,000	6,895,000	10,631,000	13,285,000	11,855,000
> Net Non Operating Interest Inc...	-1,183,000	-1,183,000	-995,000	-459,000	-471,000
> Other Income Expense	-1,074,000	-1,074,000	529,000	-1,482,000	17,000

这是 Income Statement 的数据，可以点 Balance Sheet，Cash Flow 切换数据；再单击 Expand All 展开所有折叠数据。

用鼠标选中所有表格数据，复制，粘贴到 Excel 文件：

需要进一步整理，为此编写一个小函数：

```
ConvertDF = function(df, n) {
  vals = df$...1
  matrix(vals[-(1:n)], ncol = n, byrow = TRUE) %>%
    as_tibble() %>%
    set_names(vals[1:n]) %>%
    mutate(across(-1, ~ parse_number(.x))) %>%     # 转化数值型
    select(-TTM) %>%                                # TTM 列是重复列，删除
    rotate_df(rn = "Year", cn = TRUE) %>%
    as_tibble() %>%
    mutate(Year = mdy(Year))                        # 转化日期型
}
```

该函数就是将 1 维数据框，按照设定的列数，重塑成 2 维数据框，又做了一次行列互换的转置，并转化了相应列的数据类型，因为这样才是方便后续使用的整洁的数据框。

将 Income Statement、Balance Sheet 和 Cash Flow 3 个数据分别保存到 IBM_IS.xlsx、IBM_BS.xlsx 和 IBM_CF.xlsx，然后加载 readxl 包（专门读取 Excel 数据的包）读取数据：

```
library(readxl)
IS = read_xlsx("datas3/IBM_IS.xlsx", col_names = FALSE)   # 原始数据 6 列
BS = read_xlsx("datas3/IBM_BS.xlsx", col_names = FALSE)   # 原始数据 5 列
CF = read_xlsx("datas3/IBM_CF.xlsx", col_names = FALSE)   # 原始数据 5 列
```

接着用前面自编函数整理数据，需要加载 tidyverse 包和 sjmisc 包：

```
library(tidyverse)
library(sjmisc)
IBM_IS = ConvertDF(IS, 6)
IBM_BS = ConvertDF(BS, 5)
IBM_CF = ConvertDF(CF, 6)
IBM_BS                              # 查看重塑后的数据
```

library(包名)是载入包，若收到图 5-1 所示的错误消息。

```
> library(readxl)
错误于library(readxl) : 不存在叫'readxl'这个名字的程辑包
```

图 5-1　错误提示消息

错误消息告诉我们，名为 readxl 的包没有预先安装。为安装该包，我们有以下一行代码。

```
> install.packages("readxl")
```

成功安装包后，尝试上述代码语句，等待运行完成将得到图 5-2 所示的当前数据变量。

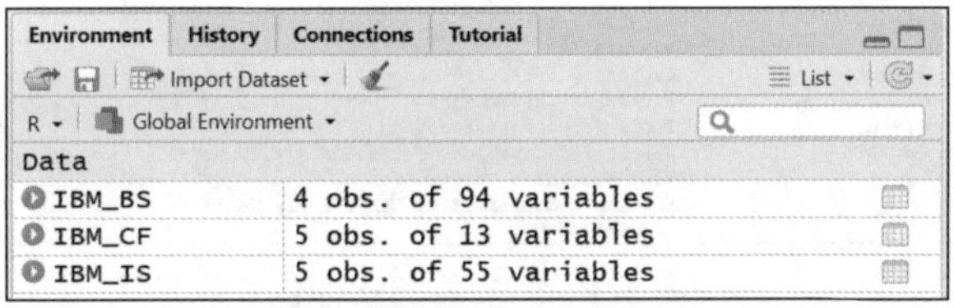

图 5-2　下载下来的财表数据

在第 8 章中，我们会对其应用加以仔细地描述。

5.2　已加载和已安装的包

已加载的包是指我们可以使用其包含的函数，要找出所有已经加载的 R 包，我们可以使用 search()函数。

```
> search()
[1] ".GlobalEnv"        "package:stats"     "package:graphics"
[4] "package:grDevices" "package:utils"     "package:datasets"
[7] "package:methods"   "Autoloads"         "package:base"
```

当我们启动 R 时，这 9 个软件包会自动加载。加载的包和预安装好的包之间的区别在于，如果加载了包，我们则可以使用其包含的所有相关的功能，如其包含的函数及数据集。如果一个软件包没有被加载，但预装了，我们可以使用 library()函数加载它。如果一个包没有预先安装，我们必须先安装它才能加载它。找到并使用相关的 R 包使我们的编程变得更加容易。

5.3　列出已安装的软件包

要找出所有预先已安装好的软件包，我们使用 library()函数。

```
> library() #显示所有已安装的软件包
```

在执行了上述语句后，我们会看见类似图 5-3 的输出。为了节约篇幅，我们只输出了前面很少的一部分。此外，不同的用户将得到不同的输出结果。因为每个人所安装的 R 包不尽相同。

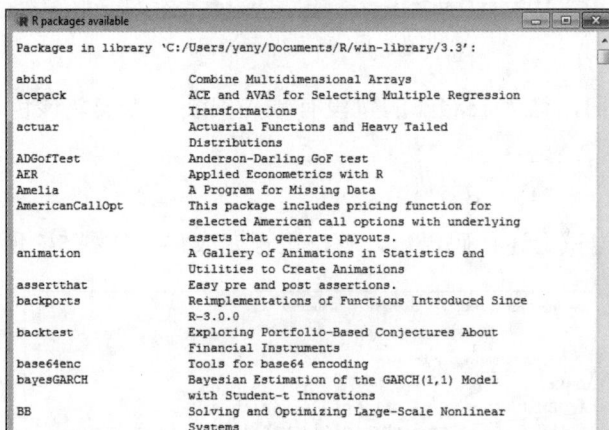

图 5-3　已安装的软件包

5.4　安装 R 软件包的第 2 种方法

从上面的介绍可知，第 1 种安装 R 包的方法是使用 install.packages()函数。例如要安装名为 quandmod 的 R 包，我们用以下语句。

```
> install.packages("quantmod")
```

第 2 种方式涉及使用菜单栏。

第 1 步：单击菜单栏上的 Package，即"包"，如图 5-4 所示选择第 4 行的选项"Installpackage (s)…"，即"安装包"。

第 2 步：如图 5-5 所示，选择一个就近的下载服务器。

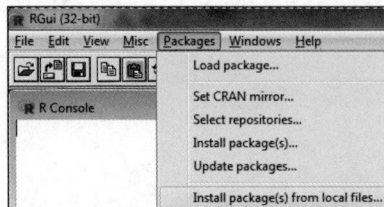

图 5-4　菜单操作

图 5-5　选择服务器

第 3 步：如图 5-6 所示，单击所需的软件包进行安装。

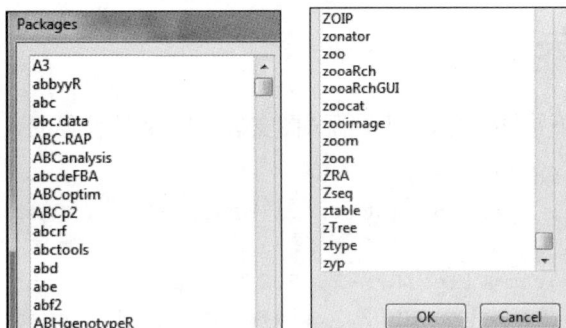

图 5-6　选择软件包

图 5-6 的左图显示了以 A 字母开始的 R 包，而右图显示了最后几个 R 包。

5.5　安装 R 软件包的第 3 种方法

一般而言，知道上诉两种方式来安装 R 包已足矣，只有很少的机会使用第 3 种方式来安装 R 包。第 3 种方法是从用户计算机上保存的压缩（zip）文件来安装 R 软件包。显然，我们首先需要下载并保存一个相关的压缩文件到自己的计算机上。我们以 R "quantmod" 包为例，下面给出具体的几个步骤。

第 1 步：打开 R 官网。

第 2 步：单击左侧的 "CRAN"。

第 3 步：选择一个就近下载服务器。

第 4 步：单击左侧的 "packages"。

第 5 步：使用 ctl-f 搜索 "quantmod"。

图 5-7 显示了不同的下载文件。

第 6 步：按我们计算机系统的种类（Windows 或 Mac），选择相应的加密文件下载到计算机上。

第 7 步：单击菜单栏上的 "packages"，如图 5-8 所示。

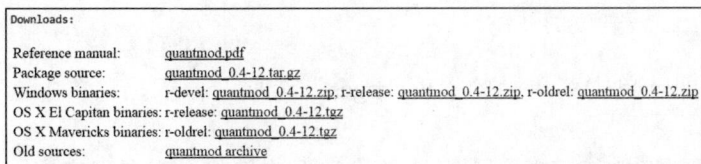

图 5-7　各种可供下载的文件　　　　图 5-8　packages 菜单

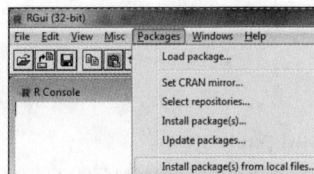

第 8 步：单击图 5-8 中最后的一个选项（Install package(s) from local files…），从计算机

上刚刚下载的文件进行安装。

5.6　R 包安装失败

如果我们观察到以下错误消息，则表示试图安装某些 R 软件包的人员没有权限写入该库。

```
> utils:::menuInstallPkgs()
Warning in install.packages(NULL, .libPaths()[1L], dependencies = NA,
type = type) :
    'lib = "C:/Program Files/R/R-2.15.2/library"' is not writable
Error in install.packages(NULL, .libPaths()[1L], dependencies = NA,
type = type) :
    unable to install packages
```

为了纠正这个问题，我们可以对其权限加以
改变。如图 5-9 所示，选择"library"并单击鼠标
右键并选择属性，然后获取管理权限。

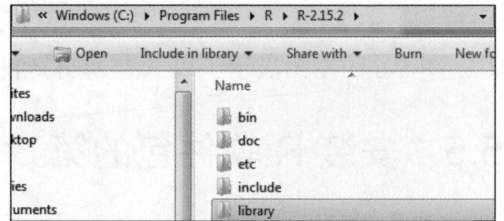

图 5-9　改变 library 文件夹的属性

5.7　.libPaths()函数

避免上述管理权限问题的一种方法是使用.libPaths()函数。这里要小心的是，在 libPath()前面
有一个小数点。在水牛城大学教"财务分析与 R"课程时，因为管理权限问题，作者无法在
其学校的计算机上安装任何 R 包。将环境变量设置为"e:\"即使用下面的 R 命令后，就可
以安装任何选择的 R 包了。

```
>.libPaths("e:/")
>install.packages("XML ")
```

5.8　加载 R 软件包的 3 种方法

有 3 种方法来加载特定的 R 包。前两种方法是用 library()或 require()函数，详见下面
的示例。这两种方法的好处是我们可以将它们包含在程序中。

```
> library(fImport)                                          # Method I
> require(fImport)                                          # Method II
```

第 3 种方法是手动加载，即选单击菜单上的"Packages"选项，再下拉菜单中选择
"Load package…"。

第 3 种方法的长处是我们无须记住任何指令，短处是我们无法将其包含在程序中。

5.9 查找所有的 R 包

要查找所有的 R 包，我们执行以下步骤。

第 1 步：打开 R 官网。

第 2 步：选择一个距离近的下载服务器。

第 3 步：单击左侧的"Packages"。

图 5-10 中有两个链接：一个是按时间顺序排列的（从今天到过去）表格，另一个是按名字顺序排列的表格。按时间顺序排列的表格前几行如图 5-11 所示。

```
                            Contributed Packages

Available Packages

Currently, the CRAN package repository features 12009 available packages.

Table of available packages, sorted by date of publication

Table of available packages, sorted by name
```

图 5-10 可用的软件包

Available CRAN Packages By Date of Publication	
Package	Title
actuar	Actuarial Functions and Heavy Tailed Distributions
dfcomb	Phase I/II Adaptive Dose-Finding Design for Combination Studies
dfmta	Phase I/II Adaptive Dose-Finding Design for MTA
ExplainPrediction	Explanation of Predictions for Classification and Regression Models
fingerprint	Functions to Operate on Binary Fingerprint Data
fold	A Self-Describing Dataset Format and Interface

图 5-11 按时间排列的 R 包列表

按名字顺序排列的表格前几行如图 5-12 所示。

除此之外，在两种排序的页面内使用 Ctrl+F 组合键可以搜索检索我们感兴趣的包。

Available CRAN Packages By Name	
A B C D E F G H I J K L M N O P Q R S T U V W X Y Z	
A3	Accurate, Adaptable, and Accessible Error Metrics for Predictive Models
abbyyR	Access to Abbyy Optical Character Recognition (OCR) API
abc	Tools for Approximate Bayesian Computation (ABC)
abc.data	Data Only: Tools for Approximate Bayesian Computation (ABC)
ABC.RAP	Array Based CpG Region Analysis Pipeline
ABCanalysis	Computed ABC Analysis
abcdeFBA	ABCDE_FBA: A-Biologist-Can-Do-Everything of Flux Balance Analysis with this package
ABCoptim	Implementation of Artificial Bee Colony (ABC) Optimization
ABCp2	Approximate Bayesian Computational Model for Estimating P2
abcrf	Approximate Bayesian Computation via Random Forests
abctools	Tools for ABC Analyses
abd	The Analysis of Biological Data
abe	Augmented Backward Elimination
abf2	Load Gap-Free Axon ABF2 Files
ABHgenotypeR	Easy Visualization of ABH Genotypes
abind	Combine Multidimensional Arrays
abjutils	Useful Tools for Jurimetrical Analysis Used by the Brazilian Jurimetrics Association
abn	Modelling Multivariate Data with Additive Bayesian Networks
abodOutlier	Angle-Based Outlier Detection
ABPS	The Abnormal Blood Profile Score to Detect Blood Doping
AbsFilterGSEA	Improved False Positive Control of Gene-Permuting GSEA with Absolute Filtering
AbSim	Time Resolved Simulations of Antibody Repertoires
abundant	High-Dimensional Principal Fitted Components and Abundant Regression
ACA	Abrupt Change-Point or Aberration Detection in Point Series
acc	Exploring Accelerometer Data
accelerometry	Functions for Processing Minute-to-Minute Accelerometer Data
accelmissing	Missing Value Imputation for Accelerometer Data
AcceptanceSampling	Creation and Evaluation of Acceptance Sampling Plans
ACCLMA	ACC & LMA Graph Plotting

图 5-12 按名字顺序排列的 R 包列表

5.10 查找 R 包的手册

例如我们打算要查找和下载与 fImport 包相关的手册，有以下步骤。

第 1 步：打开 R 官网。

第 2 步：单击左侧的“CRAN”。

第 3 步：选择一个就近的下载服务器。

第 4 步：单击左侧的“Packages”。

第 5 步：使用 Ctrl+F 组合键搜索“fImport”。

在图 5-13 所示的页面，我们可以下载 fImport.pdf 文件。

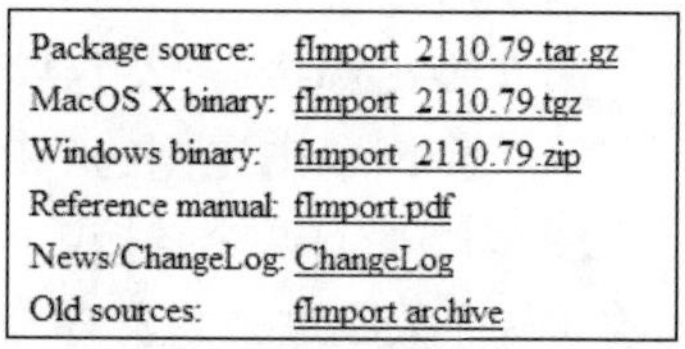

Package source:	fImport_2110.79.tar.gz
MacOS X binary:	fImport_2110.79.tgz
Windows binary:	fImport_2110.79.zip
Reference manual:	fImport.pdf
News/ChangeLog:	ChangeLog
Old sources:	fImport archive

图 5-13 fImport.pdf 下载页面

5.11 R 包的相关函数

虽然在以上小节的叙述中，我们知道如何下载一个特定包的说明书。但在编程中，阅读说明书往往费时费力。下面介绍另外两种方法，第一种方法是使用 library()函数。

```
> library(help="fImport")
```

为了节约篇幅，下面只显示的最前面的一部分，如图 5-14 所示。

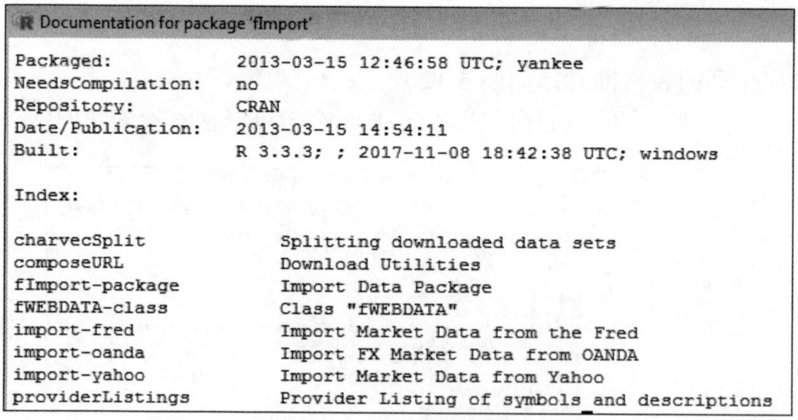

```
Documentation for package 'fImport'

Packaged:           2013-03-15 12:46:58 UTC; yankee
NeedsCompilation:   no
Repository:         CRAN
Date/Publication:   2013-03-15 14:54:11
Built:              R 3.3.3; ; 2017-11-08 18:42:38 UTC; windows

Index:

charvecSplit            Splitting downloaded data sets
composeURL              Download Utilities
fImport-package         Import Data Package
fWEBDATA-class          Class "fWEBDATA"
import-fred             Import Market Data from the Fred
import-oanda            Import FX Market Data from OANDA
import-yahoo            Import Market Data from Yahoo
providerListings        Provider Listing of symbols and descriptions
```

图 5-14 fImport 的说明文档

第二种方法是使用 help 函数。

```
>help(package=fImport)
```

为节约篇幅，下面只显示的最前面的一部分，如图 5-15 所示。

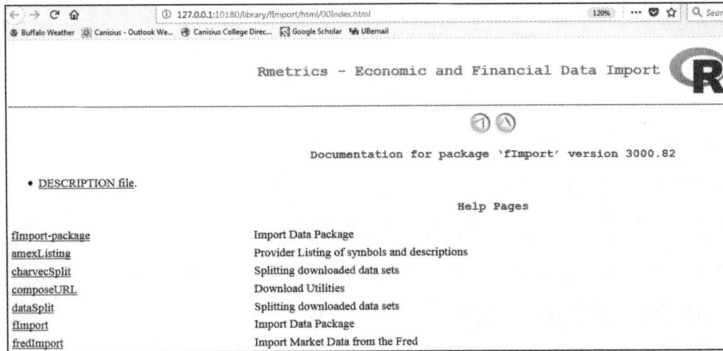

图 5-15 帮助文档

5.12 常用的 R 包指令

R 包是使用 R 时最重要的工具之一。通常我们会列出所有可用的 R 软件包，然后找出有关财务或我们需要的软件包。但是，对于新用户而言，以下方法可能更合适：首先，找出所有加载的包；其次，找出一个加载的包所包含的函数及其他内容；最后，根据使用情况和实例来搜索与特定功能相关的更多信息。表 5.1 介绍了与软件包相关的最常用的命令。

表 5.1 获取有关预装、加载的 R 包的指令

描述	R 指令
找出所有已加载的软件包	>search()
找出是否加载了特定的软件包	> "package:XML" %in% search() [1]TRUE
找出所有预先安装的软件包	>library() >.packages(all.available=T)
检测是否预装了特定的软件包	> "XML" %in% .packages(all.available=T) [1]TRUE
加载预装的软件包	>library("fImport") >require(financial)
卸载一个 R 包	> detach(package:fImport) >detach("package:fImport",unload=TRUE)
获取有关软件包的信息	>help(package="timeDate") >library(help="timeDate")

5.13　练习题

（1）了解 R 包有何意义？

（2）今天一共有多少 R 包存在？

（3）加载的软件包与预装好的软件包有什么不同？

（4）有几种方法可以加载 R 包？

（5）如何找到所有已加载的 R 包？

（6）如何查找所有已经安装好的 R 软件包？

（7）如何安装 R 包？

（8）与特定 R 程序包相关的文档有何作用？

（9）如何查找特定 R 程序包的文档？

（10）下载 RXML 程序包的文档。

（11）卸载一个 R 包和卸除一个 R 包有无区别？

（12）有多少种方法来安装 R 包？

（13）如何卸载一个 R 包？将 RXML 加载并卸载。

（14）R 的 quantmod 包中，一共有多少个函数供可用？

（15）从哪儿我们能找到所有的 R 包？

（16）从哪儿我们能找到所有的与金融有关的 R 包？

（17）解释 library(help=timeDate)和 help(package=timeDate)之间的区别。在编程中，哪种方法更好？

（18）在下述语句中，解释%in%的含义。

```
>  "XML" %in% .packages(all.available=T)
```

（19）介绍名为 fExtremes 的 R 包的用途。

（20）安装一个为 fGarch 的 R 包，并使用其一到两个函数。

第 2 篇　金融模型及基础知识

第6章
金融模型及基础知识

在本章中，我们将简单介绍一些金融学的常用基本公式及投资规则。对金融专业的学生而言，这部分相对来说很容易。因而，他们可以很快地过一遍，或在选择跳过本章，直接进入下一章的学习。对计算机相关专业的学生而言，他们大概要花相当多的时间和精力来学习和理解本章包含的内容。

6.1 无限数求和公式

让我们看看以下无限数的总和（S）是多少。第 1 个值是二分之一，第 2 个值是四分之一，然后是八分之一，等等。规律是：下一个值是前一个值的一半，详见下面等式。

$$S = \frac{1}{2} + \frac{1}{4} + \frac{1}{8} + \frac{1}{16} + \cdots$$

如果你画一个方形，然后填满一半，再填满四分之一，然后八分之一，十六分之一，等等，最终你会填满整个正方形。即 S 的最终值将为 1。对于这类求和，我们实际上有一个简单的公式，如下所示。

$$\begin{cases} S = a_1 + a_1 q + q_1 q^2 + a_1 q^3 + \cdots \\ S = \dfrac{a_1}{(1-q)}, \quad 当 q < 1 \end{cases} \tag{6-1}$$

对于上述二分之一加四分之一，再加八分之一等的例子，我们可以使用公式（6-1）检验一下自己的猜测：

$$S = \frac{a_1}{1-q} = \frac{\frac{1}{2}}{1 - \frac{1}{2}} = \frac{\frac{1}{2}}{\frac{1}{2}} = 1$$

公式（6-1）可用于求解永久年金和年金的现值。永久年金是指相同的现金流发生在相同的时间间隔，直至永远。年金是指相同的现金流，发生在相同的时间间隔，但只有 n 次。

6.2 货币的时间价值

常识告诉我们，今天收到的 100 元要比 5 年后的 100 元值钱。因为我们可以将这 100 元存入银行挣点利息。也就是说，两者的区别在于前者可以获得格外的利息。在这一章，我们专注于 3 个重要的概念：等效性、现值（基准）及折现率。

等效性：一年后如果你将收到 100 元付款。今天你愿意接受多少？假定你将很高兴今天收到 90 元。这意味着对你而言，今天的 90 元相当于一年后的 100 元。当若干现金流在不同时间点发生时，我们应用这一概念来比较它们的等效性。

基准（现值）：实际上，显然会有现金流会发生在不同的时间点。比如一年后的 100 元和两年后的 125 元。哪个更有价值？根据等效的概念，我们可找到与 125 元相等值的一年后的值。然后将其和 100 元相比。等效性让我们有多种方法选择基准，无论是在一年后，两年后，或五年后等。然而，我们通常会选择现值作为基准，即找到这两个未来值今天的等同价值，然后对它们进行比较。

折现率：对于未来现金流，我们可以用给定的折现率来估计其等效的现值。在此阶段，我们可认为折现率和利率相同。严格地说，折现率应该是无风险利率加风险溢价。也就是说，折现率和我们所考虑的项目的风险水平相关联。对不同的折现率，如 10%和 8%，我们有不同的等效现值，如下。

```
> 100/(1 + 0.1)^2
  [1] 82.64463
> 100/(1 + 0.08)^2
  [1] 85.73388
```

6.3 基本财务公式

资金的时间价值是指相同的现金流发生在不同时间点会具有不同的现值。下面是计算一个未来现金流现值的公式：

$$PV = \frac{FV}{(1+R)^n} \tag{6-2}$$

在上式中，PV 是现值，FV 是未来值，R 是资本的期贴现率（折现率），n 是周期数。看了下文，我们会明白 R 更精确的定义是：期有效贴现率。例如，两年后我们有 5 元付款。假设年利率（折现率）为 10%。目前的等价值是多少？将数据代入公式（6-2），我们有 $5/(1+0.1)^2=4.13$，即今天等价的值为 4.13 元。从公式（6-2）可以很容易推导出一个未来值的表达式：

$$FV = PV \times (1+R)^n \tag{6-3}$$

永续年金是指同样的现金流出现在相同的时间间隔直至永远。如第一次的现金流发生在第一期的结束时，我们有下图。

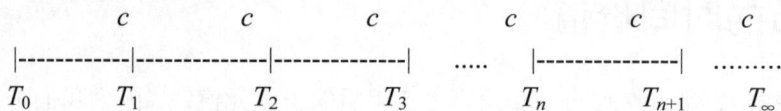

```
          c          c          c          c          c          c
|---------|----------|----------|     .....|---------|  .........
T₀        T₁         T₂         T₃         Tₙ        Tₙ₊₁      T∞
```

显然永续年金的现值等于将来各现金流量现值的总和。

$$PV(perpetuity) = \frac{c}{(1+R)^1} + \frac{c}{(1+R)^2} + \frac{c}{(1+R)^3} + \cdots$$

实际上，上面的现金流相当于：

$$\begin{cases} a_1 = \dfrac{c}{1+R} \\ q = \dfrac{1}{(1+R)} \end{cases}$$

因为我们知道，当 $R>0$ 时，$q=1/(1+R)$，此时 q 小于 1。根据公式（6-1），我们有下式：

$$PV = \frac{a_1}{1-q} = \frac{\dfrac{c}{1+R}}{1-\dfrac{1}{1+R}} = \frac{c}{R}$$

因此，当第一个现金流发生在第一期结束时，其永续年金的现值如下：

$$PV(永续年金) = \frac{c}{R} \tag{6-4}$$

我们来看一个例子。玛丽准备为母校每年的校友团聚给予资助。如果校友聚会的开销一般是 8000 美元一年，假如平均年折现率为 3%，那么今日，她总共的捐款额就应该是 26.7 万美元（8000/0.03）。

年金在期首的永续年金：

当现金流发生在每一期的期首时，称为年金在期首的永续年金，如下所示。

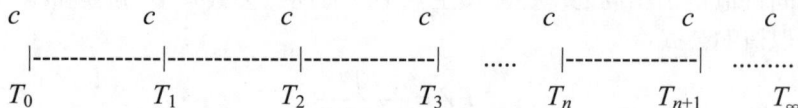

```
  c          c          c          c          c          c          c
|---------|----------|----------|     .....|---------|  .........
T₀        T₁         T₂         T₃         Tₙ        Tₙ₊₁      T∞
```

公式（6-5）是计算年金在期首的永续年金的现值。

$$PV(年金在期首的永续年金) = \frac{c}{R}(1+R) \tag{6-5}$$

我们可以很容易地发现如何从公式（6-4）推导出公式（6-5）。

$$PV(年金在期首的永续年金) = c + PV(永续年金) = c + \frac{c}{R} = \frac{c}{R}(1+R)$$

当未来现金流量以 g 常速增长时，我们称之为增长型永续年金，如下所示。

$$
\begin{array}{ccccc}
c & c(1+g) & c(1+g)^2 & c(1+g)^{n-1} & c(1+g)^n \\
\text{|------------|------------|------------|} & \cdots\cdots & \text{|------------------|} & \cdots\cdots \\
T_0 & T_1 & T_2 & T_3 & T_n & T_{n+1}
\end{array}
$$

公式（6-6）给出了增长性永续年金的现值：

$$
PV(增长型永续年金) = \frac{c}{R-g} \tag{6-6}
$$

在公式中，g 为期增长率，其值应小于折现率（贴现率）R。在上面的例子中。玛丽准备为母校每年的校友团聚给予资助。年开销为 8000 美元一年，假如平均年折现率为 3%。若考虑通货膨胀的影响，假设通货膨胀率为 1%，那么今日，她总共的捐款额为 40 万美元，即 8000/（0.03－0.01），而不是先前计算的 26.7 万美元。

年金被定义为同样的现金流出现在相同的时间间隔，一共有 n 期。如果第一个现金流发生在第一期结束时，那么年金的现值是：

$$
PV(年金) = \frac{c}{R}\left[1 - \frac{1}{(1+R)^n}\right] \tag{6-7}
$$

在公式中，c 是付款，R 是折现率，n 是周期数。公式（6-7）是比公式（6-5）复杂得多。然而，如果你加一点点想象力，就可以结合公式（6-4）和公式（6-2）来推导出上述公式。为帮助理解，下面我们将公式（6-4）和公式（6-2）重新给出：

$$
PV(永续年金) = \frac{c}{R}
$$

$$
PV = \frac{FV}{(1+R)^n}
$$

我们将年金分解成两个永续年金。

年金的现金流如下所示：

$$
\begin{array}{ccccc}
 & c & c & c & c \\
\text{|-------------|-------------|-------------|} & \cdots\cdots & \text{|} \\
T_0 & T_1 & T_2 & T_3 & T_n
\end{array}
$$

其等价的两个永续年金图示如下：

永续年金 A：

$$
\begin{array}{ccccccc}
 & c & c & c & c & c & c \\
\text{|-----------|-----------|-----------|} & \cdots\cdots & \text{|-----------|} & \cdots\cdots \\
T_0 & T_1 & T_2 & T_3 & T_n & T_{n+1} & T_\infty
\end{array}
$$

永续年金 B：
$$
\qquad\qquad\qquad\qquad\qquad\qquad\qquad -c \qquad -c
$$

对第一个永续年金（永续年金 A）而言，其第一笔现金流在第一期期末。对第二个永续年金（永续年金 B）而言，其第一笔现金流在第 $n+1$ 期期末。且其现金流的方向和永续年金 A 相反。也就是说在第 n 期后，正 C 和负 C 相互抵消。因此，我们有下面的推导：

$$PV(永继年金A) + PV(永继年金B) = \frac{c}{R} - PV\left(\frac{c}{R}\right) = \frac{c}{R} - \frac{1}{(1+R)^n}\frac{c}{R} = \frac{c}{R}\left[1 - \frac{1}{(1+R)^n}\right]$$

公式（6-8）给出了年金的未来值：

$$FV(年金) = \frac{c}{R}[(1+R)^n - 1] \qquad (6\text{-}8)$$

下面我们讨论如何估计债券的价格或现值。对有息债券而言，投资者将获得期利息及在到期时收到的本金。根据定义，我们可把有息债券的价格视为所有利息的现值加上本金的现值。

$$PV(有息债券) = \frac{c}{R}\left[1 - \frac{1}{(1+R)^n}\right] + \frac{面值（本金）}{(1+R)^n} \qquad (6\text{-}9)$$

公式（6-9）中，c 为期利息（债券面值乘以年利息除以每年支付的频率）、R 是期折现率（年利率除以每年的复利期数），n 是付利息的总次数。假设面值是 100，15 年到期。息票年利率为 8%，每半年付息。每个息票支付的价值是 $100×0.08/2=4$。如果年利率为 9.2%，我们的有效半年度率 4.6% $(=0.092/2)$。将这些值与 $n=30=15×2$，$c=4$，代入公式（6-9），我们可以计算收息债券的价格为 92.26。

6.4　有效利率的相互转换

首先我们来看一个简单的例子。如果年利率为 10%，且半年付一次利息，相应的有效年利率是多少？这里我们可用一个 Excel effect()函数，如图 6-1 所示。

其中，第 1 个输入值为年利率，第 2 个输入值为每年付利息的次数，分别输入 0.1 和 2，我们可得到有效年利率为 10.25%，如图 6-2 所示。

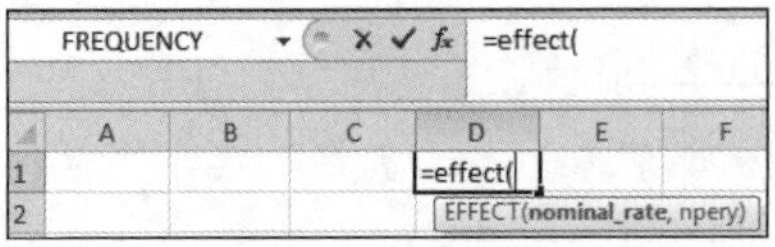

图 6-1　函数 effect() 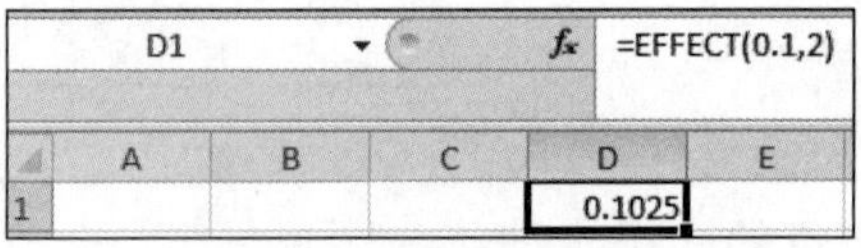　　　　图 6-2　计算有效年利率

如果年利率为 10%，且半年付一次利息，相应的有效季度利率是多少？遗憾的是，对于此类问题，尚没有相应的 Excel 函数。

针对此类问题，下面我们介绍三步法。

第 1 步：哪个有效利率已知？

第 2 步：如何将一个有效利率转换成另一个有效利率？

由于每半年复利的年利率为 10%，这等同于告诉我们有效的半年利率为 5%（相当于

10%/2）。

第 3 步：画一条线表示一年。如图 6-3 所示上半部为已知有效利率，下半部为待求有效利率，然后应用公式（3）两次，如图 6-3 所示。

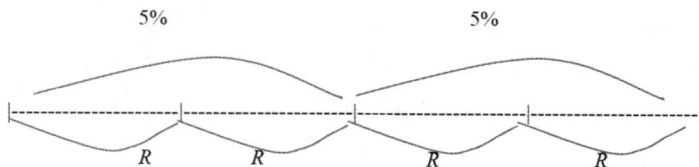

图 6-3　有效利率

假设我们今天存入 1 元，一年后得到的钱（利息加本金）应是固定的。也就是说，无论我们是用有效的半年利率来计算，或用有效的季度利率来计算，结果应相同。

$$FV = 1 \times (1 + 0.05)^2$$

$$FV = 1 \times (1 + R)^4$$

将它们相等，我们有下面等式。

$$(1 + R)^4 = (1 + 0.05)^2$$

解上式，我们得到有效季度利率为 0.02469508。

6.5　净现值法则

净现值（Net Present Value，NPV）定义为所有流入现金流的现值，减去所有流出现金流的现值。如果我们定义流入现金流为正，流出现金流为负，可以简化净现值的定义为所有现金流现值的总和。这里有一个简单的例子，一个项目有 5 年的寿命。在第一年末，我们有 100 美元的现金流入。在接下来的 4 年的每年末，有 200 美元。最初的投资是 400 美元。如折现率是 10%，那么该项目的 NPV 是多少？按 NPV 的定义，我们有下面的公式，结果为 267.25（美元）。

$$NPV(project) = -400 + \frac{100}{1.1} + \frac{200}{1.1^2} + \frac{200}{1.1^3} + \frac{200}{1.1^4} + \frac{200}{1.1^5} = 267.25（美元）$$

对 Excel 而言，我们有 NPV 函数，如图 6-4 所示。

需要注意的 Excel 的 NPF() 并不是一个真正意义上计算 NPV 的函数。因为我们不能包括发生在今日的现金流。

若要接受或拒绝一个独立的项目，可应用以下的 NPV 规则。

$$\text{NPV规则}:\begin{cases}\text{如}NPV>0, & \text{接受}\\ \text{如}NPV<0, & \text{拒绝}\end{cases}$$

由于项目的净现值为正，所以我们接受该项目。对于二选一的项目，选择 A 将意味着拒绝 B，反之亦然。对此，我们有以下的决策规则：如果这两个项目的 *NPV* 都为负，两个都被拒绝。否则，我们选择具有更高净现值的项目。

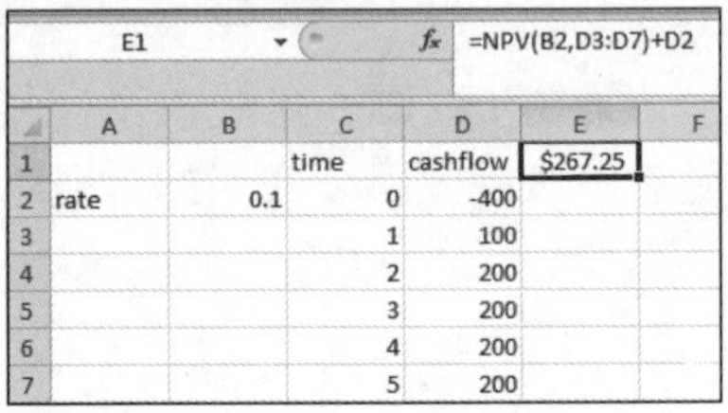

E1 =NPV(B2,D3:D7)+D2

	A	B	C	D	E	F
1			time	cashflow	$267.25	
2	rate	0.1	0	-400		
3			1	100		
4			2	200		
5			3	200		
6			4	200		
7			5	200		

图 6-4　Excel 中的 NPV 函数

6.6　内部收益率法则

内部收益率（Internal Rate of Return，IRR）定义为当净现值为零时的折现率。例如，如果我们今天投资 100 美元，一年后有 110 美元的收益，该项目的 *NPV* 可以由下面的公式表示：*NPV*= −100+110/(1+*IRR*)。由于 10%的折扣率将使上述的净现值等于零，所以内部回报率是 10%。再看看第二个例子。如果投资仍为 100 美元。在下面 3 年中，3 个现金流分别为：90 美元、50 美元和 30 美元。按 *NPV* 的定义我们有：

$$NPV=-100+\frac{90}{1+R}+\frac{50}{(1+R)^2}+\frac{30}{(1+R)^2}$$

解之，我们有 *IRR* 是 41%。对 Excel 而言，我们有 IRR 函数，如图 6-5 所示。

在后面章节中，我们将显示如何使用 R 来估计内部回报率，选择项目的 *IRR* 规则如下：

$$IRR\text{规则}:\begin{cases}IRR>R_c, & \text{接受}\\ IRR<R_c, & \text{拒绝}\end{cases}$$

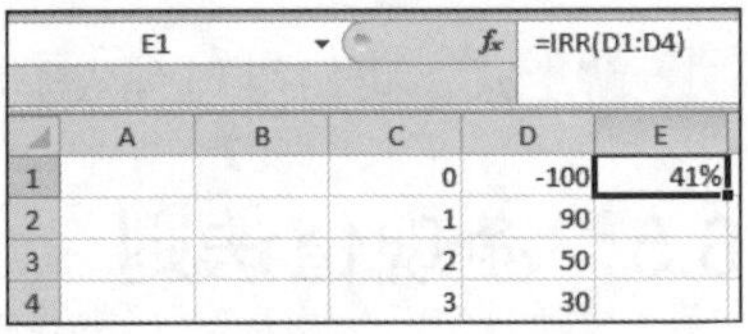

E1 =IRR(D1:D4)

	A	B	C	D	E
1			0	-100	41%
2			1	90	
3			2	50	
4			3	30	

图 6-5　Excel 中的 IRR 函数

式中 R_c 是资本成本。我们先定义所谓的“正常项目”，正常项目是指先出后入，即先是现金流出，然后是现金流入。对正常项目而言，在绝大多数情况下，*NPV* 规则和 *IRR* 规则会提供相统一的结论。对非正常的项目而言，*NPV* 规则和 *IRR* 规则可能会提供相冲突的结论。如果结论不同，则以 *NPV* 为主导。有几个原因解释为何 *NPV* 规则会主导 *IRR* 规则。首先，我们可能无法找到 *IRR*。即没有折现率（*R*）能使 *NPV* 为零。第二，当未来现金流方向更改标志 *n* 次时，我们可能得到 *n* 个不同的 *IRR* 估计值。例如我们可能会发现两个 *IRR*，如 9%和 14%。如果资本成本为 10%，将不能用上述的 *IRR* 规则来决定是否选择或拒绝该项目。第三，再投资的假设对 *IRR* 规则是不现实的。

6.7　内部收益率

当现金流变换方向时，我们可能得到多个 *IRR*。问题是如何走出这些数值。一般而言，如现金流的方向改变 n 次，我们就可能有 n 个不同的 IRR。例如现金流有 4 次改变方向，如图 6-6 所示。

▲	A	B	C	D	E	F	G	H
1			R	NPV				
2			0	($72.00)	=NPV(C2,$B$5:$B$8)+$B$4			
3	period	cash flow	0.03	-45.498				
4	0	-3024	0.06	-27.815				
5	1	17172	0.09	-16.284				
6	2	-36420	0.12	-8.991				
7	3	34200	0.15	-4.562				
8	4	-12000	0.18	-2.025				
9			0.21	-0.695				
10			0.24	-0.096				
11			0.27	0.093	<==	25.00%	=IRR(B4:B8,0.26)	
12			0.3	0.083				
13			0.33	0.009				
14			0.36	-0.055	<==			
15			0.39	-0.069				
16			0.42	-0.023				
17			0.45	0.074	<==			
18			0.48	0.204				
19			0.51	0.341				
20			0.54	0.455				
21			0.57	0.515				
22			0.6	0.492				
23			0.63	0.357				
24			0.66	0.082				
25			0.69	-0.355	<==			
26			0.72	-0.976				
27			0.75	-1.799				
28			0.78	-2.840				
29			0.81	-4.112				

图 6-6 现金流方向改变 4 次

第一步，生成一个利率行，如图 6-6 中的数据的第 3 例（R）从 0%到 81%。第二步，计算它们的净现值（NPV）。第 3 步，找到 NPV 改变符号的地方。即从正号变成负号，或从正号变成负号。用这些变号的地方的折现率作为在 IRR()函数中的猜测（guess）。如第一个 IRR 值 =IRR(B4:B8, 0.26)。0.26 就是我们的猜测值。

6.8 投资回收期法则

投资回收期定义为我们需要多少年来收回初始的投资。如果我们最初的投资是 350 美元，以后每年收入为 70 美元，那么我们的投资回收期为 5 年（350/70）。投资回收期规则基于以下原则。

$$\begin{cases} T < T_c, & 接受 \\ T > T_c, & 拒绝 \end{cases}$$

其中 T 是估计投资回收期，T_c 是可接受的回收期。对于上述的情况，如果公司可接受的回收期（T_c）为 3 年，即回收期小，我们将拒绝该项目，因为我们须花 5 年才能收回投资。

回收期规则的优势在其简洁性。但是，这个规则又有许多不足之处。第一，它忽视了货币的时间价值，认为今天的 70 元和 5 年后的 70 元相同。第二，它忽视了投资回收期后的未来现金流。第三，对如何选择合理的 T_c 没有任何理论基础。

6.9 增量现金流量法

假设有两个不相容的项目 A 和 B，例如我们有一块地，要是盖宿舍楼就无法盖超市了。假设 NPV_A 和 NPV_B 是它们的估计净现值。决定规则是，如果这两个 *NPV* 都为负，我们两个都拒绝。否则，我们选择具有更高净现值的项目。如果对这两个项目而言，许多未来的现金流是相同的，我们可以使用增量现金流方法来简化计算。在这种情况下，假设我们有一个新的项目：*C=A−B*，该新项目的现金流是从项目 A 的的现金流入减去来自项目 B 的现金流。我们的决策规则将有所不同：如果 NPV(*C*)>0，我们接受项目 A，并拒绝项目 B。如果 NPV(*C*)<0，我们拒绝项目 A，并接受项目 B。要注意的是：应用增量现金流方法就只有两种结果，而不是前面讨论的 3 种可能。

6.10 与 Excel 有关的函数

对于还没有学习用 R 写程序的人，知道 Excel 有关函数会十分有帮助。例如我们输入 "= pv("，将会有相关的输入提示，如图 6-7 所示。

例如，要计算年后 100 元的现值是多少？假设年利息为 1.3%，我们有图 6-8 所示的结果。

图 6-7　Excel 中的 pv 函数

图 6-8　pv 函数示例 1

对 Excel 而言，有一个符号规则：若输入的未来值为正，现值则为负。反之亦然。下列为计算某债券的现值。假设债券的面值是 1000 美元，30 年到期，每半年付息，息票年利率为 4%，如果年折现率为 2.1%。我们有图 6-9 所示的结果，可知该债券的现值为 886.96 美元。

图 6-9　pv 函数示例 2

使用 Excel 的一大优点是这些函数的输入方式相同，如表 6.1 所示。

表 6.1 Excel 函数及其输入值

函数名	输入值
=pv()	=pv(rate,nper,pmt,[fv],[type])
=fv()	=fv(rate,nper,pmt,[pv],[type])
=pmt()	=pmt(rate,nper,pv,[fv],[type])
=nper()	=nper(rate,pmt,pv,[fv],[type])
=rate()	=rate(nper,pmt,pv,[fv],[type],[guess])
=npv()	=npv(rate,value1,[value2],…)
=irr()	=irr(values,[guess])

在表 6.1 中，*pv* 是现值，*fv* 是未来值，*nper* 是周期数，*pmt* 是年金或息金，*type*=1 是指在期末付的年金，*type*=0 指在每期开头末付的年金，*rate* 是资本的期贴现率（折现率）。

6.11 练习题

（1）编写一个 R 程序来输入一个 Excel 数据集。

（2）如果年折现率为 3.5%，4 年后 156 美元的现值是多少？

（3）在 25 年后，每年支付 35 美元直至永远，如果年贴现率是 9.41%，该永继年金目前的价值是多少？

（4）每年支付 4 美元。年折现率为 3.4%，该永继年金的未来价值是多少？

（5）每年支付 4 美元。每年支付两次，即每 6 个月支付一次。半年复利的年利率为 3.4%。该永继年金的现值是多少？

（6）在 8 年期间，每股收益从 1 美元变成 2 美元（共成长是 100%），那么其每年的增长率是什么？

（7）对一个项目而言，其在第一年和第二年有 5000 美元和 8000 美元的现金流入。初始投资成本为 3000 美元。对第一年和第二年而言，适当的折现率分别是 10% 和 12%。那么项目的 NPV 是多少？

（8）通用数据公司刚刚支付 6 美元的红利（股息）。股息预计在将来以 6% 的速度衡速增长。某风投公司建议，我们应用 10% 的贴现率。那么其股票的价格是多少？

（9）公司 A 将发行新债券，年息票支付 80 美元，票面价值为 1000 美元。利息每半年付一次。债券 2 年到期。当今的一年期的利率是 10%。在第一年结束后一年的利率预计为 12%。

1）债券的现值是多少？

2）如公司 A 在第一年的年底一次性付清，你愿意接受的价格是多少？

（10）如果理查德在 4 年后完成大学教育，他的姑妈答应为他支付 5000 美元。理查德勉强度过了第二年。他非常想要一个长的假期（休学一年）。若半年复利的年折现率是 10%。理查德休学一年的代价是多少？

（11）4 年前，助力公司每股的股息为 0.80 美元。今天的股息是 1.66 美元。该公司预计，在未来的 5 年内，其股票将享受相同的股息增长率。此后，股息增长率会平稳下来，预计维持在每年 2%。如果这只股票所要求的收益率为 19%，那么当前的股票价格是多少？

（12）对一个项目而言，其在第一年和第二年的收入为 5000 美元和 4000 美元。初始投资成本为 3000 美元。对第一年和第二年而言，适当的年折现率分别是 10% 和 11.5%。计算该项目的净现值。

（13）每半年复利的年利率为 10%，其相应的有效的年利率是多少？

（14）从当地报纸的金融版，你得知可以花 750 美元购买一债券，票面价值是 1000 美元。如果年息票利率是 10%，息票每半年支付一次，10 年到期。如果对同类的投资，你需要的投资回报率是 13%，你是否应当购买？

（15）在 7 年之内，如果一家公司的股票每股价格从 1 美元涨到 2.45 美元，其平均年增长率是多少？

（16）如果每季度复利的年利率为 9.5%，等价的连续复利为多少？

（17）连续复率为 8.34%，相应的每半年复利的年利率是多少？

（18）如何使用 Excel 的 IRR 函数？举例说明。

（19）对比 Excel 的 yield() 函数和 rate() 函数，请举例加以对比。

（20）如何使用 Excel 的 rate() 函数？举例说明。

第 7 章
编写简单的程序

在本章中，我们重点介绍如何用 R 编写简单的函数。熟悉其基本结构，了解关键词是什么，如何给函数输入值，如何添加注释等。然后我们用 R 编写一个金融计算器。换言之，基于第 1 章所提供的一系列金融学公式，我们可以编写相应的 R 函数。例如，当年利率为 10% 时，调用 pv_f(100,0.1,2)可计算 2 年后 100 元的现值。在接下来几章中，我们将进一步学习更复杂的函数，如 Black-Scholes-Merton 期权定价模型。在用 R 进行金融计算时，我们需使用大量的函数。幸运的是，绝大部分函数已包含在现有的各种 R 包中。本书有一章专门讨论 R 包，即第 28 章。

7.1 最简单的 R 程序

简单的程序只需一行。下面我们编写可谓世界上最简单函数（程序）。函数名为 dd，且仅有一个输入值。函数的目的也很简单：将输入值翻倍。

```
> dd<-function(x)x*2
```
若要调用它，只需把它当作任何 R 的自带函数，如 min()、max()等。

```
> dd(2.45)
   [1] 4.9
> dd(2.14)
   [1] 4.28
```

为了编写一个 R 函数，首先我们得给函数一个名字，如 dd。当然我们也可以使用其他的函数名，如 d2、doubleValue 等。在程序语句中，function 是关键词，其中文意思是函数。括号中包含的 x 是唯一的输入值。如有多个输入值，我们用逗号将它们分隔。上述函数的最后一部分是其主体。在此阶段可理解为我们的输出值。

7.2 编写单行的 R 程序

下面，我们定义将来值为 FV，期折现率为 R，周期数为 n。从第 1 章中，我们知道，其现值的公式如下：

$$PV = \frac{FV}{(1+R)^n} \qquad (7-1)$$

其相应的函数只有一行。

```
pv_f<-function(fv,r,n) fv/(1+r)^n
```

如输入 3 个值：100、0.1 和 1。我们可以得到一年后 100 元的现值。

```
> pv_f(100,0.1,1)
  [1] 90.90909
```

我们甚至可以编写一个没有任何输入值的函数。从第一章中我们知道键入 q()代表退出 R。如果键入 exit()，我们将得到一条错误消息。

```
> exit()
Error: could not find function "exit"
```

错误信息提示我们：找不到 exit 函数。因此，我们可以编写一个等同于 q()的函数，让我们称之为 exit，见下面一行语句。

```
> exit<-function()q()
```

7.3 函数参数的输入

7.3.1 按顺序输入参数

在调用函数时，我们有 3 种方法为函数输入其所需的数值：按顺序、按关键字以及混合型。按顺序是指参数输入变量的意义取决于它的位置（顺序）。当年折现率为 8%时，一年后 100 元的现值是多少？根据 pv_f()函数的结构：3 个输入值的顺序为：未来值、期利率和周期数。

```
> pv_f(100,0.08,1)
  [1] 92.59259
```

如果我们输入 3 个值的顺序为 1、100 和 0.08，即 pv_f(1,100,0.08)，那么，第一个输入的值将解释为 1 美元；第二个输入的值解释为利率是 10000%；第三个输入的值解释为周期数是 0.08。最终的结果将是 0.69 元而不是 92.59 元。

```
> pv_f(1,100,0.08)
  [1] 0.6912805
```

下面的验算证实了上述结果。因此，我们必须注意输入变量的顺序。

```
> 1 /(1+100) ^0.08
  [1] 0.6912805
```

7.3.2　按关键词输入参数

该方法是指将输入关键词（字）放在每个参数之前：如 fv=100。

```
> pv_f(fv=100,n=1,r=0.08)
   [1] 92.59259
```

和第一种方法相比，第二种方法似乎更费事。因为除了输入值外，我们还须输入变量的名称。但在某些情况下，第二种方法有其长处。假设我们不少的编程人员围绕一个大项目编写各类程序函数等，当把许多程序结合在一起时，会很难知道众多函数输入参数的次序。以下式为例。

$$PV = \frac{FV}{(1+R)^n}$$

我们知道有 3 个输入值：fv、r 和 n，但不同的编程人员可能会选择不同的输入顺序。关键字法的优点是输入变量的顺序不再起作用。下列给出输入数据的 3 种等效方式。

```
> pv_f(fv=100,n=2,r=0.1)
   [1] 82.64463
> pv_f(n=2,fv=100,r=0.1)
   [1] 82.64463
> pv_f(r=0.1,fv=100,n=2)
   [1] 82.64463
```

若要查看所有用户定义的变量和函数，我们用 ls() 函数。

```
> ls()
   [1]"dd"    "pv_f"
```

为了解某函数的结构或用途，只需输入其名称即可，如 pv_f。

```
> pv_f
function(fv,r,n)  fv/(1+r)^n
```

对函数的输入法而言，了解上述两种方法应该足够了。然而，出于完整性的考虑，我们介绍第 3 种方法。

7.3.3　混合型输入参数

该法有 3 条规则：

第 1 条规则"精确匹配"——输入变量的关键字和函数指定的关键字精确匹配；

第 2 条规则"部分匹配"——在实施第 1 条规则后，部分匹配关键字；

第 3 条规则"位置匹配"——在实施前两条后，按位置（顺序）定义残余的输入变量。

我们以下例说明以上 3 条规则是如何应用的。假设函数有 4 个输入值（*x*，*y*，*aa*，*aabb*），见以下函数。

```
my_f<-function(x,y,aa,aabb) {
    cat("x =", x,"\n")
}
```

下面给出几种不同的输入方式。

方式 1:

```
> my_f(aa=1,2,3,4)        # 据第 1 条规则: aa = 1
                          # 据第 3 条规则: x = 2, y = 3, aabb = 4
```

方式 2:

```
> my_f(aabb=1,a=2,3,4)    # 据第 1 条规则: aabb = 1
                          # 据第 2 条规则: aa = 2
                          # 据第 3 条规则: x = 3, y = 4
```

我们可以用以下代码检查上述结果。

```
# use this function to check
my_f<-function(x,y,aa,aabb) {
    cat("x=",x,"\n")
    cat("y=",y,"\n")
    cat("aa=",aa,"\n")
    cat("aabb=",aabb,"\n")
}
```

7.4 编写多行的 R 程序

对于多行的函数,我们用一对花括号{}来包含这些围绕一个函数的相关语句。

```
my_function<-function(x,y,z) {
    # 第一行语句
    # 第二行语句
    # 第三行语句
    # 其他语句
}
```

显然,对于那些最简单的只有一行的函数,我们仍然可以添加一对花括号将其包含。

```
pv_f<-function(fv,r,n) {
    fv*(1+r)^(-n)
}
```

倘若要使函数的功能一目了然,最好的策略是添加足够的解释:如函数的目的、函数所用的公式、各输入变量的定义。如能再加上一个或两个关于如何应用该函数的例子则更佳。下面给出一个计算永继年金现值的函数。该函数实际上只有一行:return(c/r)。我们加了一些对如何使用该函数的说明。

```
pv_perpetuity<-function(c,r){
" Objective: estimate the present value of perpetuity
formula: pv(Perpetuity)=  c/R

    c  : cash flow (1st at the end of 1st period)
```

```
    r   : effective period rate

 Example> pv_perpetuity(10,0.08)
          [1] 125
"
return(c/r)
}
```

在上面的程序结束之前即最后一行，我们使用了 return()指令。对编程而言，这是一个标准命令，它将返回最终计算结果。虽然不用 return()不会导致任何错误，但添加 return()指令会使程序更为清晰，因为我们确切地知道函数返回的结果是什么。return()指令的另一用途是帮助检错。在检错时，我们可以在程序中多次使用 return()。假设我们有一长程序，第一个 return()返回一个输入值。如没有问题，我们将该 return()去掉。第二个 return()返回一个初步的计算结果。如没有问题，我们再将第二个 return()去掉。重复如此，直至我们完成对整个程序的检验。

在写 R 程序时，我们有两种方法来添加注释。第一种方法利用数字符号（#）。符号#表明其后为注释行。

```
> pv<-100    # present value
```

唯一的例外是当#本身是字符串的一部分，如下例所示。

```
> x<-" the # of observations is 500"
```

在 R 软件编译该程序时，R 编译器将忽略注释行。当我们的注释占多行时，在每行注释前加#是件烦琐的事，而且使函数看起来不简洁。在这种情况下，我们可用一对双引号包含所有这些注释行（请参见上面的例子）。

7.5 良好的代码缩进

下面的两个程序一模一样，区别只是在缩进，显然第一个程序是更容易阅读。

```
pv_perpetuity_due<-function(c,r){
" Objective: estimate the present value of a perpetuity
     c  : cash flow (1st at the end of 1st period
     r  : effective period discount rate
     e.g.,
        > pv_perpetuity(10,0.08)
         [1] 125
"
return(c/r*(1+r))
}
```

下面的第二个程序和上面的第一个程序具有相同的代码，但代码缩进不同。

```
pv_perpetuity_due<-function(c,r){
" Objective: estimate the present value of a perpetuity
```

```
c: cash flow (1st at the end of 1st period
r: effective period discount rate
e.g.,
> pv_perpetuity(10,0.08)
[1] 125
"
return(c/r*1(1+r))
}
```

对一个简单的函数而言，例如上面的示例，缩进的有效性不是很明显。然而，对更为复杂的程序，如有多个循环和多个包，采用适宜的缩进将至关重要。

7.6　R 自带的程序编辑器

我们可用 R 自带的程序编辑器来编写程序，单击 R 菜单上的"File"→"New Script"，然后输入图 7-1 所示的 3 条语句。

为将以上程序存档，单击 R 菜单上的"File"，我们将看见下面图示。如图 7-2 所示，可用"Save"或"Saveas…"将我们的程序存档。

图 7-1　新建程序

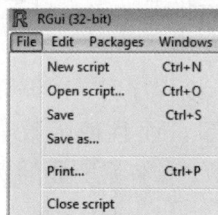

图 7-2　保存程序

文件的后缀是.R。此外，我们可以通过依次单击"File"和"Open script"来打开一个现有的 R 程序。

7.7　其他程序编辑器

将记事本放在计算机的桌面上，相关的操作会更方便。此外，我们可以使用记事本、Word 软件或其他文字编辑器来编写或编辑程序。须记住的一点是：在保存程序时，应用文本文件的格式（.txt）来保存，如图 7-3 和图 7-4 所示。

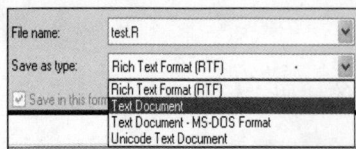

图 7-3　在记事本环境下保存程序

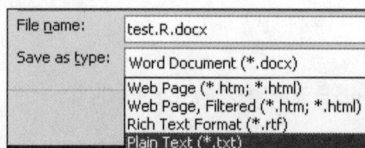

图 7-4　在 Word 环境下保存程序

7.8 程序名的后缀

当编写 R 程序时，其扩展名或后缀不重要。例如，我们可以把程序命名为 test.txt、text.R 或 text（即根本没有后缀）。后缀为.txt 的好处在于，当我们单击其名时，计算机将自动启动记事本打开该程序。同理，如果我们使用 R 自带的编辑器，采取.R 后缀更为妥当。用.R 后缀的另一个好处是区别不同的文件：R 程序、输入文件、输入数据、输出数据或输出文件等。

7.9 运行 R 程序

假设我们的程序只有一行。

```
pv_f<-function(fv,r,n)fv/(1+r)^n
```

7.9.1 用 R 自带的编译器

单击 R 菜单上的"File"→"New Script"，然后键入图 7-5 所示的语句。

然后单击"Edit"，如图 7-6 所示。从图 7-6 可以看出，为运行程序，我们有两个方法："Run line or selection Ctrl+R"是指运行一行程序或选中的一部分程序。"Run all"是指运行整个程序。

图 7-5 程序示例

当我们鼠标放在那行上，我们可用任一方法。但我们的鼠标不在那行上且没有选那一行，我们只能用第二个方法（Run all）。图 7-7 是运行结果。

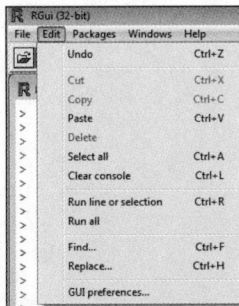

图 7-6 运行程序的采用

图 7-7 运行结果

7.9.2 复制和粘贴

使用 R 自带的编译器等同于复制我们的语句，然后将鼠标移到 R 的运行窗口，再粘贴。

换言之，我们可用记事本来生成这一行，然后将它粘贴到 R 的运行窗口。细心的读者会发现这种做法是相当于在 R 运行窗口上直接键入这一行。对简单程序而言，该方法相当简捷。此外，该法可用于调试 R 程序。在学习第 21 章时，我们将对该法作进一步的讨论。

7.9.3　使用 source()函数

使用编辑器（如记事本）生成下面 3 行语句，并保存它（例如，datas/test.R）。

```
pv_f<-function(fv,r,n)fv/(1+r)^n
fv_f<-function(pv,r,n) pv*(1+r)^n
pv_perpetuity<-function(c,r)c/r
```

我们使用 source()函数运行（激活）该程序。

```
> source("datas/test.R")
```

若要查看我们是否可以使用这 3 个函数，使用 ls()函数。

```
> ls()
   [1] "fv_f"            "pv_f"            "pv_perpetuity"
```

使用 source()函数的一个长处是我们无需看见这 3 行语句的具体运行，这对较长的程序尤其重要。实际上，我们可以加上 echo=T 使我们可以目睹语句的执行。

```
> source("datas/test.R",echo=T)
> pv_f<-function(fv,r,n)fv/(1+r)^n
> fv_f<-function(pv,r,n) pv*(1+r)^n
> pv_perpetuity<-function(c,r)c/r
```

使用 source()函数运行程序的第二种方法: 在 R 菜单上单击"File"，选择"Source Rcodes…"，然后找到你的程序。读者可以试试如何生成下面的多行程序并将其存储到 datas/test02.R，并用 source()语句运行之。

```
pv_f<-function(fv,r,n) {
"
  Objective: estimate present value
     fv : future value
     r  : discount rate
     n  : number of periods
     e.g.,
      >  pv_f(100,0.1,1)
        [1] 90.90909
"
return(fv*(1+r)^(-n))
}
```

下面是要调用预先写好的 R 程序的一般过程。

```
# 运行 R 程序的两个步骤
# 单击 "File"-->"Change dir......"- > [选择你的当前工作目录]
# 单击 "File"-->"Source R codes"   - > [选择你的在当前工作目录下的 R 程序]
```

如果我们不想改变当前的工作目录，我们可以使用所谓的绝对路径法将路径包含在代码中。

```
> source("c/yan/w1_03.R")              # 第 2 种方式来运行一个 R 程序
> source("c:/my_project/test_02.R")
```

若要查看每个步骤的执行，我们添加 echo=T。

```
> source("c:/my_project/test_02.R",echo=T)   # 显示每一步
```

7.10 变量名和巧用 Tab 键

7.10.1 有意义的变量名

为使编程清晰起见,我们应生成有意义的变量名。如用 fv 代表为未来值，求现值函数的名称为 pv_f，求年金现值的函数为 $pv\_annuity\_f$ 等。通过使用这些有意义变量名及程序名，大家能更容易地理解我们的程序。此外，我们可以大大地减少不必要的注释。图 7-8 是一个（有点极端）使用有意义变量名称的例子。

```
data Mid3;
    set Mid3;
    DollarRealizedSpread_LR_SW=waDollarRealizedSpread_LR_SW/sumsize;
    DollarRealizedSpread_LR_DW=waDollarRealizedSpread_LR_DW/sumdollar;
    PercentRealizedSpread_LR_SW=waPercentRealizedSpread_LR_SW/sumsize;
    PercentRealizedSpread_LR_DW=waPercentRealizedSpread_LR_DW/sumdollar;
    DollarPriceImpact_LR_SW=waDollarPriceImpact_LR_SW/sumsize;
    DollarPriceImpact_LR_DW=waDollarPriceImpact_LR_DW/sumdollar;
    PercentPriceImpact_LR_SW=waPercentPriceImpact_LR_SW/sumsize;
    PercentPriceImpact_LR_DW=waPercentPriceImpact_LR_DW/sumdollar;
    DollarRealizedSpread_EOH_SW=waDollarRealizedSpread_EOH_SW/sumsize;
    DollarRealizedSpread_EOH_DW=waDollarRealizedSpread_EOH_DW/sumdollar;
    PercentRealizedSpread_EOH_SW=waPercentRealizedSpread_EOH_SW/sumsize;
    PercentRealizedSpread_EOH_DW=waPercentRealizedSpread_EOH_DW/sumdollar;
    DollarPriceImpact_EOH_SW=waDollarPriceImpact_EOH_SW/sumsize;
    DollarPriceImpact_EOH_DW=waDollarPriceImpact_EOH_DW/sumdollar;
    PercentPriceImpact_EOH_SW=waPercentPriceImpact_EOH_SW/sumsize;
    PercentPriceImpact_EOH_DW=waPercentPriceImpact_EOH_DW/sumdollar;
      DollarRealizedSpread_CLNV_SW=waDollarRealizedSpread_CLNV_SW/sumsize;
    DollarRealizedSpread_CLNV_DW=waDollarRealizedSpread_CLNV_DW/sumdollar;
    PercentRealizedSpread_CLNV_SW=waPercentRealizedSpread_CLNV_SW/sumsize;
    PercentRealizedSpread_CLNV_DW=waPercentRealizedSpread_CLNV_DW/sumdollar;
    DollarPriceImpact_CLNV_SW=waDollarPriceImpact_CLNV_SW/sumsize;
    DollarPriceImpact_CLNV_DW=waDollarPriceImpact_CLNV_DW/sumdollar;
    PercentPriceImpact_CLNV_SW=waPercentPriceImpact_CLNV_SW/sumsize;
    PercentPriceImpact_CLNV_DW=waPercentPriceImpact_CLNV_DW/sumdollar;
run;
```

图 7-8　关于变量名称的反面例子

上面的代码用的是 SAS 语言。完整的代码可以在 http://canisius.edu/～yany/longVariable Names.pdf 上找到。文章的名称是 "Liquidity Measurement Problems in Fast，Competitive Markets：Expensive and Cheap Solutions" 著者为 Holden 和 Jacobsen。文章发表在金融学报上。

7.10.2　巧妙地使用 Tab 键

假设我们已经定义了几个有意义的名称，键入变量名可显示其值。例如，如果输入 pvAnnuity，我们会得到 100。

```
> pvAnnuity <-100
> pvPerpetuity <-200
> fvAnnuityDue = 300
> pvAnnuity
   [1] 100
```

显然，输入那些长的名称是容易出错的。请尝试以下方法：

```
>pvA                    #现在我们击打 tab 键等待奇迹
```

在键入 3 个字母后按 Tab 键，pvAnnuity 的完整名称会弹出。规则是：我们只需要输入足够的字母来将此变量与其他变量相区别，然后按下 Tab 键。该法对使用 source()语句时十分有用。假设我们一程序位于 c:/yan/teaching/04_MGF690/pv_f.R。我们可以按几次 Tab 键来节省时间和精力，这往往给旁观者留下深刻的印象。

```
> source("c:/yan/te                 # 击 tab 键
> source("c:/yan/teaching/          # 见左边
> source("c:/yan/teaching/04        # 输入 04 后键击 tab 键
> source("c:/yan/teaching/04_MGF690/  # 见左边
```

7.11　输入参数的默认值

对函数而言，我们可为其部分或全部的输入参数预定默认值。默认值是指当一个输入值没有赋值时所取的值。

```
> pv_f<-function(fv=100,r=0.05,n=1)  fv*(1+r)^(-n)
```

下面演示如何调用该函数。

```
> pv_f()                # 使用所有的默认值
   [1] 95.2381
> pv_f(fv=150)          # 使用两个默认值因为 fv 赋值了
   [1] 142.8571
```

对没有预定默认值的函数，且在调用该函数时没有给予适当的输入值，我们会得到一条出错信息，如下所示。

```
> pv_f<-function(fv,r,n)  fv*(1+r)^(-n)
> pv_f()
   Error in pv_f() : argument "fv" is missing, with no default
```

出错语句告诉我们，'fv'没有被赋值，且没有预先设定默认值。试试输入语句：pv_f(100)，看看有什么变化。

7.12 一个程序包含许多小函数

围绕一个主题而生成很多简短的小函数时，再将它们包含在一个主程序中是一个绝妙的主意。我们可用 source()来"激活"这些函数，有几个要注意的事项。第一，每个小程序不应包含任何错误，因为同时调试多个程序是很费时费事的。第二，给每个程序有足够的注释。第三，按逻辑顺序排列这些程序。第四，在程序集开始时，加一些注释以解释该程序集的目的。

```
" fin_101.R
  Objective : a set of 50 programs related to Finance 101
      Author    : John Doe
      Date      : 10/2/2013
      Modified  : 7/3/2014
      A list of all functions
            1)     pv_f()
            2)     fv_f()
            3)     IRR()
            4)     bond_price()
            5)     pv_annuity()
            6)     pv_perpeturity()
"
    # program one
    # program two
    # program three
}
```

如果你正在修读金融建模课程或阅读本书，在此阶段，可以生成一个文本文件（后缀为.txt），如 fin690.txt。生成一个这样的文本文件有几大优点。第一，每当你生成一个简单的程序后，可以将其包含在此文件中。第二，因为该文件是文本格式，它很容易打开、查看和修改。第三，在本书前面的章节中的许多代码对于后面的章节非常有用。因此，在编写新的程序时，你可以复制并粘贴相关程序作为初始程序。第四，很容易上传或激活你最常用的程序，这使编程事半功倍。在结束课程或结束阅读本书时，你应该有包含至少 50 个有关的各项功能的 R 程序的文本文件，将来你会发现这些函数会非常有用的。

7.13 编写一个金融计算器

基于金融财务的一系列函数，我们可以编写一些相应的函数。然后将它们包含在一个程序之中，如称之为 fin_101.txt。然后我们可以使用 source()语句激活它所包含的众多小函数。

```
> source("path/fin_101.txt")
```

表 7.1 列出了具体步骤。

表 7.1   运行 fin_101.txt 的具体步骤

步骤	说明
1	将所有函数包含在一个文本文件中，如 c:\temp\fin_101.txt
2	启动 R
3	单击 "File"，"SourceRcodes" 然后找到相应的途径，c:\temp\
4	单击文件 fin_101.txt

现在你可以调用包含在 fin_101.txt 中的函数并使用 R 作为一个金融计算器。别忘了使用 ls() 函数来列出所有函数。输入函数的名称（如 pv_f），查看它的具体用法。对上面步骤 4，如果我们当前的工作目录是 c:\temp，等效的命令如下。

```
> source('fin_101.txt')
```

如果你不想改变工作目录，可以将以上步骤 3 和步骤 4 合并通过发行下面的命令：

```
> source('c:\\test_R\\fin_101.txt')
```

或

```
> source("c:/test_R/fin_101.txt")
```

7.14   出错处理

负利率是指你把钱存入银行。银行不支付给你利息。相反，你支付利息给银行。见下例。

```
> pv_f(fv=100,r=0.1,n=1)
    [1] 90.90909
> pv_f(fv=100,r=-0.1,n=1)  # 无意中输入一个负利率
    [1] 111.1111
```

假设我们不允许负利率。在程序中可用 if()stop() 语句。请参阅以下代码：

```
pv_f<-function(fv,r,n) {
    if(r<0) stop("r  should be positive")
    return(fv/(1+r)^n)
}
```

7.15   练习题

（1）编写一个 R 函数的关键部分有哪些？

（2）R 的自带函数 sd() 是用来计算一个输入变量的标准偏差。编写一种新的 R 函数 std()。

其功能和 sd()函数相同。

（3）解释下面的函数的含义。

```
> echo<-function(x) print(x)
```

（4）编写一个 R 函数以估算永续年金的现值。第一个现金流发生在第 n 期的期末。假设 c 是现金常数，R 是永续年金的期折现率。

（5）给定一组现金流，编写一个 R 程序以估计 IRR（内部回报率），可以假设第一个现金流发生在今天。

（6）对一个项目而言，其在第一年和第二年的收入为 5000 元和 4000 元，初始投资成本为 3000 元。对第一年和第二年而言，适当的年折现率分别是 10%和 11.5%。计算该项目的净现值。

（7）编写一个 R 函数估算以下无穷数的总和：

$$S = a_1 + a_1 q + a_1 q^2 + a_1 q^3 + \cdots + a_1 q^n + a_1 q^{n+1} + \cdots \tag{7-2}$$

$$S = \frac{a_1}{1-q}, \quad q < 1$$

（8）写一个 R 程序来计算增长型永续年金的现值。

（9）修改上面的程序计算增长型永续年金的现值，但其年金在每期的开始时支付。

（10）每半年复利的年利率为 10%，其相应的有效的年利率是多少？

（11）对给定的年利率（APR）且每年复利 m 次，编写一个 R 函数以估算其有效年利率。有效年利率（EAR）定义为：

$$EAR = \left(1 + \frac{APR}{m}\right)^m - 1 \tag{7-3}$$

（12）编写一个 R 程序对给定的利率估计其相应的连续复率。APR（Annual Percentage Rate）是年利率，m 是每年的复利期数。ln()是自然对数函数。

$$R_{连续复利} = m \times \ln\left(1 + \frac{APR}{m}\right) \tag{7-4}$$

（13）连续复率为 8.34%，相应的每半年复利的年利率是多少？

（14）连续复率为 R_c。编写一 R 程序对给定的一利率估计 R_m。R_m 为每年 m 次复利的年利率。

$$R_m = m\left(e^{\frac{R_c}{m}} - 1\right) \tag{7-5}$$

（15）结合至少 10 个与财务相关的基本函数，如 pv_f 和 fv_f，以生成一个文件。

（16）编写一个 R 函数来计算身体密度指数（BMI）。其定义如下。

$$BMI = \frac{W}{H^2} = \frac{kg}{m^2} \tag{7-6}$$

BMI 被定义为以千克为单位的质量除以身高（以米为单位）的二次方。有两种类型的输入：1）直接输入千克和米。2）输入英尺（或英寸）和英镑。修改程序使其进一步包括以下信息。

BMI	描述
<18.5	体重过轻
18.5～25	正常
25～30	超重
>30	肥胖

（17）用 R 编写一个金融计算器，包含尽可能多的功能（函数）。

（18）从雅虎财经下载 IBM 的每日价格，然后使用 as.Date()和 data.frame()函数。

（19）从（18）题中检索所有月末的记录，然后估算每月的收益。

（20）从雅虎财经检索戴尔的每日价格数据，然后估计年度收益。

（21）从雅虎财经下载国际商业机器（IBM）每日价格数据，并比较星期一和星期二的平均回报，它们之间有统计学差异吗？

第8章
财务报表分析

8.1　财务报表简介

　　财务报表分析在金融分析中发挥着举足轻重的作用。财务报表分析的目的是为股东、监管机构、贷款机构（如银行）、金融分析师、内部管理人员和其他利益攸关者提供与公司有关的可靠信息，如公司的短期和长期绩效、风险级别、所有权结构、内幕交易、重大的变化和其他相关问题。在美国，这些财务报表是根据 GAAP（公认会计原则）制作的，国际上的标准是国际财务报告准则。美国相关的法律规定公司在每个财政年度（季度）结束时及在必要时，须向美国证券交易委员会（SEC）提交有关的财务报表。

8.2　获取财务报表

　　我们可以从雅虎财经、谷歌财经和 SEC 的网站免费下载数据。然而，用户必须花费时间和精力下载和处理数据。Compustat（CapitalIQ）是一个历史悠久且高质量的公司财务报表数据库，包含从 1950 至今的数据，但该数据库价格十分昂贵。幸运的是，对教学而言，开源数据已经能够涉及基本需求。表 8.1 按时间跨度列出了可能用到的财务报表的数据来源。

表 8.1　财务报表的数据来源

时间跨度	描述
短期（3～4 年）	Yahoo finance
	Market Watch
	SEC filings
中期（从 1994 年至今）	SEC filings
	Capital IQ-Compustat
长期（从 1950 年至今）	Capital IQ-Compustat

8.3 一个简单的例子

用第 5 章的方法从雅虎金融下载 IBM 公司的财报数据，并载入：

```
> library(tidyverse)
> load("data/IBMfinance.rda")
```

公司需要有一定量的现金或现金等价物来应对付短期债务，如给材料供应商支付账款等。测量这种应付短期债务的能力，我们可以使用一个流动比率（currentratio）：

$$流动比率 = \frac{短期资产（\textit{Current Assets}）}{短期债务（\textit{Current Liabilities}）} \tag{8-1}$$

为了获得这两个数据项（短期资产和短期债务），并计算流动比率，我们有下面代码。

```
IBM_BS %>%
  select(Year, matches("(^Current Liabilities)|(^Current Assets)")) %>%
  mutate('Current Ratio' = 'Current Assets' / 'Current Liabilities')
```

结果如图 8-1 所示。

```
# A tibble: 4 x 4
  Year        `Current Assets` `Current Liabilities` `Current Ratio`
  <date>                 <dbl>                 <dbl>           <dbl>
1 2020-12-30          39165000              39869000           0.982
2 2019-12-30          38420000              37701000           1.02
3 2018-12-30          49146000              38227000           1.29
4 2017-12-30          49735000              37363000           1.33
```

图 8-1 流动比率计算结果

在上述代码中，用 select()选择满足条件的列，用正则表达式匹配列名作为条件。从上述结果可以看出，在 2020 年 IBM 的短期资产和短期债务分别为 39165000 和 39869000，其对应的流动比率为 0.982（即 39165000/39869000）。

8.4 利润报表简介

利润报表（损益表）（IS）是一个公司在一段时间（一财年或财政季度）的总结。其最简单的格式如表 8.2 所示。

表 8.2 利润报表（损益表）

基本公式		一个例子	
收入		收入	= 200
−	费用	费用	=− 60
−	利息	利息	=− 20

续表

基本公式	一个例子
---------------	-----------------------------
税前收入	税前收入　　　　　=　120
－ 税	税（税率为 0.34）=　－42
---------------	-----------------------------
＝ 税后收入	税后收入　　　　　=78

雅虎财经是获取过去几年财务报表的极好来源之一。如以 IBM 为例，我们有以下的步骤。

步骤 1：打开雅虎财经网站。

步骤 2：在"Quote Lookup"框内输入"IBM"。

步骤 3：单击"Financials"标签，再单击"Income Statement"标签，查看相关信息。

8.5 资产负债表简介

不同于涵盖某段时期的损益表（IS），资产负债表（BS）是某一时刻的快照。如在一会计年度的结束时。如一家公司的总资产为 100 万美元，资产负债表会显示：哪种资产（有形或无形）及谁是拥有者。资产拥有者可能是银行、其他债权人、优先股持有人或普通股股东。基本格式如表 8.3 所示。

表 8.3　资产负债表（表中 m 即 million，指百万美元）

现金	= 0.2m	短期债务：	=0.1m
设备	= 0.5m	长期债务：	=0.3m
其他财产	= 0.3m	股票：	=0.6m
---------------		----------------------	
总资产	=1.0m	总资产	=1.0m

从雅虎财经下载 IBM 公司的资产负债表，我们有下面 3 个步骤。

步骤 1：打开雅虎财经网站。

步骤 2：在"Quote Lookup"框内输入"IBM"。

步骤 3：单击"Financials"标签，再单击"Balance Sheet"，查看相关信息。

8.6 现金流量报表简介

除了损益表和资产负债表，第三类财务报表是现金流报表。现金流报表用于记录现金及现金等价物是如何进入和离开公司的。现金流报表帮助投资者和其他利益相关者从现金流方面的运行来了解公司的业务，即钱来自何处及如何花费的。为了找到 IBM 的现金流量表，我们有以下 3 个步骤。

步骤 1：打开雅虎财经网站。

步骤 2：在"Quote Lookup"框内输入"IBM"。

步骤 3：单击"Financials"标签，再单击"Cash Flow"标签，查看相关信息。

8.7　成比例的财务报表简介

为方便和自己公司过去几年相比较并且和同行业的公司相比较，我们可以生成所谓的成比例的财务报表。例如，去年公司的现金量为 100 万美元。而今年的相应值是 120 万美元。单独看这两个值，我们很难判断公司今年的现金是否充裕。如果今年的销售额和去年相同仍为 1000 万美元，那 120 万美元就很充裕。如果我们今年的销售额增至 2000 万美元，那 120 万美元就可能不足。成比例的财务报表定义如下：

$$成比例的数据 = \frac{原始数据}{参照数据} \tag{8-2}$$

对于损益表，我们通常用总销售额作为参照数据项。例如，对于原材料耗费，我们有：

$$成比例原材料耗费 = \frac{原材料耗费}{总销售} \tag{8-3}$$

对于资产负债表，我们通常用总资产作为参照数据项。例如现金持有量：

$$成比例的现金持有量 = \frac{现金持有量}{总资产} \tag{8-4}$$

8.8　一些常用的财务比率

盈利能力比率包括毛利率、营业利润率和净利润率，股本收益率（ROE）和资产回报率（ROA）。例如 ROE 度量公司的盈利能力。下面几个比率都是使用销售额为分母的。运作利润率用于测量公司运作的效率，因为它不受公司资本结构的影响。

$$\begin{cases} 毛利润率 = \dfrac{毛利润}{销售额} = \dfrac{销售额 - 与销售额相关的费用}{销售额} \\[2ex] 营业利润率 = \dfrac{主业营业利润}{销售额} \\[2ex] 净利润率 = \dfrac{纯利润}{销售额} \end{cases} \tag{8-5}$$

盈利能力的两个最广泛使用的度量是 ROE 和 ROA。

$$\begin{cases} ROE\,(return\ on\ equity) = \dfrac{纯利润}{股东股本账面总价} \\[2mm] ROA\,(return\ on\ assets) = \dfrac{纯利润}{总资本} \end{cases} \tag{8-6}$$

ROE 用于衡量一个公司如何为其股东盈利的，而 ROA 用于衡量企业总体的盈利能力。企业总体是指公司为债务和股权持有人共同所拥有。根据不同的目标，我们可能更偏爱某一指标。例如当我们想比较两家公司的业绩，最好是使用 ROA，而不是 ROE，因为 ROE 会受资本结构影响。另一方面，当我们准备以购买股票来投资两家公司时，我们可能更喜欢用 ROE 加以比较。此外在计算比率时，分母可使用平均总资产，即今年的总资产和去年的总资产的平均值。

$$ROA = \frac{公司利润}{总资产} \tag{8-7}$$

测量企业规模的另一方法是使用股票市值（股票价格乘以总流通的股数）。两个经常使用的比率是市场价和账面价之比以及市盈率。

$$市场价账面价之比 = \frac{股票的市值}{股票的帐面价} \tag{8-8}$$

EPS（市盈率）是最常用的度量。

$$EPS = \frac{公司利润}{股票的总数} \tag{8-9}$$

EPG 比率为 EPS 除以今后五年的预计增长率。

$$EPG\,比率 = \frac{EPS}{5年预计增长率} \tag{8-10}$$

杜邦等式（DePontIdentity）是将 ROE 分解成 3 个比率。这样，我们可从这 3 个比率单独分析造成 ROE 高（或低）的原因。

$$ROE = \underbrace{\frac{纯利润}{营业额}}_{净利润率} \times \underbrace{\frac{营业额}{公司总资产}}_{资产周转率} \times \underbrace{\frac{公司总资产}{股票的帐面价}}_{股权乘数} \tag{8-11}$$

如今年和去年相比，当一个企业具有较高的净资产收益率（ROE）时，我们可以运用杜邦等式分析公司在哪些方面做得更好。见下面两个例子。

对 IBM 而言，ROE 先是增加然后减少。主要原因是第 3 个因数，如图 8-2 所示，股票乘数从近 10 降到 6.4。除了和自己公司相比，我们还可以和其他公司相比。图 8-3 所示为微软的杜邦等式。

```
Annual Income Statement for ibm
Annual Balance Sheet for ibm
Dupon
        ROE=(net income/sales)*(sales/total assets)*(total assets/equity)
           ROE =  Net Profit Margin * Asset Turnover * Equity Multiplier
2016-12-31 0.6507           0.1486            0.6803            6.4381
2015-12-31 0.9248           0.1614            0.7398            7.7475
2014-12-31 1.0131           0.1296            0.7913            9.8813
2013-12-31 0.7232           0.1676            0.7793            5.5380
```

图 8-2　IBM 和自己对比

```
Annual Income Statement for msft
Annual Balance Sheet for msft
Dupon
        ROE=(net income/sales)*(sales/total assets)*(total assets/equity)
           ROE =  Net Profit Margin * Asset Turnover * Equity Multiplier
2017-06-30 0.2417           0.2357            0.3594            2.8538
2016-06-30 0.2333           0.1969            0.4410            2.6872
2015-06-30 0.1523           0.1303            0.5364            2.1786
2014-06-30 0.2459           0.2542            0.5037            1.9200
>
```

图 8-3　和微软对比

从上面两个公司的杜邦等式可以看出：IBM 公司的 ROE 是微软的几倍。

我们可以用杜邦等式来分析两个公司 ROE 差别如此之大的 3 个原因。相对而言，净利润率越大越好。从下面的结果可以看出，就净利润率而言，IBM 公司的竞争力实际上还不如微软。但就后两项而言，IBM 公司的竞争力实际远超微软：比例为 1.6（资产周转率）和 3.1（股权乘数）。

```
> mean(ibm[,2])/mean(msft[,2])
[1] 0.7431159
> mean(ibm[,3])/mean(msft[,3])
[1] 1.624939
> mean(ibm[,4])/mean(msft[,4])
[1] 3.071175
```

对沃尔玛而言，其 duPont 如图 8-4 所示。

```
Annual Income Statement for wmt
Annual Balance Sheet for wmt
Dupon
        ROE=(net income/sales)*(sales/total assets)*(total assets/equity)
           ROE =  Net Profit Margin * Asset Turnover * Equity Multiplier
2017-01-31 0.1754           0.0281            2.4437            2.5557
2016-01-31 0.1824           0.0305            2.4157            2.4779
2015-01-31 0.2010           0.0337            2.3866            2.5001
2014-01-31 0.2101           0.0336            2.3262            2.6851
>
```

图 8-4　沃尔玛的 duPont 值

为衡量一个公司的财务杠杆，我们可使用债务股权比：

$$债务股权比 = \frac{长期债务}{股权}$$

另外，我们可以用长期债务除以总资产。

$$债务资产比 = \frac{长期债务}{总资产}$$

8.9 下载财务报表

下面，我们将使用一个叫作 quantmod（计量金融财务建模软件集）的 R 包（软件包）。读者可以使用语句 install.packages（"quantmod"）安装该包。为获得苹果公司（AAPL 为其代码）的财务信息，我们有以下两行代码。

```
>library(quantmod)
> getFinancials("AAPL")
    [1] "AAPL.f"
```

发出上述两个命令后，我们就下载了所有财务报表，包括年度（季度）财务报表，资产负债表和现金流量报表。保存这些数据的变量为 AAPL.f.我们可用 ls()显示其存在。

```
> ls()
[1] "AAPL.f"
```

通过输入变量的名称，我们可以得到有关的信息。

```
> AAPL.f
Financial Statement for AAPL
Retrieved from google at 2017-11-27 10:35:44
Use "viewFinancials" or "viewFin" to view
```

根据上述信息，我们可以使用 viewFinancials()或 viewFin()函数来检索特定的财务报表。例如，检索年度损益表，我们有以下命令。其中 IS 代表损益报表，A 代表年度报表。

```
> dim(IBM_IS)
[1] 4  55
```

用 dim()函数我们发现，IBM_IS 有 4 行及 55 列（即 4 年）的数据。为查看前几列，我们用 select()函数。

```
> select(IBM_IS, 1:5)
```

结果如图 8-5 所示。

```
# A tibble: 4 x 5
  Year       `Total Revenue` `Operating Revenue` `Cost of Revenue`
  <date>            <dbl>            <dbl>            <dbl>
1 2020-12-30      73621000         73621000         38046000
2 2019-12-30      77147000         77147000         40659000
3 2018-12-30      79590000         79590000         42655000
4 2017-12-30      79139000         79139000         42913000
# ... with 1 more variable: Gross Profit <dbl>
```

图 8-5 select()函数的结果

第 1 列是年份，接着 4 列的名称为财政年度。要访问年份数据：

```
> IBM_IS$Year
[1] "2017-09-30" "2016-09-24" "2015-09-26" "2014-09-27"
```

列的名称为数据的名称，这里为了显示列的名称，我们用 colnames()函数（见图 8-6）。

```
> colnames(IBM_IS)[-1]
```

```
[1] Total Revenue                                        Operating Revenue
[3] Cost of Revenue                                      Gross Profit
[5] Operating Expense                                    Selling General and Administrative
[7] General & Administrative Expense                     Salaries and Wages
[9] Other G and A                                        Selling & Marketing Expense
[11] Research & Development                              Depreciation Amortization Depletion
[13] Depreciation & amortization                        Amortization
[15] Amortization of Intangibles                        Other Operating Expenses
[17] Operating Income                                    Net Non Operating Interest Income Expense
[19] Interest Income Non Operating                      Interest Expense Non Operating
[21] Other Income Expense                                Gain on Sale of Security
[23] Special Income Charges                              Write Off
[25] Other Non Operating Income Expenses                Pretax Income
[27] Tax Provision                                       Net Income Common Stockholders
[29] Net Income                                          Net Income Including Non-Controlling Interests
[31] Net Income Continuous Operations                   Net Income Discontinuous Operations
[33] Average Dilution Earnings                          Diluted NI Available to Com Stockholders
[35] Basic EPS                                           Diluted EPS
[37] Basic Average Shares                                Diluted Average Shares
[39] Total Expenses                                      Net Income from Continuing & Discontinued Operation
[41] Normalized Income                                   Interest Income
[43] Interest Expense                                    Net Interest Income
[45] EBIT                                                EBITDA
[47] Reconciled Cost of Revenue                         Reconciled Depreciation
[49] Net Income from Continuing Operation Net Minority Interest  Total Unusual Items Excluding Goodwill
[51] Total Unusual Items                                 Normalized EBITDA
[53] Tax Rate for Calcs                                  Tax Effect of Unusual Items
```

图 8-6　显示列的名称

要检索净收入（NetIncome），我们使用 select()函数。请参阅图 8-7 所示的相关代码。

```
>IBM_IS %>%
    select(contains("Net Income"))
```

```
# A tibble: 4 x 7
  `Net Income Com~` `Net Income` `Net Income Inc~` `Net Income Con~`
            <dbl>        <dbl>           <dbl>           <dbl>
1        5590000      5590000         5590000         5501000
2        9431000      9431000         9431000         9435000
3        8728000      8728000         8728000         8723000
4        5753000      5753000         5753000         5758000
# ... with 3 more variables:
#   Net Income Discontinuous Operations <dbl>,
#   Net Income from Continuing & Discontinued Operation <dbl>,
#   Net Income from Continuing Operation Net Minority Interest <dbl
```

图 8-7　select 函数选择列

8.10　下载资产负债报表

为获得过去几年的资产负债表（BS），我们有以下代码。

```
>library(quantmod)
>getFinancials("AAPL")
```

```
[1] "AAPL.f"
>y<-viewFin(AAPL.f,"BS","A") # BS:Balance Sheet, A=Annual
>dim(IBM_IS)
    [1] 4  94
```

为显示各数据名，我们用 colnames()函数（见图 8-8）。

```
> colname(IBM_IS)[-1]
```

```
[1] Total Assets                                    Current Assets
[3] Cash, Cash Equivalents & Short Term Investments  Cash And Cash Equivalents
[5] Other Short Term Investments                      Receivables
[7] Accounts receivable                               Gross Accounts Receivable
[9] Allowance For Doubtful Accounts Receivable         Other Receivables
[11] Receivables Adjustments Allowances                Inventory
[13] Work in Process                                   Finished Goods
[15] Other Inventories                                 Prepaid Assets
[17] Restricted Cash                                   Current Deferred Assets
[19] Other Current Assets                              Total non-current assets
[21] Net PPE                                           Gross PPE
[23] Properties                                        Land And Improvements
[25] Buildings And Improvements                        Machinery Furniture Equipment
[27] Other Properties                                  Accumulated Depreciation
[29] Goodwill And Other Intangible Assets              Goodwill
[31] Other Intangible Assets                           Investments And Advances
[33] Long Term Equity Investment                       Investments in Other Ventures Under Equity Method
[35] Other Investments                                 Financial Assets
[37] Non Current Accounts Receivable                   Non Current Deferred Assets
[39] Non Current Deferred Taxes Assets                 Non Current Prepaid Assets
[41] Defined Pension Benefit                           Other Non Current Assets
[43] Total Liabilities Net Minority Interest           Current Liabilities
[45] Payables And Accrued Expenses                     Payables
[47] Accounts Payable                                  Total Tax Payable
[49] Current Accrued Expenses                          Pension & Other Post Retirement Benefit Plans Current
[51] Current Debt And Capital Lease Obligation         Current Debt
[53] Commercial Paper                                  Other Current Borrowings
[55] Current Capital Lease Obligation                  Current Deferred Liabilities
[57] Current Deferred Revenue                          Other Current Liabilities
[59] Total Non Current Liabilities Net Minority Interest Long Term Provisions
[61] Long Term Debt And Capital Lease Obligation       Long Term Debt
[63] Long Term Capital Lease Obligation                Non Current Deferred Liabilities
[65] Non Current Deferred Taxes Liabilities            Non Current Deferred Revenue
[67] Tradeand Other Payables Non Current               Non Current Accrued Expenses
[69] Employee Benefits                                 Non Current Pension And Other Post-Retirement Benefit Plans
[71] Derivative Product Liabilities                    Other Non Current Liabilities
[73] Total Equity Gross Minority Interest              Stockholders' Equity
[75] Capital Stock                                     Common Stock
[77] Retained Earnings                                 Treasury Stock
[79] Gains Losses Not Affecting Retained Earnings      Other Equity Interest
[81] Minority Interest                                 Total Capitalization
[83] Common Stock Equity                               Capital Lease Obligations
[85] Net Tangible Assets                               Working Capital
[87] Invested Capital                                  Tangible Book Value
[89] Total Debt                                        Net Debt
[91] Share Issued                                      Ordinary Shares Number
[93] Treasury Shares Number
```

图 8-8 使用 colnames 函数

为估计流动比率，我们需要短期流动资产（current assets）和短期流动负债（current liabilities）。

```
IBM_BS %>%
    select(Year, 'Current Assets', 'Current Liabilities') %>%
    mutate(CR = 'Current Assets'\'Current Liabilities')
```

例如，如图 8-9 所示，在 2020 年底，短期资产为 39165000 美元。而短期负债为 39869000 美元。因此，流动比率为 0.982（即 39165000/39869000）。

```
>  CA<-x[grep('Total Current Ass',rownames(x)),]
> CA
2016-12-31 2015-12-31 2014-12-31 2013-12-31
    43888      42504      47377      51350
```

```
> CL<-x[grep('Total Current Lia',rownames(x)),]
> CL
2016-12-31 2015-12-31 2014-12-31 2013-12-31
     36275      34269      39581      40154
> CA/CL
2016-12-31 2015-12-31 2014-12-31 2013-12-31
```

```
# A tibble: 4 x 4
  Year       `Current Assets` `Current Liabilities`    CR
  <chr>                 <dbl>                 <dbl> <dbl>
1 12/30/2020         39165000              39869000 0.982
2 12/30/2019         38420000              37701000 1.02
3 12/30/2018         49146000              38227000 1.29
4 12/30/2017         49735000              37363000 1.33
```

图 8-9　流动比率的结果

8.11　下载现金流量报表

要获得 IBM 在过去几年的年度现金流量报表，请参见下面的代码。

```
>library(quantmod)
> cf<-viewFin(getFin("IBM",auto.assign=FALSE),"CF","A")
```

为了构建一个现金流量报表，我们往往从纯收入开始，然后再加上非现金流的费用，如折旧和分摊等，再扣除所有现金支出如新的投资。通过上述语句下载的 IBM 现金流量报表如图 8-10 所示。

```
# A tibble: 4 x 13
  Year       `Operating Cash ~ `Investing Cash ~ `Financing Cash~
  <date>                 <dbl>             <dbl>             <dbl>
1 2020-12-30          18197000          -3028000          -9721000
2 2019-12-30          14770000         -26936000           9042000
3 2018-12-30          15247000          -4913000         -10469000
4 2017-12-30          16724000          -7096000          -6418000
# ... with 9 more variables: End Cash Position <dbl>,
#   Income Tax Paid Supplemental Data <dbl>,
#   Interest Paid Supplemental Data <dbl>,
#   Capital Expenditure <dbl>, Issuance of Capital Stock <dbl>,
#   Issuance of Debt <dbl>, Repayment of Debt <dbl>,
#   Repurchase of Capital Stock <dbl>, Free Cash Flow <dbl>
```

图 8-10　IBM 现金流量报表

8.12　构建成比例的财务报表

利用 R 构建成比例的财务报表是相当容易的，关键是找出总资产和总营销额。比如从 IBM_BS 中提取 Total Assets，再将 IBM_CF 中各数据列同除以相应年份的 Total Assets 值：

```
> IBM_BS$'Total Assets'
155971000 152186000 123382000 125356000

> IBM_CFr = IBM_CF %>%
```

```
mutate('Total Assets' = IBM_BS$'Total Assets',
       across(2:13, ~ .x / 'Total Assets'))
IBM_CFr
```

结果如图 8-11 所示。

```
# A tibble: 4 x 14
  Year       Operating Cash ~ Investing Cash ~ Financing Cash~
  <date>              <dbl>            <dbl>           <dbl>
1 2020-12-30          0.117          -0.0194         -0.0623
2 2019-12-30          0.0971         -0.177           0.0594
3 2018-12-30          0.124          -0.0398         -0.0849
4 2017-12-30          0.133          -0.0566         -0.0512
# ... with 10 more variables: End Cash Position <dbl>,
#   Income Tax Paid Supplemental Data <dbl>,
#   Interest Paid Supplemental Data <dbl>,
#   Capital Expenditure <dbl>, Issuance of Capital Stock <dbl>,
#   Issuance of Debt <dbl>, Repayment of Debt <dbl>,
#   Repurchase of Capital Stock <dbl>, Free Cash Flow <dbl>,
#   Total Assets <dbl>
```

图 8-11　成比例的财务报表

比如 2020 年 Operating Cash Flow 的比例约为 0.117（18197000/155971000）。
要输出某列的结果：

```
> IBM_CFr$'Operating Cash Flow'
0.11666912 0.09705229 0.12357556 0.13341204
```

为了使上述输出结果的可读性更强，我们可使用 round() 函数以减少小数的位数。

```
> round(IBM_CFr$'Operating Cash Flow', digits = 3)
0.117 0.097 0.124 0.133
```

8.13　下载和保存财务报表以供 Excel 使用

手动逐个下载多个公司的财务报表是极其乏味和耗时的，幸运的是，我们可以使用 R 达到事半功倍的效果。为了能够通过 Excel 使用我们下载的数据，需将下载结果外存。对 Excel 而言 csv 格式最为方便，因此下面我们使用 read.csv() 函数。

```
> write.csv(IBM_IS, file='ibm_is.csv', quote=F, row.names=F)
```

请注意最后一行中的“quote=F, row.names=F”，可以将其省略后再运行该语句。这样我们就可以看到这两部分语句所起的作用。

8.14　3 个有用的 R 数据集（is50、bs50 和 cf50）

为下载 is50.RData 数据集，我们可以直接下载 http://datayyy.com/data_R/is50.RData。在此，IS 是利润报表（损益报表），BS 是资产负债表，CF 是现金流报表。例如，IS50 数据集包含超过 50 家公司过去 3～4 年的损益报表。下面我们简单介绍一下如何构建 is50.RData 数据集。

8.15　quantmod 软件包

该软件包的名字为"计量金融财务建模软件集"，该软件包使我们金融建模更加容易。除此之外，该软件包还有许多其他有用的功能（函数）。

8.16　练习题

（1）资产负债表和利润报表（损益报表）之间的主要区别是什么？

（2）从何处找到 IBM 过去 3 年的财务报表？

（3）对沃尔玛（WMT）公司而言，从何处找到其过去十几年的财务报表？

（4）从哪个金融财会数据库可以检索到有关苹果公司（AAPL）从 1950 年以来的所有历史财务报表？

（5）ROA 和 ROE 的区别是什么？

（6）为什么使用财务报表？

（7）谁使用包含在财务报表中的信息？

（8）公司如何编制他们的财务报表？

（9）是否所有在美国的公立企业都应该在每年年底（12 月）提交他们的年度财务报表？

（10）对财务报表分析而言，SEC 的 EDGAR 平台有什么用处？

（11）在美国私营公司是否须向 SEC 提交其财务报表？

（12）是否所有的公共企业都有股票交易数据，如每日股票收盘价格？

（13）IBM、WMT 和 MSFT 最新的 ROA 和 ROE 是什么？

（14）编写一个 R 程序计算或下载 WMT、IBM、C、APPL 和 WMT 的 ROA 和 ROE。

（15）编写一个 R 程序来估计 WMT 的流动比率（current-ratio）。

（16）改编上述程序以估计上百家企业的流动比率（current-ratio）。

（17）流动比率（Current Ratio）和速动比率（quick-ratio）是用来衡量短期流动性。比它们更保守的比率叫现金比率（cash-ratio）。定义为现金除以短期债务。编写一个 R 程序来计算 IBM 的现金比率。

（18）编写一个 R 程序来收集或计算 MSFT 和 IBM 的股票个数。

（19）编写一个 R 程序来收集或计算公司的市值定义为股价乘以已发行股票的个数。

（20）编写一个 R 程序来监视特定股票，并报告其任何改变。

（21）对于 IBM 在 2010 年，若它的 ROA 和 ROE 分别为 6.04% 和 39.31%，那么它的债务权益比率是多少？

（22）通过搜索 IBM 的网页验证上述结果或解释差异。

（23）编写一个 R 程序检索公司财政年度结束的日期。

（24）对下面的代码纠错，**is50.Rdata** 数据集可从作者网站下载。

```
> load("is50.RData")
> x<-is50
> n1<-x[substr(colnames(x),1,7)=="Revenue"]
> n2<-x[substr(colnames(x),1,10)=="Net Income"]
> final<-data.frame(x[1,2],n1,n2)
```

（25）对 IBM 而言，下载其资产负债表（BS）、利润报表（IS）和现金流量表（CF）。研究其 CF 与其他两个参数的关系。编写一个 R 程序从 BS 和 IS 复制 CF。

（26）基于去年的报表，IBM 和 DELL 的税率是否相同？

> **提示**
>
> 可以使用税前税后的数据。

（27）编写一个 R 程序来计算杜邦等式，如图 8-12 所示。

```
Annual Income Statement for msft
Annual Balance Sheet for msft
Dupon
           ROE=(net income/sales)*(sales/total assets)*(total assets/equity)
              ROE =  Net Profit Margin * Asset Turnover * Equity Multiplier
2017-06-30 0.2417            0.2357           0.3594            2.8538
2016-06-30 0.2333            0.1969           0.4410            2.6872
2015-06-30 0.1523            0.1303           0.5364            2.1786
2014-06-30 0.2459            0.2542           0.5037            1.9200
>
```

图 8-12　用 R 程序计算杜邦等式

第 9 章
资本资产定价模型

在资本资产定价模型估计中，我们将运行简单的一元线性回归公式 $y = a + \beta x$。下面代码生成 x 和 y 序列。使用函数 rnorm(n)将生成 n 个服从标准正态分布的随机数。函数 set.seed(s)保证不同的用户每次调用 rnorm()时，如使用同样的种子数值时将得到相同的随机数。对一般境况而言，我们不一定要获得相同的随机数。但对教学而言，这往往至关重要。因为当学生得到与老师相同的随机数，就会得到相同的结果。因此就会减少不必要的疑问。

下面，自变量 x 赋值为 $1.0, 1.2, \cdots, 10.0$，单位增量为 0.2。而 y 是 x 的 3 倍并加上一个常数 2 及一个随机数。也就是说我们预先就知道截距是 2，斜率为 3。图 9-1 展示了代码的运行结果。

```
> set.seed(123)
> x<-seq(1,10,by=0.2)
> n<-length(x)
> y<--2+3*x + rnorm(n)
> plot(x,y)
```

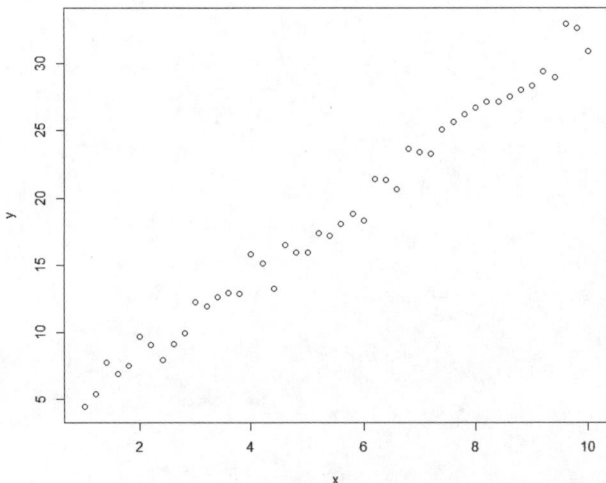

图 9-1　程序运行结果

为运行一元线性回归公式，我们可调用 R 函数 lm(y～x)，lm 的意思是 linear model（线性模型）。y 是应变量，x 为自变量。代码运行的结果表明截距是 2.066（接近真实值 2），而 β（斜率）是 2.996（接近 3）。为获取更多信息，我们使用 summary(ls(y～m))，相应的结果如图 9-2 所示。

```
> lm(y～x)
Call: # output starts here
lm(formula = y ~ x)
Coefficients:
(Intercept) x
2.066 2.995
```

对截距而言，其值为 2.066，其 T 值为 6.413。所以该数值从统计角度数异于零。对斜率而言，其数值为 2.995。其 T 值为 55.89，所以该数值从统计角度数亦不为零。

```
> summary(lm(y~x))

Call:
lm(formula = y ~ x)

Residuals:
     Min      1Q  Median      3Q     Max
-2.01284 -0.65420 -0.03916 0.65827 2.14669

Coefficients:
            Estimate Std. Error t value Pr(>|t|)
(Intercept) 2.06650    0.32731   6.314 1.17e-07 ***
x           2.99539    0.05359  55.892  < 2e-16 ***
---
Signif. codes:  0 '***' 0.001 '**' 0.01 '*' 0.05 '.' 0.1 ' ' 1

Residual standard error: 0.9651 on 44 degrees of freedom
Multiple R-squared: 0.9861,  Adjusted R-squared: 0.9858
F-statistic: 3124 on 1 and 44 DF, p-value: < 2.2e-16
```

图 9-2　使用 summary 函数

9.1　资本资产定价模型简介

资本资产定价模型（CAPM）理论是在 20 世纪 60 年代形成的，其颇为流行的原因是基于其简单性和实用性。CAPM 可以被看作单一因素的线性模型。多因数的线性模型将在下一章讨论。在这个单一因素的线性模型中，β（斜率）反映股票的市场风险。对公司或股票而言，其收益率的波动性（收益率的标准离差）反映出总风险。总风险是市场风险和公司的特定风险之和。

9.2　资本资产定价模型的公式

CAPM 可以用来估计股票的预期收益率。即按照其市场风险的大小，公司应该为股东支付相应的收益率。资本资产定价模型的基本逻辑是：个股的收益率与某一宏观因素线性相关。通常用的宏观因素为股市指数。对美国股市而言，标普 500（S&P500）常被用作市场指数。资本资产定价模型的公式有以下形式：

$$E(R_i) = R_f + \beta(E(R_m) - R_f) \tag{9-1}$$

$E()$ 是期望函数。$E(R_i)$ 是股票 i 的预期收益率，R_f 是无风险利率，$E(R_m)$ 是市场指数的预期收益率。我们通常使用历史数据来估算市场风险即斜率（贝塔值）：

$$R_{i,t} = R_{f,t} + \beta(R_{m,t} - R_{f,t}) + \varepsilon_t \tag{9-2}$$

$R_{i,t}$ 是股票在时刻 t 的收益率，$R_{f,t}$ 是在时刻 t 的无风险利率，$R_{m,t}$ 是在时刻 t 的市场指数收益率（例如 S&P500）。资本资产定价模型的另一公式如下：

$$R_{i,t} - R_{f,t} = \alpha + \beta(R_{m,t} - R_{f,t}) + \varepsilon_t \tag{9-3}$$

通常我们运行上面的线性回归来估计 β 值。另外，我们有以下公式的直接计算：

$$\beta_i = \frac{cov(R_i, R_m)}{var(R_m)} = \frac{\rho_{(R_i, R_m) \times \sigma_i}}{\sigma_m} \tag{9-4}$$

其中，$cov(R_i, R_m)$ 是股票 i 的回报率与市场回报率之间的协方差，$\rho(R_i, R_m)$ 是它们相对应的相关性，σ_i 是股票 i 回报率的标准离差，σ_m 是市场回报率的标准离差。要注意是在公式(9-4)中如果相关性和市场风险（σ_m）保持不变，股票的市场风险（β_I）将与自己的总风险（σ_I）正相关。按照上面的例子，我们可以通过公式（9-4）估算 β。

```
> cov(x,y)/var(x)
[1] 2.995392
> cor(x,y)*sd(y)/sd(x)
[1] 2.995392
```

9.3 下载股票数据、无风险利率及市场指数

我们可以从雅虎财经或谷歌财经下载月、周或日频率的股票价格信息。

下面基于雅虎财经，我们将展示如何手动下载 IBM 的月数据。

步骤 1：打开雅虎财经网站。

步骤 2：键入 IBM。

步骤 3：单击"HistoricalPrice"标签。

步骤 4：选择起始日期和终止日期（Time Reriod）。

步骤 5：选择频率（Frequency）。

步骤 6：下载。

大家也可以用 pedquant 包下载，代码如下：

```
library(pedquant)
IBM_stocks = md_stock("IBM", source = "yahoo",
                      freq = "monthly",
                      date_range = "max")[[1]]
head(IBM_stocks[,-2])

   symbol       date     open     high      low    close close_adj      volume unit
1:    IBM 1985-01-01 30.59375 34.40625 29.75000 34.09375  14.12439 130434000  USD
2:    IBM 1985-02-01 33.90625 34.56250 32.68750 33.50000  13.87841  91922000  USD
3:    IBM 1985-03-01 33.62500 34.18750 31.03125 31.75000  13.26029 102980400  USD
4:    IBM 1985-04-01 31.75000 32.59375 30.96875 31.62500  13.20808  78410400  USD
5:    IBM 1985-05-01 31.59375 33.31250 31.15625 32.15625  13.42995  99628400  USD
6:    IBM 1985-06-01 32.34375 32.65625 29.34375 30.93750  13.03531 118883600  USD
```

为教学起见，我们从雅虎财经预先下载了几个公司的历史数据。其中包括 IBM 公司的日和月数据。一般而言，可以从作者的网页获取数据，见下例。

```
> x<-read.csv("datas/ibmMonthly.csv")
> head(x)
          Date      Open      High       Low     Close Adj.Close   Volume
1 1962-01-01 7.713333 7.713333 7.003334 7.226666  2.077531  8760000
2 1962-02-01 7.300000 7.480000 7.093333 7.160000  2.058365  5737600
3 1962-03-01 7.186666 7.413333 7.070000 7.103333  2.042352  5344000
4 1962-04-01 7.100000 7.100000 6.000000 6.053333  1.740458 12851200
5 1962-05-01 6.053333 6.530000 4.733333 5.233333  1.504689 49307200
6 1962-06-01 5.213333 5.213333 4.000000 4.523334  1.300756 68451200
>
```

注意，第一列是字符型，用 lubridate 包中的 ymd()函数解析为日期型，日期型数据可以做加法，例如：

```
> library(lubridate)
> x$Date = ymd(x$Date)
> x$Date[1]
[1] "1962-01-01"
> x$Date[1] + 40
[1] "1962-02-10"
```

为得到一个无风险利率，我们有几个数据来源，例如 French 教授的数据库（见图 9-3）。他的网页为 http://mba.tuck.dartmouth.edu/pages/faculty/ken.french/data_library.html，我们可以从这里得到月无风险利率。

对上述 3 行而言，第 1 个是月数据，第 2 个是周数据，第 3 个日数据。下面显示月数据的前几行。

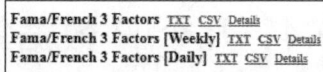

Fama/French 3 Factors	TXT CSV	Details
Fama/French 3 Factors [Weekly]	TXT CSV	Details
Fama/French 3 Factors [Daily]	TXT CSV	Details

图 9-3 French 教授的数据库

```
This file was created by CMPT_ME_BEME_RETS using
the 201709 CRSP database.
The 1-month TBill return is from Ibbotson and Associates, Inc.

,Mkt-RF,SMB,HML,RF
192607,    2.96,   -2.30,   -2.87,   0.22
192608,    2.64,   -1.40,    4.19,   0.25
192609,    0.36,   -1.32,    0.01,   0.23
192610,   -3.24,    0.04,    0.51,   0.32
192611,    2.53,   -0.20,   -0.35,   0.31
192612,    2.62,   -0.04,   -0.02,   0.28
```

从第 1 行的数据，我们得知在 1920 年 7 月市场收益与无风险利率的差值为 2.96%。SMB（小股票投资组合与大股票投资组合的差值）为-2.30%，HML（高股票账面价值相对于其市场价值的投资组合减去低股票账面价值相对于其市场价值投资组合的差值）为-2.87%。无风险利率的月利息为 0.22%。

为了方便大家使用该数据，我们用 read_csv()函数读取到 R，并做适当的预处理：

- 修改部分不规范列名；
- 将只有年月的第 1 列（字符型）拼接上 "01"（日）再解析为日期型，从而变成真正意义上的日期变量；
- 各数据列同除以 100，即 2.96 变成了 0.0296。这样做的主要原因是：不管我们如何提醒读者需将所有的数据除以 100，总有个别读者忽略该步骤。结果他们计算出来的贝塔值从统计角度而言为零。

```
ff3monthly = read_csv("datas3/F-F_Research_Data_Factors.csv",
                      skip = 3) %>%
  rename(DATE = X1, MKT_RF = `Mkt-RF`) %>%
  mutate(DATE = ymd(str_c(DATE,"01")),
         across(2:5, ~ .x / 100))
save(ff3monthly, file = "datas3/ff3monthly.rda")
```

这样读者可以用 load() 直接载入 ff3monthly.rda 数据就能使用：

```
> load("datas/ff3monthly.rda")
> head(ff3Monthly)
        DATE   MKT_RF     SMB     HML     RF
1 1926-07-01  0.0296 -0.0230 -0.0287 0.0022
2 1926-08-01  0.0264 -0.0140  0.0419 0.0025
3 1926-09-01  0.0036 -0.0132  0.0001 0.0023
4 1926-10-01 -0.0324  0.0004  0.0051 0.0032
5 1926-11-01  0.0253 -0.0020 -0.0035 0.0031
6 1926-12-01  0.0262 -0.0004 -0.0002 0.0028
```

9.4　几个 R 数据集（retDIBM、prcDIBM 等）

从雅虎财经和美联储数据库我们生成了 4 个 R 数据集：retDIBM、prcDIBM、retD50 和 retM50，其中，prc 是价格，ret 是收益，d 为日频率，M 代表月频率。retDIBM 是 prcDIBM 的一个子集其仅包含 3 个变量（列）：股票代码、日期和回报率。retDIBM 包含 IBM 的日数据，再加上标准普尔 500 指数和境外美元存款利率（用于无风险利率）。retD50 是 50 个股票的日数据集，我们可以手动下载这些数据集。

下载 retDIBM.RData 数据集后，用户可以使用 load() 函数。

```
# assume the data set is located under the current directory
> load("retDIBM.RData") # relative path
```

下面是使用绝对路径的命令。

```
> load("datas/retDIBM.RData") # absolute path
```

使用 ls() 函数，我们可以发现 retDIBM.RData 包括 3 个数据集。

```
> load("datas/retDIBM.RData")
> ls()
[1] "EDM1" "ibm" "sp500"
```

使用下列语句，我们可以直接从网站加载数据，而不是将其先保存到计算机上。

```
> con<-url("http://datayyy.com/data_R/retDIBM.RData")
> load(file=con)
> close(con)
```

我们也可以用 head()、tail()、yahoo_daily[1]或 str()函数来进一步调查这些数据的属性。

9.5　百分比收益率与对数收益率

我们常用的收益率是百分比收益率。其定义如下：

$$R_t = \frac{P_t + D_t - P_{t-1}}{P_{t-1}} = \frac{P_t^{adj} - P_{t-1}^{adj}}{P_{t-1}^{adj}}, \tag{9-5}$$

R_t 是在时间 t 的价格，D_t 是在 $t-1$ 和 t 之间的股利，P_t^{adj} 是在时间 t 调整后的价格（调整股票分割，股息及其他分配）。下面程序生成价格向量并估计其相应的收益率。这里我们假设价格的时间排序为 $t-4$，$t-3$，$t-2$，$t-1$，和 t。

```
> p<-c(10.0,10.02,9.90,10.30)
> n<-length(p)
> ret<-(p[2:n]-p[1:(n-1)])/p[1:(n-1)]
> ret
[1] 0.00200000 -0.01197605 0.04040404
```

对数收益率的定义为：

$$R_t^{log} = \log\left(\frac{P_t^{adj}}{P_{t-1}^{adj}}\right) \tag{9-6}$$

当收益率相对很小时，与日收益率、百分比收益率和对数收益率之间的差异可以忽略不计。例如，对戴尔公司（DELL）而言，其在 2011 年 2 月 11 日百分比收益率和对数收益率分别约为 0.866%和 0.863%。

```
Date,Open,High,Low,Close,Volume,Adj Close
2011-02-11,13.79,13.98,13.76,13.97,15354900,13.97
2011-02-10,13.82,13.97,13.70,13.85,13139000,13.85
2011-02-09,13.83,14.00,13.75,13.91,13175600,13.91
```

百分比收益率和对数收益率的计算如下。

```
> (13.97-13.85)/13.85
    [1] 0.00866426
> log(13.97/13.85)
    [1] 0.00862694
```

9.6 计算市场风险（β）

基于两个 R 数据集 yahooDaily.Rdata 和 ffDaily.Rdata，我们可以轻松地估计股票的市场风险。下面，我们估计花旗集团（股票代码为 C）在 2010 年的 β 值。若想更仔细地了解如何产生这两个 R 数据集请阅读第 11 章。

```
# without using Rf in the regression
load("datas/retD50.RData")
r<-retD50 # simplify the notation
ibm<-subset(r,r[,1]=="IBM" &format(r[,2],"%Y")=="2010")
ind<-subset(sp500,format(sp500[,1],"%Y")=="2010")
a<-data.frame(ibm[,2],ibm[,3])
colnames(a)<-c("date","Ri")
k<-merge(a,ind,by="date") # merge by date
y<-k$Ri # get dependent variable
x<-k$mkt # get independent variable
lm(y~x) # lm() for linear model
```

下面显示相应的输出。

```
> lm(y~x)
Call:
lm(formula = y ~ x)
Coefficients:
(Intercept) x
0.0001731 0.7719033
```

用 summary(lm(y~x))，我们可以得到更多有用的信息。

```
> summary(lm(y~x))
Call:
lm(formula = y ~ x)
Residuals:
     Min       1Q    Median       3Q      Max
-0.033972 -0.004109  0.000310  0.003942  0.034824
Coefficients:
            Estimate Std. Error t value Pr(>|t|)
(Intercept) 0.0001731  0.0004391   0.394    0.694
x           0.7719033  0.0386509  19.971   <2e-16 ***
---
Signif. codes:  0 '***' 0.001 '**' 0.01 '*' 0.05 '.' 0.1 ' ' 1
Residual standard error: 0.006963 on 250 degrees of freedom
Multiple R-squared:  0.6147,   Adjusted R-squared:  0.6132
F-statistic: 398.8 on 1 and 250 DF,  p-value: < 2.2e-16
```

下面的程序是用于评估市场风险（β值），这里使用的是日数据。

```
dailyRet<-function(ticker){
    path<-paste("http://datayyy.com/data_csv/",ticker,'Daily.csv')
    x<-read.csv(path,header=T)
    ddate<-as.Date(x[,1])
    n<-nrow(x)
    p<-x[,6]
    ret<-p[2:n]/p[1:(n-1)]-1
    final<-data.frame(ddate[2:n],ret,stringsAsFactors=F)
    colnames(final)<-c("DATE","RET")
    return(final)
}
```

我们很容易地使用这个函数。

```
> x<-dailyRet('ibm')
> head(x)
        DATE         RET
1 1962-01-03  0.008741788
2 1962-01-04 -0.009966204
3 1962-01-05 -0.019693050
4 1962-01-08 -0.018749474
5 1962-01-09  0.011828798
6 1962-01-10  0.001798113
> y<-dailyRet("^gspc")
> head(y)
        DATE         RET
1 1950-01-04  0.011404562
2 1950-01-05  0.004747774
3 1950-01-06  0.002953337
4 1950-01-09  0.005889282
5 1950-01-10 -0.002927342
6 1950-01-11  0.003523135
```

下面这个函数我们计算股票在某年的市场风险。

```
beta_f<-function(ticker,year=2000){
    stock<-dailyRet(ticker)
    mkt<-dailyRet("^gspc")
    colnames(mkt)<-c('DATE','MKT')
    data<-merge(stock,mkt)
    d2<-subset(data,format(data[,1],"%Y")==year)
    beta<-round(coef(lm(d2$RET~d2$MKT))[2],digits=4)
    show(paste('Beta for ',ticker,'in',year,'=',beta))
}
```

下面是调用这个函数的例子。

```
> beta_f("ibm")
[1] "Beta for  ibm in 2000 = 0.9608"
```

```
> beta_f("ibm",1998)
[1] "Beta for  ibm in 1998 = 0.9328"
> beta_f("wmt")
[1] "Beta for  wmt in 2000 = 0.9835"
> beta_f(year=2014,ticker="wmt")
[1] "Beta for  wmt in 2014 = 0.5456"
>
```

9.7 波动率之间的换算

当我们说 IBM 波幅率为 20%，这指的是其收益率的年度化后的标准离差为 20%。由于通常我们使用月或日数据用来估计波动率，我们须将计算得到的结果转换成年波动率，见下面的公式。

$$\begin{cases} \sigma^2_{annual} = 252\sigma^2_{daily} \\ \sigma^2_{annual} = 12\sigma^2_{monthly} \end{cases} \tag{9-7}$$

$$\begin{cases} \sigma_{annual} = \sqrt{252}\sigma_{daily} \\ \sigma_{annual} = \sqrt{12}\sigma_{monthly} \end{cases} \tag{9-8}$$

在上面的公式中，σ^2_{annual} 为年方差，即以年收益率计算的方差，也可以通过上式从日方差或月方差得到。σ^2_{daily} 为日方差，即以日收益率计算的方差。$\sigma^2_{monthly}$ 为月方差，σ_{annual} 为相应的年标准离差，σ_{daily} 为相应的日标准离差，$\sigma_{monthly}$ 为相应的月标准离差。

下面给出更为一般的公式来从日方差（标准离差）来计算 n 天的方差（标准离差）。

$$\begin{cases} \sigma^2_{n\_day} = n\sigma^2_{daily} \\ \sigma_{n\_day} = \sqrt{n}\sigma_{daily} \end{cases} \tag{9-9}$$

在上面的公式中，$\sigma^2_{n\_day}$ 为 n 天的方差，即通过相应 n 天的收益率计算得到，或通过上式从日方差计算得到。σ_{daily} 为日方差。下面我们看看如何用月数据以及日数据来计算标准离差。然后将它们转换成年标准离差。首先要下载月数据。

```
> x<-read.csv("datas/ibmMonthly.csv")
>
>  head(x,3)
        Date     Open     High      Low    Close Adj.Close   Volume
1 1962-01-01 7.713333 7.713333 7.003334 7.226666  2.077531  8760000
2 1962-02-01 7.300000 7.480000 7.093333 7.160000  2.058365  5737600
3 1962-03-01 7.186666 7.413333 7.070000 7.103333  2.042352  5344000
>  p<-x$Adj.Close
```

```
> n<-length(p)
> n
[1] 670
> ret<-p[2:n]/p[1:(n-1)]-1
> head(ret)
[1] -0.009225374 -0.007779475 -0.147816831 -0.135463769 -0.135531661  0.140751225
> stdMonthly<-sd(ret)
> stdAnnual<-sqrt(12)*stdMonthly
> stdAnnual
[1] 0.2387809
```

使用日数据的结果如下：

```
> x<-read.csv("datas/ibmDaily.csv")
> head(x,3)
        Date     Open     High      Low    Close Adj.Close Volume
1 1962-01-02 7.713333 7.713333 7.626667 7.626667  2.221056 387200
2 1962-01-03 7.626667 7.693333 7.626667 7.693333  2.240472 288000
3 1962-01-04 7.693333 7.693333 7.613333 7.616667  2.218143 256000
> p<-x$Adj.Close
> n<-length(p)
> n
   [1] 13990
> ret<-p[2:n]/p[1:(n-1)]-1
> head(ret)
[1]  0.008741788 -0.009966204 -0.019693050 -0.018749474  0.011828798  0.001798113
> stdDaily<-sd(ret)
> stdAnnual<-sqrt(252)*stdDaily
> stdAnnual
[1] 0.2509428
```

9.8　如何计算滚动市场风险

有时研究人员需要计算一系列的市场风险。为此，我们可以用双循环。让我们来看一个简单的情况以估计年波动率。

```
> load("datas/retDIBM.RData")
> IBM[1:2,]
Ticker Date Open High Low Close Volume Adj_Close Return
1 IBM 2013-10-08 181.89 181.99 178.71 178.72 5578300 178.72 0.018409
2 IBM 2013-10-07 181.85 183.31 181.85 182.01 3966400 182.01 0.011483
> x<-IBM
> years<-unique(as.integer(format(x[,2],"%Y")))
```

```
> years[1:5]
   [1] 2013 2012 2011 2010 2009
for(i in years[1:5]){
     y<-subset(x,format(x[,2],"%Y")==i)
     var_daily<-var(y[,9])
     var_annual<-nrow(y)*var_daily
     cat("year=", i, var_annual, "\n")
}
```

下面是上述程序的输出。

```
year= 1962 0.1100914
year= 1963 0.0244941
year= 1964 0.02601989
year= 1965 0.01968273
year= 1966 0.04826221
```

下面的代码用于计算 IBM 每年的 β 值。

```
library(tidyverse)
stock <- data.frame(IBM$Date, IBM$Return)
colnames(stock) <- c("Date", "Ret")
ind <- data.frame(sp500$Date, sp500$Return)
colnames(ind) <- c("Date","mkt")

final <- EDM1 %>%
  left_join(stock, by = c("date" = "Date")) %>%
  left_join(ind, by = c("date" = "Date"))

years <- unique(as.integer(format(final[,1],"%Y")))

for(i in years[1:5]) {
  t <- subset(final, format(final[,1],"%Y")==i)
  x <- t$Ret - t$EDM1
  y <- t$mkt
  cat("year=", i, "beta=", coef((lm(y ~ x)))[2], "\n")
}
```

这 5 个年度贝塔值如下所示。

```
year= 1971 beta= 0.1876445
year= 1972 beta= 0.2354162
year= 1973 beta= 0.2315176
year= 1974 beta= 0.3375126
year= 1975 beta= 0.3517268
```

9.9 估计股票的市场风险（β）

为了评估几只股票，我们可以手动输入这些股票的行情，然后我们写一个循环来估计每一个股票的市场风险。

```
stocks<-c("IBM","DELL","C","MSFT")
for(stock in stocks) {
        # your codes here
        print(stock)
}
```

另一种可能性是，我们要估计包括在 R 数据集中的所有股票的市场风险。在这种情况下，我们首先找到所有的股票代码。

```
load("retM.RData")
stocks<-unique(retD[,1])
for(stock in stocks) {
    # your codes here
    print(stock)
}
```

9.10 预测市场风险

由于市场风险 β 值往往有回归到 1 的趋势，我们可以运用下面的公式来调整从资本资产定价模型得到的 β 值。

$$\beta_{adj} = \frac{2}{3}\beta + \frac{1}{3}1.0 \tag{9-10}$$

几个数据提供商所使用的市场风险估计方法如表 9.1 所示。

表 9.1 几个数据提供商所使用的估计方法

公司	Value-line	Reuters	Bloomberg	Yahoo	Capital IQ
频率	周	月	周	月	周，月（5 年数据）
基于多少年的数据	5	5	2	3	1，2，5
市场指数	NYSE composite	S&P500	S&P500	S&P500	S&P500&SSCI
调整与否	是	否	两者	否	否

9.11 用 Scholes 和 William 的方法调整 β

许多研究人员发现，当计算 β 时，频繁交易的股票的 β 值会被高估，而不频繁交易的股

票的 β 值会被低估。为了解决这个问题，Scholes 和 William 推荐以下的调整。

$$\beta = \frac{\beta^{-1} + \beta^0 + \beta^{+1}}{1 + \rho_m} \qquad (9\text{-}11)$$

其中，这 3 个 β 值来自以下 3 个线性回归公式：

$$\begin{cases} R_t = \alpha + \beta^{-1} R_{m,t-1} + \varepsilon_t \\ R_t = \alpha + \beta^0 R_{m,t} + \varepsilon_t \\ R_t = \alpha + \beta^{+1} R_{m,t+1} + \varepsilon_t \end{cases} \qquad (9\text{-}12)$$

下面我们来看一个简单的案例。

```
> ibmMonthly <- read.csv("datas/ibmMonthly.csv")
> head(ibmMonthly)
        DATE      OPEN      HIGH       LOW     CLOSE  ADJ.CLOSE    VOLUME
1 1962-01-01 7.713333 7.713333 7.003334 7.226666  2.056971   8760000
2 1962-02-01 7.300000 7.480000 7.093333 7.160000  2.037994   5737600
3 1962-03-01 7.186666 7.413333 7.070000 7.103333  2.022141   5344000
4 1962-04-01 7.100000 7.100000 6.000000 6.053333  1.723233  12851200
5 1962-05-01 6.053333 6.530000 4.733333 5.233333  1.489798  49307200
6 1962-06-01 5.213333 5.213333 4.000000 4.523334  1.287883  68451200
```

调用上述函数计算收益率。

```
> ibm = ibmMonthly %>%
  mutate(Date = ymd(Date),
         RET = lead(Adj.Close) / Adj.Close - 1) %>%
  select(Date, RET)
head(ibm)
        DATE        RET
1 1962-02-01 -0.009225063
2 1962-03-01 -0.007778886
3 1962-04-01 -0.147818226
4 1962-05-01 -0.135462719
5 1962-06-01 -0.135531446
6 1962-07-01  0.140749886
```

同理，我们下载 sp500 的月数据。

```
> load("datas/sp500monthly.RData")
  sp500 = sp500monthly %>%
    mutate(Date = mdy(DATE), RET = lead(ADJ.CLOSE) / ADJ.CLOSE - 1) %>%
    select(DATE, RET) %>%
    as.data.frame()
  head(sp500)
```

```
        Date           RET
1 1927-12-01 -0.005096263
2 1928-01-01 -0.017643711
3 1928-02-01  0.117033662
4 1928-03-01  0.024377540
5 1928-04-01  0.012658228
6 1928-05-01 -0.043000050
```

再将两个数据合并之前，我们需将 sp500 中的 RET 重新定义。

```
> colnames(sp500) <- c("Date", "MKT")
> final <- left_join(ibm, sp500, by = "Date")
> head(final, 3)
        DATE           RET          MKT
1 1962-02-01 -0.009225701  0.016269655
2 1962-03-01 -0.007778728 -0.005860435
3 1962-04-01 -0.147817585 -0.061969875
```

现在我们可以计算 β_1、β_2 及 β_3 及 ρ。

```
> final = na.omit(final)
> n = nrow(final)
> beta1 <- lm(final$RET ~ final$MKT)[[1]][2]
> beta2 <- lm(final$RET[2:n] ~ final$MKT[1:(n-1)])[[1]][2]
> beta3 <- lm(final$RET[1:(n-1)] ~ final$MKT[2:n])[[1]][2]
> corrMkt <- cor(final$MKT[2:n], final$MKT[1:(n-1)])
> beta1
final$MKT
0.9792574
> beta2
final$MKT[1:(n - 1)]
          0.01880184
> beta3
final$MKT[2:n]
    -0.01077194
> corrMkt
[1] 0.03290364
```

最后我们的 beta 值为：

```
> (beta1+beta2+beta3)/(1+corrMkt)
final$MKT
0.9558368
```

9.12 用 Dimson 的方法调整 β

同理，Dimson 提出以下调整 β 的方法：

$$\begin{cases} R_t = \alpha + \sum_{i=-k}^{k} \beta_i R_{m,t+i} + \epsilon_t \\ \\ \beta = \sum_{i=-k}^{k} \beta_i \end{cases} \quad (9\text{-}13)$$

最经常使用的 k 值是 1。因此，我们有下式。

$$\begin{cases} R_t = \alpha + \beta^{-1} R_{m,t-1} + \beta^0 R_{m,t} + \beta^{+1} R_{m,t+1} + \varepsilon_t \\ \beta = \beta^{-1} + \beta^0 + \beta^{+1} \end{cases} \quad (9\text{-}14)$$

9.13 股票组合的市场风险（β）

股票组合的市场风险（β）是加权的个股股票的市场风险（β）之和，个股的权重是每一个股投资占总投资的百分比。

$$\beta_{port} = \sum_{i=1}^{n} w i \beta_i \quad (9\text{-}15)$$

$$w_i = \frac{v_i}{\sum_{i}^{n} v_i}, \quad (9\text{-}16)$$

9.14 练习题

（1）β 的定义是什么？

（2）β 用于测量何种类型的风险？

（3）市场风险的定义是什么？

（4）和市场风险不同的风险有哪些？

（5）如何衡量市场风险？

（6）对于一个企业（或股票），是总的风险大，还是市场风险大？

（7）如果股票 A 比 B 股票更高的总风险，这是否意味着 A 具有较高的市场风险呢？

（8）如何衡量风险？

（9）我们为什么要关心风险和回报之间的权衡？

（10）什么是资本资产定价模型背后的关键假设？

（11）资本资产定价模型的用途是什么？

（12）你如何预测一个公司的股权成本？

（13）你如何估算 WACC（加权平均资本成本）？

（14）一些企业为什么采用以下公式调整 β 值？

$$\beta_{adj} = \frac{2}{3} \times \beta + \frac{1}{3} \times 1.0 \tag{9-17}$$

（15）构造一个投资组合有以下 5 只股票（IBM、C、GE、GOOG、DELL）。估计从 2001 年～2010 年他们平等加权月度投资组合回报。

（16）如果我们利用 5 年月度数据回答：DELL、IBM、GOOG 和 C 的总风险和市场风险是多少？

（17）使用 Excel 估计和以下 10 只股票（见表 9.2）。覆盖的时间段是最后 5 年（如 2013 年～2017 年）。数据源为：雅虎财经（股票月数据）和 French 教授的数据网站（无风险利率）。

表 9.2　股票信息

	公司名	股票代码	行业
1	Family Dollar Stores	FDO	零售
2	Wal-Mart Stores	WMT	超市
3	McDonald's	MCD	餐馆
4	Dell company	DELL	电脑硬件
5	International Business Machine	IBM	电脑
6	Microsoft	MSFT	软件
7	General Electric	GE	综合企业
8	Google	GOOG	互联网服务
9	Apple	AAPL	电脑硬件
10	eBay	EBAY	互联网服务

（18）写一个 R 程序重复上诉题目。

（19）从雅虎财经下载数据，如 DELL、IBM 和 MSFT，计算它们的波动率。例如，估计 IBM 在下列期间的波动率（volatility，用标准方差来表述）：1962 年～1971 年、1972 年～1982 年、1982 年～1991 年、1992 年～2001 年、2002 年～2010 年。波动率的趋势是什么？

（20）市场指数的相关性是什么？例如，你可以下载的价格标准普尔 500 的数据（其雅虎股票的（^GSPC）和道琼斯工业平均指数（DJIA）在过去 10 年的数据。然后，估计它们的回报，并计算相应的相关性，评价结果。

（21）IBM 股票收益和 WMT 股票收益之间的相关性是多少？

（22）从 2006 年～2016 年，哪 5 只股票和 IBM 的相关性最大？

（23）2000 年 1 月 2 日的投资组合包括 1000 股 IBM、500 股花旗集团和 400 股 WMT 的。其投资组合的 beta 为多少？可过去 5 年的月度数据运行资本资产定价模型（CAPM）。

（24）从 2007 年～2017 年，IBM、WMT 和 MSFT 的年 beta 值是多少？

第 10 章
多因子线性模型和夏普比率等

三因子线性模型有以下公式：

$$y = \alpha + \beta_1 x_1 + \beta_2 x_2 + \beta_3 x_3 + \epsilon_t \qquad (10\text{-}1)$$

y 为因变量，x_1、x_2、x_3 为 3 个自变量。运行一个三因子线性模型，我们为估计其截距（α）和 3 个自变量的系数（β_1、β_2 和 β_3）。在下面例子中，首先我们生成 3 个自变量。这里假设 $y=2+3x_1-x_2+5x_3+\varepsilon$。式中 ε 是一个随机数。运行下面的 R 代码。结果表明截距是 4.900，3 个系数分别是 3.027、−1.281 和 5.005。

```
> set.seed(123)
> x1<-seq(1,10,by=0.2)
> n<-length(x1)
> x2<-10 + runif(n)
> x3<-runif(n)
> x<-cbind(x1,x2,x3)
> y<-2+3*x1-x2+5*x3+rnorm(n)
>lm(y～x)
Call:
lm(formula = y ～ x)
Coefficients:
(Intercept)    xx1    xx2    xx3
 4.900       3.027  -1.281   5.005
```

一般而言，第一行语句 set.seed(123)是多余的。使用 set.seed()函数保证使用的是相同的种子数值，如本例的 123，任何用户都会得到相同的随机数及相同的结果。

10.1 Fama-French 三因子模型

金融领域著名的 Fama-French 三因子模型如下。

$$R_i = R_f + \beta_{mkt}(R_m - R_f) + \beta_{SMB} * SMB + \beta_{HML} * HML \qquad (10\text{-}2)$$

其中 SMB（Small minus Big：小减大）被定义为"小投资组合的收益减去收益的大投资

组合，而 HML（High Minus Low：高减低）是高账面市场投资组合的回报差异减去低市值的投资组合的回报。参见 Ken French 教授的网页上我们可以找到它们更为详细的定义。

10.2 小减大因子

首先股票的大小是由其股票的市值而定，小股票是指其股票的市值较小，大股票是指其股票的市值较大。股票的市值定义为：单股的股价乘以股票的股数。由于小股票风险较大，投资者需要高回报以承担额外的风险，与大股票相比，通常是更成熟的公司股票。Fama 和 French 构建了一个称为 SMB 的危险因子。这是 3 个小股票投资组合的平均收益率减去 3 个大股票投资组合的平均收益，见下式。

$$SMB = \frac{1}{3}(SH + SM + SL) - \frac{1}{3}(BH + BM + BL) \tag{10-3}$$

其中 S 为小（Small），B 为大（Big），H 为高（High），M 为中位数（Median），L 为低（Low）。

这 6 个投资组合的建造方式如下。第一步：在每年年底，按照市场纽约证券交易所上市股票的市值（股票价格乘以已发行股票）排名计算中值。如果股票的市值低于中位数，则将其归类为小股票。如果股票的市值高于中位数，它就是一个大股票。第二步：估计每只股票其股权的账面价值与其市场价值（Book value of equity/market value of equity，BE/ME）的比率。第三步：根据该比率，将所有股票分为 3 组：底部 30%（低）、中间 40%（中值）和顶部 30%（高）。这样我们进一步分成 6 组，如小股票不属于高比率，它们将属于 SH（Small and High）的投资组合，其他股票则相应分类。最终，每个股票将被归类为这 6 个投资组合之一：SH、SM、SL、BH、BM 和 BL。为了估计这 6 个投资组合的收益，应用了权重加权法。个别股票的权重是其前一年市场资本总额与总市值的比值。

10.3 高减低因子

HML 是具有高市值的投资组合和低的市值的投资组合与具有低市值的投资组和高市值的投资组合回报的差异。其公式如下。

$$HML = \frac{1}{2}(SH + BH) - \frac{1}{2}(SL + BL) \tag{10-4}$$

其中，*SH*、*BH*、*SL* 和 *BL* 在前面已经定义了。

10.4 为 Fama-French 模型生成 R 数据集

相关网页是 http://mba.tuck.dartmouth.edu/pages/faculty/ken.french/data_library.html。
上述网页包含每日和每月的 Fama-French 因子，月频率和日频率是两个最广泛使用的频率。对于每月因子，请单击 Fama-French Factors 下载名为 F-F_的 zip 文件 Research_Data_
Factors_TXT.zip。解压后，我们将得到月频率和年频率的 Fama-French 因子。下面显示最
前面的部分。

```
This file was created by CMPT_ME_BEME_RETS using the 202102 CRSP database.
The 1-month TBill return is from Ibbotson and Associates, Inc.


           Mkt-RF      SMB      HML       RF
192607      2.96    -2.30    -2.87     0.22
192608      2.64    -1.40     4.19     0.25
192609      0.36    -1.32     0.01     0.23
192610     -3.24     0.04     0.51     0.32
192611      2.53    -0.20    -0.35     0.31
```

我们可以使用以下 R 代码来检查最前面的几个记录。我们可以使用 skip=4 跳过前 4
行（即跳过标题部分）。nrow=10 为只读入 10 行。

```
>x<-read.table("F-F_Research_Data_factors.txt",skip=4,nrow=10)
>colnames(x)<-c("yyyymm","mkt_rf","SMB","HML","Rf")
> x
yyyymm mkt_rf SMB HML Rf
1 192607 2.62 -2.16 -2.92 0.22
2 192608 2.56 -1.49 4.88 0.25
3 192609 0.36 -1.38 -0.01 0.23
4 192610 -3.43 0.04 0.71 0.32
5 192611 2.44 -0.24 -0.31 0.31
6 192612 2.77 -0.01 -0.10 0.28
7 192701 -0.11 -0.30 4.79 0.25
8 192702 4.32 -0.24 3.35 0.26
9 192703 0.32 -1.87 -2.58 0.30
10 192704 0.41 0.29 0.95 0.25
```

通过尝试和改错，我们可以使用 nrow = n 来获得所有月度因子。其中 n 是我们测试出来的。
如果省略 nrow=n，会得到一个错误消息。原因是原始文本文件包含月频率和年频率的数据。
我们可以手动删除年频率数据，也不必指定读入的总行数。

```
> x<-read.table("F-F_Research_Data_factors.txt",skip=4)
> tail(x)
           V1      V2     V3      V4     V5
1077  201603   6.96   0.86    1.11   0.02
1078  201604   0.91   0.68    3.25   0.01
1079  201605   1.78  -0.27   -1.79   0.01
1080  201606  -0.04   0.61   -1.49   0.02
1081  201607   3.95   2.90   -0.98   0.02
1082  201608   0.49   0.94    3.18   0.02
```

以下是完整的代码。请注意，最后 4 列要除以 100。

```
> x<-read.table("F-F_Research_Data_factors.txt",skip=4)
> colnames(x)<-c("date","mkt_rf","SMB","HML","Rf")
> x[,2:5]<-x[,2:5]/100  # from percent to decimal
> ffMonthly<-x          # use a better name
> save(ffMonthly,file="ffMonthly.RData")
```

基于两个 R 数据集 yahooDaily.Rdata 和 ffDaily.Rdata 我们可以估计股票的市场风险。

10.5 运行 Fama-French 模型的 R 代码

从作者的网页我们可以下载两个 R 数据集：yahooDaily.Rdata 和 ffDaily.Rdata。

基于这两个 R 数据集（yahooDaily.Rdata 和 ffDaily.Rdata），我们可以轻松估算所包含股票的 beta 值。下面，我们试图估计 2010 年花旗集团的 beta 值。

```
load("retD50.RData")
load("ffDaily_factors.RData")
stock<-"C"                           # C for Citigroup
year<-2010                           # year we are interested
y<-yahooDaily                        # simplify the notation
f<-ffDaily_factors                   # simplify the notation
a<-subset(y,y[,1]==stock & as.integer(y[,2]/10000)==year)
b<-subset(f,as.integer(f[,1]/10000)==year)
a2<-cbind(a[,2],a[,9])               # only choose date and return
colnames(a2)<-c("date","return")     # assign column names
k<-merge(a2,b,by="date")             # merge by date
y<-k$return-k$Rf                     # dependent variable
x<-cbind(k$mkt_rf,k$SMB,k$HML)       # independent variables
lm(y~x)                              # lm() for linear model
```

结果如下所示：

```
Call:
lm(formula = y ~ x)
Coefficients:
(Intercept)              x1              x2              x3
0.001353          0.901066       -0.145878        1.713465
```

10.6 动势交易策略

动势交易被定义为"股票价格在短时间内连续上升（或下降）"。基于这点，我们可以设计一种称为买入赢家和卖出输家的交易策略。Jegadeesh 和 Titman 测试了这个策略。例如，他们用 6 个月作为评估期，买赢家的股票和卖输家的股票，持有期为 6 个月。首先，根据过去 6 个月的总收益，将所有股票分为 10 组（十分位数）。收益率最高的一组被定义为赢家，而收益率最低的十分位组被称为失败者。交易策略是买赢家的股票（多头）和卖失败者的股票（即对第一头组合做多头，同时对第十组合做空）。对于下个月，所有股票将重新分类为赢家或输家。并重新平衡他们的多头和空头的投资组合。作者发现这个策略确实是一个有利可图的交易策略。要注意的是 Jegadeesh 和 Titman 没有考虑交易成本。如果我们加上动量因子（MOM），就可以有一个四因子模型。以下是 Fama-French-Carhart 的四因子模型。

$$R_i = R_f + \beta_{mkt}(R_m - R_f) + \beta_{SMB} \times SMB + \beta_{HML} \times HML + \beta_{Mom} \times MOM \qquad （10-5）$$

为了下载这 4 个因子（mkt、SMB、HML 和 MOM），我们可以去 KenFrench 教授的数据库下载这 4 个因子的压缩文件，http://mba.tuck.dartmouth.edu/pages/faculty/ken.french/data_library. html。下载后，要注意的是数据集名字为.ffc4monthly。即在 ffc4monthly 前有一小数点。

```
> load("datas/ffc4Monthly.RData")
> head(ffc4monthly)
        DATE   MKT_RF      SMB      HML      MOM     RF
1 1927-01-31 -0.0006  -0.0056   0.0483   0.0044 0.0025
2 1927-02-28  0.0418  -0.0010   0.0317  -0.0201 0.0026
3 1927-03-31  0.0013  -0.0160  -0.0267   0.0359 0.0030
4 1927-04-30  0.0046   0.0043   0.0060   0.0419 0.0025
5 1927-05-31  0.0544   0.0141   0.0493   0.0301 0.0030
6 1927-06-30 -0.0234   0.0047  -0.0153   0.0051 0.0026
> tail(.ffc4monthly)
           DATE MKT_RF      SMB      HML      MOM     RF
1084 2017-04-28 0.0109   0.0073  -0.0191   0.0052 5e-04
1085 2017-05-31 0.0106  -0.0254  -0.0375   0.0143 6e-04
1086 2017-06-30 0.0078   0.0215   0.0132  -0.0022 6e-04
1087 2017-07-31 0.0187  -0.0142  -0.0028   0.0162 7e-04
1088 2017-08-31 0.0017  -0.0171  -0.0226   0.0357 7e-04
1089 2017-09-29 0.0251   0.0454   0.0304  -0.0120 9e-04
>
```

10.7　计算夏普比率

夏普（sharpe）比率衡量的是风险与收益之间的折衷，它被定义为"收益与风险的比率"。其具体的定义由下式给出。

$$夏普比率 = \frac{\overline{R}_p - R_f}{\sigma} \qquad （10-6）$$

$\overline{R}_p$ 为股票组合或个股的平价收益率，R_f 是无风险利率，σ 为股票组合或个股的平价收益率的标准方差。

当两个项目具有相同的回报时，我们倾向于风险较低的项目。当两个项目具有相同的风险时，我们选择收益较高的项目。但是，通常回报和风险是正相关的。如果项目 X 的回报和

风险都高于项目 Y，那么我们应该选择哪个项目？在这种情况下，我们可以根据夏普比率对项目进行排名。在下面的代码中，假设我们可以访问一个名为 retDIBM.RData 的 R 数据集，它包含 3 个数据集，分别是 IBM 的日收益率、S&P500 的日收益率（未用于夏普比率计算）和 R_f（月存款利率）。

```
load("retDIBM.RData")
rf_daily<-(1+EDM1[,2])^(1/30)-1
rf<-data.frame(EDM1[,1],rf_daily)
colnames(rf)<-c("date","rf")    # try if omit this line
x<-merge(IBM,rf,by="date")
x = na.omit(x)
t<-x$Return-x$rf
mean(t)/sd(t) # Sharpe ratio
```

10.8　计算特雷诺比率

正如我们在前面章节中讨论的，投资者通常关心的是市场风险（β）而不是总风险（σ）。这种说法背后的原因是理性的投资者可以通过投资多只股票来分散特有的风险。因此，他们只承担系统性风险的补偿，而不会因为承担企业特定风险而得到补偿。基于这个结论，如果我们有两只股票：A 和 B。股票 A 有高的总风险（$\sigma_A > \sigma_B$）。但股票 A 的市场风险要小（$\beta_A < \beta_B$）。在这种情况下，我们应该观察到 B 比 A 需要更高的期望收益率（即 $R_A < R_B$）。特雷诺（Treynor）比率与夏普比率相似。唯一的区别是特雷诺应用市场风险（β）而不是分母中的总风险（σ）。

$$特雷诺 = \frac{R - R_f}{\beta} \tag{10-7}$$

10.9　基于 52 周股票价格最高点的交易策略

所谓的 52 周高低交易策略背后的逻辑是：如果今天的价格接近到 52 周最高值，投资者可能认为该股票的价格有更高的概率会继续走高，因而他们会采取相应的投资策略。反之亦然。如果今天的价格接近到 52 周的最低点，投资者可能认为该股票的价格有更高的概率会继续走低，因而他们会做空。查看 52 周的范围，见下例。

```
> x<-read.csv("datas/ibmDaily.csv")
> head(x,1)
        Date      Open      High       Low     Close Adj.Close Volume
1 1962-01-02 7.713333 7.713333 7.626667 7.626667  2.221056 387200
> range(x[1:252,6])
[1] 1.188537 2.240472
> x2<-x[order(x$Date,decreasing = TRUE),]
> head(x2,2)
          Date     Open     High      Low   Close Adj.Close   Volume
```

```
13990 2017-07-28 144.81 145.04 143.84 144.29      144.29 3022700
13989 2017-07-27 145.00 145.40 143.64 145.07      145.07 6430800
> range(x2[1:252,6])
[1] 144.2900 180.1898
```

在金融方面，我们有基于上个 52 周的交易策略。它指出，投资者将目前的股价与 52 周的高低进行比较。如果目前价格接近 52 周的高点，则表明股价正在上涨，或者急剧下跌。相反的情况也是如此，如果目前的价格接近 52 周的低点，那么该股票要么是一个失败者，要么是一个好买盘。下面的代码是用来获得过去 3 天的高点。首先，我们需要一个程序来生成终端股票价格。下面给出了生成股票价格的 R 程序。

```
Stock_price<-function(S,r,t,n,sigma){
    delta_T<-t/n
    ST<-seq(1:n)*0
    ST[1]<-S
    for (i in 2:n) {
        temp1<-(r-0.5*sigma*sigma)*delta_T
        temp2<- sigma*rnorm(1)*sqrt(delta_T)
    ST[i]<-ST[i-1]*exp(temp1+temp2)
}
    return(ST)
}
```

对于一个小的窗口而言，我们可以手动检查每个步骤。因此，自行创建价格并使用小的窗口（例如 3 天或 4 天的数据）来测试我们的程序是一个好主意。下面我们首先生成日期和价格。

```
# - Generate date and prices —- #
n<-100 # number of stock prices
date<-1:n
T<-1 # maturity date in years
rf<-0.03 # risk-free rate
S<-20 # stock price at time 0
sigma<-0.1 # volatility of the underlying security
set.seed(12345)
price<-Stock_price(S,rf,t,n,sigma)
x<-cbind(date,price)
> head(x)
date price
[1,] 1 20.00000
[2,] 2 20.12248
[3,] 3 20.27082
[4,] 4 20.25373
[5,] 5 20.16713
[6,] 6 20.29477
```

假设我们感兴趣的是 3 天而不是 252 天，我们将估计其 3 日最高点。下面定义的 y 变量包含 3 列：日期（t）、t 时的价格和 3 日的高点（从 $t-3$ 到 $t-1$）。

```
# - estimate 3-day high - #
y<-matrix(0,n-3,3)
for(i in 4:n){
    j<-i-3
    y[j,1]<-x[i,1] # date variable
    y[j,2]<-max(x[i,2]) # price at t
    y[j,3]<-max(x[(i-3):(i-1),2]) # high over the last 3 days
}
```

我们打印变量 x 和 y 的前几行。由于窗口是 3 天，因此 y 变量的第一天应该从第四天开始。$y[1,]$ 中的第一个变量是 4。从 x 中的前 3 个价格，我们知道最大值是 20.27082。这对于第一个 y 中的最大值（即，y[1，3]）是成立的。

```
> head(x)
date price
[1,] 1 20.00000
[2,] 2 20.12248
[3,] 3 20.27082
[4,] 4 20.25373
[5,] 5 20.16713
 [6,] 6 20.29477
> head(y)
 [,1] [,2] [,3]
[1,] 4 20.25373 20.27082
[2,] 5 20.16713 20.27082
[3,] 6 20.29477 20.27082
[4,] 7 19.93413 20.29477
[5,] 8 20.06515 20.29477
[6,] 9 20.01481 20.29477
```

再次，使用一个非常短的窗口，选择 3 天的主要原因是，我们可以很容易地检查和调试程序。在确定了代码的准确性之后，可以根据需要调整窗口的长度。

10.10 Jensen 的阿尔法值（α）

Jenson 的阿尔法值（α）定义为投资组合回报和资本资产定价模型（CAPM）预测的回报之间的差值，这个度量是由 MichaelC.Jensen 在 20 世纪 60 年代开发的。其定义如下：

$$\alpha_p = \overline{R}_p - \overline{R}_{predicted} = \overline{R}_p - [\overline{R}_f + \hat{\beta}_p(\overline{R}_m - \overline{R}_f)], \tag{10-8}$$

我们可以有许多不同的方式来估阿尔法值（α）。假设我们有一个投资组合的 10 年数据。我们可以选择使用其中 3 年的数据来估计 β。因此，我们使用前 3 年的数据来估计投资组合的贝塔值，然后估算第 4 年的阿尔法值。使用从第 2 年～第 4 年的数据来更新我们的 β 系数。

然后再计算第 5 年的阿尔法值。对于这种情况，我们最终得到 7 个 β 和 7 个 α。

如果资本资产定价模型是好的，那么平均阿尔法值应该接近于零。因此，我们可以使用平均阿尔法排序不同资产定价模型的质量。CAPM 是一个单因子模型，Fama-French 是三因子模型。由于 Fama-French 模型是在 20 世纪 90 年代发展起来的，我们预计其平均阿尔法值将会低于用 CAPM 估算的值。如果我们使用相同的资产定价模型，可以通过 Jensen 的阿尔法值（α）来对众多的共同基金的表现进行排名。α 值越高，共同基金业绩的表现越好。

10.11　索提诺比率

索提诺比率可视为夏普比率的变种，它通过计算股票负资产收益率的标准偏差（称为下跌偏差）来区分有害波动率与总波动率。为了计算索提诺比率，首先我们得计算下跌偏差（Lower Partial Standard Deviation，LPSD），定义其如下：

$$LPSD = \sqrt{\frac{\sum_{i=1}^{n}(R_i - R_0)^2}{n-1}} \quad , R_i < R_0 \qquad (10\text{-}9)$$

$LPSD$ 是下跌偏差，n 是股票收益率的个数，R_i 是第 i 个股票收益率，R_0 是用户设定的最低收益率。如果我们用无风险利率作为 R_0，那么 Sortino 比率的定义如下：

$$Sortino = \frac{\overline{R}_p - R_f}{LPSD} \qquad (10\text{-}10)$$

上式中 Sortino 指索提诺比率，$LPSD$ 为下跌偏差，从（10-9）式中得到，其他变量和夏普比率相同。下面我们以 IBM 数据来计算下跌偏差（LPSD）及索提诺比率。

```
> .ibmMonthly = read.csv("datas/ibmMonthly.csv")
> head(ibmMonthly,2)
        Date      Open      High       Low     Close Adj.Close      Volume
1 1962-01-01 7.713333 7.713333 7.003334 7.226666  2.056971     8760000
2 1962-02-01 7.300000 7.480000 7.093333 7.160000  2.037994     5737600
```

为计算 $LPSD$，我们有以下程序。

```
LPSD_f<-function(return,R0){
    n<-length(return)
    dev<-return-R0
    devNegative<-dev[dev<0]
    dev2<-devNegative^2
    LPSD<-sum(dev2)/(n-1)
    return(LPSD)
}
```

假设我们的基准月无风险利率为 0.16%(0.02/12)。我们有以下结果。

```
> p<-.ibmMonthly$Adj.Close
> n<-length(p)
> ret<-p[2:n]/p[1:(n-1)]-1
> head(p)
[1] 2.056971 2.037994 2.022141 1.723233 1.489798 1.287883
> head(ret)
[1] -0.009225701 -0.007778728 -0.147817585 -0.135463399 -0.135531797  0.1
40751140
> R0<-0.02/12
> LPSD<-LPSD_f(ret,R0)
> LPSD
[1] 0.001887325
> sortino<-(mean(ret)-R0)/LPSD
> sortino
[1] 3.810904
```

从上述结果可知索提诺比率为 3.81，而其相应的夏普比率为 0.10，详见下面的计算。

```
> sharpe<-(mean(ret)-R0)/sd(ret)
> sharpe
[1] 0.1046389
>
```

10.12　练习题

（1）什么是 Fama-French 三因子模型？

（2）SMB 的定义是什么？

（3）HML 的定义是什么？

（4）什么是所谓的动量交易策略？

（5）从哪里可以下载 Fama-Frenchc 三因子？

（6）从哪里可以下载 Fama-French 日频率三因子？

（7）SMB 因子是一个投资组合吗？

（8）如果从 2000 年 1 月 1 日至 2010 年 12 月 31 日持有中小企业投资组合（基于 Fama-French- SML 因子），总回报率是多少？根据月频率和日频率小减大（SMB）因子来估算总回报。

（9）解释为何在（8）中根据月频率和日频率会得到不同的结果？

（10）尝试根据月频率和日频率计算 HML 的总回报［与问题（8）和（9）相同］。

（11）对 mkt_rf 尝试相同的操作［与练习题（8）和（9）相同］。

（12）根据 Fama-French 三因子模型，使用 Yahoo Finance 的月度数据和 French 的数据库估算 IBM 的 beta。

（13）夏普（Sharpe）比率和特雷诺（Treynor）比率有什么区别？

（14）根据过去 5 年的月度数据，IBM 的夏普比率是多少？

（15）根据夏普比率和过去 3 年的日常数据，你应该选择哪种股票，IBM 还是 Google？

（16）如果你应用特雷诺（Treynor）比率而不是夏普比率，即对上一个问题的决定是否会发生变化？

（17）构建包括 IBM、C、GE、GOOG 和 WMT 在内的 5 只股票的投资组合，并估计从 2001 年到 2010 年的月度投资组合回报。假设每只股票投资为 20%。它们的投资组合的 beta 值是多少？

（18）如果我们使用当前 5 年来估计投资组合的 beta，那么上述投资组合的 alpha 值是多少？

（19）写一个程序来估计 WMT 的 52 周股票价格最高值和最低值。

（20）从 French 教授的数据库下载 F-F_Research_Data_Factors_TXT.zip，解压缩，并访问文本文件 F-F_Research_Data_Factors.txt。编写一个 R 程序来处理年度 Fama-French 因子，并将最终输出保存到一 R 数据集。

（21）从 French 教授的数据库下载 Fama-French 五因素系列的月频率时间系列。编写一个 R 程序来生成一个名为 ffMonthly5.RData 的数据集。

（22）根据最新的 5 年期月度数据，为 IBM 和 WMT 运行 Fama-French 五因素模型。将其表现与 Fama-French 三因子模型和 CAPM 进行比较。

（23）从雅虎财经下载 IBM、WMT、C 及 MSFT 这 4 只股票最近的 10 年期月度数据。计算它们的夏普比率、Treynor 比率和 Sortino 比率。市场指数及无风险利率可从 French 教授的网页上得到。

第 3 篇　数据及相关操作

第 11 章
开源数据

我们可以用以下这行 R 命令读取 IBM 的历史价格数据。

```
> x <- read.csv("datas/ibmMonthly.csv", header=T)
```

head()函数可以用来查看前几条记录。

```
> head(x)
        Date    Open    High     Low   Close Adj.Close   Volume
1 1962-01-01 7.71333 7.71333 7.00333 7.22667  2.077532  8760000
2 1962-02-01 7.30000 7.48000 7.09333 7.16000  2.058365  5737600
3 1962-03-01 7.18667 7.41333 7.07000 7.10333  2.042351  5344000
4 1962-04-01 7.10000 7.10000 6.00000 6.05333  1.740457 12851200
5 1962-05-01 6.05333 6.53000 4.73333 5.23333  1.504688 49307200
6 1962-06-01 5.21333 5.21333 4.00000 4.52333  1.300755 68451200
```

因为数据的频率是日频率，所以 Open 是日开盘价；High 是日最高价；Low 是日最低价；Close 是日收盘价；Volume 是日交易量；Adj.Close 是调整过的收盘价，即调整股票分割及其他红利等。我们使用 tail()函数查看最后 3 行，即 tail(x,3)。

```
> tail(x,3)
          Date   Open   High    Low  Close Adj.Close   Volume
668 2017-08-01 145.00 145.67 139.13 143.03  141.5346 80268700
669 2017-09-01 142.98 147.42 141.64 145.66  145.6600 75630400
670 2017-09-29 145.45 145.69 144.92 145.08  145.0800  2654731
```

利用 pedquant 包，我们可以下载微软（MSFT）的历史交易数据，并将其保存为一个文本文件。

```
> library(pedquant)
> x = md_stock(symbol="MSFT", source="yahoo", freq="daily",
               from="1986-03-13", to="2021-03-26")[[1]]
> head(x[,3:9])
         date     open     high      low    close close_adj     volume
1: 1986-03-13 0.088542 0.101563 0.088542 0.097222  0.061751 1031788800
2: 1986-03-14 0.097222 0.102431 0.097222 0.100694  0.063956  308160000
3: 1986-03-17 0.100694 0.103299 0.100694 0.102431  0.065059  133171200
4: 1986-03-18 0.102431 0.103299 0.098958 0.099826  0.063405   67766400
```

```
5: 1986-03-19 0.099826 0.100694 0.097222 0.098090   0.062302    47894400
6: 1986-03-20 0.098090 0.098090 0.094618 0.095486   0.060648    58435200
> write.csv(x[,3:9], file="datas/msft.csv", quote=F, row.names=F)
```

上述命令的最后一行使用相对路径，即 msft.csv 是存放在当前工作目录下的。要知道当前的工作目录的确切路径，可以使用 getwd() 函数。要注意的是，在键入 getwd() 语句时，不同的读者会得到不同的结果。

```
> getwd()
[1] "C:/Users/yyan/Documents"
```

在上面最后一行代码"write.csv(x,file='msft.csv',quote=F,row.names=F)"中，"quote=F"是指在存储时，不存储双引号。"row.names=F"是让程序不存入每一条数据行的代码，如"1、2、3"等。你可以尝试在代码中去掉"quote=F"和"row.names=F"，看看对结果有什么样的影响。

11.1 开源数据简介

在互联网时代，我们面临海量的数据。其中包括大量的"开源数据"，即公开的、不需要付费的数据。可惜的是，很少有金融的学生知道如何利用开源数据，如用财富 500 强的历史数据来估计 2018 年股票的流动性、风险、夏普比率（Sharpe Ratio）等。雅虎财经提供了大量免费数据：历史交易价格、当今的股票价格、期权和债券有关的数据。这种公开的数据可以用来估计市场风险、总风险（标准离差）、夏普比率、Jensen 的 α、Treynor 比率、Sortino 比率、流动性和交易成本，并进行财务报表分析（比率分析）和业绩评估等。对开源数据而言，我们可以下载相关数据为教学、科研及投资服务。本章的重点是讲解如何获取这些数据。表 11.1 列出了一些数据源。

表 11.1 开源数据的可能来源

名称	数据类型	相关领域
雅虎财经	当前和历史定价、分析师建议，期权、资产负债表、损益表	资本资产定价模型、投资组合理论、流动性测度、动量策略、在险价值（VaR）、期权
美联储数据库	利率以及 AAA 和 AA 评级债券的利率	固定收益、债券、期限结构
Marketwatch	财务报表	企业融资、投资
美国证券交易委员会	资产负债表、损益表、持股	比率分析、基本面分析
French 教授的数据库	Fama-French 因素、市场指数、无风险利率、行业分类	因子模型、资本资产定价模型
Census Bureau	人口普查数据	实际收入、交易策略

续表

名称	数据类型	相关领域
美国财政部	美国国债收益率	固定收入
美国金融业监管局	债券价格和收益率	固定收入
劳动统计局	通货膨胀、就业、失业、薪酬和福利	宏观经济学
经济统计局	GDP 等	宏观经济学
美国国家经济研究局	商业周期、重要的统计、总统报告	宏观经济学、金融稳定性有关的数据

需要注意的是，美国金融业监管局（FINRA）是对所有证券公司在美国开展业务的最大的独立监管机构。以下我们对一些主要的开源数据的来源加以介绍。

11.2 雅虎财经

雅虎财经提供美国公立公司的历史市场数据，近几年的财务报表、目前的行情、分析师建议、期货、期权数据等。历史交易数据包括每天、每周、每月的数据和分红。历史数据包括开盘价、最高最低价、交易量、收盘价及调整后的收盘价，历史报价往往不早于 1970 年。下面我们以 IBM 公司为例。首先登录雅虎财经的网页，键入股票代码 ibm，如图 11-1 所示。

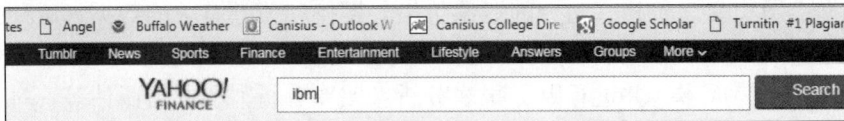

图 11-1　雅虎财经网站

单击右边的"Search"按钮，我们就会得到图 11-2 所示的结果。注意不同的日期结果会大不相同。

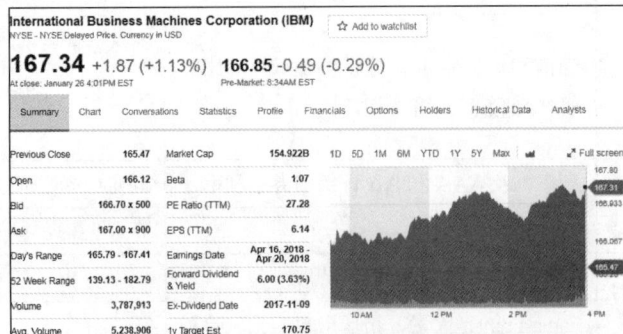

图 11-2　IBM 公司的股票数据

单击"Historical Data"，我们就可以下载月、日或周历史股票数据，如图 11-3 所示。

Time Period: Jan 29, 2017 - Jan 29, 2018 Show: Historical Prices Frequency: Daily Apply

Currency in USD Download Data

Date	Open	High	Low	Close*	Adj Close**	Volume
Jan 26, 2018	166.12	167.41	165.79	167.34	167.34	3,664,500
Jan 25, 2018	165.91	166.78	165.19	165.47	165.47	3,302,500
Jan 24, 2018	166.75	168.72	164.82	165.37	165.37	5,645,000
Jan 23, 2018	162.82	166.26	162.51	166.25	166.25	7,466,200

图 11-3 IBM 公司股票的历史数据

对历史数据而言，用户可以选择起始日、终止日及频率。

11.3 美联储数据库

美国联邦储备委员会数据库具有与经济、金融有关的大量数据。为下载有关数据，我们可以利用美国联邦的数据下载程序。首先打开美联储的数据库网站，然后在数据下载程序（Data Download Program）中，选择要访问的数据，单击对应的链接，并下载即可。

11.4 French 教授的数据库

该数据库包含日、周、月及年频率的 Fama-French 因子和其他有用的数据集。单击 Fama-Frenchfactor 链接后，我们可以下载一个压缩文件 Research_Data_Factors.zip。经解压后会得到一个名为 F_F_Research_Data_Factors.txt 的文本文件，它包括月度和年度 Fama-French 因子。该文本文件的前几行如下。

```
This file was created by CMPT_ME_BEME_RETS using the 201012 CRSP database.
The 1-month TBill return is from Ibbotson and Associates, Inc.
Mkt-RF SMB HML RF
192607 2.62 -2.16 -2.92 0.22
192608 2.56 -1.49 4.88 0.25
192609 0.36 -1.38 -0.01 0.23
192610 -3.43 0.04 0.71 0.32
192611 2.44 -0.24 -0.31 0.31
```

为得到更详细的信息，请参阅第 10 章。

11.5 美国证券交易委员会公司财务报表数据库

根据美国法律，所有公立公司必须在规定的时间内将其年度、季度的财务报表及其他有关信息（如公司经理及员工买卖公司股票的有关信息）提交给 SEC（美国证券交易委员会）。而 SEC 则将这些财务报表放在网站上供大众使用。SEC 使用的是 EDGAR 平台（Electronic Data Gathering, Analysis and Retrieval）即电子数据收集、分析和检索。对 SEC 数据库而言，公司用 CIK（Central Index Key）作为它们的标识代码，用户可以用 CIK 或公司名来检索有关公司的信息。

11.6 用雅虎财经下载的 CSV 文件估计收益率

假设我们有从雅虎财经手动下载 IBM 的日历史数据，其文件名为 ibm.csv，见下面最前面的几行。

```
Date,Open,High,Low,Close,Adj Close,Volume
1962-01-01,7.713330,7.713330,7.003330,7.226670,2.077532,8760000
1962-02-01,7.300000,7.480000,7.093330,7.160000,2.058365,5737600
1962-03-01,7.186670,7.413330,7.070000,7.103330,2.042351,5344000
1962-04-01,7.100000,7.100000,6.000000,6.053330,1.740457,12851200
1962-05-01,6.053330,6.530000,4.733330,5.233330,1.504688,49307200
1962-06-01,5.213330,5.213330,4.000000,4.523330,1.300755,68451200
1962-07-01,4.523330,5.246670,4.513330,5.160000,1.483839,41052800
1962-08-01,5.146670,5.530000,4.940000,5.283330,1.519304,41353600
```

以下 R 代码用于读取保存在计算机上的数据。ibm.csv 是输入文件名，sep=','是使用逗号为分隔符。由于数据的第一行给出了 7 个变量名，我们有语句 header=T。这里 T 是 TRUE 的第一个字母。试着忽略 header=T，看看结果有何不同。

```
> x <- read.csv("datas/ibmMonthly.csv")        # relative path
> x[1:2,]
        Date      Open      High      Low    Close Adj.Close    Volume
1 1962-01-01 7.71333 7.71333 7.00333 7.22667  2.077532 8760000
2 1962-02-01 7.30000 7.48000 7.09333 7.16000  2.058365 5737600
```

为编程方便，可以定义一个名为 infile 的变量。在下面的程序中，我们使用绝对路径，即可读取任何目录或子目录下的文件，而不是读取仅在当前目录下的文件。对于相对路径而言，我们读取的是当前工作目录下的数据文件。

```
>infile <-'datas/ibm.csv' # absolute path
>x<-read.csv(infile)
```

11.7 生成日期变量

有许多方法可以用于构造一个真正意义上的日期变量。而一个真正意义上的日期变量是指，若 x 代表 1 月 31 号，$x+1$ 则代表 2 月 1 号。生成这样一个变量的最佳方式是使用 as.Date() 函数。对于其他的方法，请参阅第 12 章。

```
> x<-as.Date("1990-01-31",format="%Y-%m-%d")
> x+1
[1] "1990-02-01"
```

如果输入的字符串变量有另一种格式，则代码需相应地加以修改。

```
> x<-as.Date("1990/01/31","%Y/%m/%d")
> y<-as.Date("01/31/1990","%m/%d/%Y")
```

当输入变量具有标准格式，就可以省略 as.Date()函数的第二个输入变量。

```
> as.Date("1990-01-31")+1
     [1] "1990-02-01"
> as.Date("1990/01/31")+2
     [1] "1990-02-02"
```

对于非标准格式，省略变量格式说明将导致出错。

```
> x<-as.Date("1990\01\31")
Error in charToDate(x):
character string is not in a standard unambiguous format
```

下面，最终的数据集仅有两个数据列：日期变量与收盘价。

```
>x<-read.csv("datas/ibm.csv")
>d<-data.frame(as.Date(x[,1],format="%Y-%m-%d"),x[,6])
>ibm<-data.frame(d[,1],d[,2])
>colnames(ibm)<-c('date','adj_price')
> head(x,3)
         Date    Open    High     Low   Close Adj.Close   Volume
1 1962-01-01 7.71333 7.71333 7.00333 7.22667  2.077532  8760000
2 1962-02-01 7.30000 7.48000 7.09333 7.16000  2.058365  5737600
3 1962-03-01 7.18667 7.41333 7.07000 7.10333  2.042351  5344000
> head(ibm,3)
        date adj_price
1 1962-01-01  2.077532
2 1962-02-01  2.058365
3 1962-03-01  2.042351
```

11.8 计算收益率

为方便用户查看网上显示的股票数据其日期的排列往往先是最新的日期（如今天的），然后是更久远的日期。但对下载的数据而言，其排列可能恰恰相反详见下列。

```
>x<-read.csv("datas/ibmMonthly.csv")
>head(x,3)
         Date    Open    High     Low   Close Adj.Close   Volume
1 1962-01-01 7.71333 7.71333 7.00333 7.22667  2.077532 8760000
2 1962-02-01 7.30000 7.48000 7.09333 7.16000  2.058365 5737600
3 1962-03-01 7.18667 7.41333 7.07000 7.10333  2.042351 5344000
```

对绝大多数的数据库而言，按照惯例，数据的排列是从古至今。不同的排列顺序将对我们如何计算股票的收益率有一定的影响。下面我们使用一个循环来估算股票的收益率。显然，对于第一对调整过的收盘价，它们相应的收益率是$(p_1-p_0)/p_0$，即$(2.058365-2.077532)/2.077532$或$(x[2,6]-x[1,6])/x[1,6]$。

```
> n<-nrow(x)
> ret<-NA
> for (i in 1:(n-1))
+ ret[i]<-(x[i+1,6]-x[i,6])/x[i,6]
> head(ret)
[1] -0.009225851 -0.007779961 -0.147816903 -0.135463847
[5] -0.135531751 0.140752102
```

我们知道$(p_1-p_0)/p_0$和p_1/p_0-1实际上是等同的，可以理解为我们以p_0价格买了股票，并以p_1的价格卖出。前者$(p_1-p_0)/p_0$更容易理解，而后者p_1/p_0-1在编程的时候可以避免少犯错误。一个更好的方法是使用以下代码来估计收益率。

```
> n<-nrow(x)
> p<-x$Adj.Close
> ret<-p[2:n]/p[1:(n-1)]-1
> head(ret,2)
[1] -0.009225851 -0.007779961
```

对研究者而言，他们往往将自己感兴趣的数据放在一起以生成最终数据集。例如可将日期、价格和收益率放在一起，详见下面的程序。

```
> d<-format(as.Date(x[,1]),"%Y-%m-%d")
> ibm<-data.frame(d[2:n],x$Adj.Close[2:n],ret)
> colnames(ibm)<-c('DATE','ADJ_PRICE','RET')
> head(ibm)
        DATE ADJ_PRICE          RET
1 1962-02-01  2.058365 -0.009225851
2 1962-03-01  2.042351 -0.007779961
3 1962-04-01  1.740457 -0.147816903
4 1962-05-01  1.504688 -0.135463847
5 1962-06-01  1.300755 -0.135531751
6 1962-07-01  1.483839  0.140752102
```

11.9 添加股票代码变量

为了使输出的股票数据集意义更为明了，股票代码可以作为数据集的第一个变量。

```
> d[1:2,]
  ticker       Date    Open     High     Low   Close Adj.Close  Volume
1    IBM 1962-01-01 7.71333  7.71333 7.00333 7.22667  2.077532 8760000
2    IBM 1962-02-01 7.30000  7.48000 7.09333 7.16000  2.058365 5737600
```

11.10　把数据集保存到文本文件

打开雅虎财经的 IBM 历史日股价数据:

https://finance.yahoo.com/quote/IBM/history

对于其他公司,将 IBM 换成相应公司代码即可。

你可以选择起止日期和日期频率,单击下载按钮,即可自动下载 IBM.csv 文件。

文件 ibm.csv 的前几行如下所示。

```
Date,Open,High,Low,Close,Adj Close,Volume
2020-03-30,108.089996,113.459999,107.809998,112.930000,106.993378,5564500
2020-03-31,112.000000,113.809998,110.169998,110.930000,105.098518,6343300
2020-04-01,106.360001,109.919998,104.519997,105.139999,99.612892,6112900
2020-04-02,105.370003,110.320000,105.139999,110.000000,104.217400,6328700
2020-04-03,108.919998,110.070000,104.919998,106.339996,100.749802,4538800
2020-04-06,110.349998,115.629997,110.129997,114.820000,108.784019,7034200
```

读入该数据:

```
> IBM = read.csv("datas/IBM.csv")
> head(IBM)
        Date   Open   High    Low  Close Adj.Close  Volume
1 2020-03-30 108.09 113.46 107.81 112.93 106.99338 5564500
2 2020-03-31 112.00 113.81 110.17 110.93 105.09852 6343300
3 2020-04-01 106.36 109.92 104.52 105.14  99.61289 6112900
4 2020-04-02 105.37 110.32 105.14 110.00 104.21740 6328700
5 2020-04-03 108.92 110.07 104.92 106.34 100.74980 4538800
6 2020-04-06 110.35 115.63 110.13 114.82 108.78402 7034200
```

要将 R 中的数据 x 保存到 CSV 文件中,可使用两个函数 write.table()或 write.csv()函数,见下面两条作用相同的语句。

```
> write.table(x,file='c.csv',sep=',',quote=F,row.names=F)
> write.csv(x,file='c.csv',quote=F,row.names=F)
```

其中,参数 quote=F 设置写出数据时不额外加引号。

11.11　生成 R 数据集

我们使用 save()函数生成一个数据集。

```
> x=read.csv("datas/IBM.csv")
> save(x,file="datas/IBMnew.RData")
```

11.12 从雅虎财经下载市场指数数据

与个股相似，市场指数也有自己独特的代码。对于雅虎财经而言，标准普尔 500（S&P500）的代码为^GSPC。对下面的程序而言，我们假设下载市场指数的数据文件保存在 datas/中，然后使用 read.csv()函数读取。

```
> x<-read.csv("datas/^GSPC.csv",header=T)
> x[1:2,]
        Date     Open     High      Low    Close     Volume Adj.Close
1 2016-09-27 2146.04 2161.13 2141.55 2159.93 3437770000   2159.93
2 2016-09-26 2158.54 2158.54 2145.04 2146.10 3216170000   2146.10
>
> n<-nrow(x)
> x[(n-1):n,]
              Date  Open  High   Low Close  Volume Adj.Close
16792 1950-01-04 16.85 16.85 16.85 16.85 1890000     16.85
16793 1950-01-03 16.66 16.66 16.66 16.66 1260000     16.66
```

表 11.2 列出了常用的 10 多个市场指数的代码。

表 11.2 几个广泛使用的市场指数雅虎代码

指数代码	描述
^DJI	道琼斯工业平均指数
^GSPC	标准普尔 500 指数
^NSEI	印度 S&P CNX NIFY（NSEI）指数
^NYA	纽约证交所综合指数
^VIX	芝加哥期权交易所 VIX 指数
^TNX	芝加哥期权交易所 TNX 指数
^FTSE	英国富时指数
^JKSE	印尼综合指数
^HSI	中国香港恒生指数
^N225	日本 225 指数
^STI	新加坡海峡指数
^DJSH	中国上海道沪指数

11.13　从雅虎财经下载股票数据

编写 DownloadStocks()函数，实现从雅虎财经下载历史股票数据：

```
DownloadStocks=function(stock,start,end,freq="daily"){
  int=switch(freq,"daily"="1d","weekly"="1wk","monthly"="1mo")
  s=as.numeric(as.POSIXct(start))+44534
  e=as.numeric(as.POSIXct(end))+44534
  url=paste0("https://query1.finance.yahoo.com/v7/finance/download/",
             stock,"?period1=",s,"&period2=",e,"&interval=",int,
             "&events=history&includeAdjustedClose=true")
  files = paste0("datas/",stock,"_stocks.csv")
  download.file(url,files,method="curl")
}
DownloadStocks("IBM",start="2020-01-01",end="2021-03-25",
             freq="daily")
```

1	Date	Open	High	Low	Close	Adj Close	Volume
2	2019/1/2	112.01	115.98	111.69	115.21	103.0814	4239900
3	2019/1/3	114.53	114.88	112.69	112.91	101.0236	4346700
4	2019/1/4	114.91	117.49	114.44	117.32	104.9693	4477800
5	2019/1/7	117.5	118.83	116.67	118.15	105.7119	3751200
6	2019/1/8	119.66	120.57	118.98	119.83	107.2151	4763600
7	2019/1/9	120.91	121.4	119.87	120.69	107.9845	3633700
8	2019/1/10	120.08	121.86	119.95	121.79	108.9687	3910000

我们只需要提供公司代码以及起始日期和终止日期，参数 freq 可以设定为"daily"（默认），"weekly"（周数据），"monthly"（月数据），所下载的数据会自动保存为 datas/IBM_stocks.csv。若要下载多个公司，可以用 for 循环实现，代码如下。

```
stocks<-c("IBM","MSFT")
for(stock in stocks)
  DownloadStocks(stock,start="2020-01-01",end="2021-03-25")
```

11.14　对程序进行微调

如果不想有太多的小数位数，我们可使用 round()函数。

```
ibm[,3]=round(ibm[,3],digits=6) # six decimal places
```

为保存数据而外存一个文本文件，可以使用下面的语句。

```
write.table(ibm,file="ibm_ret",quote=F,row.names=F)
```

如果要保存的数据是 R 数据集，则可以使用下面的代码。

```
save(ibm,file="ibm.RData")
```

11.15 月频率数据和日频率数据

许多研究课题对数据的频率有其独特的要求，例如要调查某些事件对股票价格的短期影响。例如想了解 CEO 辞职或季度财务报表的发布对股票价格的影响，在这种情况下，我们必须使日频率的数据。对于其他课题，我们似乎可以自由地选择月数据或日数据，然而许多研究人员偏爱使用月数据。这样做的一个主要的原因是所谓的微观结构对股票收益率计算的影响。这种微观结构对日收益率估计的影响要比月收益率估计的影响严重得多。此外，这种影响尤其是对小公司的股票（小股票）而言非常显著。这种微观结构的影响由两部分组成：买卖反弹和最后一笔股票交易是否同步（同时）。当一只股票某一天没有交易，通常我们会用最后的卖出价和买入价的平均值作为收盘价。对交易不频繁的股票连续几天没有交易将产生股票收益率的负自相关。

假设两只股票 A 和股票 B 今天都有交易。我们使用它们昨天和今天的收盘价来估计今天的收益率。进一步假设股票 A 是一只小股票，且最后的一笔交易发生在上午 11 点半；股票 B 是一个大公司的股票，其最后一笔交易发生在市场收盘时间（如下午 4 时），这种现象称为非同步交易。如果研究者没有意识到这一点，就可能会发现一些肤浅的或不正常的相关性。例如，当市场今天有异常波动时，我们可能会发现用股票 B 今天的收益率可以预测股票 A 明日的收益率。这种肤浅的相关性来源于最后一笔交易的非同步性（非同时性）。因为股票 B 的最后一笔交易比股票 A 的最后一笔交易晚了半天。因此它包含了那天直到下午 4 时市场的所有相关信息，而股票 A 只包含了直到上午 11 时的市场信息。这就解释了为什么我们可以使用股票 B 的收益率来预测股票 A 的收益率。

11.16 通过日收益率计算其他收益率

首先让我们来看看如何用下面的公式来定义一个对数收益率。

$$R^{log} = \ln\left(\frac{P_t}{P_{t-1}}\right) \tag{11-1}$$

其中，R^{log} 是基于自然对数的对数收益率；$\ln()$ 为自然对数函数；P_t 是在 t 时间的股票价格。当日收益率被定义为百分比收益率，下面的公式来计算月百分比收益率。

$$R_m = \prod_{i=1}^{n}(1 + R_{daily,i}) - 1 \tag{11-2}$$

其中，R_m 是月收益率；n 是一个月内的交易天数；$R_{daily,i}$ 是在交易日 i 的百分比收益率。连乘符号 $\prod_{i=1}^{n} x_i$ 的定义如下。

$$\prod_{i=1}^{n} x_i = x_1 \times x_2 \times \cdots \times x_n$$

如果日益率是对数收益率，那么我们计算月对数收益率的公式如下。

$$R_m^{log} = \sum_{i=1}^{n} R_{daily}^{log} \qquad (11\text{-}3)$$

其中，R_m^{log} 为月对数收益率；$R_{daily,\,i}^{log}$ 为在 i 日的日对数收益率。显然，式（11-3）要比式（11-2）简单得多，毕竟连加比连乘更简单。这是对数收益率的一个非常重要的性质：对于一个长期的对数收益率而言，它的数值等于其所包含的短期对数收益率之和。例如月对数收益率，其价值为日对数收益率之和。同理，对年对数收益率而言，其数值为月对数收益率之和，也等于周对数收益率之和，也等于日对数收益率之和。

计算月百分比收益率的另一种方法是利用每月最后一个交易日的交易价格来计算月百分比收益率。

$$R_m = \frac{P_t - P_{t-1}}{P_{t-1}} \qquad (11\text{-}4)$$

例如，对于 2 月的月度收益率，我们有

$$R_{2\text{月}} = \frac{P_{2\text{月最后价格}} - P_{1\text{月最后价格}}}{P_{1\text{月最后价格}}} \qquad (11\text{-}5)$$

月对数收益率的定义如下：

$$R^{log} = \ln\left(\frac{P_{2\text{月最后价格}}}{P_{1\text{月最后价格}}}\right) \qquad (11\text{-}6)$$

以下代码的目的是生成 3 个月的日期。

```
> beg<-as.Date("2016-1-1")
> end<-as.Date("2016-3-31")
> dd<-seq(beg,end,by=1)
> n<-length(dd)
```

输出如下所示：

```
> head(dd)
[1] "2016-01-01" "2016-01-02" "2016-01-03" "2016-01-04"
[5] "2016-01-05" "2016-01-06"
> n
[1] 91
>
```

然后我们生成每天的股票收益率，这里假定每天都有交易。

```
> set.seed(123)
> ret<-runif(n,-0.02,0.03)
> head(ret)
```

```
[1] -0.0056211240  0.0194152568  0.0004488461  0.0241508702
[5]  0.0270233642 -0.0177221750
```

使用 set.seed()语句是保证在使用相同的种子值时，不同用户可以得到相同的随机数。语句 runif(n, −0.02, 0.03)生成平均分布在−0.02 和 0.03 之间的 n 个随机数。对有关如何生成随机数，我们在第 22 章中加以详细讨论。

```
> data<-data.frame(dd,ret)
> colnames(data)<-c('DATE','RET')
> yyyymm<-paste(format(data$DATE,"%Y"),format(data$DATE,"%m"),sep='')
> logRet<-log(ret+1)
> final<-data.frame(data,yyyymm,logRet)
> head(final)
        DATE          RET yyyymm        logRet
1 2016-01-01 -0.0056211240 201601 -0.0056369820
2 2016-01-02  0.0194152568 201601  0.0192291852
3 2016-01-03  0.0004488461 201601  0.0004487454
4 2016-01-04  0.0241508702 201601  0.0238638499
5 2016-01-05  0.0270233642 201601  0.0266646807
6 2016-01-06 -0.0177221750 201601 -0.0178810932
```

下面我们用了一个函数 aggredate()，按照 yyyymm 的格式将所有对数收益率相加（FUN=sum），以生成月对数收益率。

```
> logMonthly<-aggregate(logRet~yyyymm,data=final,FUN=sum)
> head(logMonthly)
  yyyymm      logRet
1 201601 0.28222079
2 201602 0.02711761
3 201603 0.15206389
```

式（11-7）将一个对数收益率转换成相应的百分比收益率。

$$R = e^{R^{log}} - 1 \qquad\qquad (11\text{-}7)$$

下面的程序将月对数收益率转化成月百分比收益率。

```
> retMonthly<-data.frame(logMonthly,exp(logMonthly$logRet)-1)
> colnames(retMonthly)<-c("YYYYMM","logRet","RET")
> retMonthly
  YYYYMM      logRet        RET
1 201601 0.28222079 0.32607148
2 201602 0.02711761 0.02748863
3 201603 0.15206389 0.16423462
```

如对于 2016 年 1 月而言，其月对数收益率为 28.22%，而其相应的月百分比收益率为 32.6%。

11.17　不同 R 包中的函数

在不同的 R 包中，有一些函数可以用来下载公共数据或开源数据。下面我们用一个例子显示如何使用 fredSeries()函数。DPRIME 中的 D 代表 daily，即日频率；PRMIE 是 Primerate，表示最优惠利率，即最低的商业借款利率。

```
>library(fImport)
> x<-fredSeries("DPRIME")
> head(x,2)
GMT
            DPRIME
2017-01-30   3.75
2017-01-31   3.75
> tail(x,2)
GMT
            DPRIME
2018-01-24   4.5
2018-01-25   4.5
```

表 11.3 列出一些可以用来检索公共数据的函数。

表 11.3　可用来检索公开数据的一些函数

函数	包
fredSeries	fImport
getFX	quantmod
getMetals	quantmod
getOptionChain	quantmod
getSymbols.FRED	quantmod
getSymbols.MySQL	quantmod
getSymbols.SQLite	quantmod
getSymbols.csv	quantmod
getSymbols.google	quantmod
getSymbols.rda	quantmod
readHTMLTable	MXL

在用 R 语言编程时，我们可以用很多方法输入数据。其一就是使用 R 数据集，使用 R 数据集的主要优点是效率高。因为上载 R 数据集比其他格式的数据快得多。在这本书中，我们将使用多种类型的 R 数据集。表 11.4 提供了一些包含在 R 包中的 R 数据集。

表 11.4 一些包含在 R 包中的 R 数据集

名称	描述	包
nasdaqListing	NASDAQ 股票一揽	fImport
nyseListing	NYSE 股票一揽	fImport
amexListing	AMEX 股票一揽	fImport
audit	Auditdata	rattle
Capitalization	市场价格	fBasics
cars2	汽车数据	fBasics
DowJones30	道琼斯 30	fBasics
fBasicsData	数据	fBasics
HedgeFund	对冲基金	fBasics
msft.dat	微软数据	fBasics
nyse	纽约证券交易所	fBasics
PensionFund	养老保险基金	fBasics
swissEconomy	瑞士经济数据	fBasics
altInvest	投资组合数据	fEcofin
annualInvest	数据	fEcofin
assetsCorr	相关系数数据	fEcofin
berndtInvest	数据	fEcofin
bmwRet	BMW 数据	fEcofin
BondsData	债券数据集	fEcofin
bundesbankNSS	债券数据集	fEcofin
CIAFactbook	CIA 数据	fEcofin
managers.tS	业绩分析数据集	fEcofin
microcap.ts	小股票投资组合数据	fEcofin
WFEStatistics	经济和金融数据集	fEcofin
TimeSeriesData	时间序列数据	fExtremes

下面我们用一个例子来显示如何使用这些数据集。nyseListing 是一个包含在 fImportR 包中的数据集。

```
> library(fImport)
> data(nyseListing)
> head(nyseListing)
  Symbol                  Name MarketCap Exchange
```

```
1    A     Agilent Technologies, Inc. $12,852.3        NYSE
2    AA                    Alcoa Inc. $28,234.5        NYSE
3    AAI         AirTran Holdings, Inc.   $156.9        NYSE
4    AAP         Advance Auto Parts Inc  $3,507.4        NYSE
5    AAR               AMR CORPORATION     $81.7        NYSE
6    AAV ADVANTAGE ENERGY INCOME FUND  $1,674.4        NYSE
```

上述第一条语句 library(fImport)加载了 fImport 包。如在执行第一语句有出错信息,请阅读第 5 章。第二条语句 data(nyseListing)加载了该 nyseListing 数据集。在编写此书时,我们生成了许多的相关的 R 数据集。下载链接的前缀是 http://datayyy.com/data_R/,而其后缀为.RData。如就 ff3monthly 数据集而言,最终的地址为 http://datayyy.com/data_R/ff3monthly.RData。表 11.5 列出了一些为方便读者而生成的 R 数据集。

表 11.5 本书著者生成一些 R 数据集

	下载的名称	数据集名称	描述
经济	usGDPannual	.usGDPannual	美国 GDP 年数据
	usGDPquarterly	.usGDPquarterly	美国 GDP 季度数据
	usUnemployRate	.usUnemployRate	美国失业率
	usDebt_annual	.usDebt_annual	美国国债
	usCPIannual	.usCPIannual	美国年通货膨胀率
	usCPI_quarterly	.usCPI_quarterly	美国季度通货膨胀率
	dollarIndexMonthly	.dollarIndexMonthly	美元指数
	goldPrice	.goldPrice	黄金价格
	fedFundRate	.fedFundRate	美国储基金利率
	vix	.vix	股票波动率指数
	businessCycle	.businessCycle	商业周期指数
金融	ff3daily	.ff3daily	Fama-French3 因子日数据
	ff3monhtly	.ff3monhtly	Fama-French3 因子月数据
	ff5daily	.ff5daily	Fama-French5 因子日数据
	ff5monthly	.ff5monhtly	Fama-French5 因子月数据
	ffc4daily	.ffc4daily	Fama-French-Carhart4 因子日数据
	ffc4monthly	.ffc4monhtly	Fama-French-Carhard4 因子月数据
	AaaYieldDaily	.AaaYieldDaily	Aaa 等级债卷收益率日频率
	BaaYieldMonthly	.BaaYieldMonthly	Baa 等级债卷收益率月频率

续表

	下载的名称	数据集名称	描述
金融	BaaYieldDaily	.BaaYieldDaily	Baa 等级债卷收益率日频率
	tradingDaysDaily	.tradingDaysDaily	交易日（日频率）
	tradingDaysMonthly	.tradingDaysMonthly	交易日（月频率）
	ct1day	.ct1day	仅一天的高频数据（交易）
	cq1day	.cq1day	仅一天的高频数据（报价）
	sp500monthly	.sp500monthly	标准普尔 500 数据，月频率
	sp500daily	.sp500daily	标准普尔 500 数据，日频率
	ff5EWindustry	.ff5EVWindustry	5 个行业的收益率，平权
	ff5VWindustry	.ff5VWindustry	5 个行业的收益率，加权平均

用下列语句，我们可以直接从作者的网页上读取一个名为 **ff3monthly** 的数据集。

```
> load("datas/ff3monthly.rda")
> head(ff3monthly)
        DATE  MKT_RF     SMB     HML     RF
1 1926-07-01  0.0296 -0.0230 -0.0287 0.0022
2 1926-08-01  0.0264 -0.0140  0.0419 0.0025
3 1926-09-01  0.0036 -0.0132  0.0001 0.0023
4 1926-10-01 -0.0324  0.0004  0.0051 0.0032
5 1926-11-01  0.0253 -0.0020 -0.0035 0.0031
6 1926-12-01  0.0262 -0.0004 -0.0002 0.0028
```

为节省篇幅，表 11.5 只列出了作者生成 R 数据集的一小部分。为列出所有的作者所生成 R 数据集，我们可利用一个名为 yanRData 的 R 数据集，见下列程序。截至 2018 年 2 月 2 号，共有 117 个 R 数据集。作者计划不断地增加更多有关金融、经济的 R 数据集。

```
> con <- url("http://datayyy.com/data_R/yanRData.RData")
> load(con)
> nrow(yanRData)
[1] 114
> close(con)
> head(.yanRData)
  N            NAME           OBJECT
1 1   AaaYieldDaily   .AaaYieldDaily
2 2 AaaYieldMonthly .AaaYieldMonthly
3 3     amexListing     amexListing
4 4        BaaDaily        .BaaDaily
5 5      BaaMonthly      .BaaMonthly
6 6      bondSpread      .bondSpread
```

当我们不知道 R 数据集所含的数据集的名称时，可以用下面的语句发现其所包含数据集的名称。

```
> con<-url("http://datayyy.com/data_R/yanRData.RData")
> x<-load(con)
> print(x)
[1] ".yanRData"
```

11.18   Quandl 数据传输平台

Quandl 是一个包含许多免费数据集的数据交付平台。以下程序为下载 IBM 公司的最新 50 个交易日的数据。

```
>library(Quandl)
> x<- Quandl.dataset.get("WIKI/ibm", list(rows=50))
> head(x,2)
         Date   Open    High      Low  Close  Volume Ex-Dividend
1 2018-01-09 163.90 164.530 163.060 163.83 4333418           0
2 2018-01-08 162.66 163.905 161.701 163.47 5101023           0
  Split Ratio Adj. Open Adj. High Adj. Low Adj. Close Adj. Volume
1           1   163.90   164.530  163.060     163.83     4333418
2           1   162.66   163.905  161.701     163.47     5101023
```

以下代码将获得中国人寿（股票代码为 601628）的日数据。显然，DY4 用于获取有关中国股票的数据。

```
y=Quandl.dataset.get("DY4/601628", list(rows=50))
```

在输入上面语句时，用户可能得到下列出错信息。

```
>Error: {"quandl_error":{"code":"QEPx05","message":"You have attempted to
view a premium database in anonymous mode, i.e., without providing a Quandl
key. Please register for a free Quandl account, and then include your API key
with your requests."}}
>
```

该信息的含义是：你需输入 QuandlKey。为了获取 QuandlKey，你需去 Quandl 官网注册。假设 QuandlKey 存在于.myQuandlKey 变量中。我们可用以下语句读取中国人寿股票的日数据，详见下面的程序。

```
Quandl.api_key(.myQuandlKey)
y=Quandl.dataset.get("DY4/601628", list(rows=50))
```

最前和最后几行的信息如图 11-4 所示。

```
> head(y,3)
        Date Pre_Close  Open  High   Low Close Adj_Pre_Close Adj_Open Adj_High Adj_Low Adj_Close
1 2018-01-26     30.29 30.20 31.23 30.19 31.16         30.29    30.20    31.23   30.19     31.16
2 2018-01-25     30.93 30.85 30.87 29.93 30.29         30.93    30.85    30.87   29.93     30.29
3 2018-01-24     31.13 31.30 31.56 30.71 30.93         31.13    31.30    31.56   30.71     30.93
  Turnover_Volume Turnover_Value Deal_Amount Circulation_Market_Value Market_Value Turnover_Rate Adj_Factor
1        27465116      844788095       31934            648861194800 880728207800        0.0013         NA
2        34354522     1037487757       39981            630744723700 856137914450        0.0016         NA
3        25620977      795789842       28947            644071782900 874227325650        0.0012         NA
  Adj_Reason
1         NA
2         NA
3         NA
> tail(y,3)
         Date Pre_Close  Open  High   Low Close Adj_Pre_Close Adj_Open Adj_High Adj_Low Adj_Close
48 2017-11-21     34.08 34.07 35.38 33.75 34.70         34.08    34.07    35.38   33.75     34.70
49 2017-11-20     34.53 34.51 34.52 33.30 34.08         34.53    34.51    34.52   33.30     34.08
50 2017-11-17     33.52 33.47 34.55 33.00 34.53         33.52    33.47    34.55   33.00     34.53
   Turnover_Volume Turnover_Value Deal_Amount Circulation_Market_Value Market_Value Turnover_Rate Adj_Factor
48        38910417     1350290756       37225            722576491000 980785263500        0.0019         NA
49        26211783      891005658       26046            709665902400 963261146400        0.0013         NA
50        42013543     1424981746       39407            719036490900 975980263650        0.0020         NA
   Adj_Reason
48         NA
49         NA
50         NA
>
```

图 11-4　中国人寿的股票数据

11.19　练习题

（1）从何处可以得到今日股票的价格数据？

（2）手动下载花旗银行（股票代码为 C）月和日的历史价格数据。

（3）下载花旗银行（C）的历史日数据，计算日收益率，然后将日收益率转换成月收益率。

（4）通过月价格计算月收益率和从日收益率转换成月收益率是否一样？

（5）简述使用开源数据下载股票历史数据与使用市场上昂贵的股票数据库（如 CSRSP）的优缺点。

（6）查找订阅（Compustat）数据库的年度费用。

（7）从雅虎财经下载 IBM 股票过去 5 年的月数据，估计其标准差（σ）和夏普比率（Sharpe Ratio）。

（8）从 2007 年至 2017 年，IBM 公司和沃尔玛（WMT）收益率之间的相关性是多少？

（9）估计 IBM 的星期一到星期五的平均工作日的回报率。工作日效果是否存在？

（10）用过去 50 年的股票数据证明个股的波动性是否呈下降趋势？可可以选择 IBM、DELL、MSFT 等股票来验证该假说。

（11）什么是标准普尔 500 指数和道琼斯工业平均指数之间的相关性？（注：S&P500 指数在雅虎财经股票指数的代码为^GSPC；对于道琼斯工业平均指数而言，其代码为^DJI）。

（12）如何下载 n 个股票的数据？

（13）编写 R 程序从一个文本文件输入若干股票代码。

（14）用过去 10 年的月股票数据来计算美国股市（S&P500）和中国香港股市（恒生指数）之间的相关性。

（15）新加坡股市和日本股市相关性比美国股市的相关性是大还是小？

（16）编写 R 程序下载 50 只股票的日价格数据，并保存它在一个文本文件之中。

（17）下面的语句有何问题？

```
y<-as.Date("01\31\1990","%m\%d\%Y")
```

（18）从 French 教授的数据库下载 Fama-French 五因子数据（月），并生成相应的 R 数据集。

（19）从 SEC（EDGAR）网站，下载从 1994 年到 2017 年所有的所有索引文件。写一个 R 程序将所有的年终报表（10-K）放在一起。生成一相应的 R 数据集。

（20）写一个 R 程序下载所有作者生成的数据集。

> **提示**
> 可利用作者生成 R 数据集的索引文件：yanRData。

第12章
数据输入与日期变量

在本章中，我们将介绍从外部文件或数据集输入数据的各种方法。对研究者而言，从外部数据中读取数据是一种常用的方法，主要原因是手动输入数据太费时费力，并且往往是低效率的。因为在财务分析中，常规的数据集因为太大而无法手动完成。对如何处理数据，我们将在第 13～15 章中加以介绍。对如何将处理后的数据或我们的计算结果保存到外部文件或数据集，请参见第 16 章和第 17 章。

12.1 read.table()函数

假设我们有一个文件存储在 datas\test1.txt 目录下，该文件包含 3 个数据观察值。其中每个数据观测值只有两个变量，如下所示。

```
var1 var2
29161 19761020
15763 19841229
10093 19830215
```

read.table()函数可用来读取数据，header=T 中的 T 是 TRUE 的缩写，其作用是将使用输入文件的第一行作为变量名，即上述两个变量名。

```
> data<-read.table("datas/test1.txt",header=T)
> data
var1 var2
1 29161 19761020
2 15763 19841229
3 10093 19830215
```

在上面第一条语句中，单个右斜杠（/）可以被双左斜杠（\\）所替代。如果在输入文件的开始时有一些额外的几行，如说明该数据的目的，谁生成的和生成日期等，那么我们需跳过这些行，因为它们不是计划输入的数据集的一部分。这时 skip=n 可用来跳过前 n 行。对下面的数据集而言，因为其有两行注释行，skip=2。

```
File name is test2.txt
Generated 11/10/2010
```

```
29161 19761020
15763 19841229
10093 19830215
```

在下述程序中，我们跳过这两行。

```
> # skip the first two lines
> x<- read.table("datas/test2.txt",skip=2)
```

12.2 colnames()函数

如果一个输入数据集没有任何列的名字，即变量的名称，或者我们想改变变量现有的名称，可使用 colnames()函数。如对上述输入数据集，我们可以加上适当的名称，如 data1 和 data2。

```
> colnames(x)<-c("data1","data2")
```

12.3 read.csv()函数

CSV 的英文全文为 commaseparatedvalue，即数据是以逗号为隔离符号的数据集。

```
x,y
29161,19761020
15763,19841229
10093,19830215
```

对此类形态的数据文件，我们可使用 read.csv()函数来读取。假设有一个数据输入文件为 datas/test.csv.，我们可以用以下语句读取。

```
x<-read.csv("datas/test.csv")
```

对 csv 文件，我们亦可使用 read.table()函数读取。但我们必须指定分隔符号为逗号。即加上 sep=","。字母 sep 是英文 separator 的前 3 个字母。separator 的中文意思为"间隔者"。下面两行语句取得相同的结果。

```
x<-read.csv("datas/test.csv")
x<-read.table("datas/test.csv",sep=",",header=T)
```

12.4 read.table("clipboard")函数

首先，我们生成一个简单的输入文件。启动记事本（notepad）后，输入下面两行数值。注意，输入两行数据后，光标须中止于第三行的开头，见图 12-1。如在生成数据时，光标终止在最后数据行的末端。这样在输入数据时，我们会得到了一个相应的警告。

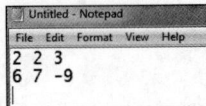

图 12-1 光标在第三行

我们用下面的 R 语句读入数据，英文 clipboard 中文含义为剪贴板。

```
> x<-read.table("clipboard")
> x
  V1 V2 V3
1  2  2  3
2  6  7 -9
```

我们也可以用相同的方法从 Excel 输入数据。首先打开一个 Excel 文件，复制所需要的数据。下面我们有 2 行 3 列数据（见图 12-2）。

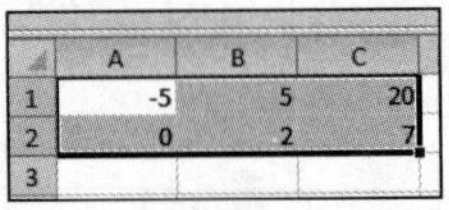

图 12-2 Excel 文件中的数据

复制这些数据，然后我们发出以下 R 指令。

```
> x<-read.table("clipboard")
> x
  V1 V2 V3
1 -5  5 20
2  0  2  7
```

为将数据复制到 Excel，我们可以用 write.table(data,'clipboard')。语句中 data 是我们的数据。下面例子，首先我们生成一个名为 y 的矩阵。然后用 write.table()或 write.csv()函数将其写到剪贴板上。

```
> x<-50:1
> y<-matrix(x,10,5)
> write.table(y,"clipboard",row.names=F)
```

然后我们在 Excel 中单击鼠标右键来粘贴它，详见图 12-3。

	A	B	C	D	E
1	V1	V2	V3	V4	V5
2	50	40	30	20	10
3	49	39	29	19	9
4	48	38	28	18	8
5	47	37	27	17	7
6	46	36	26	16	6
7	45	35	25	15	5
8	44	34	24	14	4
9	43	33	23	13	3
10	42	32	22	12	2
11	41	31	21	11	1

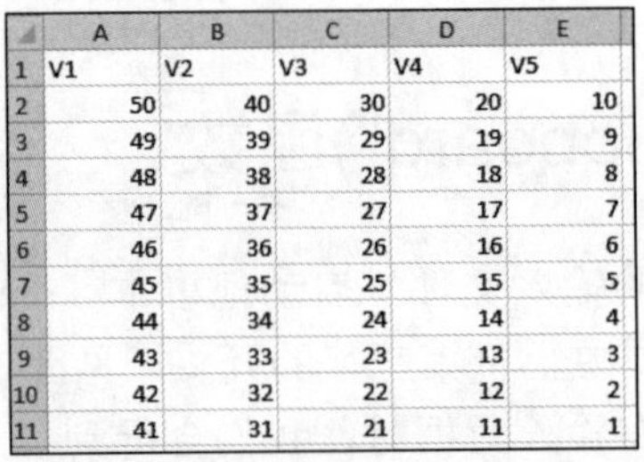

图 12-3 粘贴后的数据

有时我们只生成一列数据。这时我们需要用 Excel 将其分成相应的数据列。在第 17 章中，我们会对此加以详细的说明。

12.5 从被固定分隔符分隔的文件输入数据

当用特定的分隔符检索文件时，我们可以使用 read.delim()函数。下面，我们首先生成一个 tab 键（"\t"）为分隔符的数据集。

```
> x <-1:50
> y<-matrix(x,10,5)
> temp <- tempfile()
> write.table(y,temp,sep='\t')
> z<-read.delim(temp)
```

语句 temp<-tempfile()是生成一个临时数据文件，其名字为 temp，语句 sep='\t'是指示程序用 tab 作为分隔符。当然我们也可以用其他的分隔符，如星号"*"。数据集 y 和 z 前两行如下。

```
> head(y,2)
     [,1] [,2] [,3] [,4] [,5]
[1,]    1   11   21   31   41
[2,]    2   12   22   32   42
> head(z,2)
  V1 V2 V3 V4 V5
1  1 11 21 31 41
2  2 12 22 32 42
```

对 read.delim()函数而言，其输入变量 sep 的缺省值为 sep= "\t"。此外，我们可以通过使用 read.table()函数读取数据，这时我们指定 sep= "\t"。

12.6 read.fwf()函数

首先，我们用下面的代码生成一个名为 test3.txt 的文本文件。

```
>cat(file="datas/test3.txt","123456","987654",sep="\n")
```

数据集如下。

```
123456
987654
```

这类数据的特点之一就是没有分隔符，有很多时候我们需要使用 read.fwf()函数读取文件。主要原因素之一：节约了大量的分隔符。如果我们有 3 个变量：1、23、356，这意味着我们用了两个逗号作为间隔符。如果我们有 100 个变量，就需要 99 个分隔符。

输入格式取决于我们如何定义这些数值或如何将它们分组的。假设每个记录有 3 个不同的数据项，且它们的长度分别为 1、2 和 3。因此，对于第一个记录而言，我们有 data1=1、data2=23

和 data3=456。那么我们可以使用 widths=c(1, 2, 3)，如下面的代码所示：

```
read.fwf(file="datas/test3.txt",widths=c(1,2,3))
V1 V2 V3
1 1 23 456
2 9 87 654
```

同理，如果我们将这 6 个数值分为两个变量：前两个数值属于第 1 个变量，而后 4 个数字属于第 2 个变量。这时，相应语句则为 widths=c(2, 4)。此外，如要跳过某些变量，则使用负数。对于下面的代码，因为第二个数值为负数，最终的数据集只有两个数据项。

```
> read.fwf(file="datas/test.txt",widths=c(1,-2,3))
V1 V2
1 1 456
2 9 654
```

12.7 load()函数

首先生成一个 R 数据集。

```
x<-1:50
save(x,file="datas/test4.Rdata")
```

我们使用 load()函数上传这个数据集。

```
>rm(x)
> load("datas/test4.Rdata")
> head(x)
[1] 1 2 3 4 5 6
```

12.8 R 数据集的后缀

R 数据集的后缀无关紧要。例如，在下面的代码中，我们甚至没有给出我们生成的 R 数据集的扩展名，但并不影响命令执行。

```
> x<-matrix(1:500,100,5)
> save(x,file="datas/xData")
> rm(x)
> load("datas/xData")
> head(x,2)
     [,1] [,2] [,3] [,4] [,5]
[1,]    1  101  201  301  401
[2,]    2  102  202  302  402
```

12.9 从互联网下载数据

我们可以从互联网上阅读一个文件。见下面简单的例子。

```
>  d<-read.csv("http://datayyy.com/data_csv/ibmDaily.csv",header=T)
> head(d, 2)
          Date     Open     High      Low    Close Adj.Close Volume
1 1962-01-02 7.713333 7.713333 7.626667 7.626667  2.221056 387200
2 1962-01-03 7.626667 7.693333 7.626667 7.693333  2.240472 288000
```

12.10 从作者网站下载数据

对于这些 R 数据集，有关作者网页为 http://datayyy.com/data_R/。上面已经显示了一个简单的例子。在第 11 章中，我们已经介绍了作者为本书而生成的一些 R 数据集。下面演示如何读取一个名为 **ff5Monthly** 的 R 数据集。

```
dataSet<-"ff5Monthly"
#
path<-"http://datayyy.com/data_R/"
con<-paste(path,dataSet,".RData",sep='')
load(url(con))
close(con)
```

相应的输出如下。

```
> head(.ff5Monthly, 2)
          DATE  MKT_RF     SMB     HML    RMW     CMA     RF
1 1963-07-01 -0.0039 -0.0046 -0.0082  0.0072 -0.0116 0.0027
2 1963-08-01  0.0507 -0.0081  0.0163  0.0042 -0.0040 0.0025
```

要注意的是,函数据集中所包含的数据的名称与我们下载的 R 数据集的名称可能不同。为此，我们可以用下面的方法得到 R 数据所包含的数据集的名称。

```
> con<-url("http://datayyy.com/data_R/ffc4Monthly.RData")
> x<-load(con)
> print(x)
 [1] .ffc4monthly
```

此外，有时候我们只对 R 数据集包含的数据感兴趣，而对其包含数据集的名称无所谓。此时我们可以用下面方法来读取 R 数据所包含的数据值。

```
>  con<-url("http://datayyy.com/data_R/ffc4Monthly.RData")
>  x<-load(con)
>  y<-eval(parse(text=x))
```

```
> head(y,2)
        DATE   MKT_RF    SMB     HML     MOM      RF
1 1927-01-31 -0.0006 -0.0056 0.0483  0.0044 0.0025
2 1927-02-28  0.0418 -0.0010 0.0317 -0.0201 0.0026
```

关键语句为 y<-eval(parse(text=x))。在第 11 章中，我们介绍了最好的方法是是利用一数据集 yanRData 以列出所有的作者所生成的 R 数据集。

```
> con<-url("http://datayyy.com/data_R/yanRData.RData")
> load(con)
> nrow(yanRData)
[1] 117
> close(con)
> head(yanRData)
  N        NAME            OBJECT
1 1  AaaYieldDaily    .AaaYieldDaily
2 2  AaaYieldMonthly .AaaYieldMonthly
3 3  amexListing      amexListing
4 4  BaaDaily         .BaaDaily
5 5  BaaMonthly       .BaaMonthly
6 6  bondSpread       .bondSpread
```

12.11 只输入几行数据

在面对一个新的数据集时，研究者往往喜欢在处理整个数据集前，了解该数据集的结构，例如有多少变量，是字符型，还是数值型变量等。对较大的数据集，或有众多变量的数据集尤其如此。也就是说我们想办法只输入较大的数据集的一小部分，例如仅仅输入 10 个观察值。在这种情况下，我们可以使用 nrows=10。

```
> d<- read.table("datas/test.txt" ,skip=5,nrows=10)
```

上述语句是在跳过输入数据的最初 5 行后，然后读入 10 行。

12.12 从外部输入数据

help()函数可以用来查找有关这些函数的相关信息。为减少不必要的篇幅，下面语句所生成的输出结果被省略了。

```
> help(read.table)
> help(read.csv)
> help(read.delim)
> help(read.fwf)
```

12.13 输入不规则格式的文件

下面，我们尝试编写一个 R 程序，通过使用 readLines() 函数来读入具有不规则格式的输入文件。以下是我们的输入文件。

```
generated 12/12/2011
beginning of data
Date Open High Low Close Volume Adj.Close
2011-12-20 10.21 10.38 10.18 10.33 45218900 10.33
2011-12-19 10.25 10.39 9.99 10.02 45055000 10.02
2011-12-16 10.32 10.4 10.16 10.25 45882000 10.25
end of the data
```

从以上数据可以看出，我们需要输入数据是包含 7 个数据项的数据行。在下面的程序中，readLines() 函数被用来读取数据。

```
> x<-readLines("datas/test5.txt")
> head(x,3)
[1] "generated 12/12/2011"
[2] "beginning of data"
[3] "Date Open High Low Close Volume Adj.Close"
```

变量中的每一行实际上是一个字符串。因此我们可以发现每行有双引号将其包住。我们知道第一行有两个数据项，这并不是我们所需的数据行。对第四行而言，有 7 个数据点，可以确定是我们所要的数据。在程序语句中，strsplit(x) 函数将字符向量 x 的元素分拆为子字符串。

```
> k<-t(sapply(strsplit(x[1]," "),unlist))
> length(k)
[1] 2
> k<-t(sapply(strsplit(x[4]," "),unlist))
> length(k)
[1] 7
```

strsplit(x[1],"")是将第一语句用空格位间隔符分成子字符串。sapply()是将一个函数用在一个数据上。Unlist 语句是将数据的 list 取掉。现在我们有一种方法来获得只包含 7 个数据项的规则行，以下是我们的完整程序。

```
n<-length(x)
out<-NA
for(i in 1:n){
k<-t(sapply(strsplit(x[i]," "),unlist))
if(length(k)==7) out<-rbind(out,k)
#print(length(k))
}
```

```
out2<-subset(out,!is.na(out[,1]))
> out2
[,1] [,2] [,3] [,4] [,5] [,6] [,7]
"Date " "Open" "High" "Low" "Close" "Volume" "Adj.Close"
"2011-12-20" "10.21" "10.38" "10.18" "10.33" "45218900" "10.33"
"2011-12-19" "10.25" "10.39" "9.99" "10.02" "45055000" "10.02"
"2011-12-16" "10.32" "10.4" "10.16" "10.25" "45882000" "10.25"
```

12.14   as.Date()函数

首先我们要说明定义一个"真正意义"上的日期变量的重要性。真正意义的日期变量是：如果 *x* 定义为 1 月的最后一天，那么 *x*+1 应该是 2 月的第一天。对于各种金融数据库和数据操作，日期变量扮演着独特的角色，因为我们需要这样一个变量来合并不同的数据集。如在计算个股的市场风险时，我们必须将个别股票收益率与市场指数的收益率按日期合并。

有很多方法可以生成这样的日期变量。其中，最好的办法是使用 as.Date()函数。在第一行在下面，"%Y-%m-%d"是定义输入值的格式。

```
> x<-as.Date("2017-01-31","%Y-%m-%d")
> x+1
[1] "2017-02-01"
```

如果要从这样定义的日期变量中检索年份变量，我们使用 format(x,"%Y")语句，英文 format 的中文意思为格式。

```
> y<-as.integer(format(x, "%Y"))
> y+1 # format(x, "%Y") is a character
[1] 2018
```

12.15   将整数转换成日期变量

下面列出使用 as.Date()函数的几个原因。第一，如果把 x 定义为 3 月的最后一天，那么 x+1 应该是 4 月的第一天。

```
> x < - "2017-03-31"
> date <-as.Date(x, "%Y-%m-%d")
>date+ 1
[1] "2017-04-01"
```

第二，如果日期无效，as.Date()函数会生成出错信息。例如输入值为"2012-02-30"时。当我们使用 as.Date()函数时，将产生一条出错信息。

```
> x<-"2012-2-30"
> as.Date(x)
```

```
Error in charToDate(x):
character string is not in a standard unambiguous format
```

第三，对通过 as.Date() 函数定义的变量，我们很容易检索变量的年、月、日和星期几。第四，这使定义具有许多日期值的向量非常简单，例如定义 5 年的日期变量。下面是一些具有各种输入格式的例子。

```
>date<-as.Date("2011-01-31","%Y-%m-%d")
> date<-as.Date("2011/01/31","%Y/%m/%d")
> date<-as.Date("31/01/2011","%d/%m/%Y")
> date<-as.Date("01/31/2011","%m/%d/%Y")
> date<-as.Date("01/31/98","%m/%d/%y") # lower case y!!!!
> date<-as.Date("20110131","%Y%m%d")
```

对一些标准格式，我们可以忽略第二项。

```
> date<-as.Date("2011-01-31")
> date+1
[1] "2011-02-01"
> date<-as.Date("2011/01/31")
> date+1
[1] "2011-02-01"
```

对于像"01Jan2000"的特殊格式，请参阅以下代码：

```
>  x <- c("1jan1972","2jan1993","31mar1997","30jul2018")
>  y <- lubridate::dmy(x)
>  y
[1] "1972-01-01" "1993-01-02" "1997-03-31" "2018-07-30"
>
```

对此格式而言，12 个月的相关缩写为：jan、feb、mar、apr、may、jun、jul、aug、sep、oct、nov 及 dec。

12.16　将整数变成真正意义上的日期变量

R 函数 as.Date() 可能是 R 中使用频率最高的函数之一。下面语句将一个整数变成真正意义上的日期变量。

```
> x<-as.Date(as.character(20110131), "%Y%m%d")
> x
[1] "2011-01-31"
```

下面我们将日期变量定义为一个整数。正如我们之前所讨论的，这不是定义日期变量的好方法。

```
> date<-20100101
> year<-as.integer(date/10000)
```

```
> year
[1] 2010
```

有时与日期相关的输入变量是一个字符变量。因此，我们需要其他方式来转换这些字符以变成有用的日期变量。

```
> x<-"1990-01-02"
> year<-substr(x,1,4)      # from 1 to 4
> month<-substr(x,6,7)     # from 6 to 7
> day<-substr(x,9,10)
> date<-paste(year,month,day,sep="") # paste() combine strings
> date # sep is for separator
[1] "19900102"
```

我们可以进一步处理数据，例如获取日期和计算回报。

```
x<-read.csv('ibm.csv',header=T)
y<-substr(x[,1],1,4) # year
m<-substr(x[,1],6,7) # month
d<-substr(x[,1],9,10) # day
date<-as.integer(as.character(paste(y,m,d,sep="")))
data<-cbind(date,x[,7]) # combine date and price
```

函数 gsub()用于全局替换，即用新的字符替换所有的被指定的字符。

```
> x<-"1990-01-02"
>date<-gsub("-","",x) # replace all - with nothing
> date # i.e., remove all -
[l] "19900102"
> as.integer(date)
[1] 19900102
```

12.17　从日期变量中提取年、月、日

在下面的例子中，我们要检索年份变量。记住输出值是一个字符串变量而不是一个整数变量。

```
> x<-as.Date("2018-01-31","%Y-%m-%d")
> #
> format(x,"%Y")
[1] "2018"
> format(x,"%y")
[1] "18"
> format(x,"%m")
[1] "01"
> format(x,"%d")
[1] "31"
>
```

12.18 将字符变量转换为整数或实数

为了转换像"2010"这样的字符，我们可使用 as.integer() 函数。

```
>  x<-"2018.1"
>  as.integer(x)+1
[1] 2019
>  y<-"2018.1"
>  as.numeric(y)
[1] 2018.1
>
```

如果我们想把一个字符串日期变量转换成一个整数，可以使用 as.integer() 函数。

```
> x<-as.Date("2011-01-31","%Y-%m-%d")
> as.integer(format(x,"%Y")) # convert string to integer
[1] 2011
> as.integer(format(x,"%m"))
[1] 1
> as.integer(format(x,"%d"))
[1] 31
```

12.19 合并字符串变量

对于合并两个或更多的字符串变量，paste() 函数至关重要。

```
>  x<-"Good"
>  y<-"Morning!"
>  paste(x,y,sep=" ") # sep is separator
[1] "Good Morning!"
```

如果我们忽略 sep=""，我们将得到相同的结果。这说明 sep 变量的缺省值为空格。缺省值是指当变量没有被赋值时的数值。

```
>  x<-"Good"
>  y<-"Morning!"
>  paste(x,y)
 [1] "Good Morning!"
```

12.20 将字符串转换成整数型日期变量

在下面的代码中，语句 date<-as.integer(paste(y,m,d,sep=""))将日期变量组合在一起。

```
> x<-"2017-01-31"
>  y<-substr(x,1,4)
```

```
>  m<-substr(x,6,7)
>  d<-substr(x,9,10)
>  date<-as.integer(paste(y,m,d,sep=""))
>  date
[1] 20170131
> typeof(date)
[1] "integer"
```

sub()函数为一次替换，即只替换一次。而 gsub()函数为全局替换，即将所有的词都替换掉。如果要把一个字符串转换成整数形式的日期变量，请参阅下面的语句。

```
>  x<-"2018-02-25"
>  sub("-","",x) # replace the 1st "-" with nothing
[1] "201802-25"
>  y<-"2018-12-31"
>  gsub("-","",y) # replace all "-" with nothing
[1] "20181231"
```

当需要一个整数型输出时，我们可以使用 as.integer()函数。

```
>  x<-"2018-01-31"
>  dd<-as.integer(gsub("-","",x))
>  typeof(dd)
[1] "integer"
>
> dd
[1] 20180131
>
```

12.21   选择具体日期作为日期变量

下面我们指定一个日期的范围，并选择它们之间的所有日期作为我们的变量值。

```
> d1<-as.Date("20170101",format="%Y%m%d")
> d2<-as.Date("20181231",format="%Y%m%d")
> days<-seq(d1,d2,by=1)
> length(days)
[1] 730
> head(days)
[1] "2017-01-01" "2017-01-02" "2017-01-03" "2017-01-04" "2017-01-05"
[6] "2017-01-06"
>
```

另一种更为简洁的方法如下。

```
> days <- seq(as.Date("2017/1/1"),as.Date("2018/10/30"), "days")
> head(days)
[1] "2017-01-01" "2017-01-02" "2017-01-03" "2017-01-04" "2017-01-05"
```

```
[6] "2017-01-06"
> tail(days)
[1] "2018-10-25" "2018-10-26" "2018-10-27" "2018-10-28" "2018-10-29"
[6] "2018-10-30"
```

如在上述语句中，对于最后的输入变量 days，若将其改为 months 时，则有下述结果。

```
> days <- seq(as.Date("2017/1/1"),as.Date("2017/12/31"), "months")
> days
 [1] "2017-01-01" "2017-02-01" "2017-03-01" "2017-04-01" "2017-05-01"
 [6] "2017-06-01" "2017-07-01" "2017-08-01" "2017-09-01" "2017-10-01"
[11] "2017-11-01" "2017-12-01"
```

12.22　选择每个月的最后一天

从每日股票价格来估计月收益率时，我们需要每月最后一天的股票价格。

```
> x<-seq(as.Date("2017/1/1"),as.Date("2018/12/31"), "days")
> n<-length(x) # note: days is the keyword
> m<-format(x,"%m") # generate a month variable
> y<-data.frame(x,m)
> dates<-subset(y,y[1:(n-1),2]!=y[2:n,2])
> colnames(dates)<-c("DATE","MONTH")
> head(dates)
          DATE MONTH
31  2017-01-31    01
59  2017-02-28    02
90  2017-03-31    03
120 2017-04-30    04
151 2017-05-31    05
181 2017-06-30    06
```

要注意的是：每月的最后一天不一定是交易日，因为那天可能为一假期。为此我们生成了一个 R 数据集，其名字为 tradingDaysM.RData。该数据集给出了从 1926 年到 2017 年每月最后一个交易日。请注意的是该数据集是基于美国股票市场而生成的。

```
> x<-url("http://datayyy.com/data_R/tradingDaysM.RData")
> load(x)
> head(x)
[1] "1925-12-31" "1926-01-30" "1926-02-27" "1926-03-31" "1926-04-30"
[6] "1926-05-28"
```

12.23　选择特定的交易日

有时我们要选择特定的周交易日，如星期三。例如在测试所谓的周日效应时，我们需要将日股票收益率按不同的周日分组，如将所有星期一的股票收益率分为一组。下面的代码显示如何使用 weekdays()函数及其输出值。

```
> x<-"2018-2-1"
> weekdays(as.Date(x))
[1] "Thursday"
```

以下代码显示如何获取星期一的收益率。

```
>x<-read.csv("http://datayyy.com/data_csv/ibmDaily.csv",header=T)
> n<-nrow(x)
> p<-x$Adj.Close
> ret<-p[2:n]/p[1:(n-1)]-1
> dates<-as.Date(x[2:n,1])
> d<-data.frame(dates,ret)
> colnames(d)<-c("date","ret")
> data<-subset(d,weekdays(d[,1])=="Monday")
> head(data)
         date           ret
4  1962-01-08 -0.0187494740
9  1962-01-15  0.0044319756
14 1962-01-22 -0.0018067003
19 1962-01-29 -0.0170903326
24 1962-02-05 -0.0125449129
29 1962-02-12  0.0008981263
```

12.24　cbind()函数和 data.frame()函数

cbind()函数是用来将不同的变量组合在一起的。要注意的是，当使用 cbind()函数来连接不同类型的列时，我们可能会有意想不到的结果。函数 cbind()产生意想不到的结果的主要原因是该函数要求所有列具有相同的类型。即所有列都为数字型或都为字符型，参见下面例子。

```
> x<-2017
> y<-2018
> cbind(x,y)
        x    y
[1,] 2017 2018
> x<-2017
> y<-"C"
> cbind(x,y)
     x      y
[1,] "2017" "C"
```

因此，使用 data.frame()来组合具有不同数据类型的列绝对是一个好主意。

```
> data.frame(x,y)
```

```
      x y
1 2017 C
```

12.25　seq(as.Date)函数

要在两个指定日期（date1 和 date2）之间生成一系列日期，请参阅下面的代码。

```
> x<-seq(as.Date("2017/1/1"), as.Date("2018/12/31"), "days")
> head(x)
[1] "2017-01-01" "2017-01-02" "2017-01-03" "2017-01-04" "2017-01-05"
[6] "2017-01-06"
```

要生成每个月或每年的第一天，可以使用以下语句。

```
d1<-seq(as.Date("2017/1/1"), as.Date("2018/12/31"), "months")
d2<-seq(as.Date("1951/1/1"), as.Date("1997/1/1"), "years")
```

12.26　timeDate 包

该软件包用于更高级的数据操作。如果我们想知道今天的日期和时间，可以使用下面的命令。

```
> library(timeDate)
>  Sys.timeDate()
GMT
[1] [2018-02-01 15:44:00]
>
```

要知道如何使用该包，我们可以输入 help(package=timeDate)。

12.27　练习题

（1）使用记事本生成一个文本文件并将其输入 R。

```
   -8.086741 10.011198 4.560525 -14.342503 -2.653048
   6.417692 -4.150210 -4.595757 -7.924940 -11.585391
```

（2）启动 Excel 以生成一个文件并将其保存为 CSV 格式。将文件输入 R。

（3）从雅虎财经网站下载沃尔玛（WMT）的最近 10 年的月历史价格数据并输出一个 R 数据集。

（4）根据上题的结果估算该股票的收益率，并计算 Sharpe 比率。Sharpe 比率的定义如下。

$$Sharpe = \frac{\overline{R} - R_f}{\sigma}$$

这里我们假设年无风险利率为 1.2%。

（5）从作者网站下载数据集，计算每个投资组合的均值及方差。

（6）从 French 教授的数据库中下载动量因子。该文件的名称是 F-F_momentum_Factor_CSV.zip。写一个 R 程序来检索动量因子并保存为 R 数据集。

（7）对于"1990/02/03"，生成相应的日期变量作为整数。

（8）对于练习题（7）中的同一日期，使用 as.Date()函数将其定义为日期变量。

（9）使用 as.Date()函数在 2005 年 1 月 1 日到 2007 年 12 月 31 日之间生成所有日期。

（10）1975 年 7 月 1 日至 2010 年 12 月 31 日之间有多少天？

（11）2000 年是闰年吗？闰年定义为 366 天而不是 365 天。

（12）从雅虎财经网站下载 IBM 公司的日价格，然后使用 as.Date()和 data.frame()函数。

（13）检索所有月末的记录，然后估算每月的收益。

（14）先尝试下面的代码然后解释功能。

```
x <- as.Date(paste(2050:2018, "-12-31",sep=""))
```

（15）从雅虎财经检索下载 IBM 公司（其股票代码为 IBM）的日价格，然后估算该股票的年度收益率。

（16）下面的命令有什么问题？

```
> z<-as.Date("01/31/2017","%d/%m/%Y")
> z
[1] NA
```

（17）解释以下代码和结果：

```
> days<- seq(as.Date("2017/1/1"),as.Date("2017/1/10"), "days")
> days
 [1] "2017-01-01" "2017-01-02" "2017-01-03" "2017-01-04" "2017-01-05"
 [6] "2017-01-06" "2017-01-07" "2017-01-08" "2017-01-09" "2017-01-10"
> w<-format(days, "%W")
> w
 [1] "00" "01" "01" "01" "01" "01" "01" "01" "02" "02"
```

（18）从雅虎财经下载微软（其股票代码为 MSFT）的日价格数据。计算日收益率，并比较星期一和星期二的平均回报。

（19）我们想获取每月最后一天的数据。下列语句有何问题？

```
> lastDays<- seq(as.Date("2017/1/31"),as.Date("2017/12/31"), "months")
```

（20）从 1926 年到 2017 年，有多少个月末为节假日？

第 13 章
子集和数据集的合并

在各类研究中，研究者经常输入一个数据文件或数据集。然后根据需要，取其子集。在一些境况下，研究者往往需将不同的数据集合并。在本章中，我们讨论各种方法来完成这些工作。假设我们有下面的 x 向量。

```
> x<-seq(-3,4,by=0.2)
> x
 [1] -3.0 -2.8 -2.6 -2.4 -2.2 -2.0 -1.8 -1.6 -1.4 -1.2 -1.0 -0.8 -0.6
[14] -0.4 -0.2  0.0  0.2  0.4  0.6  0.8  1.0  1.2  1.4  1.6  1.8  2.0
[27]  2.2  2.4  2.6  2.8  3.0  3.2  3.4  3.6  3.8  4.0
>
```

如果想获得从第 1 到第 8 个数据，我们有以下代码。

```
> x[1:8]
[1] -3.0 -2.8 -2.6 -2.4 -2.2 -2.0 -1.8 -1.6
```

对于矩阵（有关矩阵的两种定义参见第 14 章），我们可以选择某些指定的列或某些指定的行。下面我们先生成一个维数为 n×m 的矩阵。为其取名为 x。即 x 矩阵有 n 行和 m 列数据。

```
> x<-matrix(1:100,20,5)
> dim(x)
[1] 20  5
> head(x,2)
     [,1] [,2] [,3] [,4] [,5]
[1,]    1   21   41   61   81
[2,]    2   22   42   62   82
```

下面第一条语句选择第 1 列，第二条语句选择第 1 列和第 2 列的前 40 行。

```
> a<-x[,1]
> b<-x[1:40,1:2]
```

13.1 简介

进入大数据时代，数据操作或数据处理的技能显得至关重要。在本书中，我们把这个重

要的题目分为第 13 章 "子集及数据集的合并"、第 14 章：矩阵及其操作、第 15 章：数据框
与数据列及第 19 章：字符串变量的操作。在本章中，我们将讨论如何提取部分数据集以供
进一步分析。例如，我们有一个 R 数据集，其名为 retD50.RData。该数据集只有 3 个变量：
股票代码、日期和收益率。我们可以将其保存到一个特定的子目录下。然后利用 load() 函数上
传数据。此外，我们也可以从作者的网页上直接下载该 R 数据集。见下面语句。

```
> web<-url("http://datayyy.com/data_R/retD50.RData")
> load(web)
> close(web)
> head(retD50)
        ticker       date        ret
1883624 IBM 1962-01-02 -99.000000
1883625 IBM 1962-01-03 0.007663
1883626 IBM 1962-01-04 -0.011407
1883627 IBM 1962-01-05 -0.019231
1883628 IBM 1962-01-08 -0.019608
1883629 IBM 1962-01-09 0.012000
```

R 的 subset() 函数为取子集函数。从上面代码可以看出，对 retD50 数据集而言，第 1 列为股
票代码。如要要选择一个特定的股票，我们应使用一个相等的条件（==）。要注意的是，这里有
两个等号，而不是一个等号。下面条件为：第 1 列的股票代码等于我们选中的股票代码。

```
> x<-subset(retD50,retD50[,1]== "MSFT")
> head(x)
        ticker       date ret
2069260    MSFT 1986-03-13 -99
2069261    MSFT 1986-03-14   0
2069262    MSFT 1986-03-17   0
2069263    MSFT 1986-03-18   0
2069264    MSFT 1986-03-19   0
2069265    MSFT 1986-03-20   0
> tail(x)
        ticker       date       ret
2075545    MSFT 2011-02-11 -0.009144
2075546    MSFT 2011-02-14 -0.000738
2075547    MSFT 2011-02-15 -0.004064
2075548    MSFT 2011-02-16  0.002226
2075549    MSFT 2011-02-17  0.007032
2075550    MSFT 2011-02-18 -0.005513
```

R 的 unique() 函数可以用来收集变量所有的唯一值。比如可用来获得所有股票的股票代码。
如以下代码所示，因为长度为 50，我们知道该数据集有 50 只股票。

```
>y<-matrix(unique(retD50$ticker))
> length(y)
  [1] 50
```

```
> head(y)
     [,1]
[1,] "IBM"
[2,] "DELL"
[3,] "MSFT"
[4,] "T"
[5,] "A"
[6,] "AAPL"
```

13.2 标量、矢量和矩阵

标量是只有一个值的变量。如下面我们为变量 *pv* 赋值 10。标量在不同的时间或场合可以取不同的值。但在特定的时间时或场合，它只有一个值。

```
>pv<-100
>r<-0.1
```

矢量又称为向量。向量是具有 *n* 个数据项的一行（其维数为 $1×n$）或一列（其维数为 $n×1$）。

```
> x <-1: 10
```

矩阵可定义为有 *n* 行 *m* 列（$n×m$）的二维数据集。因此，一个矩阵有 $n×m$ 个数据项。在下面的例子中，我们用 matrix()函数将一个向量转换为矩阵。

```
> x <-1: 12
> y <-matrix(x, 3,4, byrow = T)
[, 1] [, 2] [, 3] [, 4]
[1, ] 1 2 3 4
[2, ] 5 6 7 8
[3, ] 9 10 11 12
```

在上述语句中，byrow=T 是指示 R 将向量中数据先按行排列，然后再按列排列。如果 byrow=F，则将向量中数据先按列排列，然后再按行排列。详见以下示例。

```
> matrix(x, 3,4, byrow = F)
     [,1] [,2] [,3] [,4]
[1,]    1    4    7   10
[2,]    2    5    8   11
[3,]    3    6    9   12
```

矩阵中的变量只能有一种数据类型。显然上面代码中的变量 *y* 是一个整数类型。R 的 typeof()函数可以用来得到数据集的类型。

```
> typeof(y)
[1] "integer"
```

但是，如果将一个数据项赋值为一个字符串，则整个矩阵的类型就变成了字符串。而不再是整数型了。详见以下示例。

```
> y[1,1]<-"good"
> y
    [,1]  [,2] [,3] [,4]
[1,] "good" "2"  "3"  "4"
[2,] "5"    "6"  "7"  "8"
[3,] "9"    "10" "11" "12"
> typeof(y)
[1] "character"
```

13.3 从向量获取子集

对向量（矢量）而言，获取子集最简单的方法是指定开始和结束位置。

```
> set.seed(123)
> x<-rnorm(50)
> y<-x[1:10]
> y
 [1] -0.56047565 -0.23017749  1.55870831  0.07050839
 [5]  0.12928774  1.71506499  0.46091621 -1.26506123
 [9] -0.68685285 -0.44566197
```

对向量而言，位置的负索引表示排除。假设 x 向量有 50 个值。我们将其前 10 个值对 y 赋值（y=x[1:10]）。y[5]表示其第 5 个值，而 y[-5]是指除第 5 个值之外的 9 个值。见下面语句。

```
> set.seed(333)
> x<-rnorm(50)
> y<-x[1:10]
> y
 [1] -0.08281164  1.93468099 -2.05128979  0.27773897
 [5] -1.52596060 -0.26916362  1.23305388  0.63360774
 [9]  0.35271746 -0.56048248
> z<-y[-5]
> z
[1] -0.08281164  1.93468099 -2.05128979  0.27773897
[5] -0.26916362  1.23305388  0.63360774  0.35271746
[9] -0.56048248
>
```

对矩阵而言，我们可以获取指定的行和指定的列。下面第一条语句取前两行，第二条语句取第一行，第三条语句取第一列。最后一条语句取第 5 列从第 1 行到倒数第 2 行的所有数据。这里的 n 是行的总数目。

```
>x[1:2,] # the first two rows
>x[1,]   # the first row
>x[,1]        # the first column
>n<-nrow(x)
```

```
>x[1: (n-1),5] # rows from 1 to n-1 and 5th column
```

R 的 subset() 函数允许我们根据特定的条件从给定的数据集中选择一个子集。

```
> ibm <-subset ( x, x [, 1] =='IBM' )
```

同理，索引的负值对矩阵而言表示排除，详见下面语句。

```
> x<-matrix(1:100,20,5)
> head(x,2)
     [,1] [,2] [,3] [,4] [,5]
[1,]    1   21   41   61   81
[2,]    2   22   42   62   82
> dim(x)
[1] 20  5
> y<-x[,-1]
> head(y,2)
     [,1] [,2] [,3] [,4]
[1,]   21   41   61   81
[2,]   22   42   62   82
> dim(y)
[1] 20  4
>
```

从上面结果可知，x 变量的维数是 20×5，而 y 变量的维数为 20×4。这是因为对 y 变量而言，我们排除了 x 变量的第 1 列 y<-x[,-1]。

13.4 获取特定年份的数据

如果一个与日期有关的变量是由 as.Date() 函数定义的，那么获取特定年份的数据子集的代码将会很简单。首先，我们下载相应的 R 数据集。对于获取特定的时间段的数据，有以下程序。

```
> load("datas/retDIBM.RData")
> ls()
[1] "EDM1"  "IBM"  "sp500"
> date1<- as.Date("2011-02-02")
> date2<-as.Date("2011-02-11")
> head(IBM,2)
  Ticker       Date   Open   High    Low  Close  Volume Adj_Close   Return
1    IBM 2013-10-08 181.89 181.99 178.71 178.72 5578300    178.72 0.018409
2    IBM 2013-10-07 181.85 183.31 181.85 182.01 3966400    182.01 0.011483
> tail(IBM,2)
       Ticker       Date Open High Low  Close Volume Adj_Close   Return
13030     IBM 1962-01-04  577  577 571 571.25 256000      2.49 0.012048
13031     IBM 1962-01-03  572  577 572 577.00 288000      2.52 -0.007937
> x<-subset(IBM,IBM$Date>=date1 & IBM$Date<=date2)
> head(x)
```

	Ticker	Date	Open	High	Low	Close	Volume	Adj_Close	Return
668	IBM	2011-02-11	163.98	165.01	163.31	163.85	5185200	156.89	0.001466
669	IBM	2011-02-10	163.90	165.00	163.18	164.09	5737800	157.12	0.003437
670	IBM	2011-02-09	165.62	165.97	164.10	164.65	4633600	157.66	0.008499
671	IBM	2011-02-08	164.82	166.25	164.32	166.05	5612600	159.00	-0.011321
672	IBM	2011-02-07	164.08	164.99	164.02	164.82	4928100	157.20	-0.004962
673	IBM	2011-02-04	163.48	164.14	163.22	164.00	3755200	156.42	-0.002877

R 的 load()函数用于上传 R 数据集。有两个条件（条件 A 和条件 B）来过滤或选择我们的数据。符号 & 是逻辑和。从第 3 章中，我们知道"逻辑和"对条件 A 和条件 B 而言，只要当它们都为真（TRUE）时，则逻辑和为真（TRUE）。在下面的列子中，x 变量有 20 个数据（从−10 到 10）。y 变量是 x 变量的子集。其有两个条件：（1）须为正值；（2）为奇数。为此，我们用了逻辑和，$x>0$&$x\%\%2==1$。

```
> x<--10:10
> x
 [1] -10  -9  -8  -7  -6  -5  -4  -3  -2  -1   0   1   2
[14]   3   4   5   6   7   8   9  10
> y<-subset(x,x>0 & x%%2==1)
> y
[1] 1 3 5 7 9
>
```

如果我们想要检索 IBM 从日期一（date1）到日期二（date2）之间的收益率，可以使用以下代码。

```
> load("datas/retD50.RData ")
> date1<-as.Date("2000-02-02")
> date2<-as.Date("2000-02-10")
> x<-subset(retD50,retD50[,1]== "IBM " & retD50[,2]>date1 & retD50[,2]<date2)
> x
ticker date ret
1893215 IBM 2000-02-03 0.031870
1893216 IBM 2000-02-04 -0.012821
1893217 IBM 2000-02-07 -0.012987
1893218 IBM 2000-02-08 0.042265
1893219 IBM 2000-02-09 -0.012146
```

用 lubridate 包中的函数 year()可以从日期中解析年份作为筛选条件，例如：

```
> y <- subset(retD50, ticker=='A' & lubridate::year(date)==2000)
```

13.5　head()函数

研究人员想要在数据集中添加额外的列是相当普遍的。下面语句是从作者的网页上直接读取 IBM 日频率的历史数据。如想得到该公司最新的数据，读者可从雅虎财经网站上获取。

```
> x<-read.csv("http://datayyy.com/data_csv/ibmDaily.csv",header=T)
```

R 的 head()函数用于查看最前面的几个观察值。

```
> head(x)
        Date      Open      High       Low     Close Adj.Close Volume
1 1962-01-02 7.713333 7.713333 7.626667 7.626667  2.221056 387200
2 1962-01-03 7.626667 7.693333 7.626667 7.693333  2.240472 288000
3 1962-01-04 7.693333 7.693333 7.613333 7.616667  2.218143 256000
4 1962-01-05 7.606667 7.606667 7.453333 7.466667  2.174461 363200
5 1962-01-08 7.460000 7.460000 7.266667 7.326667  2.133691 544000
6 1962-01-09 7.360000 7.506667 7.360000 7.413333  2.158930 491200
```

对大多数有关金融的研究课题而言，研究者需要用到收益率变量。为了估计收益率，我们应该使用调整后的收盘价格（**Adj.Close**）而不是收盘价（**Close**）。在计算收益率变量之后，我们将其和 *x* 变量相结合。

```
> head(x,2)
        Date      Open      High       Low     Close Adj.Close Volume
1 1962-01-02 7.713333 7.713333 7.626667 7.626667  2.221056 387200
2 1962-01-03 7.626667 7.693333 7.626667 7.693333  2.240472 288000
> p<-x$Adj.Close
> n<-length(p)
> ret<-p[2:n]/p[1:(n-1)]-1
> final<-data.frame(x[2:n,-4:-2],ret)
> head(final,2)
        Date    Close Adj.Close Volume          ret
2 1962-01-03 7.693333  2.240472 288000  0.008741788
3 1962-01-04 7.616667  2.218143 256000 -0.009966204
```

13.6　cbind()函数

当被合并的两列变量的长度不相等时，在使用 cbind()函数时应该格外小心。下面 *x* 变量有 5 个数，但 *y* 变量只有 3 个值。在将这两个变量用 cbind()函数结合在一起时，我们有以下语句。

```
> x<-1:5
> y<-10:12
> z<-cbind(x,y)
Warning message:
In cbind(x, y):
number of rows of result is not a multiple of vector length (arg 2)
> z
     x  y
[1,] 1 10
[2,] 2 11
[3,] 3 12
[4,] 4 10
```

```
[5,] 5 11
```

当我们将两列合并时，得到了一个警告信息。从上述结果可以看出，短的列将遵循循环规则：将其变量反复使用。直至和长的向量的长度相同。值得警惕的是：当长的向量的长度是短的向量的长度的整数倍时，我们不会收到任何警告信息。在下面的例子中：x 有 9 个数值，y 有 3 个数值。即 x 的长度是 y 的长度的 3 倍。在用 cbind()函数将它们结合时，短向量 x 的数据被重复使用了 3 次。

```
> x<-1:9
> y<-1:3
> cbind(x,y)
      x y
 [1,] 1 1
 [2,] 2 2
 [3,] 3 3
 [4,] 4 1
 [5,] 5 2
 [6,] 6 3
 [7,] 7 1
 [8,] 8 2
 [9,] 9 3
>
```

对没有意识到 cbind()函数这个"可怕特性"（循环规则）的研究人员来说，这是一个潜在的在处理数据上的风险。

13.7 删除循环规则

对于研究人员来说，当应用 cbind()函数来组合两个数据列时，循环规则是"危险的"。通常我们比较喜欢为短向量填充某种缺失值代码。对 R 语言而言，其缺失值的代码为 NA。在下面的程序中，应用在 cbind()函数之前。我们将较短的向量的长度延长至长向量的长度。并将而额外加的数值以缺失的代码代替，新的函数名为 cbind2()。

```
cbind2<-function(x,y,missing_code=NA){
    n_x<-length(x)
    n_y<-length(y)
    n <-max(n_x,n_y)
    if(n_x<n)  x[(n_x+1):n]<-missing_code
    if(n_y<n)  y[(n_y+1):n]<-missing_code
    return(cbind(x,y))
}
```

以下是通过调用上述函数的两个结果：

```
> x<-1:3
```

```
> y<-1:2
> cbind2(x,y)
x y
[1,] 1 1
[2,] 2 2
[3,] 3 NA
> cbind2(x,y,missing_code=-99)
x y
[1,] 1 1
[2,] 2 2
[3,] 3 -99
```

13.8　添加行

同样，我们可以通过应用 rbind()函数来组合行。

```
> set.seed(12345)
> x<-matrix(rnorm(10),5,2,byrow=T)
> y<-matrix(rnorm(10),5,2,byrow=T)
> z<-rbind(x,y)
> dim(x)
[1] 5 2
> dim(y)
[1] 5 2
> dim(z)
[1] 10  2
>
```

同理，循环规则对 rbind()函数同样使用，如下所示。

```
> x<-c(1:5)
> y<-c(1:4)
> z<-rbind(x,y)
Warning message:
In rbind(x, y) :
  number of columns of result is not a multiple of vector length (arg 2)
> z
  [,1] [,2] [,3] [,4] [,5]
x    1    2    3    4    5
y    1    2    3    4    1
>
```

13.9　data.frame()函数

将相同的或不同的数据集组合在一起，最佳的选择是使用数据框，即 data.frame()函数。

其重要的特性之一是我们可以将具有不同的数据类型的向量组合在一起。见下面例子。

```
> x<-1:10
> y<-paste("data",1:5,sep='')
> x
 [1]  1  2  3  4  5  6  7  8  9 10
> y
[1] "data1" "data2" "data3" "data4" "data5"
> z<-data.frame(x,y)
> z
    x     y
1   1 data1
2   2 data2
3   3 data3
4   4 data4
5   5 data5
6   6 data1
7   7 data2
8   8 data3
9   9 data4
10 10 data5
```

我们可以使用 colnames() 函数将名称添加到所有列上。

```
> colnames(z)<-c("ID","DATA")
> head(z,2)
  ID  DATA
1  1 data1
2  2 data2
```

第 15 章将对数据框加以详细的表述。

13.10　用公共变量合并两个数据集

R 的 merge() 函数通过一个公共变量来组合两个数据集。

```
> d1<- data.frame(id=1:3, ret=0.1:3)
> d1
  id ret
1  1 0.1
2  2 1.1
3  3 2.1
> d2<-data.frame(id=2:3,value=c(0.4,0.3))
> d2
  id value
1  2   0.4
```

```
2  3   0.3
>
> d3<-merge(d1,d2,by="id")
> d3
  id ret value
1  2 1.1   0.4
2  3 2.1   0.3
```

由于只有一个公共变量，我们可以通过省略 by=语句来简化代码。

```
> d3<-merge(d1,d2)
```

假设我们有两个数据集。第一个是股票的收益率，而第二个是关于股市指数的收益率。为估算该股票的市场风险，我们需要将这两个数据集按日期的排列合并在一起。下面首先我们生成有关股票收益率的数据集。

```
> x<-data.frame(c(1990,1991),c(0.02,0.03))
> stock<-data.frame("ibm",x)
> colnames(stock)<-c("ticker","year","ret")
ticker year ret
32 Ibm 1990 0.02
2 ibm 1991 0.03
```

然后，再生成第二个数据集为股票市场收益率。

```
> index<-data.frame(1990,0.03)
> colnames(index)<-c("year","mkt_ret")
> index
year mkt_ret
1 1990 0.03
```

接下来，我们按年份使用 by="year"来合并它们。

```
> merge(stock,index,by="year")
year ticker ret mkt_ret
1 1990 ibm 0.02 0.03
```

由于只有一个公共变量，我们可以忽略 by="year"。

```
> merge(stock,index)
year ticker ret mkt_ret
1 1990 ibm 0.02 0.03
```

我们可以生成一个 R 函数来实现这一点。

```
merge_two<- function(d1,d2,by="date"){
    return(merge(d1,d2,by=by))
}
> merge_two(stock,index,by="year")
```

13.11 练习题

（1）你如何得到一个矩阵的维度？

（2）如何从 x 的矩阵中获得第 25 行到第 50 行和第 1 列到第 20 列？

（3）给你一个 x 的矩阵。如何打印 x 的第一行和最后几行？

（4）如何 rbind() 生成矩阵？

（5）矩阵可以保存不同类型的数据吗？

（6）下载 retD50.Rdat。检索两个股票的数据，例如 IBM 和 WMT 的数据。

（7）R 的 typeof() 函数有何用途？

（8）如何使用 subset() 函数？

（9）在用 cbind() 函数将两个不同长度的向量合并时要注意什么？

（10）在下面语句中，在用向量 x 中的数据组成矩阵时，矩阵是按先行排列还是先按列排列？

```
> x <-1:50
> y <-matrix(x,10,5)
```

（11）在使用 cbind() 函数时，为何其循环规则会引起对数据处理的危害？

（12）对 rbind() 函数及 data.frame() 函数而言，有无循环规则？

（13）编写一个 R 函数 data.frame2()，将短的数据集加长至长数据集的长度。加长部分以 NA 代替。

（14）对一个向量而言，负的索引是如何定义的？

（15）从作者网页下载 ff3Monthly.RData，从雅虎财经下载 C 的月频率股票数据，将两个数据按日期合并。

（16）从雅虎财经下载 WMT 的月频率股票数据和 S&P500 月股票市场数据。将两数据按日期合并。

（17）在使用 cbind() 函数和 data.frame() 函数将数据合并有何区别？

（18）从 French 教授的网页下载 Fama-French 日频率的 3 因子数据，生成一个 R 数据集。

（19）从雅虎财经下载 Johnson&Johnson（其股票代码为 JNJ）的日频率股票数据。将该数据与练习题（18）中的 3 因子日数据按日期合并。

（20）在使用 rbind() 函数时，有无循环规则？如果有，请编写一个 R 函数，如称之为 rbind2()，将缺省值用 NA 代替。

第 14 章
矩阵及操作

矩阵是二维格式的数据项的集合。对数学计算而言，矩阵是最常用的数据之一。下面矩阵 x 有 2 行 4 列。

$$x = \begin{pmatrix} 5,3,4,5 \\ 1,3,2,6 \end{pmatrix} \tag{14-1}$$

用以下 R 代码可以生成上述矩阵。

```
> x<-matrix(c(5, 3, 4, 5,1,3,2,6),2,4,byrow=T)
> x
     [,1] [,2] [,3] [,4]
[1,]    5    3    4    5
[2,]    1    3    2    6
```

14.1   矩阵的定义

在本书中，矩阵的定义有两种：广义的和狭义的。对广义的定义而言，矩阵实际上就是一个两维的数据集。这种定义有其长处，但亦有其短处。对长处而言：第一，我们可以将一列、一行和矩阵相区别，这在叙述时很方便。第二，对绝大多数情况而言，往往在处理数据时研究者并不在意该数据集是否为矩阵，即不在意该数据集是否为广义定义的矩阵或狭义定义的矩阵。第三，在运行矩阵计算时，如遇到问题我们很容易用 matrix() 或 as.matrix() 函数加以处理。第四，对于学过线型代数的学生而言，他们可能更容易接受矩阵的广义定义。

矩阵的广义定义的短处：第一，有时很难解释。如对 is.matrix() 函数而言，许多二维数据集就不是矩阵。第二，很难对矩阵（matrix）、数据帧（data.frame）与数据列（list）、一列或一行加以区别。有关数据帧与数据列，见第 15 章。第三，在进行矩阵运算时，会出错，并难以解释。

矩阵的第 2 种定义（狭义定义的矩阵）是二维的数据集，其只有一种可以进行加减乘除的数值型。或者是 maitrx()、as.matrix() 函数定义的，我们可以用 is.matrix() 函数来检测。下面我们用 apropos() 函数列出与矩阵（matrix）有关的一系列函数。

```
> apropos("matrix")
 [1] ".__C__matrix"              "anyDuplicated.matrix"
 [3] "as.data.frame.matrix"      "as.data.frame.model.matrix"
 [5] "as.matrix"                 "as.matrix.data.frame"
 [7] "as.matrix.default"         "as.matrix.noquote"
 [9] "as.matrix.POSIXlt"         "boxplot.matrix"
[11] "data.matrix"               "determinant.matrix"
[13] "duplicated.matrix"         "head.matrix"
[15] "is.matrix"                 "isSymmetric.matrix"
[17] "matrix"                    "methodSignatureMatrix"
[19] "model.matrix"              "model.matrix.default"
[21] "model.matrix.lm"           "prmatrix"
[23] "subset.matrix"             "summary.matrix"
[25] "tail.matrix"               "unique.matrix"
>
```

矩阵的狭义定义的优缺点和矩阵的广义定义的优缺点正好相反。在本书中，我们更趋向于矩阵的广义定义。但如果读者知道矩阵的两种定义，在遇到问题时就不难找到解决的方法。记住一点：在运行矩阵计算时如遇到问题，我们可以用 matrix()或 as.matrix()函数来对数据集加以处理。

14.2　用 cbind()将向量组合成矩阵

我们可以使用 cbind()函数将两个或多个向量组合成一个矩阵。在下列中，x 与 y 变量都为 3×1 的向量，而 z 变量为 3×2 的矩阵。

```
x<-c(1,2,3)
> y<-c(100,123,717)
> z<-cbind(x,y)
> z
x y
[1,] 1 100
[2,] 2 123
[3,] 3 717
```

需注意的是，以 data.frame()定义的一个二维数据集可包含不同的数据类型。具体细节见第 15 章。

14.3　循环规则

当两个不同长度的向量组合成一个矩阵时，我们有以下规则：1）将短的向量的长度延长和长的向量的长度一样；2）应用循环规则，即短向量中的数据项将被循环使用（重复使用）。在下面的例子中，a 向量有 10 个数据，而 b 向量只有 6 个数据。将它们放在一起时以生成 z 数据集。z 数据集中的有关 b 向量的长度从 6 增至 10。其中前 6 个数据来源于 b 向量。后 4 个数据是来自 b 向量的前 4 个数据。

```
>a<-1:10
> b<-100:105
> z<-cbind(a,b)
```

以下输出显示较短向量（b 向量）中的数值是如何被循环使用的。

```
> z
a b
[1,] 1 100
[2,] 2 101
[3,] 3 102
[4,] 4 103
[5,] 5 104
[6,] 6 105
[7,] 7 100
[8,] 8 101
[9,] 9 102
[10,] 10 103
```

14.4　矩阵的单一数据类型

如果两个向量都为整数，那么合成的矩阵为整数矩阵。同理，如果两个相量都为字符数据集，那么合成的矩阵为字符矩阵。但当一个矢量是一个字符时，而另一为整数向量时，最终合成的矩阵将是一个字符矩阵。即所有非字符向量将被转换成字符向量。

```
> x<-c(1,2,3)
> y<-c("a","b","c")
> z<-as.matrix(rbind(x,y))
> is.matrix(z)
[1] TRUE
> z
  [,1] [,2] [,3]
x "1"  "2"  "3"
y "a"  "b"  "c"
>
```

14.5　将矢量转换为矩阵

生成矩阵的另一种简单方法是将矢量转换为矩阵。下面，我们生成一个向量取值从 1 到 10，显然它的长度是 10，我们将它转换成一个具有 5×2 维度的矩阵。

```
> x<-1:10
> y<-matrix(x,5,2)
```

有两种方法可将这 10 个值排列在矩阵中：按行或按列排列。默认是通过按列填充数据。即首先填写第一列的数据，然后第二列，第三列，等等。在下面的列子中，前 5 个数字，1，2，3，4，5 为第一列。然后是第二列。

```
> y
     [,1] [,2]
[1,]  1    6
[2,]  2    7
[3,]  3    8
[4,]  4    9
[5,]  5   10
```

若要按行排列这些数值，相应语句为 byrow=TRUE 或 byrow=T。首先，1，2 为第一行；3，4 为第二行。

```
> y<-matrix(x,5,2,byrow=T)
> y
     [,1] [,2]
[1,]  1    2
[2,]  3    4
[3,]  5    6
[4,]  7    8
[5,]  9   10
```

为了显示矩阵的维数，我们使用 dim() 函数。

```
> dim(y) # to show the dimension of a matrix
[1] 5 2
```

另一种方法是使用 nrow() 和 ncol() 函数来获取矩阵的两个维数。用 nrow() 函数可以得到行数，用 ncol() 函数可以得到列数。

```
> nrow(y)
[1] 5
> ncol(y)
[1] 2
```

以下语句生成一个 3×2 矩阵，其所有数据值都为-1。

```
> x<-matrix(-1,3,2)
> x
      [,1] [,2]
[1,]   -1   -1
[2,]   -1   -1
[3,]   -1   -1
```

假如我们想生成一个 3×5 的矩阵。我们需要 15 个数据。但如果向量只有 10 个数据，应该如何生成这 3×5 的矩阵？按前面的循环法则，在用完这 10 个数据后，最前的 5 个数据又被重复使用了。在下面例子中，x 只有 10 个数值。为生成一个 3×5 的矩阵，x 变量中的前 5

个值又被循环使用了一次。

```
> set.seed(123)
> x<-rnorm(10)
> y<-matrix(x,3,5)
Warning message:
In matrix(x, 3, 5) :
  data length [10] is not a sub-multiple or multiple of the number of rows [3]
> y
            [,1]       [,2]       [,3]       [,4]        [,5]
[1,] -0.5604756 0.07050839  0.4609162 -0.4456620  1.55870831
[2,] -0.2301775 0.12928774 -1.2650612 -0.5604756  0.07050839
[3,]  1.5587083 1.71506499 -0.6868529 -0.2301775  0.12928774
>
```

在上述输出中，我们用下划线表示被重复使用第二次的 5 个数据。"可怕"的是当 y 矩阵所含的数据值是 x 所含的数据值的整数倍时，我们竟然得不到一个警告。在下面的列子中，y 矩阵所含的数据值是 x 向量所含数据值的两倍。

```
> x<-1:10
> y<-matrix(x,4,5,byrow=T)
> y
     [,1] [,2] [,3] [,4] [,5]
[1,]    1    2    3    4    5
[2,]    6    7    8    9   10
[3,]    1    2    3    4    5
[4,]    6    7    8    9   10
```

注意在 matrix()语句中，我们有 by=row=T 语句。

14.6　矩阵的双重循环

因为矩阵为两维的，我们可以编写双循环来获取矩阵中的每个数据项。有关如何编写双循环语句，请参阅第 3 章。

```
n_row<-nrow(y)
n_col<-ncol(y)
for(i in 1:n_row){
      for(j in 1:n_col){
          # your codes here
      }
}
```

当然，我们可以简化上面的代码。

```
for(i in 1:nrow(y)){
    for(j in 1:ncol(y)){
```

```
    # your codes here
  }
}
```

在下面的代码中，我们计划生成一个维数为 2×3 的矩阵（即 2 行 3 列）。请注意语句中的语句 byrow=TRUE。

```
> x <-matrix(c(1,2,3,9,2,3), nrow = 2, ncol = 3, byrow = TRUE)
> x
    [,1] [,2] [,3]
[1,]  1   2   3
[2,]  9   2   3
```

请尝试以下代码（byrow=FALSE）：

```
> x <- matrix(c(1,2,3,9,2,3), nrow = 2, ncol = 3, byrow = FALSE)
```

语句 byrow=的默认值为 FALSE。

```
> x <-matrix(c(1,2,3,9,2,3), nrow = 2, ncol = 3)
```

14.7 as.matrix()函数和 is.matrix()函数

首先我们生成一个数据集，见下面两行。

```
12
34
```

R 的 as.matrix()函数可用来转换数据。我们先拷贝上述数据，然后执行下列语句。

```
> x<-read.table("clipboard")
> typeof(x)
[1] "list"
> y<-as.matrix(x)
> is.matrix(y)
[1] TRUE
```

14.8 矩阵的子集

假设 x 是一个矩阵。要获得第一列，我们使用以下代码：

```
> x<-matrix(rnorm(20),4,5)
> x [1, ]
```

同样，对于 1 到 10 行和 2 到 4 行，我们有下列语句。

```
> x [1: 10,2: 4]
```

根据以下代码，我们可以通过打印其值来查看矩阵。

```
x<-matrix(rnorm(20),4,5)
```

```
for(i in 1:nrow(x))
     for(j in 1:ncol(x))
          print(x[i,j])
```
负数表示排除。例如，我们排除了下面的第二列代码：

```
> x<-matrix(1:12,3,4)
> x
     [,1] [,2] [,3] [,4]
[1,]  1   4   7   10
[2,]  2   5   8   11
[3,]  3   6   9   12
> x[,-2]
     [,1] [,2] [,3]
[1,]  1   7   10
[2,]  2   8   11
[3,]  3   9   12
```

14.9 将列名称添加到矩阵上

为将列名称添加到矩阵上，我们使用 colnames()函数。

```
> ticker<-"AAA"
> set.seed(123)
> n<-10
> today<-Sys.Date()
> beg<-today-9
> ret<-runif(n)
> ddate<-seq(beg,today,1)
> final<-data.frame(ticker,ddate,ret)
> colnames(final)<-c("TICKER","DATE","RETURN")
> final
   TICKER       DATE      RETURN
1     AAA 2018-02-05 0.2875775
2     AAA 2018-02-06 0.7883051
3     AAA 2018-02-07 0.4089769
4     AAA 2018-02-08 0.8830174
5     AAA 2018-02-09 0.9404673
6     AAA 2018-02-10 0.0455565
7     AAA 2018-02-11 0.5281055
8     AAA 2018-02-12 0.8924190
9     AAA 2018-02-13 0.5514350
10    AAA 2018-02-14 0.4566147
```

14.10 使用列名称

我们可以通过使用矩阵名加美元符号（$）加列名来调用特定的列，如下所示。

```
> x<-matrix(1:12,3,4)
> colnames(x)<-c("a","b","c","d")
> y<-data.frame(x)
> y$a
[1] 1 2 3
```

如我们想要直接使用 a、b、c 的列名，可以使用 attach()函数将它们"释放"出来。

```
> x<-matrix(1:12,3,4)
> colnames(x)<-c("a","b","c","d")
> y<-data.frame(x)
> a
Error: object 'a' not found
> attach(y)
> a
[1] 1 2 3
```

R 的 attach()函数的"反函数"是 detach()函数。

```
> detach(y)
> a
Error: object 'a' not found
```

14.11　求解线性公式

矩阵的重要应用之一就是求解线性公式，假设我们有以下线性公式。

$$\begin{cases} 4x_1 - x_2 - 3x_3 = -1 \\ x_1 + 4x_2 + x_3 = 8 \\ -x_1 + 4x_2 - x_3 = 6 \end{cases} \tag{14-2}$$

我们可以定义 A 和 b，如下所示。

$$A = \begin{bmatrix} 4 & -1 & -3 \\ 1 & 4 & 1 \\ -1 & 4 & -1 \end{bmatrix}$$

$$x = \begin{bmatrix} x_1 \\ x_2 \\ x_3 \end{bmatrix}$$

$$b = \begin{bmatrix} -1 \\ 8 \\ 6 \end{bmatrix}$$

$$Ax=b$$

下面我们为变量 A 和 b 赋值，并仔细检查它们的值。

```
>a<-c(4,-1,-3,1,4,1,-1,4,-1)
>A<-matrix(a,3,3,byrow=T)
> A
     [,1] [,2] [,3]
[1,]    4   -1   -3
[2,]    1    4    1
[3,]   -1    4   -1
>b<-c(5,8,8)
> b
[1] 5 8 8
```

为了求解上面的线性公式，我们使用 solve(A, b)函数。

```
> x<-solve(A, b)
> x
[1]  1  2 -1
```

为了仔细检查结果，我们使用 A%%x，其中%%是矩阵乘法。

```
> A%%x
                 [,1]          [,2] [,3]
[1,]  4.440892e-16  1.000000e+00    1
[2,]  1.000000e+00  0.000000e+00    1
[3,] -1.000000e+00 -8.881784e-16   -1
>
```

14.12 矩阵的逆矩阵

如果 x 是非零标量，则 x 的倒数将是 $y=1/x$。换句话说，$x*y=x*1/x=1$。方形矩阵是指维数相同，即维数为 $n×n$ 的矩阵。对于 a 的逆矩阵矩阵，我们首先定义一个单位矩阵。单位矩阵是指一个方形矩阵，其主对角线上的值都为 1，而其他值为 0。主对角线是对方形矩阵而言，从其第一数据到最后数据画一直线。详见下面列子。

```
> x<-diag(5)
> x
     [,1] [,2] [,3] [,4] [,5]
[1,]    1    0    0    0    0
[2,]    0    1    0    0    0
[3,]    0    0    1    0    0
[4,]    0    0    0    1    0
[5,]    0    0    0    0    1
```

若 a 是一个矩阵。当 $a%%b$ 是一个单位矩阵时，b 则为 a 的逆矩阵，求逆矩阵的函数为 solve()。

```
> solve(A) # get the inverse of A
```

使用 solve(A)A，我们将得到一个单位矩阵。即主对角线 $x(i, i)$ 上都为 1，其他位置上的数据都为零。

```
>A<-matrix(c(3,2,-1,3,-1,1,-1,4,0.5),3,3)
> inv_A<-solve(A)
> inv_A%*%A
[,1] [,2] [,3]
[1,] 1.000000e+00 -5.551115e-17 -5.551115e-17
[2,] -1.110223e-16 1.000000e+00 2.775558e-17
[3,] -5.551115e-17 5.551115e-17 1.000000e+00
```

14.13 测试不同类型的数据格式

下面我们有一组以 is.开头的函数及以 as.开头的函数。要注意的是，在 is 及 as 之后有一个小数点。

```
> is.numeric(x)
> is.character(x)
> is.vector(x)
> is.matrix(x)
> is.data.frame(x)
> as.numeric(x)
> as.character(x)
> as.vector(x)
> as.matrix(x)
> as.data.frame(x)
```

14.14 练习题

（1）矩阵是如何定义的?

（2）简述矩阵广义定义和狭义定义的优缺点?

（3）找出有关 matrix()函数的用法。

（4）如何使用 as.matrix()函数? matrix()和 as.matrix()函数有何区别?

（5）列举一些可以生成矩阵的方法。

（6）矩阵可以有不同类型的数据吗?

（7）如果我们将长度分别为 10 和 6 的两个向量组合起来，那么最终矩阵的维数应该是多少? 数据分布如何?

（8）如果我们将长度分别为 10、5 和 6 的 3 个向量组合起来，那么最终的矩阵是什么?

（9）如果一个向量的长度是 20 并且我们最终矩阵的维数是 6×4，那么我们的最终结果是什么矩阵?

（10）我们如何得到矩阵的维数？

（11）我们如何运行循环遍历每个数据项作为矩阵？

（12）解释以下代码：

```
ma <- matrix(1:12, 3, 4)
nrow(ma)
ncol(ma)
```

（13）解释如何将矢量转换为矩阵并给出示例。

（14）解释如何将两个向量连接成一个矩阵并给出一个例子。

（15）矢量和矩阵之间有什么区别？

（16）我们如何确定一个变量是狭义定义的矩阵？

（17）解下面的线性公式：

$$2x_1 + x_2 - 3x_3 = 3$$

$$3x_1 - 4x_2 + x_3 = -1$$

$$x_1 + 2x_2 - 3x_3 = 5$$

（18）继续上题，Asolve(A, b)和 A%%solve(A, b)有什么区别？

（19）编写一个 R 函数 reverseMatrix()，求矩阵的逆矩阵。

> **提示**
>
> 该函数十分简单，仅有一行。

（20）读完本章，我们知道，当 y 矩阵所含的数据值是 x 向量所含的数据值的倍数时，我们无法得到一警告。见下面例子。

```
> x<-1:10
> y<-matrix(x,4,5,byrow=T)
> y
     [,1] [,2] [,3] [,4] [,5]
[1,]    1    2    3    4    5
[2,]    6    7    8    9   10
[3,]    1    2    3    4    5
[4,]    6    7    8    9   10
```

编写一个 R 函数 matrix2()，当上述境况发生时，给出一警告。

第 15 章
数据框与数据列

数据框相应的英文是 data.frame。数据列相应的英文名为 list。在下面的列子中，我们首先下载 IBM 日频率数据并用该数据为 x 赋值。我们使用 class()函数和 typeof()函数来查看变量 x 的属性。

```
> x<-read.csv("http://datayyy.com/data_csv/ibmDaily.csv")
> head(x,2)
        Date     Open     High      Low    Close Adj.Close Volume
1 1962-01-02 7.713333 7.713333 7.626667 7.626667  2.221056 387200
2 1962-01-03 7.626667 7.693333 7.626667 7.693333  2.240472 288000
> class(x)
[1] "data.frame"
> typeof(x)
[1] "list"
```

输出显示 x 的类型为数据框（"data.frame"），其类别为数据列（"list"）。

15.1 简介

数据框是 R 中使用最多的数据类型之一。假如我们有以下输入：

```
ticker year return
ibm 1990 0.01
ibm 1991 0.04
```

由于 3 列是不同的类型（字符、整数和实数），所以我们不能合并这些列并把它们放入矩阵中，因为它将强制所有列具有相同的格式（即字符）。在这种情况下，数据框是一个更好的选择。

```
> x<-c(1990,0.01,1991,0.04)
> y<-matrix(x,2,2,byrow=T)
> z<-data.frame("ibm",y)
> colnames(z)<-c("ticker","year","ret")
> z
  ticker year  ret
```

```
1     ibm 1990 0.01
2     ibm 1991 0.04
>
> class(z)
[1] "data.frame"
>
```

一个数据框可以由数字矢量、逻辑矢量、矩阵和字符组成。对数据框而言，它不要求数据子集具有相同的模式或类型。

15.2 data.frame()函数的功能

数据框共享矩阵和列表的属性，并作为基本数据结构用于大多数 R 的软件包中。

```
> x<-matrix(1:10,5,2) # generate a 5 X 2 matrix
> x # default setting is by column
[,1] [,2] # i.e., byrow=F
[1,] 1 6
[2,] 2 7
[3,] 3 8
[4,] 4 9
[5,] 5 10
```

以下两行语句将取得相同的结果。

```
> x<-matrix(1:10,5,2) # default is by column
> x<-matrix(1:10,5,2,byrow=F)
```

将上面的矩阵外加一个股票代码生成数据框，我们有以下几行 R 代码。

```
> data.frame('ibm',x) # convert it into a data frame
X.ibm. X1 X2
1 ibm 1 6
2 ibm 2 7
3 ibm 3 8
4 ibm 4 9
5 ibm 5 10
```

15.3 循环规则

在应用 data.frame()函数时，当不同长度的向量合并时，会有一出错信息。在下列代码中，x 变量有 5 个数据，但 y 变量只有 3 个数值。

```
> x<-1:5
> y<-1:3
> z<-data.frame(x,y)
Error in data.frame(x, y) :
```

```
arguments imply differing number of rows: 5, 3
```

当长向量的长度是短向量长度的整数倍时，最终的结果将遵循循环规则：1）短的向量的长度延长至长向量的长度；2）短向量中的数据将被重复使用。

```
> x<-1:6
> y<-1:3
> z<-data.frame(x,y)
> z
  x y
1 1 1
2 2 2
3 3 3
4 4 1
5 5 2
6 6 3
>
```

在通常情况下，这一特性不会产生任何不利的影响。主要的原因是在很少的情况下，数据变量的长度正好成整数倍。这样，在多数境况下，将不同长度的数据集进行合并时，我们将得到一个警告。但请记住该特性，对一些特殊的情况将有所裨益。

15.4　如何添加列名称

对于由 data.frame()函数生成的数据集而言，我们可以使用 colnames()函数为每列添加名称，并使用数据变量名，通过$加数据列的名称来引用个别数据变量的内含变量（或列）。

```
> y<-data.frame('ibm',matrix(0:9,5,2))
> colnames(y)<-c("ticker","year","ret")
> y$ticker
[1] ibm ibm ibm ibm ibm
Levels: ibm
```

15.5　attach()函数

attach()函数将从数据集中直接获得列。

```
> y<-data.frame('ibm',matrix(0:9,5,2))
> colnames(y)<-c("ticker","year","ret")
> ticker # not available
Error: object 'ticker' not found
> attach(y)
> ticker
[1] ibm ibm ibm ibm ibm
Levels: ibm
```

attach()函数的反函数是 detach()。要使变量包含的列不能直接调用，我们可以使用 detach()
函数。

```
> detach(y)
> ticker
Error: object 'ticker' not found
> a<- c(2.0, 0.3, 2.5)
> b<- c("ticker","date","ret")
> c<- c(T, T,FALSE)
> x<-data.frame(a, b,c)
> x
a b c
1 2.0 ticker TRUE
2 0.3 date TRUE
2.5 ret FALSE
```

为了将两个数据集合在一起，可以使用 merger()函数。

```
>z<-merge(stock,index,by="date")
```

15.6 data.frame()的数据类型是列表（list）

同样，data.frame()的数据类型是列表。
```
> x<-matrix(1:10,5,2)
> typeof(data.frame('ibm',x)) #convert a matrix into a data frame
[1] "list"
```

15.7 从输入文件中读取数据

从雅虎财经网站下载国际通用机械公司（IBM）的月频率的历史价格数据。数据集的前
几行如下所示：

```
      Date     Open     High      Low    Close Adj.Close   Volume
1962-01-01 7.713333 7.713333 7.003334 7.226666  2.077531  8760000
1962-02-01 7.300000 7.480000 7.093333 7.160000  2.058365  5737600
1962-03-01 7.186666 7.413333 7.070000 7.103333  2.042352  5344000
1962-04-01 7.100000 7.100000 6.000000 6.053333  1.740458 12851200
1962-05-01 6.053333 6.530000 4.733333 5.233333  1.504689 49307200
1962-06-01 5.213333 5.213333 4.000000 4.523334  1.300756 68451200
```

在我们下载之后，可以使用 read.csv()函数来读取数据。

```
> x<-read.csv("datas/ibmMonthly.csv")
> class(x)
   [1] "data.frame"
> typeof(x)
```

```
  [1] "list"
> head(x,2)
        Date     Open     High      Low    Close Adj.Close   Volume
1 1962-01-01 7.713333 7.713333 7.003334 7.226666  2.077531  8760000
2 1962-02-01 7.300000 7.480000 7.093333 7.160000  2.058365  5737600
```

另一种方法是从作者的网站通过一些语句下载。

```
> x<-read.csv("http://datayyy.com/data_csv/ibmMonthly.csv")
> head(x,2)
        Date     Open     High      Low    Close Adj.Close   Volume
1 1962-01-01 7.713333 7.713333 7.003334 7.226666  2.077531  8760000
2 1962-02-01 7.300000 7.480000 7.093333 7.160000  2.058365  5737600
```

我们可以将股票代码"IBM"作为相应的数据列添加到上述数据集中，请参阅下面的代码。

```
> y<-data.frame("IBM",x)
> head(y,2)
  X.IBM.       Date     Open     High      Low    Close Adj.Close  Volume
1    IBM 1962-01-01 7.713333 7.713333 7.003334 7.226666  2.077531 8760000
2    IBM 1962-02-01 7.300000 7.480000 7.093333 7.160000  2.058365 5737600
>
```

通过下面语句加上相应的名称。

```
> colnames(y)<-c("TICKER",colnames(x))
> head(y,2)
  TICKER       Date     Open     High      Low    Close Adj.Close  Volume
1    IBM 1962-01-01 7.713333 7.713333 7.003334 7.226666  2.077531 8760000
2    IBM 1962-02-01 7.300000 7.480000 7.093333 7.160000  2.058365 5737600
```

15.8 将 data.frame 转换成数据矩阵

下面，我们先生成一个数据框，然后将其转换为数据矩阵。

```
> a<-1:3
> b<-letters[2:4]
> c<-seq(as.Date("2004-01-01"), by = "month",len = 3)
> x <- data.frame(a, b, c, stringsAsFactors = TRUE)
> x
  a b          c
1 1 b 2004-01-01
2 2 c 2004-02-01
3 3 d 2004-03-01
```

我们可以使用 data.matrix()函数来把数据框转换成数据矩阵。

```
> class(x)
  [1] "data.frame"
```

```
> typeof(x)
  [1] "list"
> y<-data.matrix(x)
> class(y)
  [1] "matrix"
> typeof(y)
  [1] "double"
>
```

软件包 xts 代表"可扩展的时间序列"。该软件包提供对 R 的统一处理通过扩展不同的基于时间的数据类，最大化地保存原生格式的信息，并允许用户级定制和扩展，同时简化跨级别的互操作性。该包中包含几个数据集，其一是 sample_matrix。

```
> library(xts)
> data(sample_matrix)
> typeof(sample_matrix)
[1] "double"
> x<- data.frame(sample_matrix)
> typeof(x)
[1] "list"
```

在下面的程序中，我们估计每个股票年的月平均收益。该程序有两个循环，第一个循环用于不同的代码，而第二个循环代表每个代码的不同年份。例如，如果有两个独特的代码，第一个循环将运行两次。如果是每一只股票有 20 年的数据，那么每一只股票的年份，我们将有 20 年的循环。

```
x2<-subset(x,is.na(ret)==F)
tickers<-unique(x$ticker)
for(tt in tickers){
    x3<-subset(x2,ticker==tt)
    years<-unique(as.integer(x3$date/10000))
     for(i in years){
        x4<-subset(x3,i==as.integer(x3$date/10000))
        cat(tt,i,mean(x4$ret),length(x4$ret), "\n")
    }
}
```

15.9 生成列表（list）

下面是一个以列表类型生成变量的示例。

```
> x<-list(name="Jeffrey",spouse="Mary",no.children=3,child.ages=c(9,5,1))
> class(x)
[1] "list"
```

要显示内容，只需输入其名称。

```
> x
$name
[1] "Jeffrey"
$spouse
[1] "Mary"
$no.children
[1] 3
$child.ages
[1] 9 5 1
```

15.10　length()函数

R 的 length()函数给出了项目的数量。在上面的情况下，长度将是 4（即姓名、妻子、孩子数量和年龄）。

```
> length(x)
[1] 4
```

15.11　调用数据列中的元素

引用列表中的每个项目，我们可以使用[[]]，例如 x[[1]]作为第一项。

```
> x[1]
$name
[1] "Jeffrey"
> x[4]
$child.ages
[1] 9 5 1
```

调用列表元素的第二种方法是使用变量名加$，再加上包含在数据集中的名字。对该列，我们有 x$name 或 x[[name]]。

```
> x$name
[1] "Jeffrey"
> x$spouse
[1] "Mary"
> x$no.children
[1] 3
```

15.12　x[1]和 x[[1]]的区别

[[...]]用于选择单个元素，而[...]是指第一层的变量。因此，前者是列表 x 中的第一个对象；并且如果它是一个命名列表，则该名称不包括在内。后者是列表 x 的子列表，仅由第一个条目组成。如果它是一个命名列表，名字将被转移到子列表中。

```
> x[[1]]
[1] "Jeffrey"
> x[1]
$name
[1] "Jeffrey"
> typeof(x[[1]])
[1] "character"
> typeof(x[1])
[1] "list"
>
```

我们知道第四个数据项有 3 个数据点：9、5 和 1。

```
> x[[4]]
[1] 9 5 1
```

为了进入下一个层次，我们使用[[]][]结构。为了得到第一项（即 14），我们使用 x[[4]][1]。

```
> x[[4]][1]
[1] 9
```

15.13　将更多数据添加到现有的数据列中

向包含数据的变量添加更多数据详见以下例子。

```
> x[[1]][2]<-"Paul"
> x[1]
$name
[1] "Jeffrey" "Paul"
```

15.14　区分长变量名

对于一个长变量名，我们只需要足够的字母将其与其他名称相区别，就可以调用它。从上面例子可知，我们有 4 个变量名称：name、spouse、no.chldren 和 child.ages。

```
>x<-list(name="John",spouse="Mary",no.children=2,child.ages=c(14,9))
```
显然，我们可以使用 x$name 来指定第一个数据项。

```
> x$name
[1] "John"
```

由于有两个以字母 n 开头的名字，即 name 和 no.chidren。对 name 变量而言，我们需要多个字母来将它与另一个以 n 开头的变量（no.children）相区分。显然，我们只需要两个字母就足够了，如下所示。

```
> x$na
[1] "John"
```

由于只有一个以字母 s（spouse，配偶）为开头的名字，我们只需要一个字母，即 x$s。

```
> x$s
[1] "Mary"
```

15.15　添加更多的数据项

如果我们想添加家庭地址，只需使用 x[[5]]。

```
x[[5]]<-list(home.address="123, Board St, Philadelphia, PA 12245")
```

15.16　class()函数

class()函数可能的结果是数字、逻辑、字符、列表、矩阵数组、因子和数据框。

```
> y<-read.csv("http://datayyy.com/data_csv/ibmDaily.csv",header=T)
> class(y)
[1] "data.frame"
```

15.17　串联列表

我们可以把一个数据表添加到另一个数据表。

```
> list1<-list(name="John",spouse="Mary",no.children=2,child.ages=c(14,9))
> list2<-list(name="Peter")
> list3<-list(name="Paul",spouse="Jen")
> k<-c(list1,list2,list3)
> length(k)
[1] 7
```

15.18　练习题

（1）如何利用 R 的 dataframe()生成一个数据框？
（2）如何生成一个数据列（list）？
（3）如何使用 R 函数 is.data.frame()？
（4）用 data.frame()函数生成的数据框与用函数生成的数据列（list）有何区别？
（5）数据框允许不同的数据，请举列说明。
（6）数据列允许不同的数据如字符串，请举列说明。
（7）如何将数据框转换成矩阵？
（8）如何将数据列转换成整数集？

（9）如何将数据列转换成矩阵？

（10）矩阵和数据框都可以有不同类型的数据，对吗？

（11）从雅虎财经下载 MSFT、IBM 和 WMT 的月频率的历史价格数据，并将它们合并为一个单个数据集。

（12）如何将矩阵转换为数据框？

（13）使用数据框而不是矩阵的优点是什么？

（14）下面语句有什么问题？

```
> x<-c(20178,0.1,2018,0.12)
> y<-matrix(x,2,2,byrow=T)
> z<-data.frame("abc",y)
> colnames(z)<-c("ticker","year","ret")
> a<-as.matrix(z)
> a
     ticker year    ret
[1,] "abc"  "20178" "0.10"
[2,] "abc"  " 2018" "0.12"
>
```

如何解释最后生成的数据集 a。

（15）我们可以用 apropos()函数发现许多与 data.frame 有关的函数，详见以下输出。

```
> apropos("data.frame")
 [1] "$.data.frame"                "$<-.data.frame"
 [3] ".__C__data.frame"           ".__C__data.frameRowLabels"
 [5] "[.data.frame"               "[[.data.frame"
 [7] "[[<-.data.frame"            "[<-.data.frame"
 [9] "aggregate.data.frame"       "anyDuplicated.data.frame"
[11] "as.data.frame"              "as.data.frame.array"
[13] "as.data.frame.AsIs"         "as.data.frame.character"
[15] "as.data.frame.complex"      "as.data.frame.data.frame"
[17] "as.data.frame.Date"         "as.data.frame.default"
[19] "as.data.frame.difftime"     "as.data.frame.factor"
[21] "as.data.frame.integer"      "as.data.frame.list"
[23] "as.data.frame.logical"      "as.data.frame.matrix"
[25] "as.data.frame.model.matrix" "as.data.frame.noquote"
[27] "as.data.frame.numeric"      "as.data.frame.numeric_version"
[29] "as.data.frame.ordered"      "as.data.frame.POSIXct"
[31] "as.data.frame.POSIXlt"      "as.data.frame.raw"
[33] "as.data.frame.table"        "as.data.frame.ts"
[35] "as.data.frame.vector"       "as.list.data.frame"
[37] "as.matrix.data.frame"       "by.data.frame"
[39] "cbind.data.frame"           "data.frame"
[41] "dim.data.frame"             "dimnames.data.frame"
[43] "dimnames<-.data.frame"      "droplevels.data.frame"
```

```
[45] "duplicated.data.frame"        "format.data.frame"
[47] "is.data.frame"                "is.na.data.frame"
[49] "Math.data.frame"              "merge.data.frame"
[51] "Ops.data.frame"               "print.data.frame"
[53] "rbind.data.frame"             "row.names.data.frame"
[55] "row.names<-.data.frame"       "rowsum.data.frame"
[57] "split.data.frame"             "split<-.data.frame"
[59] "subset.data.frame"            "summary.data.frame"
[61] "Summary.data.frame"           "t.data.frame"
[63] "transform.data.frame"         "unique.data.frame"
[65] "within.data.frame"            "xpdrows.data.frame"
>
```

选一两个函数并研究它们的特性。

（16）选择数据框与矩阵生成数据集的优缺点是什么？

（17）在给出 help(data.csv)指令后，我们会有下列输出：

```
read.table(file, header = FALSE, sep = "", quote = "\"'",
   dec = ".", numerals = c("allow.loss", "warn.loss", "no.loss"),
   row.names, col.names, as.is = !stringsAsFactors,na.strings = "NA",
colClasses=NA, nrows = -1,skip = 0, check.names = TRUE, fill = !blank.lines.skip,
strip.white=
FALSE, blank.lines.skip = TRUE,
   comment.char = "#",allowEscapes = FALSE, flush = FALSE,
   stringsAsFactors = default.stringsAsFactors(),fileEncoding = "", encoding = "
unknown", text, skipNul = FALSE)
```

从下面结果，我们知道 default.stringsAsFactors()的缺省值为 TRUE。

```
> default.stringsAsFactors()
[1] TRUE
```

对以下语句，用两种方法（stringsAsFactors=F 和 stringsAsFactors=F），看看区别。

```
x<-read.csv("http://datayyy.com/data_csv/ibmDaily.csv")
```

（18）讨论下面有关 stringsAsFactors 的输出，键入 help（data.frame）语句。

```
data.frame(..., row.names = NULL, check.rows = FALSE,
           check.names = TRUE, fix.empty.names = TRUE,
           stringsAsFactors = default.stringsAsFactors())
```

（19）研究 R 的 cbind.data.frame()函数。

（20）在我们以 data.frem()生成的二维数据集无法进行矩阵运算时，如何处理？

第 16 章
数据或结果的输出

要将数据从 R 保存到一个文本文件中，可以使用以下代码。

```
>x<-1:100
>write.table(x,file="datas/test.txt",quote=F,row.names=F)
```

下面第二个例子说明了如何保存一个 R 数据集，输出数据集的名字为 test.RData。为表述方便，下面语句使用绝对路径。

```
>   x<-1:100
>   set.seed(123)
>   y<-rnorm(200)
>   head(y,2)
[1] -0.5604756 -0.2301775
>   save(x,y,file="datas/test.RData")
>
```

要上传 R 数据集，我们使用 load()函数。下面语句也是使用绝对路径法。

```
> rm(y)
> load("datas/test.RData")
> head(y)
[1] -0.56047565 -0.23017749  1.55870831  0.07050839  0.12928774
[6]  1.71506499
>
```

16.1 输出到文本文件

文本文件是以 txt 为后缀的文件。将我们的数据或计算结果保存到一个文本文件有几大优点。首先，我们可以很容易地使用记事本、Word 或 Excel 来打开这些文件。其次，我们可以使用其他软件来对数据进行进一步的处理及进行实证检验等。如我们可以用 Python、Julia 或 Octave 来处理。与 R 相同，Python、Julia 及 Octave 亦为开源软件。最后，我们可以很容易地与其他非 R 用户交换数据或结果。要生成文本文件，我们可以使用 write.table()、write.csv()、write()、writeLines()或 cat()函数。在本章中，我们将对这些函数一一加以介绍。

16.2   write.table()函数

write.table()函数是用于输出文本文件（包括 CSV 文件）的常用的 R 函数。

```
>x<-50:1
>write.table(x,'datas/test.txt')
```

下面显示输出的前几行。请注意双引号和额外的一列。即最左边的一列，该列为行的"名称"。

```
"x"
"1" 50
"2" 49
"3" 48
"4" 47
"5" 46
```

如用以下语句，我们能将双引号和额外的一列去掉。关键语句部分为：quote=F，row.names=F。quote=F 是指去掉引号，row.names=F 是将行号去掉。F 是英文 FALSE 的第一个字母。

```
>x<-50:1
>write.table(x,file="datas/test.txt",quote=F,row.names=F)
```

为找到有关 write.table()函数更多的信息，我们可以使用 help()函数。

```
> help(write.table)
write.table(x, file = "", append = FALSE, quote = TRUE, sep =
" ",eol = "\n", na = "NA", dec = ".", row.names = TRUE,col.
names = TRUE, qmethod = c("escape", "double"))
```

16.3   输出到 CSV 文件

CSV 的英文为 comma separated values，即用逗号分隔的数值，可见 csv 文件的数据是以逗号为分隔符的文件。CSV 文件可认为是文本文件中的特殊格式。CSV 文件的优势在于它可以节省空间，因为我们不需要留有空白，并且输出文件更具可读性。其次，读取或写入 CSV 文件适用于几乎所有的计算软件。最后，对于使用 Excel 的读者而言，使用 Excel 输入 CSV 文件将非常容易。输出到一个 CSV 文件的函数为 write.csv()。下面，我们先生成一个从 1 到 100 的向量，然后将其保存到名为 test.csv 的文件中。

```
>  x<-1:100
>  write.csv(x,'datas/test.csv')
```

输出的几行如下。

```
"","x"
"1",1
"2",2
```

```
"3",3
"4",4
"5",5
"6",6
"7",7
```

对上述结果，双引号和行名通常不是必需的。为将它们除去，我们在应用 write.csv() 函数时，加上语句 "quote=F, row.names=F"。

```
>   x<-1:30
>   y<-rev(x)
>   z<-cbind(x,y)
>   write.csv(z,"datas/t.csv",quote=F,row.names=F)
```

输出的前几行如下。

```
x,y
1,30
2,29
3,28
4,27
5,26
6,25
7,24
```

16.4   write()函数

下面，我们先生成两个向量，然后将它们合并。最后使用 write() 函数保存最终结果。

```
>x<-2:5
>y<-10:7
>z<-cbind(x,y)
>write(z,'datas/test1.txt',ncolumns=2)
>write(z, "datas/test2.txt")
>write(z, "datas\\test3.txt")
>write.table(z,'datas/text4.txt')
```

在上面语句中，>write(z,"datas/test2.txt")语句和>write(z,"datas\\test3.txt")相同。表 16.1 显示使用 write() 及 write.table() 函数将得到不同的结果。

表 16.1   不同的输出语句及结果

语句	输出
write(z,'datas/test1.txt',ncolumns=2)	2 3 4 5 10 9 87

语句	输出
write(z,"datas/test2.txt")	2 3 4 5 10 987
write.table(z,'datas/text4.txt')	"x" "y" "1" 2 10 "2" 3 9 "3" 4 8 "4"57

16.5 save()函数和 load()函数

生成 R 数据集最大的优点是其检索速度，即速度快是使用 R 数据格式（RData 或.rds）的主要优点之一。为生成一个 R 数据集，我们可以使用 save()函数。

```
> x<-1:5000
> save(x,file="datas/test.RData")
>
```

为上载一个 R 数据集，我们使用 load()函数。

```
> load("datas/test.RData")
```

R 数据集的扩展并不重要，大家可以尝试下面的代码。

```
>x<-1:4000
> save(x,file="datas/test")
> rm(x)
> load("datas/test")
```

使用 save()函数的优点之一是我们可以同时保存多个数据集。

```
> x<-1:50
> y<-rnorm(500)
> save(x,y,file="datas/test.RData")
>
```

另一数据的后缀为.rds，相关的两个函数为 saveRDS()和 readRDS()，详见下面例子。要注意的是，我们可以将数据集赋值给另一变量。

```
> set.seed(123)
> x<-rnorm(5000)
> head(x,3)
[1] -0.5604756 -0.2301775  1.5587083
> saveRDS(x,"datas/myData.rds")
```

```
> y<-readRDS("datas/myData.rds")
> head(y,3)
[1] -0.5604756 -0.2301775  1.5587083
```

16.6　把数据添加到文本文件

我们经常需要将数据添加到现有的文件中。在使用 write.table()函数时，加上 append=T 或 append=TRUE 即可。

```
> x<-1:10
> write.table(x,"datas/test.txt")
> y<-100:120
> write.table(y,"datas/test.txt",append=TRUE)
Warning message:
In write.table(y, "datas/test.txt", append = TRUE) :
  appending column names to file
>
```

出于某种原因，"append=T" 对 write.csv()不起作用。

```
> x<-1:10
> write.csv(x,"datas/test.csv")
> y<-100:120
> write.csv(y,"datas/test.csv",append=TRUE)
Warning message:
In write.csv(y, "datas/test.csv", append = TRUE) :
  attempt to set 'append' ignored
>
```

为此，在本章末的练习题中，我们设计了一个题目让读者生成一个这样的函数。对该函数而言，append=T 起作用。该函数可取名为 write.csv2()。

16.7　cat()函数

这是将数据保存到文本文件的另一种方法。

```
> cat("1 3 4 5","7 17 6 1",file="datas/test.txt",seq="\n")
> cat(file="datas/test2.txt","123456","987654",sep="\n")
```

16.8　写入二进制文件

有很多方法可以编写二进制文件，使用 save()函数就是其中之一。生成一个二进制文件的优点之一是速度。为读取数据，使用二进制数据集比使用文本文件的数据要快。

```
x<-1:500
save(x,"datas/x.RData")
```

下面，我们测试从 CSV 文件和二进制文件写入/读取的速度。首先，我们简单地测试这些编码以查看它们是否正常。rnorm(n)的函数从标准正态分布中提供 n 个随机数。而 pnorm() 用于累积标准正态分布。

```
n<-500000
a<-rnorm(n)
b<-brnorm(n)
c<-pnorm(n)
x<-data.frame(x1=a,x2=b,x3=c)
write.table(x,file="datas/temp.csv",sep=",",col.names=NA)
cat("first summary of x\n")
summary(x)
y<-read.table("datas/temp.csv",header=TRUE,sep=",",row.names=1)
save(x,file="datas/temp.binary")# write binary
rm(x)
load("datas/temp.binary")
cat("2nd summary of x\n")
summary(x)
```

在发现没有错误之后，我们可以使用 system.time()函数生成 3 个时间值：用户时间、系统时间和总时间。

```
> cat("Time: write a text file\n")
Time: write a text file
> system.time(write.csv(x,file="datas/t.csv",col.names=NA))
   user   system elapsed
   4.52    0.08    4.85
> cat("Time: read a text file\n")
Time: read a text file
> system.time(x<-read.csv("datas/t.csv",header=TRUE,row.names=1))
   user   system elapsed
   3.92    0.09    4.03
> cat("Time: write a binary file\n")
Time: write a binary file
> system.time(save(x,file="datas/t.bin"))
   user   system elapsed
   0.39    0.00    0.42
> cat("Time: read a binary file\n")
Time: read a binary file
> system.time(load("datas/t.bin"))
   user   system elapsed
   0.06    0.00    0.11
```

以上结果汇总在表 16.2 中。

表 16.2   读取/写入文本和二进制文件的系统时间

	用户时间	系统时间	总时间
编写 CSV 文件	4.52	0.08	4.85
读取（加载）CSV 文件	3.92	0.09	4.03
编写二进制文件	0.39	0.00	0.42
读取（加载）二进制文件	0.06	0.00	0.11

16.9   如何保存 PDF 文件

用下面的程序生成一个 PDF 文件以保存所生成的图形。

```
> pdf("datas/picture.pdf")
> plot(sin,-2*pi,2*pi)
> dev.off()
null device
          1
>
```

生成的图形如图 16-1 所示。

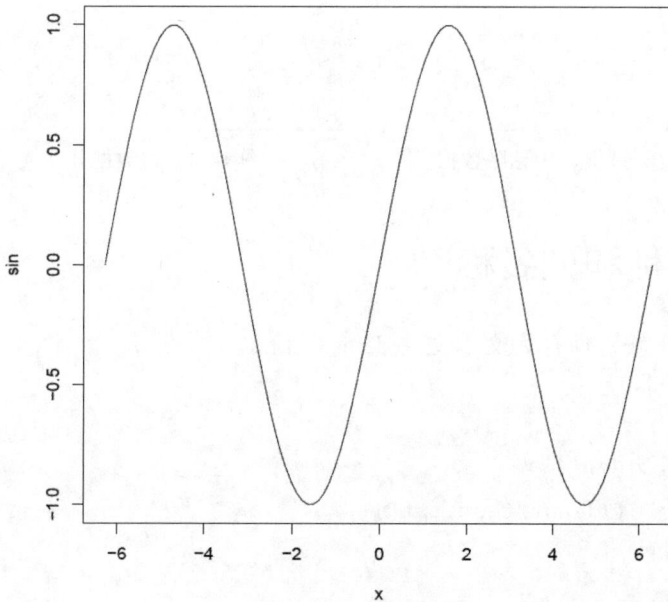

图 16-1   生成的图形

16.10　把数据写到剪贴板

剪贴板的英文为 clipboard。众所周知，当使用 Excel、Word 或记事本时，我们可以很容易地复制数据。为将数据集复制到剪贴板，我们有以下 R 语句。

```
> x<-1:9
> y<-rev(x)
> z<-cbind(x,y,x,x,x)
> write.csv(z,"clipboard")
>
```

同样，如果我们不喜欢引号及行号，可以通过指定语句删除它们。

```
> write.csv(z,"clipboard",quote=F,row.names=F)
```

启动 Excel，并粘贴数据，如图 16-2 所示。

从上面 R 语句，我们知道 z 变量应有 5 列。但在 Excel 中只有一列。为此，我们可以用 Excel "text to columns" 将其分开（见图 16-3）。具体操作如下：拷贝该列，单击 "数据"，然后单击 "分列"。然后用逗号作为分隔符。

	A	B	C
1	x,y,x,x,x		
2	1,9,1,1,1		
3	2,8,2,2,2		
4	3,7,3,3,3		
5	4,6,4,4,4		
6	5,5,5,5,5		
7	6,4,6,6,6		
8	7,3,7,7,7		
9	8,2,8,8,8		
10	9,1,9,9,9		

图 16-2　有 Excel 文件中粘贴数据

	A	B	C	D	E
1	x	y	x	x	x
2	1	9	1	1	1
3	2	8	2	2	2
4	3	7	3	3	3
5	4	6	4	4	4
6	5	5	5	5	5
7	6	4	6	6	6
8	7	3	7	7	7
9	8	2	8	8	8
10	9	1	9	9	9

图 16-3　将数据分列

16.11　行名称和列名称

假设我们将以下输入保存为文本文件 datas/test.txt。

```
IBM 19900101 0.1
IBM 19990102 0.2
```

以下程序将检索并保存数据。

```
> x<-read.table("datas/test.txt")
> x
    V1        V2  V3
1 IBM 19900101 0.1
2 IBM 19990102 0.2
```

```
> colnames(x)<-c("ticker","date","ret")
> write.table(x,"datas/test2.txt")
>
```

输出数据集如下。

```
"ticker" "date" "ret"
"1" "IBM" 19900101 0.1
"2" "IBM" 19990102 0.2
```

如果我们不需要双引号，可以指定 quote=F。另外，第一行数字似乎多余。为了不打印它们，我们指定 row.names=F。

```
> write.table(x, "datas/test3.txt",quote=F,row.names=F)
```

新的输出如下。

```
ticker date ret
IBM 19900101 0.1
IBM 19990102 0.2
```

16.12　sink()函数

sink()函数将原本打印在屏幕上的数据打印到一个输出文件中。首先，我们应该在 sink（"output_file_name"）中给出输出文件名。最后用 sink()函数将完成此操作。

```
> x<-1:10
> sink("datas/test.txt")
> x                # nothing shown on the screen
> print(x)         # again nothing shown
> sink()           # end of the sink operation
```

相应的输出如下。

```
[1]  1  2  3  4  5  6  7  8  9 10
[1]  1  2  3  4  5  6  7  8  9 10
```

16.13　临时文件

生成临时文件的好处是，在我们退出 R 之后，临时文件也会消失。主要的 R 函数为 tempfile()，如下所示。

```
> ff<-tempfile()
> x<-1:100
> y<-matrix(x,20,5,byrow=T)
> write.csv(y,ff)
> rm(x,y)
```

```
> z<-read.csv(ff)
> head(z,2)
  X V1 V2 V3 V4 V5
1 1  1  2  3  4  5
2 2  6  7  8  9 10
>
```

16.14 save.image()函数

假如我们生成了许多函数及变量。如果不退出 R，我们可以一直使用它们。如果想将它们保存，在下次继续使用，可以用 save.image()函数。

```
> pv<-100
> r<-0.1
> n<-5
> pv_f<-function(fv,r,n)fv/(1+r)^n
> fv_f<-function(pv,r,n)pv*(1+r)^n
> pv_perptuity<-function(c,r)c/r
> save.image("datas/myJob.RData")
```

一段时间后，我们可以上载这个 R 数据集以便继续工作，详见下面语句及结果。

```
> rm(list=ls())
> ls()
character(0)
> load("datas/myJob.RData")
> ls()
[1] "fv_f"         "n"           "pv"          "pv_f"
[5] "pv_perptuity" "r"
>
```

16.15 .RData 数据集

如图 16-4 所示，在我们的工作目录下有一个名为.RData 的 R 数据集，注意在 RData 前有一小数点。为找到当前的工作目录，可以用 getwd()函数。

```
> getwd()
[1] "C:/Users/yany/Documents"
>
```

不同的读者将得到不同的文件存储路径。

在退出 R 时，我们会面对图 16-5 所示的对话框。

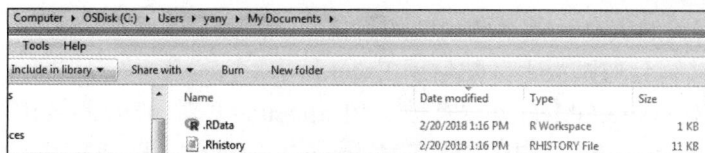

图 16-4 文件存储路径

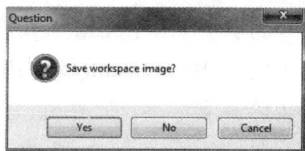

图 16-5 对话框

如单击 yes，我们的函数及数据就会保存在当前工作目录下的名为.RData 的 R 数据集中。如单击 no，就不保存。在下次启动 R 时，保存在.RData 中的函数及数据将被上载。

16.16 练习题

（1）为什么要关心输出数据及计算结果？

（2）什么是文本（*.txt）文件？

（3）如何发现当前工作目录？

（4）哪类数据对 Excel 的输入最为有利？

（5）如何发现.RData 数据集？注意有一个小数点在 RData 前。

（6）什么是 csv 文件？

（7）R 的 write.csv()和 write.table()函数有什么区别？

（8）从标准正态分布中生成 1000 个随机数，用 write.csv()函数将它们保存到一个文本文件。

```
>set.seed(12345)
>n<-1000
>x<-rnorm(n)
```

（9）生成一个 10×4 的矩阵并将它们保存到一个 Rdata 文件中。

（10）从雅虎财经下载 IBM 的月数据并将其保存到一个文本文件中。

（11）当用 apropos()函数检索与 write 有关的函数时，我们得到一些输出：

```
> apropos("write")
 [1] "aspell_write_personal_dictionary_file"
 [2] "RtangleWritedoc"
 [3] "RweaveLatexWritedoc"
 [4] "write"
 [5] "write.csv"
 [6] "write.csv2"
 [7] "write.dcf"
 [8] "write.ftable"
 [9] "write.socket"
[10] "write.table"
[11] "writeBin"
[12] "writeChar"
[13] "writeClipboard"
[14] "writeLines"
```

找到与有 writeLines()函数有关的信息，并举例说明如何使用该函数。

（12）生成一个数据，并将其写到剪贴板上，然后用 Excel 读取。

（13）我们知道 append=T 对 write.table()函数有效。但 append=T 对 write.csv()函数不管用。编写一个 R 函数，如名为 write.csv2()，使其对 append=T 有效。即我们将新的数据添加到一个已生成的 csv 文件中时，可以在调用 write.csv2()函数时，加上 append=T 语句。

（14）如何在生成 100 个变量和 20 个函数后，生成一个 R 数据集以便下次再用？

（15）临时输出文件有何作用？

（16）如何将打印的数据输出到一个外部文件？

（17）从 French 教授的数据网站下载 5 因子历史月濒率数据集。基于该数据集生成一 RData 数据集。

（18）从作者网站下载 csv 文件。生成一文本文件，其相隔符为 "/t"。

```
>x<-write.csv("http://datayyy.com/data_csv/ibmDaily.csv")
```

（19）下载一个 R 数据集，并生成 csv 文件。

（20）如何使用 writeClipboard()函数？

第 17 章
R 和 Excel 的交互

迄今为止，对大多数商学校的本科教育而言，Excel 在大多数金融建模课程中非常流行。相当多的教程用 Excel 作为唯一的计算工具。由于 R 可以作为下一代金融建模课程的主要计算工具，我们需要讲解 R 与 Excel 之间的互动，即我们需要建立一个桥梁将它们相互连接。简言之，在本章中我们讨论若干种在 R 与 Excel 之间传输数据的方法。

17.1 安装与 Excel 相关的 R 包

在本章中，我们将介绍和使用与 Excel 相关联的 3 个 R 包中包含的几个函数。这 3 个 R 包为 readxl、writexl 和 openxlsx。要安装这些软件包，可以以下代码。注意当我们安装每个包时，需要使用双引号（或单引号）。

```
> install.packages("readxl")
> install.packages("writexl")
> install.packages("openxlsx")
```

但是，当上传这些软件包，我们可以使用 library()或 require()函数。函数的输入包可带或不带引号，这里我们以 readxl 为例，详见下面语句。

```
>library(readxl)
>library("readxl")
>require(readxl)
>require("readxl")
```

表 17.1 列出一些与 Excel 有关的 R 包。

表 17.1 与 Excel 有关的 R 包

R 包	用途
readxl	读取 Excel 文件
writexl	写入 Excel 文件
openxlsx	读取、写入、编辑 Excel 文件

17.2 与 Excel 相关的 R 包手册

在安装好 R 包后，最佳的学习资料是用该包的参考手册和 vignettes。对于 readxl，我们可以打开 readxl 包的主页，就会看到相关的手册。为节省篇幅，我们只显示 vignette 的一小部分，如图 17-1 所示。

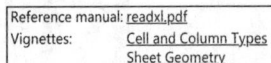

Reference manual: readxl.pdf
Vignettes: Cell and Column Types
                  Sheet Geometry

图 17-1   R 包参考手册和 vignettes

第二种方法是先找到在自己计算机上与某包相关的位置。安装完一个软件包后，你已经将文档保存在本地计算机上。以下是查找与 readxl 相关信息的示例。首先，我们试图找到 readxl 模块在我们计算机上的目录。

```
> path.package('readxl', quiet = FALSE)
[1] "C:/Users/yany/Documents/R/win-library/3.3/XLConnect"
```

要注意的是，对不同的读者，目录大不相同。找到特定的目录后，我们会有以下内容，如图 17-2 所示。

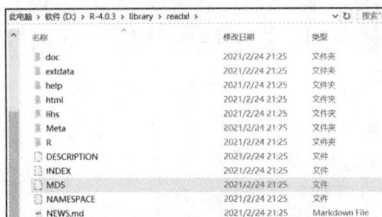

图 17-2   文件存储目录

单击不同的子目录，我们会发现更多的有用的内容。表 17.2 给出几个子目录的内容。

表 17.2   几个子目录及它们包含的文件

子目录	内容	子目录	内容
doc	cell-and-column-types.html cell-and-column-types.R cell-and-column-types.Rmd index.html sheet-geometry.html sheet-geometry.R sheet-geometry.Rmd	help	figures aliases.rds AnIndex paths.rds readxl.rdb readxl.rdx
extdata	clippy.xls clippy.xlsx datasets.xls datasets.xlsx deaths.xls deaths.xlsx geometry.xls geometry.xlsx type-me.xls type-me.xlsx	meta	features.rds hsearch.rds links.rds nsInfo.rds package.rds Rd.rds vignette.rds

17.3　通过剪贴板将数据写到 Excel

剪贴板对应的英文为 clipboard。例如 read.table(“clipboard”)或 write.table(“clipboard”)。下面我们首先生成 *y* 矩阵。然后将 *y* 写在剪贴板上。

```
> x<-1:100
> y<-matrix(x,20,5,byrow=T)
> head(y,2)
     [,1] [,2] [,3] [,4] [,5]
[1,]    1    2    3    4    5
[2,]    6    7    8    9   10
> write.table(y,'clipboard')
```

打开 Excel 表格，粘贴在适当位置，如图 17-3 所示。

从以上 R 语句，我们知道 *z* 变量应有 5 列。但在 Excel 中只有一列。为此，我们可以用 Excel“分列”将其分开。具体操作如下：复制该列，单击“数据”，然后单击“分列”。然后用空格作为分隔符。

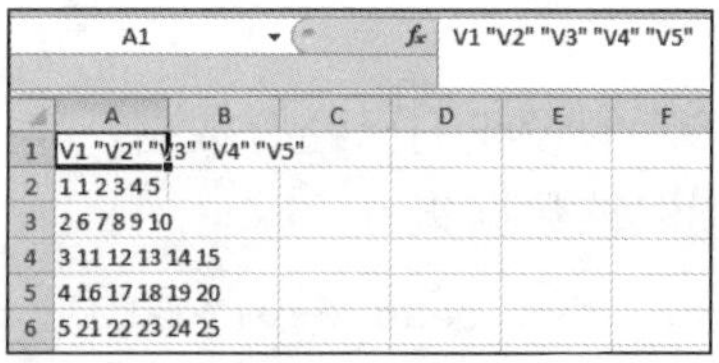

图 17-3　在 Excel 文件中粘贴数据

17.4　通过剪贴板将 Excel 数据读入 R

假设我们有图 17-4 所示的 Excel 数据。

为将数据输入到 R 中，我们首先复制该 Excel 数据。假设我们想将用这些值为 x 赋值。赋值语句为 read.table("clipboard")。

```
>x<-read.table("clipboard")
> x
V1 V2
1 1 2
2 3 1
3 -1 5
```

如果 Excel 数据集有一个标题（列名），我们添加 header=T。在我们复制之前，请记住如果命令中有 header=T，就必须同时拷贝标题和数据，如图 17-5 所示。

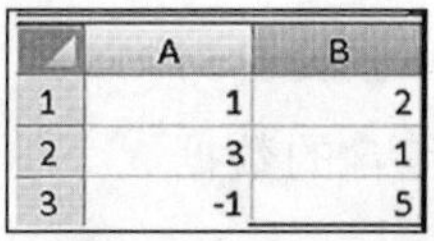

	A	B
1	1	2
2	3	1
3	-1	5

图 17-4　Excel 文件中的数据

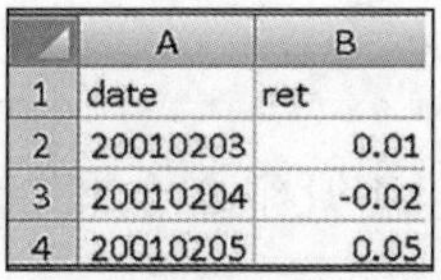

	A	B
1	date	ret
2	20010203	0.01
3	20010204	-0.02
4	20010205	0.05

图 17-5　同时复制标题和数据

相应的语句与结果如下。

```
> x<-read.table("clipboard",header=T)
> x
date ret
1 20010203 0.01
2 20010204 -0.02
3 20010205 0.05
```

相对较小数据集而言，以上方法简单适用。用户只需输入几个数据值即可对其进行测试。但对于较大的数据集，较为稳妥的方法是先从 Excel 中输出数据集，如 CSV（逗号分隔值）文件。然后使用 read.table()或 read.csv()函数读入该数据集。

17.5 read.table()函数和 read.csv()函数

假设我们已经有数据，其文件名为 test.csv。该文件位于 datas/。以下两行 R 代码可用于读取该数据集。

```
> x<-read.csv("datas/test.csv",header=T)
> x<-read.table("datas/test.csv",header=T, sep=',')
```

17.6 read.xlsx()函数

与该函数相关的软件包称为 openxlsx。如果我们在 Excel 中有一个非常简单的数据集，称为 test.xlsx，如图 17-6 所示。

我们可以用两行 R 代码来阅读它。要注意的是，对第二条语句而言，最后一次输入变量的赋值为 1，即第一个 Excel 表格。

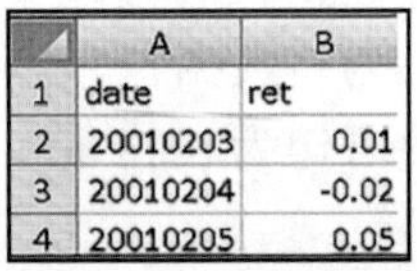

	A	B
1	date	ret
2	20010203	0.01
3	20010204	-0.02
4	20010205	0.05

图 17-6 Excel 中的数据集

```
> library(openxlsx)
> x <- read.xlsx("datas/test.xlsx", sheet=1)
> x
date ret
1 20010203 0.01
2 20010204 -0.02
3 20010205 0.05
```

如果我们知道 Excel 表格的名称，就可以使用该名称。例如名称为 Sheet1，那么我们就用 sheet='Sheet1'。

```
> x <- read.xlsx("datas/test.xlsx", sheet="Sheet1")
```

我们可以使用以下几组命令来检索 openxlsx 包中包含的数据。

```
> f <- system.file("extdata/readTest.xlsx", package ="openxlsx")
> x <- read.xlsx(f, sheet=1)
> head(x)
Var1 Var2 Var3 Var4  Var5          Var6 Var7
```

```
1   TRUE    1 1.00    a 42042 3209324 This     NA
2   TRUE   NA   NA    b 42041         <NA>     NA
3   TRUE    2 1.34    c 42040         <NA>     NA
4  FALSE    2   NA <NA>   NA          <NA>     NA
5  FALSE    3 1.56    e   NA          <NA>     NA
6  FALSE    1 1.70    f 42037         <NA>     NA
```

使用 openxlsx 包中包含的数据集非常方便，包含在该 R 包中有 8 个演示数据集，请参阅表 17.3。

表 17.3　包含在 openxlsx 包中的数据集列表

数据	含义
cloneEmptyWorksheetExample.xlsx	空表
cloneWorksheetExample.xlsx	只有第一个单元格有数值 1
groupTest.xlsx	
loadExample.xlsx	若干数据集：iris, mtcars 等及其透视表, 统计图
namedRegions.xlsx	
namedRegions2.xlsx	
read_failure_test.xlsx	
readTest.xlsx	各种类型的表格示例数据

其次，直接打开这些 Excel 数据集也是一个绝妙的主意。为了找到这些 Excel 文件的位置，我们可以使用 path.package()函数。

```
> path.package('openxlsx')
[1] "D:/R-4.0.3/library/openxlsx"
```

要注意的是，不同的读者会得到不同的途径。根据上述路径，我们会有图 17-7 所示的目录。我们可以在 extdata 文件夹里找到所有相关演示数据集，如图 17-8 所示。

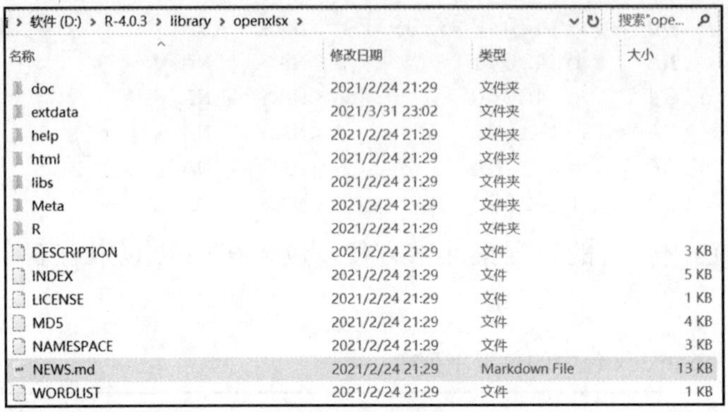

图 17-7 文件存储目录

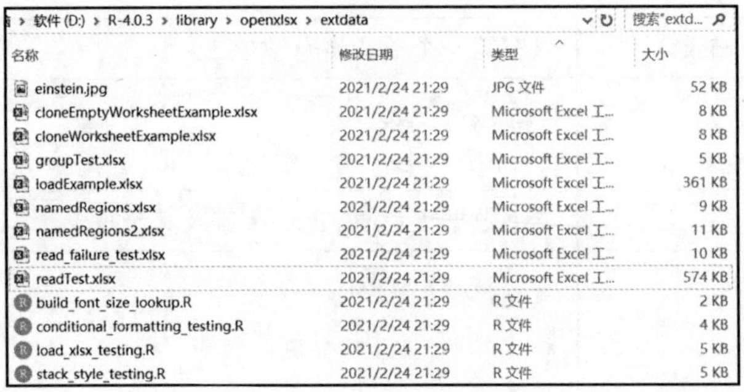

图 17-8 演示数据集

这是找到 openxlsx 子目录下的所有示例 Excel 文件的好方法。请注意，如果我们在命令中使用 pattern='\\.xlsx$'，我们会遗漏扩展名为.xls 的文件。

```
path.package('openxlsx')
x <- path.package('openxlsx')
y <- list.files(x, recursive = T, pattern='\\.xlsx$')
length(y)
[1] 8
```

总共有 8 个样本 Excel 程序。

```
> y
[1] "extdata/cloneEmptyWorksheetExample.xlsx"
[2] "extdata/cloneWorksheetExample.xlsx"
[3] "extdata/groupTest.xlsx"
[4] "extdata/loadExample.xlsx"
[5] "extdata/namedRegions.xlsx"
[6] "extdata/namedRegions2.xlsx"
[7] "extdata/read_failure_test.xlsx"
[8] "extdata/readTest.xlsx" "
```

17.7 read_xlsx 函数

read_xlsx 函数是包含在 readxl R 包中的，详见下面例子。

```
> library(readxl)
> data <- readxl_example("datasets.xlsx")
> x<-read_xlsx(data)
> dim(x)
[1] 150    5
> head(x,2)
# A tibble: 2 x 5
  Sepal.Length Sepal.Width Petal.Length Petal.Width Species
         <dbl>       <dbl>        <dbl>       <dbl> <chr>
1          5.1         3.5          1.4         0.2 setosa
2          4.9         3.0          1.4         0.2 setosa
```

17.8 system.file()函数

要找出这些系统文件的具体位置，可以使用以下两行 R 代码。

```
> system.file("extdata/datasets.xlsx", package="readxl")
[1] "D:/R-4.0.3/library/readxl/extdata/datasets.xlsx"
```

17.9 read_excel()函数

以下是 readxl 包的 read_excel()函数的一般格式。

```
read_excel(path, sheet = NULL, range = NULL, col_names = TRUE,
  col_types = NULL, na = "", trim_ws = TRUE, skip = 0,
  n_max = Inf, guess_max = min(1000, n_max),
  progress = readxl_progress(), .name_repair = "unique")
```

首先我们找到在 extdata 下的一些 Excel 文件名。

```
> library(readxl)
> path.package("readxl")
[1] "D:/R-4.0.3/library/readxl"
```

要注意的是，不同的读者会有不同的途径。从 extdata 目录下，我们可以找到以下 Excel 文件，如图 17-9 所示。

例如对 Excel 数据文件 datasets.xlsx 而言，第一个文件名为 "iris"，其有图 17-10 所示的数据。

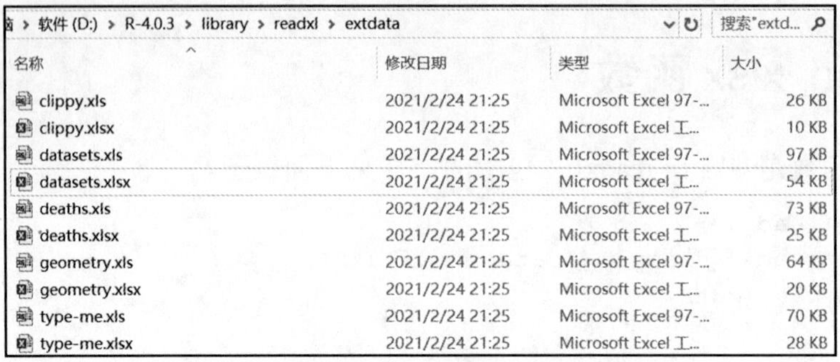

名称	修改日期	类型	大小
clippy.xls	2021/2/24 21:25	Microsoft Excel 97-...	26 KB
clippy.xlsx	2021/2/24 21:25	Microsoft Excel 工...	10 KB
datasets.xls	2021/2/24 21:25	Microsoft Excel 97-...	97 KB
datasets.xlsx	2021/2/24 21:25	Microsoft Excel 工...	54 KB
deaths.xls	2021/2/24 21:25	Microsoft Excel 97-...	73 KB
deaths.xlsx	2021/2/24 21:25	Microsoft Excel 工...	25 KB
geometry.xls	2021/2/24 21:25	Microsoft Excel 97-...	64 KB
geometry.xlsx	2021/2/24 21:25	Microsoft Excel 工...	20 KB
type-me.xls	2021/2/24 21:25	Microsoft Excel 97-...	70 KB
type-me.xlsx	2021/2/24 21:25	Microsoft Excel 工...	28 KB

图 17-9 extdata 文件夹里的 Excel 文件

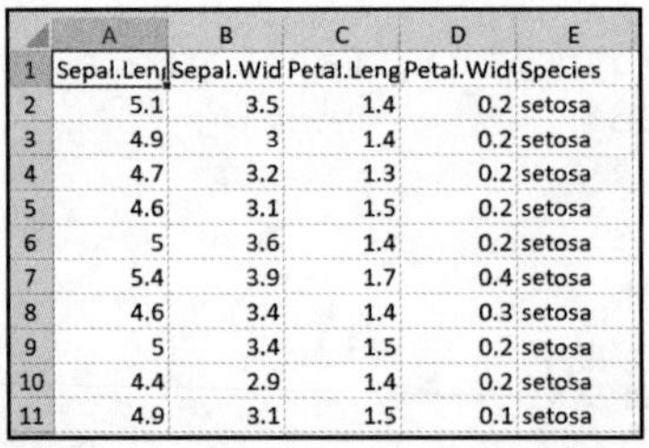

	A	B	C	D	E
1	Sepal.Len	Sepal.Wid	Petal.Leng	Petal.Widt	Species
2	5.1	3.5	1.4	0.2	setosa
3	4.9	3	1.4	0.2	setosa
4	4.7	3.2	1.3	0.2	setosa
5	4.6	3.1	1.5	0.2	setosa
6	5	3.6	1.4	0.2	setosa
7	5.4	3.9	1.7	0.4	setosa
8	4.6	3.4	1.4	0.3	setosa
9	5	3.4	1.5	0.2	setosa
10	4.4	2.9	1.4	0.2	setosa
11	4.9	3.1	1.5	0.1	setosa

图 17-10 datasets.xlsx 文件中的数据

如果我们打算将 B4 至 E10 区间的数据读入，可使用以下代码。

```
> f <- system.file("extdata/datasets.xlsx",package="readxl")
> x <- read_excel(f, sheet=1, range="B4:E10", col_names=F)
> x
  # A tibble: 7 x 4
   ...1  ...2  ...3 ...4
  <dbl> <dbl> <dbl> <chr>
1   3.2   1.3   0.2 setosa
2   3.1   1.5   0.2 setosa
3   3.6   1.4   0.2 setosa
4   3.9   1.7   0.4 setosa
5   3.4   1.4   0.3 setosa
6   3.4   1.5   0.2 setosa
7   2.9   1.4   0.2 setosa
```

17.10 write_xlsx()函数

该函数包含在 writexl 的 R 包中。

```
load("datas/ff3monthly.rda")
head(ff3monthly, 2)
        DATE  MKT_RF     SMB     HML     RF
1 1926-07-01  0.0296 -0.0230 -0.0287 0.0022
```

```
2 1926-08-01  0.0264 -0.0140  0.0419 0.0025
> library(writexl)
> write_xlsx(ff3monthly, "datas/ff3.xlsx", col_names=T,
          format_headers=T)
```

输出的 Excel 文件的前几行显示如图 17-11 所示。

1	DATE	Mkt. RF	SMB	HML	RF
2	1926-07-01	0.0296	-0.023	-0.0287	0.0022
3	1926-08-01	0.0264	-0.014	0.0419	0.0025
4	1926-09-01	0.0036	-0.0132	0.0001	0.0023
5	1926-10-01	-0.0324	0.0004	0.0051	0.0032
6	1926-11-01	0.0253	-0.002	-0.0035	0.0031
7	1926-12-01	0.0262	-0.0004	-0.0002	0.0028
8	1927-01-01	-0.0006	-0.0056	0.0483	0.0025

图 17-11　Excel 文件的前几行

17.11　相关的例子及数据集

我们可以用以下语句找到 R 演示程序。从下面结果可以看出，我们有 13 个 R 程序。

```
> library(openxlsx)
> path <- path.package('openxlsx')
> demo <- "/extdata"
> path2 <- paste(path, demo, sep='')
> dir(path2, pattern='\\.R')
[1] "build_font_size_lookup.R"
[2] "conditional_formatting_testing.R"
[3] "load_xlsx_testing.R"
[4] "stack_style_testing.R"
```

同理，我们可以找到有关的 R 数据集。

```
> MetaData <- "/Meta"
> path3 <- paste(path, MetaData, sep='')
> dir(path3)
[1] "features.rds" "hsearch.rds"  "links.rds"    "nsInfo.rds"
[5] "package.rds"  "Rd.rds"       "vignette.rds"
>
```

17.12　练习题

（1）使用 R 和 Excel 的优点是什么？
（2）我们如何在 R 中赋值，然后将其拷贝到 Excel？
（3）如何找到有关 WriteXLS 的说明书？
（4）如何使用 vignette()函数？

（5）如何找到 R 包在计算机上的目的？以 excel.link 为例。

（6）为何会有以下出错语句？

```
> library(XLConnect)
> vignette(XLConnect)
Error in vignette(XLConnect) : object 'XLConnect' not found
```

（7）从标准的正态分布中，生成 1000 个随机数，然后将它们转换为 500×2 的矩阵。将矩阵保存到 Excel。

> **提示**
>
> 相关的 R 函数是 rnorm()。

（8）使用以下格式生成 3 列。第一列是代理商，第二列是是年份，最后一列是 beta 数据，它是基于特定年份的数据。找一种填写第三栏的方法。

（9）在 R 中，生成从均匀分布中抽取的 5000 个随机数。用不同的方法将它们检索到 Excel 中。在方便性方面比较这些方法。

（10）如何产生若干比率（如债务资产比率、流动比率、速动比率、净资产回报率和资产回报率）？

（11）编写一个 R 程序，并从 Excel 中调用它来估计特定股票的市值年底，格式可以是 =market_cap("ibm", 2000)。

（12）编写一个 R 程序，并从 Excel 中调用它来估计总交易量，格式可以 =annualVol("戴尔", 2010)。

（13）编写一个 R 程序并从 Excel 中调用它来估计每月的非流动性，估算非流动性的公式如下：

$$illiq = \sum_{t=1}^{n} \frac{|R_t|}{P_t * V_t}$$

illiq 为非流动性，其为一月数据。n 是一个月内的交易日数量，R_t 是在交易日 t 的日收益率，$|R_t|$ 为收益率的绝对值，P_t 为在交易日的价格，V_t 为在交易日 t 的交易量，即股票数量。因此，$P_t * V_t$ 为美元交易量。

（14）执行下面 R 语句。

```
library(xlsx)
path<-path.package('xlsx')
```

回答下面问题。

1）有几个 R 演示程序？

2）有几个 Excel 文件？

3）有几个以 rds 结尾的文件？

第 18 章
读写二进制数据

二进制文件是指由 0 和 1 组成的文件。与文本文件相比，研究者无法用我们常用的文件编译软件将二进制文件打开。那么为何我们关心读取或写入二进制文件？主要原因是速度。从二进制文件而不是文本（ASCII）文件读取数据，可以将速度提高 10 倍或更多。根据表 18.1，从二进制文件读取的数据比从文本文件中读取快 64 倍（3.92/0.06-1）。在本章中，我们将解释如何生成这些与时间有关的数字的。

表 18.1 文件处理时间

	用户时间/s	系统时间/s	总时间/s
编写 CSV 文件	4.52	0.08	4.85
读取（加载）CSV 文件	3.92	0.09	4.03
编写二进制文件	0.39	0.00	0.42
读取（加载）二进制文件	0.06	0.00	0.11

18.1 生成二进制数据集

保存一个 R 二进制数据集，我们可以使用 save()函数。例如，x 变量是从 2 到 100 的向量。我们可以将它保存到名为 test.Rdata 的二进制数据集中。

```
>x<-2:100
> save(x,file="datas/test.Rdata")
```

扩展名或后缀并不重要，甚至不加扩展名也没关系。对同一输出 R 数据集，我们也可以保存多个变量，详见以下代码。

```
>x<-2:100
> y<-c("this", "is"," a test")
> save(x,y,file="datas/test2")
```

为上载一个用 save()函数生成的二进制数据集，可以使用 load()函数，详见以下示例。

```
> rm(list=ls())
> ls()
character(0)
> load("datas/test2")
> ls()
[1] "x" "y"
>
```

18.2　大尾数法和小尾数法

大尾数法是的英文为 big-endian。小尾数法的英文是 little-endian。大小尾数问题指的是计算机存储多字节值时字节的顺序。字节顺序是机器存储数据的顺序。在编写函数读取二进制数据时，我们须确定一台计算机是采用大尾数法（big-endian）还是小尾数法（little-endian）存储数据的。为此，我们用.Platform$endian 语句。要注意的是，有一个小数点在 Platform$endian 前面。

```
> .Platform$endian
[1] "little"
>
```

上面结果显示作者的计算机示以小尾数法存储数据的。

18.3　writeBin()函数

为生成二进制文件，我们可以用 writeBin()函数。以下是一个简单的例子：生成名为 test.bin 的二进制文件，确切的扩展名或后缀并不重要。在该列中，我们只有一个变量 x。其值为从−10 到 10。在下面的第一行中，wb 中的"w"是英文的 write 第一个字母。英文单词 write 的中文意思为"写"。字母"b"是英文 binary 的第一个字母，英文 binary 的中文意思为二进制。close()函数的目的是将程序与输出文件的链接断开。writeBin()函数用于写入二进制数据。

```
> out_f<- file("datas/test.bin","wb")
> x<--10:10
> writeBin(x, out_f)
> writeBin(pi,out_f, endian="swap")
> writeBin(pi, out_f, size=4)
> close(out_f)
>
```

图 18-1 为输出文件。

Name	Date modified	Type	Size
test.bin	3/30/2018 2:00 PM	VLC media file (.bi...	1 KB

图 18-1　输出文件的相关信息

18.4 readBin()函数

在以下示例中，我们假设 test.bin 文件在 datas/目录下。用来从二进制文件检索数据的函数是 readBin()。Bin 是英文单词 binary 的前 3 个字母，英文单词 binary 的中文意思为 "二进制"。

```
>  in_f <- file("datas/test.bin","rb")
>  readBin(in_f, integer(), 4)
[1] -10  -9  -8  -7
```

以下代码可以读取前两个数据记录；readBin()是用来读取二进制文件的函数。由于我们的计算机环境是 "little"，所以我们必须使用 endian='little'。

```
>  in_f <- file("datas/test.bin","rb")
>  readBin(in_f, integer(), 4)
[1] -10  -9  -8  -7
> in.file<-file("datas/test.bin","rb")
> readBin(in.file,integer(),size=4,endian='little')
[1] -10
> readBin(in.file,integer(),size=4,endian='little')
[1] -9
> close(in.file)
```

另一种方法是用 endian=.Platform$endian 来代替 endian='little'语句，详见以下示例。

```
> in.file<-file("datas/test.bin","rb")
>readBin(in.file,integer(),size=4,endian=.Platform$endian)
```

使用错误的格式会导致错误的输入。由于我们的计算机是小尾数法，所保存的数据应该具有相同的格式。如果我们使用 endian='big'来读取第一个值（我们知道它是−10），就可以得到一个奇怪的输出值。详见下面的代码。

```
> in.file<-file("datas/test.bin","rb")
> readBin(in.file,integer(),size=4,endian='big')
[1] -150994945
> close(in.file)
```

18.5 写入二进制数据文件

我们可以从雅虎财经为 IBM 下载日频率的数据。在 Get Quote 框架中输入 "IBM"，单击 Historical Data（历史数据）。然后下载日频率的历史数据。因此，我们有一个叫作输入文件 ibmDaily.csv。该数据集有 7 列：日期、开盘价、当日高价、当日低价、收盘价当日价格、交易量和调整收盘价。每个变量用逗号分隔（请参阅下面几行）。

```
Date,Open,High,Low,Close,Adj Close,Volume
```

```
1962-01-02,7.713333,7.713333,7.626667,7.626667,2.170825,387200
1962-01-03,7.626667,7.693333,7.626667,7.693333,2.189801,288000
1962-01-04,7.693333,7.693333,7.613333,7.616667,2.167979,256000
1962-01-05,7.606667,7.606667,7.453333,7.466667,2.125283,363200
1962-01-08,7.460000,7.460000,7.266667,7.326667,2.085435,544000
1962-01-09,7.360000,7.506667,7.360000,7.413333,2.110104,491200
1962-01-10,7.426667,7.460000,7.426667,7.426667,2.113897,299200
1962-01-11,7.446667,7.506667,7.446667,7.506667,2.136668,315200
1962-01-12,7.520000,7.573333,7.520000,7.520000,2.140464,435200
1962-01-15,7.546667,7.570000,7.546667,7.553333,2.149952,251200
1962-01-16,7.546667,7.546667,7.473333,7.473333,2.127181,251200
1962-01-17,7.440000,7.440000,7.333333,7.353333,2.093026,419200
```

假定该文件的位置是 datas/，然后我们可以使用下面的代码来读取该数据集。

```
> x<-read.csv("datas/ibmDaily.csv",header=T)
```

然后，我们可以使用 head() 函数来查看数据集的前几行。

```
> head(x)
        Date      Open      High       Low     Close Adj.Close Volume
1 1962-01-02 7.713333 7.713333 7.626667 7.626667  0.689273 387200
2 1962-01-03 7.626667 7.693333 7.626667 7.693333  0.695299 288000
3 1962-01-04 7.693333 7.693333 7.613333 7.616667  0.688369 256000
4 1962-01-05 7.606667 7.606667 7.453333 7.466667  0.674813 363200
5 1962-01-08 7.460000 7.460000 7.266667 7.326667  0.662160 544000
6 1962-01-09 7.360000 7.506667 7.360000 7.413333  0.669993 491200
```

同样，我们使用 tail() 函数来查看最后几行。最后一个行数是 14138，即我们有 14138 行数据。

```
> tail(x)
            Date   Open   High    Low  Close Adj.Close  Volume
14133 2018-02-22 154.50 155.04 152.79 153.18    153.18 4024600
14134 2018-02-23 154.30 155.85 154.07 155.52    155.52 3256100
14135 2018-02-26 155.81 158.88 155.51 158.58    158.58 3610300
14136 2018-02-27 158.46 159.78 156.53 156.55    156.55 4237300
14137 2018-02-28 157.50 158.14 155.80 155.83    155.83 3803500
14138 2018-03-01 155.53 156.97 152.79 153.81    153.81 4013200
>
```

实际上我们可以使用 dim() 函数来确定有多少行数据值及有多少列。Dim(x) 的输出表明我们有 14138 个观察值和 7 个变量。

```
> dim(x)
[1] 14138    7
>
```

一个完整的程序如下。

```
> y<-dim(x)
> out.file<-file("datas/ibm.bin","wb")
```

```
> writeBin(y[2],out.file) # number of columns
> writeBin(y[1],out.file) # number of obs
> y<-as.integer(as.Date(x$Date))
> writeBin(y,out.file)
> writeBin(x$Open,out.file)
> writeBin(x$High,out.file)
> writeBin(x$Low,out.file)
> writeBin(x$Close,out.file)
> writeBin(x$Volume,out.file)
> writeBin(x$Adj.Close,out.file)
> close(out.file)
```

在这种情况下，二进制文件的数据集比其相应的 csv 文件略小（约为 679KB 和 976KB），如图 18-2 所示。

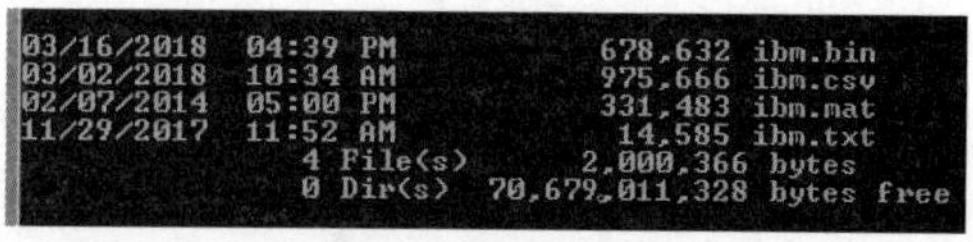

要将字符写入输出二进制文件，请使用 **writeBin** 函数（请参阅下面的几行）。

图 18-2　文件大小

```
>out.file<-file("datas/ibm3.bin","wb")
>writeBin("IBM",out.file)
>close(out.file)
```

要检查上述程序的输出，我们可以使用以下程序打印第一个数据值。

```
> in.file<-file("datas/ibm3.bin","rb")
> readBin(in.file,character(),size=4,endian='little')
[1] "IBM"
> close(in.file)
```

或者，我们可以使用以下方法：

```
>out.file<-file("datas/ibm2.bin","wb")
>writeChar("IBM",out.file,nchar=4)
>close(out.file)
>in.file<-file("datas/ibm2.bin","rb")
>readChar(in.file,n=1)
>readChar(in.file,nchar=4)
>close(in.file)
```

我们也可以写出每个变量的名字（见下面的代码）。

```
>x<-read.csv("datas/ibm.csv",header=T)
>y<-dim(x)
>out.file<-file("datas/ibm.bin","wb")
>writeBin(y[2],out.file) # write the number of columns
>writeBin(y[1],out.file) # write the number of observations
>writeBin(colnames(x),out.file)# write the names of all columns
>close(out.file)
```

要注意的是，如果我们将 7 个名称导出到输出文件，那么我们必须在检索那 7 个字符时我们从相同的二进制文件中读取数据。

18.6 读取二进制数据文件

假设我们知道输入二进制数据集的格式。第一行有两个数字：数字的变量和观察次数。另外，二进制数据集由数据项排列。假设我们有 m 个变量和 n 个观察值。因此，前 n 个输入将是第一个变量。

```
>in.file<-file("datas/ibm.bin","rb")
>n_vars<-readBin(in.file,integer(),n=1,endian='little')
>n_obs<-readBin(in.file,integer(),n=1,endian='little')
>date<-readBin(in.file,integer(),n=n_obs,endian='little')
>open<-readBin(in.file,double(),n=n_obs,endian='little')
>high<-readBin(in.file,double(),n=n_obs,endian='little')
>low<-readBin(in.file,double(),n=n_obs,endian='little')
>close<-readBin(in.file,double(),n=n_obs,endian='little')
>vol<-readBin(in.file,integer(),n=n_obs,endian='little')
>adj.close<-readBin(in.file,double(),n=n_obs,endian='little')
>data<-cbind(as.Date(date,origin='1970-01-01'),open,high,low,close,vol,adj.close)
>close(in.file)
```

18.7 高频数据

许多对冲基金和华尔街银行通过购买数百种高频交易策略或成千上万的股票，并在一秒或几秒后卖出。利用这样的策略，他们可以赚取一个很小的差价。但由于交易频繁，这类公司的收益可观。从 2009 年到 2010 年，这些金融机构一共赚取了 129 亿美元的利润。他们用来测试和实施各类策略的数据集称为高频交易数据。高频数据是指时间频率到秒或毫秒的交易和报价数据。

美国的 TAQ（Trade and Quote）数据库就是典型的高频数据库。TAQ 数据库包含在美国交易的所有股票的从 1993 年至今的高频交易数据。相关研究领域被称为市场微观结构（英文为 marketmicrostructurestudy）。自从 1993 年 TAQ 高频数据库成为可能，相关的研究已经得了许多重要发现。例如，Easley 等人设计了一个表征知情交易的概率的指示符（PIN），他们认为 PIN 可能是多因素模型中定价的风险因素。他们的 PIN 估计值是基于使用高频数据（TAQ 数据库）的输出结果。TAQ 数据库只包含 1993 年以后的数据。ISSM（安全市场研究所）是另一个高频数据库，其包含从 1983 年至 1992 年美国股票的高频数据。TAQ 数据集的规模很大，多年来，TAQ 数据库成倍增长。如 1993 年 1 月数据的大小约为 350 兆字节。而 2005 年 12 月的值为 36 千兆字节，增长了 10186%！TAQ 数据库的巨大的数据量使相关研究人员和金融界人士对如何处理数据十分头痛。从发布的文献可知，处理高频数据库最好的是 Fortran、C++/C 或 SAS。

TAQ 数据库分为 MTAQ（Monthly TAQ）和 DTAQ（Daily TAQ）.MTAQ 数据库的数据的时间频率是以秒计，而 DTAQ 数据库的数据的时间频率是以毫秒计而 MDAQ 已经相当大，秒又是毫秒的一千倍。可想而知，处理 DTAQ 是多么头痛的一件事。在习题中，有一个题目是有关如何处理 DTAQ 数据集的。

18.8 TORQ 高频数据

因为 TAQ 数据库是需付费的。我们下面用一个类似的名为 TORQ 数据库来加以说明。TORQ 数据库是纽约大学 Joel Hasbrouck 教授在 1992 年生成的。该数据库包含交易、报价、订单处理数据和审计追踪数据，为期 3 个月，共 144 支在纽约证券交易所上市的股票。时间跨度是从 1990 年 11 月至 1991 年 1 月。数据集的安装,格式和数据的使用,可参考 Hasbrouck 和 Sosebee（1992 年）。为方便读者了解高频数据，我们生成了相关的数据集：TORQct.RData 和 TORQcq.RData。首先来看 CT 数据，CT 是英文 Consolidated Trade 两字的第一字母的缩写，英文 Consolidated Trade 的中文含义为综合交易数据集。

```
  SYMBOL    DATE     TIME  PRICE SIZ G127 COND TSEQ EX
1     AC 19901101 10:39:06    13 100    0      1587  N
2     AC 19901101 10:39:36    13 100    0         0  M
3     AC 19901101 10:39:38    13 100    0         0  M
4     AC 19901101 10:39:41    13 100    0         0  M
5     AC 19901101 10:41:38    13 300    0      1591  N
6     AC 19901101 11:52:07    13 200    0      1592  N
>
```

再来看 CQ 数据，CQ 取自为英文 Consolidated Quote 两字的第一字母。英文 Consolidated Quote 的中文含文为综合报价文件。

```
  SYMBOL    DATE     TIME    BID    OFR BIDSIZ OFRSIZ MODE QSEQ EX
1     AC 19901101  9:30:44 12.875 13.125     32      5   10 1586  N
2     AC 19901101  9:30:47 12.750 13.250      1      1   12    0  M
3     AC 19901101  9:30:51 12.750 13.250      1      1   12    0  B
4     AC 19901101  9:30:52 12.750 13.250      1      1   12    0  X
5     AC 19901101 10:40:13 12.750 13.125      2      2   12    0  M
6     AC 19901101 13:36:15 12.875 13.000     32     10   12 1593  N
>
```

数据的来源为一个名为 TORQ.zip 的压缩文件（见图 18-3），其 data 文件夹包含下列文件。

下面我们用 CT.BIN 为例。

表 18.2 描述了二进制数据集 CT.BIN 的结构。

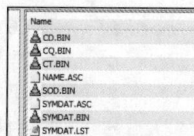

图 18-3　TORQ.zip 压缩文件中的内容

表 18.2   二进制数据集 CT.BIN 的结构

变量	类型	长度	开始	停止	说明
COND	C	1	1	1	条件代码
EX	C	1	2	2	交易所代码
G127	I	2	3	4	见术语表
PRICE	I	4	5	8	交易价格
SIZ	I	4	9	12	交易量
SYMBOL	C	3	13	15	股票代码
TDATE	I	4	16	19	交易日期
TSEQ	I	4	20	23	顺序码
TTIM	I	4	24	27	交易时间
NULL01	I	4	28	31	

下面用 R 程序提取前两个变量。

```
> inFile<-file("CT.BIN","rb")
> x<-readBin(inFile,character(),size=4,n=1,endian="little")
> substr(x,1,2)
[1] " N"
>
```

R 函数 seek(n)将指针指向二进制输入文件的第 *n* 个字符段位置。

```
> inFile<-file("datas/CT.BIN","rb")
> seek(inFile,31)
[1] 0
> seek(inFile)
[1] 31
> x<-readBin(inFile,character(),size=4,n=1,endian="little")
> substr(x,2,3)
[1] "M"
>
```

语句 seek(inFile)告诉我们当前的位置为 31。下面语句打印前 10 个数据的股票代码。

```
for(i in 1:6){
    n<-(i-1)*31+12
    seek(inFile,n)
    x<-readBin(inFile,character(),n=1,endian="little")
    y<-substr(x,1,3)
    cat(y,"\n")
}
```

```
AC
AC
AC
AC
AC
AC
```

下面语句用于读取第一个数据。

```
> inFile<-file("datas/CT.BIN","rb")
> x<-readBin(inFile,character(),n=1,endian="little")
> EX<-substr(x,2,3)
> EX
[1] "N"
> G127<-readBin(inFile,integer(),size=2,n=1,endian="little")
> G127
[1] 0
> seek(inFile,4)
[1] 5
> price<-readBin(inFile,integer(),size=4,n=1,endian="little")/256.0
> price
[1] 13
> siz<-readBin(inFile,"int",n=1,endian="little")
> siz
[1] 100
> k<-readBin(inFile,"character",size=3,n=1,endian="little")
> symbol<-substr(k,1,3)
> symbol
[1] "AC "
> seek(inFile,15)
[1] 19
> TDATE<-readBin(inFile,"int",size=4,n=1,endian="little")
> TDATE
[1] 901101
> TSEQ<-readBin(inFile,"int",n=1,endian="little")
> TSEQ
[1] 1587
> TIM<-readBin(inFile,"int",n=1,endian="little")
> TIM
[1] 38346
> dummy<-readBin(inFile,"int",n=1,endian="little")
> close(inFile)
>
```

时间是从午夜 12 点，以秒计算的。如 38346 是上午 10 点 39 分零六秒（10:39:06）。

18.9 练习题

（1）我们什么时候需要输入二进制数据集？

（2）能否打开一个二进制数据集？

（3）我们如何将数据写入二进制输出文件？

（4）我们用来输入二进制数据的函数是什么？

（5）从哪里可以得到一个二进制数据集？

（6）与文本文件相比，使用二进制数据的优点和缺点是什么？

（7）seek()函数有何作用？

（8）简述下面两种方法的优缺点。

第一种方法如下所示：

```
> in.file<-file("datas/test.bin","rb")
>readBin(in.file,integer(),size=4,endian='little')
```

第二种方法是用 endian=.Platform$endian 来代替 endian='little'语句。详见下面列子。

```
> in.file<-file("datas/test.bin","rb")
>readBin(in.file,integer(),size=4,endian=.Platform$endian)
```

（9）如何使用 system.time()函数？

（10）下载 ff3monthly.RData 数据，生成 csv 文件，并比较输入两类数据集速度。我们也可以用下面方法下载该数据集。

```
> load(url(path))
> head(ff3monthly)
        DATE   MKT_RF      SMB      HML      RF
1 1926-07-01  0.0296  -0.0230  -0.0287  0.0022
2 1926-08-01  0.0264  -0.0140   0.0419  0.0025
3 1926-09-01  0.0036  -0.0132   0.0001  0.0023
4 1926-10-01 -0.0324   0.0004   0.0051  0.0032
5 1926-11-01  0.0253  -0.0020  -0.0035  0.0031
6 1926-12-01  0.0262  -0.0004  -0.0002  0.0028
```

（11）TAQR 是哪种数据集？

（12）大尾数法（big-endian）还是小尾数法（little-endian）是什么意思？如何发现你的计算机是大尾数法还是小尾数法？

（13）写一个 R 程序从 CT.BIN 的二进制数据集中读取数据。

（14）写一个 R 程序从 CQ.BIN 的二进制数据集（见表 18.3）中读取数据。

表 18.3 CQ.BIN 的结构

变量	类型	长度	开始	停止	说明
SYMBOL	C	3	1	3	代码标志
TDATE	I	4	4	7	报价日期
QTIM	I	4	8	11	报价时间
BID	I	4	12	15	出价（低价）
OFR	I	4	16	19	问价（高价）
BIDSIZ	I	2	20	21	出价股票数
OFRSIZ	I	2	22	23	问价股票数
MODE	I	2	24	25	见术语表
QSEQI	I	4	26	29	报价序号
EX	C	1	30	30	交易所代码
NULL02	C	1	31	31	

（15）DTAQ 是以毫秒为频率的数据集。数据的来源如图 18-4 所示。

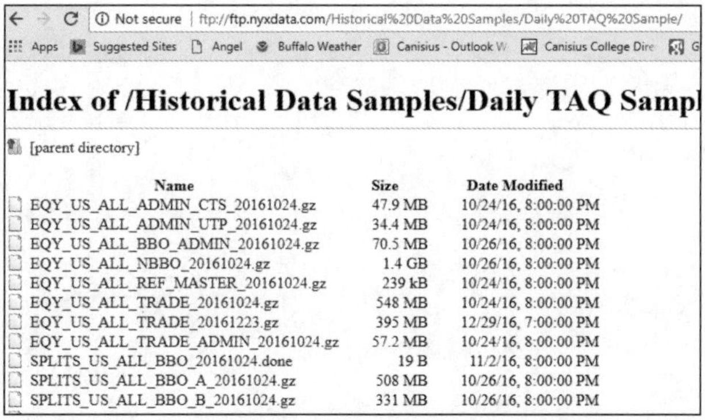

图 18-4 DTAQ 数据集

下载 SPLITS_US_ALL_BBO_20161024.zip 并写一个 R 程序加以处理。

（16）下载 EQY_US_ALL_BBO_20140714.zip 并写一个 R 程序加以处理。

（17）下载数据，并生成一二进制文件。

```
> load(url(path))
> head(ffcMonthly)
        DATE  MKT_RF      SMB      HML      RF      MOM
1 1926-12-01  0.0262  -0.0004  -0.0002  0.0028  -0.0009
2 1927-02-01  0.0418  -0.0010   0.0317  0.0026  -0.0014
3 1927-03-01  0.0013  -0.0160  -0.0267  0.0030   0.0020
```

```
4 1927-04-01  0.0046  0.0043  0.0060 0.0025  0.0043
5 1927-06-01 -0.0234  0.0047 -0.0153 0.0026  0.0153
6 1927-07-01  0.0726 -0.0323 -0.0116 0.0030  0.0049
>
```

（18）将以下程序作为样板，写一个 R 程序读取所有数据。

```
inFile<-file("datas/CT.BIN","rb")
x<-readBin(inFile,character(),n=1,endian="little")
EX<-substr(x,2,3)
G127<-readBin(inFile,integer(),size=2,n=1,endian="little")
seek(inFile,4)
price<-readBin(inFile,integer(),size=4,n=1,endian="little")/256.0
siz<-readBin(inFile,"int",n=1,endian="little")
k<-readBin(inFile,"character",size=3,n=1,endian="little")
symbol<-substr(k,1,3)
seek(inFile,15)
TDATE<-readBin(inFile,"int",size=4,n=1,endian="little")
TSEQ<-readBin(inFile,"int",n=1,endian="little")
TIM<-readBin(inFile,"int",n=1,endian="little")
dummy<-readBin(inFile,"int",n=1,endian="little")
close(inFile)
```

第 19 章
字符串变量的操作

对金融研究而言，有若干个领域，其中之一就是实证研究。对该领域而言，研究者使用大量的数据，如对各种假设、理论进行验证。传统意义上的数据是指数值数据，如该公司的市场价值为 1.23 百万美元，去年的收益率为 5%等。随着社会的发展，我们收集或积累了大量的非数值型数据，如总经理对公司的文字性年终总结，这类非数值型数据往往含有大量有用的信息。如何处理这类文字型数据，并找出有用的信息是金融研究的一个重要的研究领域。本章介绍字符串变量的操作，因为这方面的知识是处理金融文字数据的基础。第 27 章将具体介绍一些实际案例。以显示研究者是如何将文字处理应用在金融研究上的。

19.1   为字符串变量赋值

我们可以使用双引号或单引号来定义一个字符变量。

```
> a<-"One item"
> b<-'123'
> a
[1] "One item"
> b
[1] "123"
>
```

19.2   检查变量是否为字符型

以下示例显示如何使用 is.chatacter() 及 typeof() 函数来验证一个变量是否为字符串变量。

```
> x<-'124'
> typeof(x)
[1] "character"
> is.character(x)
[1] TRUE
```

例如对字符型变量进行数学运算时，发现出错信息，那么下面的 non-numeric argument

就是指非数据型。

```
> x<-'23'
> x+1
Error in x + 1 : non-numeric argument to binary operator
>
```

19.3 转换大小写

我们知道 R 是区分大小写的。因此，变量 *pv*、*PV*、*pV* 及 *Pv* 是不同的。大小写转换的函数为 toupper() 和 tolower()。从小写到大写，我们可用 toupper() 函数。从大写到小写的函数是 tolower()。

```
> x<-"Good luck!"
>
> toupper(x)
[1] "GOOD LUCK!"
> tolower(x)
[1] "good luck!"
>
```

19.4 计算字符串长度

length() 函数用于检查变量中有多少数据项，而 nchar() 用于检查每个数据项有多少个字符。这里 "字符" 是指字母、数字、小数点、空格等。

```
> a<-c("This is a test","that is an apple")
> length(a)
[1] 2
> nchar(a)
[1] 14 16
>
```

从上面的结果可以看出变量 *a* 有两个字符串数据值。而第一个字符串的长度为 14。这是指 Thisisatest 有 14 个字符。

19.5 取部分字符串

对一个字符串，我们可以从其提取它的一个子字符串。假如 *x* 是一个字符串。substring(x,1,5) 将从 *x* 中提取从第一个位置到第五个位置的字符。

```
> x<- "This this a wonderful piece of good news"
> substring(x,1,5)
[1] "This "
> substr(x,1,5)
[1] "This "
```

```
> substring(x,5,5)
[1] " "
>  substr(x,5,5)
[1] " "
>
```

19.6　合并字符串

要合并两个或多个字符串，我们使用 paste()函数。对 sep='pattern'而言，其中 sep 的英文全文为 separate，中文意思为分隔。空格是本例中具体的分隔符。

```
> a<-"I am a"
> b<-"student"
> z<-paste(a,b, sep=" ")
> z
[1] "I am a student"
```

Sep 变量的缺省值为空格，即 paste(a,b,sep=" ")和 paste(a,b)作用相同。

```
> a<-"I am a"
> b<-"student"
> paste(a,b)
 [1] "I am a student"
```

我们也可以将多个字符串联在一起。

```
> a<-"I am a"
> b<-"good"
> d<-"student."
> z<-paste(a,b, d)
> z
[1] "I am a good student."
```

19.7　将数字转换成字符串

我们可以使用 as.character()函数将数字转换为字符串。

```
> a<-5:11
> b<-as.character(a)
> b
[1] "5"  "6"  "7"  "8"  "9"  "10" "11"
>
```

或者，我们可以使用 paste()函数来更改类型。

```
> x<-2010:2018
> x2<-paste(x)
```

```
> x2
[1] "2010" "2011" "2012" "2013" "2014" "2015" "2016" "2017"
[9] "2018"
> y<-paste("Year",x,sep='')
> y
[1] "Year2010" "Year2011" "Year2012" "Year2013" "Year2014"
[6] "Year2015" "Year2016" "Year2017" "Year2018"
>
```

第三种方法是使用 toString()函数，如以下代码所示。

```
> a<-toString(1)
> a
[1] "1"
> is.character(a)
[1] TRUE
```

但要注意 as.character()和 toString()两个函数的区别，如以下代码所示。

```
> a<-2015:2018
> b<-as.character(a)
> b
[1] "2015" "2016" "2017" "2018"
> length(b)
[1] 4
> d<-toString(a)
> d
[1] "2015, 2016, 2017, 2018"
> length(d)
[1] 1
>
```

19.8　将字符串转换成实数

将字符串变量转换为数值型变量，我们可以使用 as.numeric()函数。

```
> year<-"2018"
> year+2
Error in year + 2 : non-numeric argument to binary operator
> as.numeric(year)+2
[1] 2020
>
```

R 函数 date()可以计算当天的日期和时间，该函数返回的是一个字符串变量，可以使用 typeof()函数进行验证。

```
> a<-date()
> a
[1] "Sun Mar 04 11:30:57 2018"
> typeof(a)
```

```
[1] "character"
>
```

我们可以使用 paste()函数在它前面添加几个字。

```
> paste("Today is ",a)
[1] "Today is  Sun Mar 04 11:30:57 2018"
>
```

19.9　替换字符

如果想用一个字符符号替换另一个字符符号时，我们可以使用 sub()函数。sub 代表英文 substitute，其中文的意义为"替换"。

```
> a<-"Excellent"
> sub("l","2",a)
[1] "Exce2lent"
>
```

要注意的是 sub()函数只能替换一次，要想全部替换，可以使用 gsub()函数。字母 g 是 global 的第一个字母。从结果可以看出，小写字母 l 都被数字 2 替代了。

```
> a<-"Excellent"
> gsub("l","2",a)
[1] "Exce22ent"
>
```

19.10　重复符号

重复符号可以用*、+、? 和.（小数点）来加以定义。例如我们想找出所有的空格，可以用空格加上一个星号来表示。因为星号表示 0 次、一次、二次，直至无穷次。表 19.1 给出了这 4 个符号的定义。

表 19.1　重复符号的定义

符号	符号的解释	重复的次数
*	星号	重复 0,1,2,…, n 次
+	加号	重复 1,2,…, n 次
?	问号	重复 0 次或 1 次
.	小数点	把任何字符重复 1 次

19.11　删除字符串的前导空格或尾随空格

假设我们有这样的一个字符串：该字符串在起始位置有空格（前导空格），在字符串尾部的一些空格（尾随空格），及在其他位置的的空白。见下列。

```
> x<-"    This is a dog.    "
> nchar(x)
[1] 21
```

按各种需要，研究者可能需要删除起始的空格（前导空格）、最后的空格（尾随空格）或所有的空格。要删除一个前导空格中的第一个空格，我们使用"^"，其中"^"表示字符串的开头。

```
> x
[1] "    This is a dog.    "
> y<-gsub("^ ","",x)
> y
[1] "   This is a dog.    "
> nchar(y)
[1] 20
```

用 nchar() 函数可以看出字符串的长度从 21 降至 20。要删除所有前导空白，我们可用 ("^ *")。即 ^ 符号，加一空格，然后再加一星号。从表 19.1 可知，星号（*）表示零个，一个或多个。

```
> z<-gsub("^ *","",x)
> z
[1] "This is a dog.    "
> nchar(z)
[1] 17
```

从上面的结果可以看出，所有前导空格都被删除了。要删除所有尾随空格，请使用以下代码，其中 $ 表示字符串的结尾。即一个空格加一个星号再加一个美元符号（" *$"）。

```
> b<-gsub(" *$","",x)
> b
[1] "    This is a dog."
> nchar(b)
[1] 18
```

从上面结果可以看出，所有尾随空格都被删除了。当我们想同时删除字符串的前导空格及尾随空格，可以用下列语句。

```
> y<-gsub("^ *","",x)
> z<-gsub(" *$","",y)
> z
[1] "This is a dog."
>
```

19.12　字符串匹配

首先，下载一个名为 retD50 的 R 数据集。

在以下代码中，我们选择股票代码与 IBM 相同的股票，并使用双等号（==）表示逻辑相等。

```
> load("datas/retD50.RData")
> dim(retD50)
[1] 293373        3
> x<-subset(retD50,retD50$ticker=='IBM')
> dim(x)
[1] 12370        3
> head(x,2)
        ticker       date       ret
1883624     IBM 1962-01-02 -99.000000
1883625     IBM 1962-01-03   0.007663
> tail(x,2)
        ticker       date       ret
1895992     IBM 2011-02-17 0.005141
1895993     IBM 2011-02-18 0.003653
>
```

19.13　字符串比较中的逻辑或

字符串比较中的逻辑或为"[]"。如果我们用[ad]来加以表示，即其表示 a 或 b。下面我们首先将字母 d 替换为 2，然后将字母 d 和字母 f 都替换成 2。

```
> text<-"abcedddddxffffkkk"
> b<-gsub('d','2',text)
> b
[1] "abce2222xffffkkk"
> d<-gsub("[df]","2",text)
> d
[1] "abce2222x2222kkk"
>
```

对从字母 a、b、c 或 d 而言，我们使用[a-d]。即字母 a 或 b 或 c 或 d。从小写字母 a，b，一直到小写字母 z，我们有[a-z]。在下面的代码中，我们替换 a 到 z 中的任何小写字母。换言之，我们删除从 a 到 z 的任意小写字母。

```
> a<-"this year the net income is 2.44 million"
> b<-gsub("[a-z]", "",a)
> b
[1] "    2.44 "
> as.numeric(b)
[1] 2.44
> as.numeric(a)
[1] NA
>
```

同理，[a-dA-Z]将代表所有的大小写字母。

```
> a<-"This year the net income is 2.44 million"
> b<-gsub("[a-z]", "",a)
> b
[1] "T        2.44 "
> d<-gsub("[a-zA-Z]", "",a)
> d
[1] "        2.44 "
>
```

同理，我们用[0-9]代表从 0 到 9 的数字。下面第二语句将数字去除。第三语句将非数字字符去除。

```
> x<-"this value is 1234.55"
> gsub('[0-9]',"",x)
[1] "this value is ."
> gsub('[^0-9]',"",x)
[1] "123455"
>
```

19.14　子字符串的固定组合

如果我们想从一个字符串中删除一个固定的短语，可以使用圆括号将固定的子字符串包括起来，如(abc)*。从表 19.1，我们知道星号（*）代表零次，一次，两次或若干次，这意味着我们的固定短语后将重复任何次（包括零次）。

```
>  x<-"You have successfully passed this exam."
>  gsub("(passed this).*" ,"",x)
[1] "You have successfully "
>
```

19.15　字符串比较时的逻辑非

字符串比较中的逻辑非为"^"，保留所有字母相当于删除所有非字母。

```
> a<-"abced 578"
> b<-gsub("[a-zA-Z]","",a)
> b
[1] " 578"
> d<-gsub("[^a-zA-Z]","",a)
> d
[1] "abced"
>
```

19.16　检测字符串是否存在

在处理文字变量时，研究者常常要对某些子字符串进行判别。例如检查它们是否存在，这时我们可以使用 grep() 函数，其格式是 grep（模式，字符串）。如果该模式存在，则该函数返回值 1；否则，它返回零。

```
> a<-"There are many patterns"
> grep("such",a)
integer(0)
> grep("many",a)
[1] 1
>
```

19.17　将字符串转换成整数

将字符串转换成整数的函数为 strtoi()。

```
> x<-"10"
> x+1
Error in x + 1 : non-numeric argument to binary operator
> strtoi(x)+1
[1] 11
>
```

当 x 是包含非整数的字符串变量时，strtoi() 函数将不起作用，如以下代码所示。

```
> x<-"2.5"
> strtoi(x)
[1] NA
>
```

19.18　向量和矩阵的行列名称

向量和矩阵的列名称和行名称是字符串，如以下代码所示。

```
> load("datas/ff3monthly.rda")
> head(ff3monthly)
        DATE  MKT_RF     SMB     HML     RF
1 1926-07-01  0.0296 -0.0230 -0.0287 0.0022
2 1926-08-01  0.0264 -0.0140  0.0419 0.0025
3 1926-09-01  0.0036 -0.0132  0.0001 0.0023
4 1926-10-01 -0.0324  0.0004  0.0051 0.0032
5 1926-11-01  0.0253 -0.0020 -0.0035 0.0031
6 1926-12-01  0.0262 -0.0004 -0.0002 0.0028
> colnames(ff3monthly)
[1] "DATE"   "MKT_RF" "SMB"    "HML"    "RF"
>
```

19.19　代表 26 个字母变量

含 26 个字母的两个变量是 letters 和 LETTERS。LETTERS 代表大写的 26 个英文字母，而 letters 代表小写的 26 个英文字母，它们是两个默认的预定变量。

```
> LETTERS
 [1] "A" "B" "C" "D" "E" "F" "G" "H" "I" "J" "K" "L" "M" "N" "O"
[16] "P" "Q" "R" "S" "T" "U" "V" "W" "X" "Y" "Z"
>
```

要打印 26 个英文小写字母，我们可以有以下代码。

```
> for(letter in letters)
+ print(letter)
[1] "a"
[1] "b"
[1] "c"
[1] "d"
[1] "e"
[1] "f"
```

下面我们使用 cat() 函数代替 print() 函数。

```
> for(letter in letters)
+ cat(letter)
Abcdefghijklmnopqrstuvwxyz
```

仅打印一个字母，如以下代码所示。

```
>  for(letter in letters) {
+    if(letter=="z")
+    print(letter)
+ }
[1] "z"
>
```

相应的 letters 指 26 个小写的英文字母。

```
> letters
 [1] "a" "b" "c" "d" "e" "f" "g" "h" "i" "j" "k" "l" "m" "n" "o"
[16] "p" "q" "r" "s" "t" "u" "v" "w" "x" "y" "z"
>
```

后续我们将使用变量 LETTERS 和 letters 为文件作简单加密。最简单的加密方法是将所有的字母向右平移一位。

19.20 使用短名的函数

有时候我们想用一个简短的名字代替一个长名字，我们可以使用 abbreciate() 函数。下面以美国的州名为例。

```
> head(state.name,10)
 [1] "Alabama"    "Alaska"    "Arizona"    "Arkansas"    "California"
 [6] "Colorado"  "Connecticut" "Delaware" "Florida"   "Georgia"
>
```

如果我们希望用 3 个字母缩写来代表这些州的名称，有以下代码。

```
> x<-abbreviate(state.name,3)
> head(x)
   Alabama     Alaska    Arizona  Arkansas California   Colorado
     "Alb"      "Als"      "Arz"     "Ark"      "Clf"      "Clr"
```

19.21 美国信息交换标准码（ASCII）

美国信息交换标准码（American Standard Code for Information Interchange，ASCII）。是电子通信的字符编码标准。ASCII 代码表示计算机、电信设备和其他设备中的文本。

下面的 R 程序给出小写字母 a。

```
ascii_char <- function(n){
    rawToChar(as.raw(n))
 }
> ascii_char(97)
[1] "a"
```

利用上面的函数，我们可以打印从 1 到 255 对应的符号。

```
for(i in 1:255){
    cat(ascii_char(i))
    if(i%%40==0)cat("\n")
}
cat("\n")
```

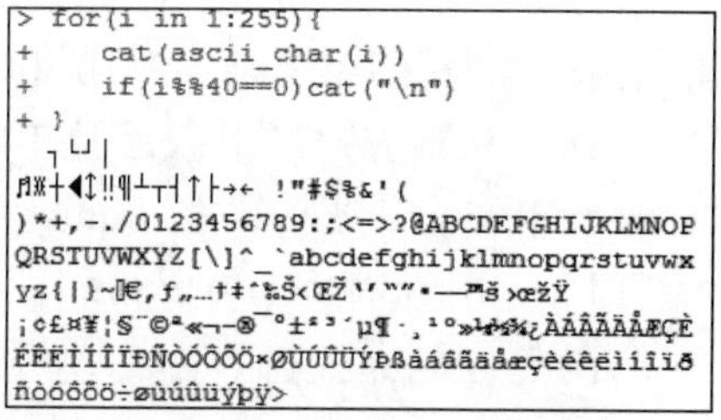

图 19-1 程序运行结果

输出如图 19-1 所示。

同理，我们可以从字符得到其对应的 ASCII 数字。

```
ascii_number<- function(x) {
    strtoi(charToRaw(x),16L)
}
> ascii_number("a")
[1] 97
> ascii_number("b")
[1] 98
> ascii_number("c")
[1] 99
```

19.22 练习题

（1）字符串变量和数值型变量有何区别？

（2）判别字符串变量的 R 函数有哪些？

（3）如何将两个或多个字符串变量合并？

（4）如何将一个字符串变量变成大写？

（5）如何将一个字符串变量变成小写？

（6）如何替换一个字符串中的特定子字符串？

（7）length()函数与 nchar()函数的区别是什么？

（8）用 apropos()函数找出更多与字符串变量有关的函数，检索词为 character、string 等。

（9）character()函数有何用处？

（10）当我们为 x 赋值为 1，为什么以下结果给我们一个错误的答案？

```
> x<-"1"
> is.character(x)
[1] TRUE
```

（11）解释以下结果：

```
> sub("g?","%","abcdefggggg")
[1]"%abcdefggggg"
```

（12）nchar()和 length()函数有什么区别？以下面语句为列。

```
> x < - "this is a try."
```

（13）当我们从 marketwatch.com 下载财务报表时，我们观察到了 32B 和 19.3M。我们如何将它们转换为数字值，如 $32*10^9$ 和 $19.3*10^6$？

（14）从雅虎财经下载近几年的 IBM 年度资产负债表。写一个 R 程序计算流动比率（Current Ratio）、速动比率（quick-ratio）及现金比率（cash-ratio）。

（15）用 Sys.time()可以得到现在的日期及时间，详见下面语句。

```
>today<-Sys.time()
> today
[1] "2018-03-06 14:06:05 EST"
```

写一个 R 程序从中提取年月日。

（16）用 as.Date()定义的日期变量为真正意义上的日期变量，其输入值为字符串。写一个 R 程序将整数日期变成字符串，然后用 as.Date()函数定义。

（17）写一个 R 程序以计算文本文件中有多少字，有多少空格？

（18）为何我们可以说字母 a 等同于一个数字。这个数字是多少？

（19）将演讲稿中的文字转换为数字。

（20）写一个 R 程序将上述文件中的非 ASCII 字符去掉。

第 4 篇　R 在金融建模中的应用

第 20 章
各类检验及事件研究

在金融研究领域，研究人员可以有许多假设：比如某股票的平均日收益率为 0.02%，这几只股票的投资组合的波动率是一个常数，国际商业机器公司（IBM）的日平均收益率与苹果公司（AAPL）的日平均收益率相同，星期一的收益率平均值同其他工作日的收益率的平均值相同，星期一的收益率（3 个自然日的总回报）为其他交易日的日回报率（真实的仅一天的回报率）的 3 倍，某一股票收益率的波动率在逐年增加，股票市场指数收益率的波动率在逐年递减，等等。为了证明或否定这些假设，研究人员需要进行一些统计测试。例如，在测试 1 月效应（1 月的回报率不同于其他月份的回报率）时，我们可以应用 T 检验。在本章中，我们将讨论几个广泛使用的检验方法：如 T 检验、F 检验、Durbin-Watson 自相关检验、Granger（格兰杰）因果检验、正态检验和 Wilcoxon 符号相关检验。

20.1 两个关键值（T 和 P）

首先来看看下面这个假设：IBM 股票的日收益率平均值为零，让我们称其为基本假设或零假设。

H：IBM 股票的日收益率平均值为零。

通常，研究者将用来自测试输出中的相关 T 值和某一临界值进行比较。临界值的值取决于选择的置信水平和自由度（数据个数减去模型中自变量的个数）。通常有下面的一般规则。

1. 对于高的 T 值，我们倾向于拒绝基本假设。

2. 对于低的 p 值，我们倾向于拒绝基本假设。

3. 当检测的数值在置信区间之外时，我们拒绝基本假设。

对于 95% 的置信水平及适中的数据样本（如样本个数大于 25）我们有以下类似的规则。

1. 当 T 的绝对值大于 2 时，我们拒绝基本假设。

2. 当 p 值小于 5% 时，我们拒绝基本假设。

3. 当测试值超出 95% 的置信区间时，我们拒绝基本假设。

20.2 对一个数据集进行 T 检验

为检验平均收益是否是一个固定的数字时，我们可以使用 T 检验。在下面的例子中，我们的假设是国际商业机器公司（其股票代码为 IBM）股票的日收益率平均值为零。

$$H_0 : \overline{R}_{\text{daily}} = 0 \qquad (20\text{-}1)$$

读者可以从雅虎财经下载 IBM 的数据。也可以从作者的网页用 R 语句下载，详见下面例子。

```
> x<-read.csv("http://datayyy.com/data_csv/ibmDaily.csv",header=T)
> n<-nrow(x)
> p=x[,6]
> ret<-p[1:(n-1)]/p[2:n]-1
> t.test(ret,mu=0)
        One Sample t-test
data:  ret
t = -1.2881, df = 13988, p-value = 0.1977
alternative hypothesis: true mean is not equal to 0
95 percent confidence interval:
 -4.360332e-04  9.021701e-05
sample estimates:
    mean of x
-0.0001729081
```

在上面的测试中，由于 $T = -1.2881$（绝对值小于 2）和 $p=0.1977$（p 大于 0.05），我们接受平均收益为零（mu=0）的基本假设。用 T 检验假设检验时，我们假设统计量遵循 Student's t 分布。当样本数量增加时，该分布将接近于正态分布。在决定是否拒绝或接受潜在的假设时，我们可以看看 T 值、p 值或 95% 置信区间。检查 T 值。我们选择一个置信度如 95%，然后用函数找出相应的临界值。

```
> alpha<-0.05
> n<-25
> qt(alpha,n)
[1] -1.708141
> qt(alpha/2,n)
[1] -2.059539
> qt(1-alpha,n)
[1] 1.708141
> qt(1-alpha/2,n)
[1] 2.059539
> abs(qt(alpha/2,n))
[1] 2.059539
```

例如，对于一个 13988 的自由度，临界值接近于正态分布（即 T 临界值=1.96）。

```
> abs(qt(0.05/2,13988))
[1] 1.960134
```

当 T 的绝对值高于 1.96 时，我们将拒绝基本假设。否则，就接受基本假设。基于上述结果，由于 T 值是-1.2811。其绝对值小于 1.96，我们将接受基本假设。一个经验法则：如果 T 值的绝对值大于 2，我们拒绝基本假设。T 值越高，我们越有可能都拒绝这个基本假设。p 值是在假设为真时的概率。由于 p 值为 19.77%，远大于 5%，我们也接受基本假设。经验法则是：p 值越低，拒绝的可能性就越大。如果平均值落入置信区间，我们就接受假设。如果平均值超出置信区间，我们将拒绝基本假设。由于 0 在置信区间内之内（−4.360332e−04，9.021701e−05），我们也接受该基本假设。下面测试该股票日收益率的平均值是否为 0.001。

```
> t.test(ret,mu=0.001)

        One Sample t-test

data:  ret
t = -8.7375, df = 13988, p-value < 2.2e-16
alternative hypothesis: true mean is not equal to 0.001
95 percent confidence interval:
 -4.360332e-04  9.021701e-05
sample estimates:
    mean of x
-0.0001729081
95 percent confidence interval:
 -4.360332e-04  9.021701e-05
sample estimates:
    mean of x
-0.0001729081
```

20.3　检验两个数据集的均值是否相等

下面列子使用的数据集为 sleep，英文词 sleep 的中文译文为"睡眠"，该数据集最前面的几条记录如下。

```
> data(sleep)
> head(sleep)
  extra group ID
1   0.7     1  1
2  -1.6     1  2
3  -0.2     1  3
4  -1.2     1  4
```

```
5   -0.1    1   5
6    3.4    1   6
```

该数据集有 3 列：额外的睡眠时长、小组代码及个人代码。summary 函数可用来获取一些信息。

```
> summary(sleep)
     extra          group        ID
 Min.   :-1.600    1:10     1     :2
 1st Qu.:-0.025    2:10     2     :2
 Median : 0.950             3     :2
 Mean   : 1.540             4     :2
 3rd Qu.: 3.400             5     :2
 Max.   : 5.500             6     :2
                          (Other):8
```

小组代码为 1 或 2。一组用药，另一组没有。如果我们想知到这两个群体的额外睡眠小时否相等？为此，可以使用 oneway.test()函数。

```
>data(sleep)
> oneway.test(extra ~ group, data = sleep)
        One-way analysis of means (not assuming equal
        variances)
data:  extra and group
F = 3.4626, num df = 1.000, denom df = 17.776,
p-value = 0.07939
```

假设置信水平为 95%。因为 p 值为 7.9%，大于 5%，我们不能拒绝基本假设。即结果证实这两组的平均值相同。如一组用药，另一组没有用药，则该药对睡眠无效。为了测试 IBM 和 Apple 的平均回报是否相等，我们先下载它们的历史数据。然后计算它们的收益率，最后使用 t.test()函数进行检验。

```
> x<-read.csv("http://datayyy.com/data_csv/ibmMonthly.csv",header=T)
> n<-nrow(x)
> p<-x[,6]
> ret<-p[2:n]/p[1:(n-1)]-1
> ibm<-data.frame(as.Date(x[2:n,1]),ret)
> colnames(ibm)<-c("DATE","RET_IBM")
> y<-read.csv("http://datayyy.com/data_csv/wmtMonthly.csv",header=T)
> p2<-y[,6]
> n2<-nrow(y)
> ret2<-p2[2:n2]/p2[1:(n2-1)]-1
> wmt<-data.frame(as.Date(y[2:n2,1]),ret2)
> colnames(wmt)<-c("DATE","RET_WMT")
> final<-merge(ibm,wmt)
> dim(final)
[1] 542    3
```

```
> head(final)
         DATE      RET_IBM      RET_WMT
1 1972-09-01 -0.001600185 -0.08985067
2 1972-10-01 -0.051660852  0.10729514
3 1972-11-01  0.014267388  0.00000000
4 1972-12-01  0.031789041  0.06977523
5 1973-01-01  0.083332646 -0.14128649
6 1973-02-01 -0.009184434  0.04638447
```

T 检验的输出如下所示。基本假设是它们有相同的月平均值。由于 T 统计为-2.14，其绝对值大于 2，我们拒绝基本假设。换句话说，这两只股票具有不同的平均月收益率。我们可以通过查看 p 值来仔细检查。当取 95%为置信度时，因为值为 3%（小于 5%），因此我们拒绝它们月平均值相等的基本假设。

```
> t.test(final$RET_IBM,final$RET_WMT)
        Welch Two Sample t-test
data:  final$RET_IBM and final$RET_WMT
t = -2.1448, df = 1030.2, p-value = 0.0322
alternative hypothesis: true difference in means is not equal to 0
95 percent confidence interval:
 -0.0201500106 -0.0008956548
sample estimates:
  mean of x    mean of y
0.008520595 0.019043427
```

20.4 F 检验

F 检验可以用来检验两个数据集是否有相同的方差，基本假设是两个数据集的方差是相等的。我们来测试一些具有已知均值和方差的数据集。

```
> set.seed(123)
> x <- rnorm(500, mean = 0, sd =0.5)
> y <- rnorm(1000,mean = 0.5,sd =0.2)
> var.test(x,y)
        F test to compare two variances
data:  x and y
F = 5.8964, num df = 499, denom df = 999, p-value < 2.2e-16
alternative hypothesis: true ratio of variances is not equal to 1
95 percent confidence interval:
 5.074386 6.878335
sample estimates:
ratio of variances
          5.89636
```

在以上结果中，numdf 是英文 numerator degree of freedom 的缩写，其中文意思是"分子的自由度"。denomdf 是英文 denominator degree of freedom 的缩写，其中译文是"分母的自由度"。当分子自由度为 499，分母自由度 999，alpha 为 0.05 时，我们可以用 qf()函数得到 F 的临界值为 1.13。

```
> alpha<-0.05
> d1<-499
> d2<-999
> qf(1-alpha, df1=d1, df2=d2)
[1] 1.134328
```

由于我们的 F 值为 5.89，高于 1.11，我们拒绝这两个数据集的方差是相等的假设。同时，由于 p 值非常小，我们也拒绝该假设。当差异是相等的，它们的比率将是 1。因为 1 在 95% 置信区间之外，其范围从 6.65 到 9.02，我们拒绝基本假设。

```
F test to compare two variances
data: x and y
F = 7.7295, num df = 499, denom df = 999, p-value < 2.2e-16
alternative hypothesis: true ratio of variances is not equal to 1
95 percent confidence interval:
6.651996 9.016787
sample estimates:
ratio of variances
7.729519
```

要测试 IBM 的回报率在不同的时间段是否有相同的差异，我们有以下代码。因为 p 值几乎为零，所以我们拒绝零假设（即我们确认 IBM 的收益率在不同的时间段的方差不相等）。

```
> x<-read.csv("http://datayyy.com/data_csv/ibmDaily.csv",header=T)
> n<-nrow(x)
> p<-x[,6]
> ret<-p[1:(n-1)]/p[2:n]-1
> period1<-ret[1:as.integer(length(ret)/2)]
> period2<-ret[as.integer(length(ret)/2):length(ret)]
> var.test(period1,period2)
        F test to compare two variances
data:  period1 and period2
F = 0.66371, num df = 6993, denom df = 6995, p-value < 2.2e-16
alternative hypothesis: true ratio of variances is not equal to 1
95 percent confidence interval:
 0.6333145 0.6955613
sample estimates:
ratio of variances
        0.6637085
```

以下代码向我们显示了过去 3 年 IBM 和 AAPL 的差异（252×3=756）分别为 0.0297% 和 0.0798%。它们之间是否有统计学差异？

```
ret_f<-function(x,name="RET") {
    n<-nrow(x)
    p<-x[,6]
    ret<-p[2:n]/p[1:(n-1)]-1
    final<-data.frame(x[2:n,1],ret)
    colnames(final)<-c("DATE",name)
    return(final)
}
x<-read.csv("http://datayyy.com/data_csv/ibmDaily.csv",header=T)
ibm<-ret_f(x,"RET_IBM")
y<-read.csv("http://datayyy.com/data_csv/applDaily.csv",header=T)
y$Adj.Close = as.numeric(y$Adj.Close)
y = na.omit(y)
aapl<-ret_f(y,"RET_AAPL")
final<-merge(ibm,aapl)
```

为了测试 IBM 在过去 3 年中是否与 AAPL 有相同的差异，我们有以下编码。基本假设是它们的方差是相同的。基于 p 值或 F 值，我们接受基本假设。

```
> dim(final)
[1] 9235    3
> head(final)
        DATE    RET_IBM    RET_AAPL
1 1980-12-15 -0.01901069 -0.05214711
2 1980-12-16  0.02713083 -0.07339988
3 1980-12-17 -0.01509380  0.02476358
4 1980-12-18 -0.02490485  0.02896965
5 1980-12-19  0.01571775  0.06102353
6 1980-12-22  0.03868429  0.04866890
> n<-nrow(final)
> n1<-n-756
> var.test(final$RET_IBM[n1:n],final$RET_AAPL[n1:n])
        F test to compare two variances
data:  final$RET_IBM[n1:n] and final$RET_AAPL[n1:n]
F = 0.69095, num df = 756, denom df = 756, p-value = 4.057e-07
alternative hypothesis: true ratio of variances is not equal to 1
95 percent confidence interval:
 0.599083 0.796915
sample estimates:
ratio of variances
        0.6909546
```

如果知道两个差异的比例，我们也可以测试这个差异。比率是 0.69，是位于[0.599，0.79]的 95%置信区间内。因此，我们接受基本假设，即两股票的收益率的方差是相等的。

```
> x <- rnorm(500,mean = 0, sd = 0.5)
> y <- rnorm(1000,mean = 0.5,sd =0.2)
> var.test(x,y,ratio=0.5^2/0.2^2)
```

```
F test to compare two variances
data: x and y
F = 0.9461, num df = 499, denom df = 999, p-value = 0.4821
alternative hypothesis: true ratio of variances is not equal to 6.25
95 percent confidence interval:
5.089073 6.898244
sample estimates:
ratio of variances
5.913427
```

20.5 Durbin-Watson 的自相关检验

Durbin-Watson 检验用于检验数据集是否自相关。自相关定义为"数据与其滞后数据之间的相关性"。大多数情况下，我们使用一步的滞后。例如对收益率而言，我们有 corr(R_t,R_{t-1})。R_t 是指在时间 t 的收益率，R_{t-1} 是在 t-1 时间的收益率，corr(A,B) 是计算 A 和 B 之间的相关系数的函数。

D-W 统计值的范围是从 0 到 4。如表 20.1 所示，当 D-W 统计量接近 2 时，它表示没有自相关。当 DW 值小于 2 时，表示正相关。当 DW 值接近 4 时，表示负相关。

表 20.1 D-W 统计值的意义

D-W 统计值	与否自相关
DW≈2	没有自相关
DW>2	负相关
DW<2	正相关

在以下代码中，cor() 函数显示 IBM 的回报率是负相关的。请注意结果基于 1962 年 1 月 2 日至 2017 年 7 月 28 日的数据。

```
> d<-read.csv("http://datayyy.com/data_csv/ibmDaily.csv",header=T)
> head(d,2)
          Date     Open     High      Low    Close Adj.Close  Volume
1 1962-01-02 7.713333 7.713333 7.626667 7.626667  2.221056  387200
2 1962-01-03 7.626667 7.693333 7.626667 7.693333  2.240472  288000
> tail(d,2)
            Date   Open   High    Low  Close Adj.Close  Volume
13989 2017-07-27 145.00 145.40 143.64 145.07    145.07 6430800
13990 2017-07-28 144.81 145.04 143.84 144.29    144.29 3022700
> n<-nrow(d)
> p<-d[,6]
> ret<-p[2:n]/p[1:(n-1)]-1
> cor(ret[2:(n-1)],ret[1:(n-2)])
[1] -0.01421402
```

基于下面 Durbin-Watson 自相关检验的输出，我们接受零假设 IBM 的日常收益具有负相关性的假设。请注意，备选假设"IBM 的回归自相关"是积极的。

```
> library(lmtest)
> m<-as.integer(length(ret)/2)
> x<-rep(c(-1,1),m)
> dwtest(ret[1:(2*m)]~x)
        Durbin-Watson test
data:  ret[1:(2 * m)] ~ x
DW = 2.0282, p-value = 0.9532
alternative hypothesis: true autocorrelation is greater than 0
```

下面，我们生成一个负相关的时间序列。首先，我们生成 AR(1)误差项参数 rho=0。

```
> ma<- rnorm(100) # rho=0 (white noise)
> x <- rep(c(-1,1), 50)
> head(x,10)
 [1] -1  1 -1  1 -1  1 -1  1 -1  1
> y1<- 1 + x + ma
> dwtest(y1 ~ x)
        Durbin-Watson test
data:  y1 ~ x
DW = 1.6063, p-value = 0.02952
alternative hypothesis: true autocorrelation is greater than 0
```

要生成 rho=0.4 和−0.3 的时间序列，我们有以下代码。

```
>set.seed(123)
>ma<- rnorm(100) # rho=0 (white noise)
>x <- rep(c(-1,1), 50)
>rho<- 0.4
>ma2 <- stats::filter(ma, rho, method="recursive")
>y2 <- 1 + x + ma2
>dwtest(y2 ~ x) # DW = 1.2856, p-value = 0.0002256
rho<- -0.3
ma2 <- stats::filter(ma, rho, method="recursive")
y2 <- 1 + x + ma2
dwtest(y2 ~ x) # DW = 2.5345, p-value = 0.9975
```

20.6 Granger 因果关系检验

Granger（格兰杰）因果关系检验用于确定一个数据集是否对预测另一个数据集有用。这和我们通常定义的因果关系不同，通常意义上的因果关系是指：A 导致 B。因为 A，所以 B 发生了。Granger（格兰杰）因果关系是指我们能否用 A 解释 B。通常我们会问先鸡还是先有蛋？这是常见的因果关系，即哪一个会导致下一个。下面我们用一个名为 ChickEgg 的数据集来讨论 Granger 因果关系检验。该数据集有两列数据：每年鸡的数量和鸡蛋的数量。我们想知道今年鸡的数量是否可以用来预测鸡蛋明年的数量。如果真的如此，我们说鸡对鸡蛋而言，有 Grander 因果关系。如果不是，我们说鸡与鸡蛋没有（Granger）因果关系。

```
>library(lmtest)
>data(ChickEgg)
>dim(ChickEgg) # [1] 54 2
>ChickEgg[1:10,]
chicken egg
[1,] 468491 3581
[2,] 449743 3532
[3,] 436815 3327
[4,] 444523 3255
[5,] 433937 3156
```

以下两项测试向我们展示了第一个公式：蛋或鸡。首先，我们测试一下鸡是否导致鸡蛋，详见下面的代码。

```
> grangertest(egg ~ chicken, order = 3, data = ChickEgg)
Granger causality test
Model 1: egg ~ Lags(egg, 1:3) + Lags(chicken, 1:3)
Model 2: egg ~ Lags(egg, 1:3)
Res.Df Df F Pr(>F)
1 44
2 47 -3 0.5916 0.6238
```

基于 p 值为 0.62 的结果，我们不能拒绝基本假设。因此，可以得出结论：鸡和鸡蛋没有 Granger 因果关系。即鸡的数量没有解释或预测蛋的未来值的能力，即鸡和鸡蛋没有因果关系。另外，我们测试蛋是否与鸡有因果关系。从 p 值为 0.002966 可以看出，如果我们的置信度为 99%，我们可以拒绝基本假设。两颗星（**）表示结果在 0.01 水平上显著。因此，我们得出结论，鸡蛋和鸡有因果关系，即我们可以用今年鸡蛋的数据预测明年鸡的数量。

```
> grangertest(chicken ~ egg, order = 3, data = ChickEgg)
Granger causality test
Model 1: chicken ~ Lags(chicken, 1:3) + Lags(egg, 1:3)
Model 2: chicken ~ Lags(chicken, 1:3)
Res.Df Df F Pr(>F)
1 44
2 47 -3 5.405 0.002966 **
--
Signif. codes: 0 '***' 0.001 '**' 0.01 '*' 0.05 '.' 0.1 ' ' 1
>grangertest(egg ~ chicken, order = 3, data = ChickEgg
```

接下来，让我们使用真实的股票市场数据来应用 Ranger 因果关系检验。在第 9 章中，市场回报率是 CAPM 中唯一的决定因素。因此，我们很自然地认为市场回报率的滞后会帮助预测个别股票的未来回报率。

$$\begin{cases} 模型1: R_{i,t} = \alpha + \beta_i lag(R_{i,t}) \\ 模型2: R_{i,t} = \alpha + \beta_1 lag(R_{i,t-1}) + \beta_2 lag(R_{m,t-1}) \end{cases} \qquad (20\text{-}2)$$

从某种意义上说，模型 2 比模型 1 更好。在下面的等式中。以下程序使用 S&P500 作为市场指数（股票代码为^GSPC）并进行测试，以确定是否可以使用标准普尔 500 指数收益率来预测 IBM 的未来收益率。

```
ret_f<-function(x,ticker=""){
    n<-nrow(x)
    p<-x[,6]
    ret<-p[2:n]/p[1:(n-1)]-1
    output<-data.frame(x[2:n,1],ret)
    name<-paste("RET_",toupper(ticker),sep='')
    colnames(output)<-c("DATE",name)
    return(output)
}
x<-read.csv("http://datayyy.com/data_csv/ibmDaily.csv",header=T)
ibmRet<-ret_f(x,"ibm")
x<-read.csv("http://datayyy.com/data_csv/^gspcDaily.csv",header=T)
mktRet<-ret_f(x,"mkt")
final<-merge(ibmRet,mktRet)
> head(final,2)
        DATE     RET_IBM      RET_MKT
1 1962-01-03  0.008741788  0.002395688
2 1962-01-04 -0.009966204 -0.006888767
```

结果如下。

```
> grangertest(RET_IBM ~ RET_MKT, order = 1, data =final)
Granger causality test
Model 1: RET_IBM ~ Lags(RET_IBM, 1:1) + Lags(RET_MKT, 1:1)
Model 2: RET_IBM ~ Lags(RET_IBM, 1:1)
  Res.Df Df      F      Pr(>F)
1  13985
2  13986 -1 26.95 2.118e-07 ***
---
Signif. codes:  0 '***' 0.001 '**' 0.01 '*' 0.05 '.' 0.1 ' ' 1
>
```

上述结果表明，我们可以使用标准普尔 500 指数回报率来预测 IBM 的未来回报率。

20.7　Wilcoxon 相关性检验

有时我们想确认两个匹配的数据样本是否来自同一分布，可以使用 wilcox.test() 函数来监测。

```
x <- c(1.83, 0.50, 1.62, 2.48, 1.68, 1.88, 1.55, 3.06, 1.30)
```

```
> y <- c(0.878, 0.647, 0.598, 2.05, 1.06, 1.29, 1.06, 3.14, 1.29)
> wilcox.test(x, y, paired = TRUE, alternative = "greater")
Wilcoxon signed rank test
data: x and y
V = 40, p-value = 0.01953
alternative hypothesis: true location shift is greater than 0
```

在 5%的显著性水平下，我们得出这样的结论：这两个时间序列来自相同的分布。对于 IBM 和 DELL 的回报率，我们确认它们来自相同的分布：p=0.95。

```
> wilcox.test(ret_IBM[1:504],ret_DELL[1:504],paired=TRUE)
Wilcoxon signed rank test with continuity correction
data: ret_IBM[1:504] and ret_DELL[1:504]
V = 63430, p-value = 0.9514
alternative hypothesis: true location shift is not equal to 0
```

20.8 Pearson 相关性和 Spearman 排列相关性

与相关性有关的概念现在称为 Pearson 相关性，详见以下定义。

$$
\begin{cases}
\rho_{x,y} = \dfrac{cov(x,y)}{\sigma_x \sigma_y} \\
cov(x,y) = \dfrac{\sum_{i=1}^{n}(x_i - \overline{x})(y_i - \overline{y})}{n-1}
\end{cases}
\tag{20-3}
$$

我们使用非常简单的数字，如表 20.2 所示。

表 20.2 Pearson 相关性的参数

#	x	y
1	2.5	10.4
2	2.7	3.5
3	7.8	0.6

以下是用于估算 Pearson 相关性的 R 代码。

```
> x<-c(2.6,2.7,7.8)
> y<-c(10.4,3.5,0.6)
> cor(x,y)
[1] -0.7396709
```

Spearman 相关系数被定义为排名变量之间的 Pearson 相关性。在公式 2 中，x_i 是 x 的 n 个等级中 x 的值，而 y_i 是 y 个变量的 n 个值中 y_i 值的排列。使用上面的例子和 Spearman 的相关检验，我们有以下几个数据值（见表 20.3），即它们的排列名次。

表 20.3 Spearman 相关检验中的参数

i	x	y
1	$x_1=1$	$y_1=3$
2	$x_2=2$	$y_2=2$
3	$x_3=3$	$y_3=1$

为了使用 R 代码来估计 Spearman 相关性，我们有以下代码。当得到完美的负相关时，不应该感到惊讶。从上面数据，我们可以预见结果。

```
> cor(x,y,method='spearman')
[1] -1
```

请注意，$cor(x, y)$函数的默认设置是"pearson"。

```
> cor(x,y,method="pearson")
[1] -0.7396709
```

20.9 正态检验

Shapiro-Wilk 检验测试了一个零假设：样本 $x_1,\cdots,x_n$ 来自正态分布。在这个测试中，我们使用 shapiro.test()函数。零假设是输入序列服从正太分布的。下面我们用标准正态分布生成一组随机数。

```
>set.seed(12345)
>x<-rnorm(1000)
> mean(x)
[1] 0.04619816
> sd(x)
[1] 0.9987476
```

由于这些数值来自正态分布，我们应该接受基本假设。下面结果显示：p 的值为 0.19，大于 0.05，表示我们接受基本假设。

```
> shapiro.test(x)
Shapiro-Wilk normality test
data: x
W = 0.9978, p-value = 0.1988
```

我们知道均匀分布不同于正态分布。下面微小的 p 值证实我们应该拒绝零假设（基本假设）。

```
set.seed(12345)
x<-runif(1000)
shapiro.test(x)
Shapiro-Wilk normality test
data: x
```

```
W = 0.9569, p-value < 2.2e-16
```

在金融学中，我们常常假设股票收益率服从正态分布。下面的 R 程序可以检测 IBM 日收益率是否服从正态分布。因为 p 值几乎为零，我们的结论是：IBM 的日收益率的确服从正态分布。

```
> x<-read.csv("http://datayyy.com/data_csv/ibmDaily.csv",header=T)
> n<-nrow(x)
> p<-x[,6]
> ret<-p[1:(n-1)]/p[2:n]-1
> shapiro.test(ret[1:500])
        Shapiro-Wilk normality test
data:  ret[1:500]
W = 0.92546, p-value = 4.78e-15
>
```

20.10　事件对股票价格的影响

事件研究是金融研究中应用最多的方法之一，其逻辑是这样的：相类似的事件是否对股票价格有影响。例如股票分割、季度收益公告、公司将发行新股权或新债务等。从理论上讲，股票分割应该不会影响公司的价值。但是根据"客户理论"，一些投资者更喜欢股票价格在一定范围内的股票，例如 5 美元～50 美元。因此，当一个高价位（如 70 美元）的股票通过一分为二的分割，我们就可以期待有些投资者可能会考虑它。下面我们应用一个 R 软件包 eventstudies，其中文的译文为"事件研究"。为安装和加载该软件包，我们有以下命令。

```
>library(eventstudies)
```

该软件包中包含两个名为 StockPriceReturns 和 SplitDates 的数据集。

```
>data(StockPriceReturns)
>data(SplitDates)
> dim(StockPriceReturns)
[1] 3246 30
> head(StockPriceReturns,1)
Bajaj.Auto BHEL Bharti.Airtel Cipla Coal.India Dr.Reddy GAIL
2000-04-03 NA 4.917104 NA 6.810041 NA -3.254165 7.617895
HDFC.Bank Hero.Motocorp Hindalco.Industries Hindustan.Unilever HDFC
2000-04-03 -5.2116 3.065919 -3.056759 7.692309 7.693191
ICICI ITC Infosys Jindal.Steel Larsen.&.Toubro
2000-04-03 -4.725288 6.823068 -8.337262 1.283715 4.255961
Mahindra.&.Mahindra Maruti.Suzuki NTPC ONGC Reliance.Industries
2000-04-03 -8.338161 NA NA -0.4876977 3.560651
SBI Sterlite.Industries Sun.Pharmaceutical TCS Tata.Motors
2000-04-03 5.186233 -8.340269 -8.134564 NA 1.888274
Tata.Power Tata.Steel Wipro
2000-04-03 2.643326 2.601679 -7.338846
```

```
> head(SplitDates)
unit when
5 BHEL 2011-10-03
6 Bharti.Airtel 2009-07-24
8 Cipla 2004-05-11
9 Coal.India 2010-02-16
10 Dr.Reddy 2001-10-10
11 HDFC.Bank 2011-07-14
```

我们有以下代码来运行事件研究。

```
>es.results <- phys2eventtime(z=StockPriceReturns,events=SplitDates,width=5)
>es.w <- window(es.results$z.e, start=-5, end=+5)
>eventtime <- remap.cumsum(es.w, is.pc=FALSE, base=0)
>inference.classic(eventtime, to.plot=FALSE)
```

相关输出如下所示：

```
2.5% Mean 97.5%
[1,] -0.7697483 0.42045809 1.906001
[2,] -0.4861823 1.15474143 3.176298
[3,] -0.8811816 0.89524216 3.071024
[4,] -1.1983643 0.89740013 3.312181
[5,] -1.9271520 0.31284796 2.551041
[6,] -5.6331161 -0.25791195 4.095857
[7,] -6.0695172 -0.29665664 3.944321
[8,] -5.1808597 -0.03975952 3.793738
[9,] -7.2168831 -0.60878734 4.129711
[10,] -5.1174833 0.21846957 4.678938
[11,] -4.1418731 0.62180865 4.885572
```

20.11 练习题

（1）T 检验和 F 检验有什么区别？

（2）我们可以在哪些情况下应用 T 检验？

（3）我们可以在哪些情况下应用 F 检验？

（4）国际商业机器公司（其股票代码为 IBM）在过去十年的回报波动性是否持续不变？数据来源：雅虎财经。

（5）根据 IBM、MSFT、DELL 和 C（花旗集团）的数据，周一的回报不同于其他工作日么？

（6）沃尔玛的平均每日回报是 0.002%？

（7）IBM 和 WMT 的平均每日回报是否相等？

（8）对于 IBM，根据每月和每日回报估算波动率。以下等式成立吗？

（9）用更多的股票来测试本章的等式。注意不同规模的股票（即，小股票与大股票）。

（10）过去十年个股的平均波动幅度是多少？

（11）多年来市场波动率是不变的吗？

> **提示**
> 你可以使用标准普尔 500 作为市场组合。

（12）这些年来，个股的波动性是否在下降？使用坚实的证据支持或拒绝它。

（13）用格兰杰检验分析苹果公司的回报？

（14）在给定置信度的数值时，如何显示 T 和 F 的关键值？

（15）当我们使用日收益率来估算年化波动率时，和月收益率相比，偏差的原因是什么？

（16）编写一个 R 程序来测试给定代号和观察次数的波动性的相等性（从现在回到历史）。格式如下。

```
> equal_vol2stoks ("IBM", "MSFT", 500)
```

（17）下载一些市场指数（如美国、英国、日本和中国）进行格兰杰因果关系检验。

（18）从 French 教授的数据库下载月频率的 3 因素（MKT、SMB 和 HML）。并生成相应的 R 数据集。

（19）去 Yahoo Finance 找到 IBM、DELL 和 MSFT 的测试版，然后尝试复制这些测试版数据。

（20）使用年度测试版数据测试本章的公式。

> **提示**
> 选择一些股票，估计它们的年度 beta，然后估计它们的自相关性。

（21）通过省略无风险利率，对测试版有什么影响？换句话说，你可以尝试遵循两个公式来看看 2010 年 IBM 的 beta 是否不同。

（22）在运行下面语句时，为何每次我们会得到不同的 F 值。

```
x <- rnorm(500, mean = 0, sd =0.5)
y <- rnorm(1000,mean = 0.5,sd =0.2)
var.test(x,y)
```

（23）我们可以找到不同时期美国总统属于哪个政党（民主党或共和党）。因此，我们可以生成表 20.4，YEAR2 是 RANGE 的第二个数字减 1。

表 20.4 自 1923 年以来美国总统政党的归属

PARTY	RANGE	YEAR1	YEAR2
共和党	1923-1929	1923	1928
共和党	1929-1933	1929	1932
民主党	1933-1945	1933	1944
民主党	1945-1953	1945	1952

续表

PARTY	RANGE	YEAR1	YEAR2
共和党	1953-1961	1953	1960
民主党	1961-1963	1961	1962
民主党	1963-1969	1963	1968
共和党	1969-1974	1969	1973
共和党	1974-1977	1974	1976
民主党	1977-1981	1977	1980
共和党	1981-1989	1981	1988
共和党	1989-1993	1989	1992
民主党	1993-2001	1993	2000
共和党	2001-2009	2001	2008
民主党	2009-2012	2009	2014

编写一个 R 程序来回答以下问题：

1）不同的美国政党执政时市场指数的月平均收益是多少？

2）不同的美国政党执政时市场指数的月平均收益是否平等？

具体操作：

1）从雅虎财经下载标准普尔 500（其代码为^GSPC）的历史月价格。

2）估算每月回报。

3）将这些回报分为两组：民主党及共和党。

4）测试假设：两组的平均值相等。

第 21 章
期权定价模型

期权交易有两个交易方：买方和卖方。买方花钱买权益，而卖方收钱承担责任。假如股票在期权到期时价格为 sT，且预先设定的交易价格为 x（行使价）。对股票期权而言，看涨期权买方有权支付 x 元来购买一股。很明显，只有当 sT 大于 x 时，买方才行使其权利。看涨期权买方的收益函数如下：

$$看涨期权买方的受益函数 = \max(sT - x, 0) \tag{21-1}$$

其中，sT 为股票在期权到期（T）时的价格，x 是行使价。看涨期权买方的收益函数的 R 代码如下。其中，abs()是取绝对值函数。

```
> payoff_call<-function(sT,x)(sT-x+abs(sT-x))/2
```

当行使价格是 5 元（x=5）且到期价格是 6.5 元（sT=6.5）时，看涨期权买方收益是 1.5 元。反之，如果股票的价格为 3 元时（sT=3），相应的收益为零。因为看涨期权买方不会支付 5 元购买只值 3 元的股票。相应的结果展示如下。

```
> payoff_call(6.5,5)
  [1] 1.5
> payoff_call(3,5)
  [1] 0
```

从公式（21-1），我们可以有以下更为简洁的看涨期权收益函数的 R 代码。

```
> payoff_call2<-function(sT,x) max(sT-x,0)
```

可惜的是，它仅适用于 sT 和 x 均为标量的情况。在本章后面我们将具列说明。

Black-Scholes-Merton 看涨期权模型有 5 个输入变量：s、x、T、r 及 sigma。s 是股票现价，T 是距到期的时间（以年计），r 是无风险利率（连续复利），sigma 是股票收益率的标准离差。log()是自然对数函数，pnorm()是累积正态分布函数。计算涨期权价格的 R 程序只有 5 行。

```
call_f<-function(s,x,T,r,sigma) {
    d1 = (log(s/x)+(r+sigma*sigma/2.)*T)/(sigma*sqrt(T))
    d2 = d1-sigma*sqrt(T)
    s*pnorm(d1)-x*exp(-r*T)*pnorm(d2)
}
```

当给与一组输入值时，我们可以轻松地调用该函数，结果显示该看涨期权的价值约为 2.28 元。

```
> call_f(40,42,0.5,0.1,0.2)
  [1] 2.277780
```

期权有欧式期权和美式期权之分。欧式期权是指期权买方只能在期权到期日行使其权利。美式期权可以在到期之前或在到期日交易。本章介绍的 Black-Scholes-Merton 期权模型属于欧式期权。

21.1 期权简介

期权是指其期权买方在期权到期时，可以按事先确定的价格（行使价）从期权卖方买入（看涨期权）或卖出（看跌期权）股票或其他货物。例如，欧式看涨期权有 3 个月到期，假设行使价为 30 美元，到期时买方的收益将为：

$$看涨期权买方的受益函数 = Max\left(S_T - 30, 0\right)$$

假设到期时股票的价格是 25 美元。买方则不会行使其权益（即支付 30 美元买一支股票）。因为在公开市场只需花 25 美元。反之，如果股票价格是 40 美元，买方将获得 10 美元的收益（即购买 30 美元的股票，转手将其以 40 美元卖出）。

```
payoff_call<-function(sT,x) {
    b<-(sT-x)
    return((b+abs(b))/2)
}
```

基于上述数据，我们有下面的结果。

```
> payoff_call(25,30)
  [1] 0
> payoff_call(40,30)
  [1] 10
```

在编写看涨期权的支付函数时，为使程序清晰明了，最好添加一些说明并加上一两个例子。

```
payoff_call<-function(sT,x){
    " Objective: payoff function of a European call option
      sT: stock price at maturity day T
      x: exercise price
      e.g., > payoff_call(45,30)
            [1] 15
    "
    b<-(sT-x)
    return((b+abs(b))/2)
}
```

对看涨期权买卖双方而言，这是一个零和游戏：你赢我输或你输我赢。所以看涨期权卖方的收益函数与买方正好相反。例如涨期权卖方卖出 3 个看涨期权。假设，行使价为 10 美元。当股票的价格是 15 美元时，卖方的收益如下所示。

```
> payoff_call<-function(sT,x) return((sT-x+abs(sT-x))/2)
> sT <-15
> 3*(-payoff_call(sT,10))
   [1]-15
```

由于股票价格是 15 美元，行使价为 10 美元，对一个看涨期权买方将获利 5 美元，总计 15 美元，卖方的总损失也是 15 美元。为便于初学者理解，以上计算我们假设一个看涨期权只含一股。而实际上，每个期权合约包含 100 只股票。在以下章节中，为使我们的解释更易理解，我们仍假设每一期权合约只含一股。

21.2 输入和输出

对于 pv_f() 函数而言，如果所有的输入值都是标量，输出值将也是一个标量。

```
> pv_f<-function(fv,r,n)fv/(1+r)^n
> pv_f(100,0.1,1)
   [1] 90.90909
```

然而，当一个输入的参数是一个向量时，输出值也是向量。在以下代码中，将来变量是有 3 个值的向量。输出值也是一个有 3 个值的向量。

```
> fv<-c(100,200,150)
> pv_f(fv,0.1,1)
   [1] 90.90909 181.81818 136.36364
```

该函数有 3 个输入变量：*fv*、*r* 和 *n*。如果我们有一个 *fv*，一个 *n*，但有 5 个不同 *r*，下面代码将生成 5 个不同的现值。

```
> pv_f<-function(fv,r,n)  fv /(1+r) ^ n
> r<-c(0.1,0.09,0.085,0.075,0.065)
> pv_f(100,1,r)
 [1] 93.30330 93.95227 94.27845 94.93421 95.59453
```

下面，我们显示为何简单地用 max() 函数来定义收益函数会有问题。当使用 payoff_call() 函数时，我们得到相应的向量。但使用 payoff_call2() 函数时，我们只得到一个值。

```
> payoff_call<-function(sT,x)(sT-x+abs(sT-x))/2
> payoff_call2<-function(sT,x) max(sT-x,0)
> x<-50
> sT<-seq(0,100,10)
> payoff_call(sT,x)
 [1]  0  0  0  0  0  0 10 20 30 40 50
```

```
> payoff_call2(sT,x)
[1] 50
>
```

21.3   简单作图

R 的优点之一是其超强的做图功能。对用 R 作图我们已用一整章加以讨论（第 4 章）。下面是简单的代码示例。

```
> x<-seq(-5,5,by=0.2)
> y <-5 + x ^2
> plot(x,y)
```

在本章中，我们将用不同的图来对期权加以描述，如图 21-1 所示。

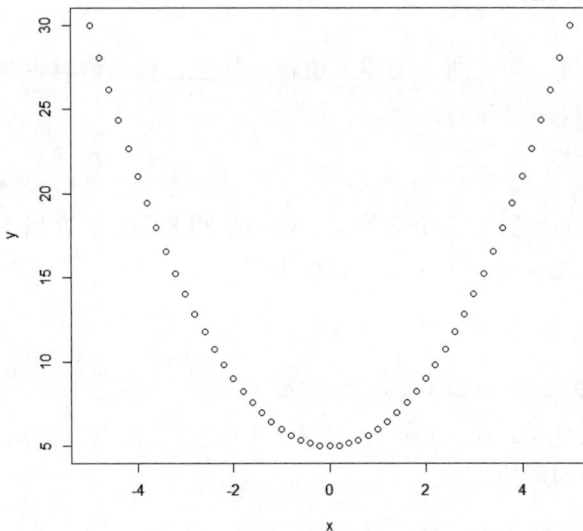

图 21-1   期权描述图

21.4   期权的支付函数及图示

图 21-2 显示了看涨期权买方的收益图形：横轴为股票价格，纵轴为收益函数。

```
sT<-seq(10,50,by=5)          # 股票价格
x <-30                       # 行使价
payoff<-payoff_call(sT,x)
plot(sT,payoff,type="l")     #"l"是小写字母 L
```

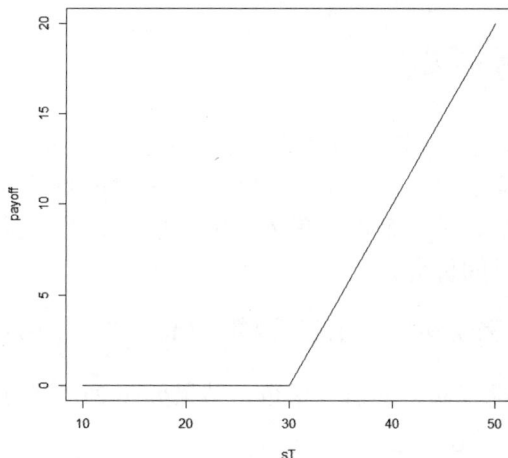

图 21-2　看涨期权图

以下代码将给出相同的结果。

```
s<-seq(10,50,by=5)          # 股票价格
k <-30                      # 行使价
n <-length(s)
payoff<-rep(0,n)            # 初始化
for (i in 1:n) {
        payoff[i]=max(0,s[i]-k)
}
plot(s,payoff,type="l")
```

由于美式期权更灵活，它的价格或期权费将高于或等于其相应的欧式期权。

$$\begin{cases} C_{美式} \geq C_{欧式} \\ P_{美式} \geq P_{欧式} \end{cases} \tag{21-2}$$

其中 P 是看跌期权：看跌期权的买方有权按事先确定的价格（行使价）将股票（商品）卖给看跌期权卖方。表 21.1 总结了期权各方的权利和义务，及签订合同时的现金流方向。

表 21.1　买方（多头）卖方（空头），欧式期权或美式期权，权利和义务及初始现金流

	买方（多头）	卖方(空头)	欧式期权	美式期权
看涨期权	有权用一个预定的价格购买股票（商品）	有义务用一个预定的价格卖出股票（商品）	期权买方只能在期权到期日行使其权益	期权买方在到期日之前或在到期日行使其权益
看跌期权	有权用一个预定的价格卖出股票（商品）	有义务用一个预定的价格购买股票（商品）		
签合同时的现金流	现金付出	现金收入		

21.5 期权的盈亏函数

如果看涨期权的价格是 c，看涨期权买方的盈亏函数（利润或损失）是其收益减去初始投资（c）。显然，购买看涨期权的现金（c）和期权到期时的收益 $Max(sT-x, 0)$，发生在不同的时间点。一个发生在 T_0，另一个发生在 T。因为期权的期限通常相当短，在计算下面的计算中，我们忽略货币的时间价值。

$$\text{看涨期权买方的盈亏函数} = Max(sT - X, 0) - c \qquad (21\text{-}3)$$

以下 R 代码显示看涨期权买方的盈亏函数，结果如图 21-3 所示。

```
sT<-seq(10,50,by=5)# prices
k<-30      # exercise
c<-2       # option price
n<-length(sT)
profit<-rep(0,n)
for (i in 1:n) {
    profit[i]=max(0,sT[i]-k)-c
}
plot(sT,profit,type="l")
```

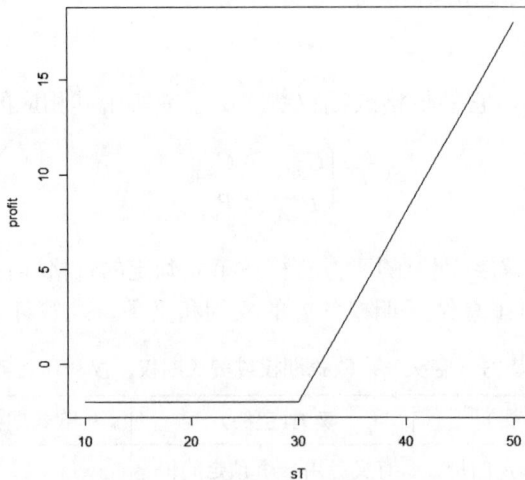

图 21-3 看涨期权买方盈亏函数

同理，看跌的期权买方的收益函数为：

$$\text{看跌期权买方的收益函数} = Max(X - sT, 0) \qquad (21\text{-}4)$$

sT 股票价格在期权到期时的价格，sT 是一个向量，T 为期限（以年计量），X 是行使价。同样，我们可以编写 R 程序来生成一系列股票价格及其收益。请参阅以下 R 代码和相应的图示（见图 21-4）。

```
sT<-seq(10,50,by=5)
x<-30
p<-1
n<-length(sT)
profit<-rep(0,n)
for (i in 1:n) {
    profit[i]=max(x-sT[i],0)-p
}
plot(sT,profit,type="l")
```

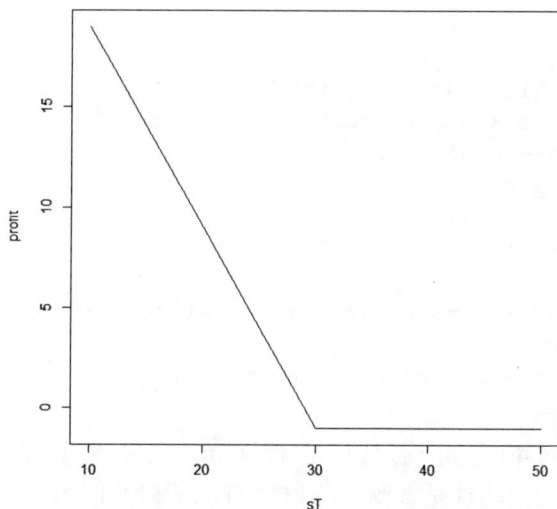

图 21-4　期权到期对比情况

同样我们有以下看跌期权买方的盈亏函数：

$$\text{看跌期权买方的盈亏函数} = \text{Max}(X - sT, 0) - p \qquad (21\text{-}5)$$

其中 p 是看跌期权的价格。

21.6　无红利股票的期权定价（Black-Scholes-Merton 模型）

如果 S_0 是今日的价格，X 是行使价，r 是连续复利的无风险利率，T 是以年计的期限，σ 为股票收益率的标准方差（波动性），欧式看涨期权（c）和欧式看跌期权（p）的价格可用以下公式计算：

$$
\begin{cases}
c = S_0 N(d_1) - Xe^{-rT} N(d_2) \\
p = Xe^{-rT} N(-d_2) - S_0 N(-d_1) \\
d_1 = \dfrac{\ln\left(\dfrac{S_0}{X}\right) + \left(r + \dfrac{1}{2}\sigma^2\right)T}{\sigma\sqrt{T}} \\
d_2 = \dfrac{\ln\left(\dfrac{S_0}{X}\right) + \left(r - \dfrac{1}{2}\sigma^2\right)T}{\sigma\sqrt{T}} = d_1 - \sigma\sqrt{T}
\end{cases}
\tag{21-6}
$$

在上述公式中，c 是欧式看涨期权的价格，p 是欧式看跌期权的价格，N 是累积标准正态分布，pnorm()是其相应的 R 函数。对欧式看涨期权而言，其相应的 R 程序如下。

```
# Black-Scholes-Merton option model
bs_call<-function(S,X,T,r,sigma){
  " Objective : calculate call price
      S     : stock price today
      X     : exercise price
      r     : risk-free rate
      sigma : volatility of the stock
    e.g., bs_call(40,42,0.5,0.1,0.2) # [1] 2.277780
  "
  d1 = (log(S/X)+(r+sigma*sigma/2.)*T)/(sigma*sqrt(T))
  d2 = d1-sigma*sqrt(T)
  return(S*pnorm(d1)-X*exp(-r*T)*pnorm(d2))
}
```

假如当前股票价格为 40 美元，行使价是 42 美元，期权到期时间有 6 个月，无风险率的连续复利是 10%，股票的波动性是 20%，则欧式看涨期权的值为 2.28 美元。

```
> bs_call(40,42,6/12,0.1,0.2)     # T = 6/12
  [1] 2.27778
```

21.7　累积正态分布的 R 函数

标准正态分布密度函数如下：

$$
f(x) = \frac{1}{\sqrt{2\pi}} e^{-\frac{x^2}{2}}
\tag{21-7}
$$

对应公式（21-7）的 R 密度函数是 dnorm()。例如，使用 dnorm(0)可获取其在 x 为零时的密度值。

```
> dnorm(0)
[1] 0.3989423
```

按公式（21-7），我们给 x 赋值零以检查密度函数的值。

```
> 1/sqrt(2*pi)
   [1] 0.3989423
```

R 相应的累积标准正态分布函数是 pnorm()，因为标准正常分布是对称的，pnorm(0)=0.5。

```
> pnorm(0)
   [1] 0.5
```

21.8 对冲、投机和套利

假设 3 个月后，一个美国进口商将支付 1000 万英镑从英国进口某些设备。因为 3 个月后英镑可能增值，厂家将面临汇率风险。有几种方法可用来对冲该风险：（1）现在就买入英磅；（2）签定 3 个月买入英镑的期货合约；（3）买英镑的看涨期权。前两个选项将消除风险，然而，当英镑贬值时厂家会有所遗憾。当买入看涨期权将保证汇率，同时，如果英镑贬值，进口商亦会得到好处。当我们面临风险，并通过采用一系列交易使该风险得以降低或抵消，这种行为被称为对冲。

投机是指我们没有初始的某种风险，但采用一系列交易押注市场、个别证券或汇率的走向。因为这些对策，我们将面临更多的风险。例如一个投资者预期 IBM 的股票价格将走高，他可有以下几个选择：（1）买其股票；（2）买期货多头；（3）买其看涨期权。购买股票将带来一定的风险，购买期货多头的风险也很大。第二个例子是如果投资者预期整体市场可能在短期内下跌，他们可以买指数的看跌期权。投机的关键是预测，基于预测，投机者故意承担风险所以称之为投机。

套利是指投资者采取一定的方法能谋取利润而又不承担任何风险。例如，投资者发现同一股票在不同股票交易所有两个不同的价格，就可以通过同时低买和高卖从差价中获利。

21.9 期权的交易策略

利用各种期权，我们可以制定各种交易策略以满足我们对市场的预测及对风险的不同承受能力。首先来看一个简单的例子。一个公司因为即将到来的产品转型，而面临着巨大的不确定性。一般而言，结果有两种：好或坏。即我们相信市场的反应不是积极的就是消极的。为利用这样一个机会，我们可以同时买入一个看涨期权和买入一个看跌期权。假设，看涨期权和看跌期权有相同的行使价，且都为 30 美元。该策略的收益函数如下，结果如图 21-5 所示。

```
payoff_call<-function(sT,x)(sT-x+abs(sT-x)) / 2
payoff_put<-function(sT,x)(x-sT+abs(x-sT)) / 2
sT<-seq(0,50,by=5)
y<-payoff_call(sT,30)+payoff_put(sT,30)
plot(sT,y,'l')
```

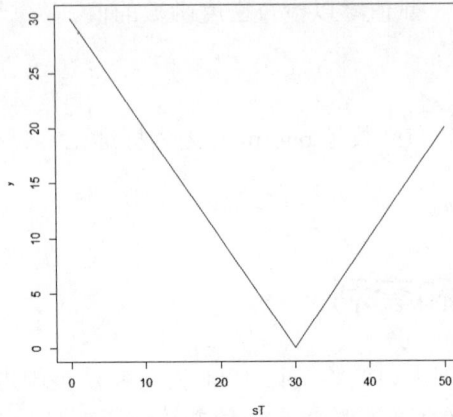

图 21-5   收益函数

由此看来，不管股票上涨或下跌，我们都将得益。那么何时我们将面临损失？显然是当股票变化不大时，即当我们的期望未能实现时。一般情况下，我们可以采用不同的交易策略，如将股票，期权、期货、债券等形成不同的组合，满足我们的各种需求。假如我们估计牛市在即，牛市看涨期权（英文名字为 Bull spread with calls）是指购买一个看涨期权（x_1）同时卖出一个看涨期权（x_2）且 $x_1<x_2$。因为较低的行使价的看涨期权更有价值，购买看涨期权的价格要比卖看涨期权的费用更高，所以牛市看涨期权涉及起始的投资。下面是牛市看涨期权的 R 程序，结果如图 21-6 所示。

```
bull_spread_call<-function(x1=50,x2=52,T=1,r=0.05,sigma=0.3){
" buy call(x1) and sell call (x2) x1<x2  "
  s<-(x1-3):(x2+2) # stock prices
  s0<-mean(s)       # s0: today price
  n<-length(s)
  call_1<- s-x1
  call_2<- s-x2
  for(i in 1:n){
      call_1[i]<-max(call_1[i],0)
      call_2[i]<-max(call_2[i],0)
  }
  cost<-bs_call(s0,x1,T,r,sigma)-bs_call(s0,x2,T,r,sigma)
  bull_spread<-call_1 - call_2 - cost
  plot(s,bull_spread,type='l')
}
bull_spread_call()
```

与只买一看涨期权（x_1）相比，牛市看涨期权可以减少初始投资：$c_1-c_2<c_1$。但世上没有免费的晚餐。在 $sT>x_2$ 时，牛市看涨期权将失去收益。同理，我们可以通过看跌期权组成牛市看跌期权（Bull spread with puts）。表 21.2 给出了各种交易策略和它们的属性。

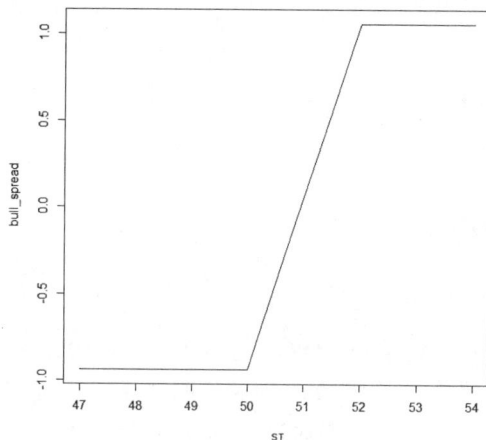

图 21-6　牛市看涨期权

表 21.2　各种交易策略和它们的属性

名称	描述	现金	对股市的期望
Bull spread with calls	买一个看涨期权（x_1），卖一个看跌期权（x_2）[$x_1<x_2$]	投资	升
Bull spread with puts	买一个看跌期权（x_1），卖一个看跌期权（x_2）[$x_1<x_2$]	收益	升
Bear spread with puts	买一个看跌期权（x_2），卖一个看跌期权（$x1$）[$x_1<x_2$]	投资	降
Bear spread with calls	买一个看涨期权（x_2），卖一个看涨期权（$x1$）[$x_1<x_2$]	收益	降
Straddle	买一个看涨期权和一个看跌期权（相同的 x）	投资	升或降
Strip	买两个看跌期权和一个看涨期权（相同的 x）	投资	降的概率>升的概率
Strap	买两个看涨期权和一个看跌期权（相同的 x）	投资	升的概率>降的概率
Strangle	买一个看涨期权（x_2）和一个看跌期权（x_1）[$x_1<x_2$]	投资	升或降
Butterfly with calls	买两个看涨期权（x_1，x_3）及卖两个看涨期权（x_2）:[$x\_2=((x\_1+x\_3))/2$]	投资	价格接近 x_2
Butterfly with puts	买两个看跌期权（x_1，x_3）及卖两个看跌期权（x_2）[$x\_2=((x\_1+x\_3))/2$]	投资	价格接近 x_2
Calendar spread	卖一个看涨期权（T_1）和买一看涨期权（T_2）（相同 x 及 $T_1<T_2$）	投资	价格接近 x_2

21.10　与期权有关的希腊字母

从公式（21-6）可知，期权是股票现价的函数。Δ 定义为微小期权的变化除以股票现价微小的变化。即期权是股票现价的导数。因此，Δ 定义为：

$$\Delta = \frac{\partial C}{\partial S} \qquad (21\text{-}8)$$

对无红利股票的看涨期权而言，Δ定义为：

$$\Delta_{看涨期权} = N(d_1) \qquad (21\text{-}9)$$

对无红利股票的看跌期权而言，Δ定义为：

$$\Delta_{看跌期权} = N(d_1) - 1 \qquad (21\text{-}10)$$

例如金融机构卖了一个欧式看涨期权，通过拥有Δ只股票可对冲其面临的风险，这称为 Delta 对冲。由于Δ是股票价格的函数，为保持有效 Delta 对冲，我们必须不断地调整我们拥有股票的数量。这就是所谓的动态对冲。投资组合的Δ是单个股票Δ的加权平均：

$$\Delta_{port} = \sum_{i=1}^{n} w_i \Delta_i \qquad (21\text{-}11)$$

在公式（21-11）中，w_i为股票 i 的权重，Δ_i 为股票 i 的Δ。对做空的股票而言，其权重为负。

21.11   看涨期权与看跌期权

假如行使价为 20 美元，期限 3 个月，无风险利率为 5%（连续复率），这 20 美元的现值多少？

```
> 20*exp(-0.05*3/12)
[1] 19.75156
```

假设投资组合为：期限 3 个月的看涨期权再加上 19.75 美元的现金。3 个月后，当看涨期权到期时，我们的投资组合的价值是多少？如果股票的价格是低于 20 美元，我们不行使看涨期权，保持现金（20 美元）。如果股票的价格高于 20 美元，我们行使看涨期权以支付 20 元并获得一只股票。因此，投资组合的价值将是二者中的较大者：$\max(sT, x)$。

```
# C + PV(K) = C + 19.75
# 在 T 时的财富为   max(sT,x)
```

假设第二组的投资组合为：一只股票加一个看跌期权（$x=20$）。3 个月当看跌期权到期时，投资组合的价值是多少？如果股票的价格高于 20 美元，我们仍持有股票。如果股票的价格低于 20 美元，我们将行使看跌期权：卖股票并受到现金（20 美元）。因此我们投资组合的价值将是二者中的较大者：$\max(sT, x)$。

```
# S + P
# 在 T 时的财富为   max(sT,x)
```

基于无套利原则：如果将来的收益相同，今日的价格必须相同。因此，欧式看涨期权与看跌期权服从以下等式：

$$C + Xe^{-r_f T} = P + S_o \qquad (21\text{-}12)$$

当到期权到期之前已经知道股息时，我们有以下等式。

$$C + PV(D) + Xe^{-r_f T} = P + S_o \qquad (21\text{-}13)$$

其中 $PV(D)$ 是到期之前所有股息的现值。

21.12 下载公开期权数据

从雅虎财经可以下载公开期权数据。下面以 IBM 为列。访问雅虎财经官网，在搜索框中输入"IBM"，单击"Options"选项，如图 21-7 所示。

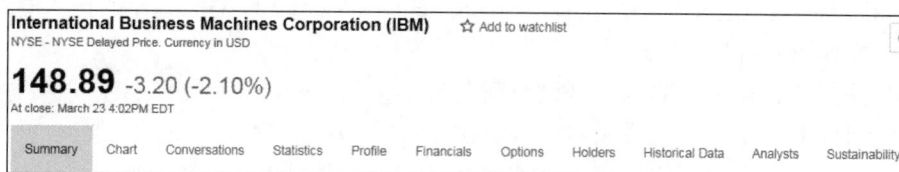

图 21-7 在雅虎财经查看 IBM 数据

21.13 隐含波动率

对看涨期权而言，如输入变量为 s=40，x=42，T=0.5，r=0.1，$signam$=0.2，其价格约为 2.28。

```
> call_f(40,42,0.5,0.1,0.2)
[1]2.277780
```

最后一个输入的变量（$sigma$）是股票收益率的波动性。通常我们使用历史数据来加以估计，假如观察到实际看涨期权的价格，我们就可以找到其隐含波动率。当输入数据（包括 $sigma$）到 Black-Scholes-Merton 公式中，并且它的结果和观察到的实际价格相同时，$sigma$ 就是我们的隐含波动率。通常有两种方法来估计隐含波动率。

方法 1：生成一组 $sigma$，估计它们相应的看涨期权的价格，计算其与实际涨期权的价格之差，绝对值最小的差值所对应的 $sigma$ 就是我们所要的结果。

方法 2：使用二进制搜索，其逻辑为：每次和中点比较都将可能的范围缩小一半。

假设我们定义 c 为我们所观察到的看涨期权的价格。

步骤 1：选择两个极端波动率（vol_low，vol_high）满足下面条件。

$$c_{low} < c < c_{high}$$

步骤 2：估计的两个波动的中点：vol_mid=(vol_low+vol_high)/2

步骤 3：以 *vol_mid* 为 *sigma* 的输入值，以估计其看涨期权的价格：*c*（中点）。

步骤 4：如果 *c*（观察）＞ *c*（中点），*vol_low=vol_mid*，请转到步骤 2。

如果 *c*（观察）＜ *c*（中点），*vol_hign=vol_mid*，请转到步骤 2。

重复步骤 4，直至找到最后答案。

21.14　练习题

（1）美式期权和欧式期权的区别是什么？

（2）在 Black-Scholes-Merton 模型中，T 的定义是什么？

（3）能将 Black-Scholes-Merton 模型用于美式看跌期权吗？

（4）在 Black-Scholes-Merton 模型中，rf 的单位什么？

（5）如果每半复利的年利率是 3.4%，Black-Scholes-Merton 模型中的 rf 的输入值是多少？

（6）如何使用对冲？

（7）套期保值、投机、套利的区别有哪些？

（8）如何处理预定的现金股利对欧式看涨期权价格的影响？

（9）为何美式看涨期权比相应的欧式看涨期权更为值钱？

（10）假设你是一个基金经理并且你的投资组合和市场指数正相关，你对市场短期下跌感到担忧。你能做什么来保护自己的投资组合？

（11）当前的 A 股价格是 38.5 美元。看涨期权和看跌期权的行使价为 37 美元。如果连续复率的无风险利率为 3.2%，期权有 3 个月到期，波动率是 0.25，欧式看涨期权和看跌期权的价格是多少？

（12）对看跌期权而言，使用看涨期权与看跌期权之间的恒等式来验证上述答案。

（13）例如在练习题（11）中，看涨期权和看跌期权的行使价不同，我们是否仍可以使用看涨期权与看跌期权之间的恒等式？

（14）对于一组输入值，例如 *s*=40，*x*=40，*t*=0.25，*r*=0.05 和 *sigma*=0.20 使用 Black-Scholes-Merton 模型，我们可以估计看涨期权的值（*c*）。保持除 *s* 以外的所有参数，显示 *s* 和 *c* 之间的关系。

（15）使用 Black-Scholes-Merton 模型，显示看涨期权和 *x*（行使价）的关系。

（16）使用 Black-Scholes-Merton 模型，显示看涨期权与 rf 之间的关系。

（17）使用 Black-Scholes-Merton 模型，显示看涨期权与 *T*（到期日）之间的关系。

（18）使用 Black-Scholes-Merton 模型，表明看涨期权与 *sigma* 之间的关系。

（19）使用 Black-Scholes-Merton 模型重复练习题（14）～（18）的看跌期权。

（20）我们的投资组合为：股票和买看涨期权。写一个 R 程序显示这种投资组合的收益函数。假设当前的股票价格是 40 美元，欧式看涨期权的行使价是 45 美元。

第 22 章
蒙特卡罗随机模拟法

要生成 100 个服从正态分布的随机数，我们使用以下代码。

```
> x<- rnorm(100)
```

为了在每次运行该代码时生成相同的随机数，我们可以使用 set.seed()函数。

```
> set.seed(123)
> x<- rnorm(100)
> x[1:3]
[1] 1.2240818 0.3598138 0.4007715
```

读者可以试试运行以上程序而不调用 set.seed()函数的情况。

22.1 随机模拟在财务分析上的应用

在金融领域，蒙特卡罗随机模拟（Monte Carlo Simulation）有相当多的应用，这种方法首先被 Hertz（1964 年）应用在企业融资上，后来 Boyle（1977 年）使用蒙特卡罗随机模拟来为期权定价。以下是一些例子。

投资决策：假设有几个潜在的投资项目可选用，净现值（NPV）的大小可用于对它们进行排列并加以选择。问题在于未来有太多的不确定性，例如公司需要估计 10 种或几十种原材料的价格，涉及若干劳动力成本、短期和长期债务的成本、股权成本，等等。而且对每一项，都有若干种可能性（即有不同的数值）。在这种情况下，蒙特卡罗随机模拟法可以用来生成许多不同的组合来计算净现值（NPV）。

情景分析：许多公司的经理希望列出所有可能的方案，尤其是最好的方案、最糟糕的方案及最可能的方案。如果评估中有许多独立变量可能发生变化，手动处理将所有可能性都排列出来将是十分困难。幸运的是，我们可以使用蒙特卡罗随机模拟法来生成这些不同的结果。

为亚式期权定价：中东产油地区的动荡使许多原油消费者（公司）对其原油成本感到不安。有很多方法可以用来对冲这种风险，例如，买原油的看涨期权。回想一下欧式看涨期权买方的收益函数如下：

$$欧式看涨期权买方的收益函数 = \max(sT - x, 0) \tag{22-1}$$

其中，sT 是到期日（T）原油价格，x 是行权价格。但大部分炼油厂每天都会消耗原油。显然，这些公司更在意的是日平均原油价格，而不是原油期权到期时的原油价格。为了更有效地对冲这种风险，这些炼油厂应该使用亚式期权，而不是欧式期权。亚式看涨期权买方收益函数的公式如下：

$$亚式看涨期权买方的受益函数 = \max(\overline{S} - x, 0) \tag{22-2}$$

其中 $\overline{S}$ 是从 T_0 到 T 的原油日平均价格，T_0 是当日，T 是期权到期的时间（以年计）。对 Black-Scholes-Merton 欧式期权模型而言，我们有公式来计算其期权价格。但对亚式期权而言，没有相应的公式。幸运的是，蒙特卡洛模拟方法可以用来为这些依赖路径的期权定价。依赖路径是指其相应的收益函数依赖于途径。欧式期权与股票所经历的路径无关，即其收益函数只与到期时的价格和行使价有关。在本章中，我们将讨论如何生成股票到期时的价格和股票价格的路径，复制 Black-Scholes-Merton 欧式期权价格模型，为亚式期权和其他金融衍生产品定价。如果想要生成 1000 个在 0 和 1 之间均匀分布的随机数，可用以下行代码。

```
> set.seed(123)
> x<-runif(1000)
```

在生成一组随机数后，我们可以计算它们的平均值、最小值、最大值和标准离差等。稍后我们还会进行测试。既检验一些数字（如收益率）是否服从正态分布。

```
>min(x)
[1] 0.008416585
>max(x)
[1] 0.9740309
>mean(x)
[1] 0.5166573
```

表 22.1 给出了两种最常用的分布函数：Uniform 和 Normal。Uniform()是在[0, 1]之间的均匀分布），Normal 是指正态分布。

表 22.1　最常用的两个分布函数：累积分布和随机数发生器

分布函数	随机分布	密度	累积分布
Uniform[0,1]	runif(n)	dunif(n)	punif(n)
Standardnormal	rnorm(n)	dnorm(n)	pnorm(n)

在表 22.1 中，n 是一个整数。对于一般的正态分布而言，我们需要输入相应的均值和标准差。对一个均匀分布，可输入最小值和最大值。表 22.2 列出了额外的输入变量以及如何输入它们。

表22.2　分布，累积分布，随机数发生器

种类	随机函数	分布函数	累积分布
平均分配 Uniform[a,b]	runif(n,min,max)	dunif(x,min,max,log)	punif(q,min,max,lower.tail,log.p)
正态分配	rnorm(n,mean,sd)	rnorm(n,mean,sd)	pnorm(q,mean,sd,lower.tail,log.p)
二项式分布 Binomial	rbinom(n,size,prob)	dbinom(x,size,prob,log)	pbinom(q,size,prob,lower.tail,log.p)

在表 22.2 中，n 为整数，[min, max]是均匀分布的范围。

22.2　正态分布简介

著名的 Black-Scholes-Merton 欧式期权模型的主要假设是股票到期的价格遵循对数正态分布。相应的，其收益率服从正态分布。因此，我们应该熟悉正态分布，正态分布密度函数的定义如下：

$$f(x) = \frac{1}{\sqrt{2\pi\sigma^2}} e^{-\frac{(x-\mu)^2}{2\sigma^2}}, \qquad (22\text{-}3)$$

其中μ是正态分布的均值，σ是正态分布的标准离差。对给定均值（*mean*=5）和标准差（*sd*=3）的正态分布，我们有以下代码（π 为 3.1415926）。

```
> set.seed(123)
>x<-rnorm(100, mean = 5, sd = 3)
>mean(x)
[1] 5.356629
>sd(x)
[1] 2.770360
```

需要注意的是：每次在运行上面的代码后，会得到一组完全不同的值。这是因为在调用 rnorm()函数时，我们会得到一组不同的随机数。为了得到相同的随机数，我们可以用 set.seed()函数。在上述公式中，如正态分布的密度函数中，如μ=0 和σ=1，则成为标准正态分布，公式（22-3）如下：

$$f(x) = \frac{1}{\sqrt{2\pi}} e^{-\frac{x^2}{2}} \qquad (22\text{-}4)$$

对于生成服从标准的正态分布而生成的随机数，以下两条语句有相同的效果。

```
x<-rnorm(100, mean = 0, sd = 1)
x2<-rnorm(100)
```

22.3 生成随机数

如果重复两次生成 10 个随机数，第二组的值将不同于第一组，详见下面的输出。

```
> rnorm(10)
[1] 1.10177950 0.75578151 -0.23823356 0.98744470 0.74139013 0.08934727
[7] -0.95494386 -0.19515038 0.92552126 0.48297852
> rnorm(10)
[1] -0.5963106 -2.1852868 -0.6748659 -2.1190612 -1.2651980 -0.3736616
[7] -0.6875554 -0.8721588 -0.1017610 -0.2537805
>
```

这对大多数研究课题而言，不同的随机数对最终结果是没有什么影响的。因为对多数研究而言，如果样本较大，输出数据的均值和标准偏差是相差不大的。但有时我们希望在每次运行 R 代码时，都得到相同的随机数。例如，当一位教师在投影仪上显示一组随机数时，学生希望在自己计算机的屏幕上也显示完全相同的数值。对于这些情况而言，我们使用 set.seed() 函数。当使用相同的种子数值时，不同的用户将得到相同的随机数。

```
> set.seed(10)
> rnorm(10)
[1] 0.01874617 -0.18425254 -1.37133055 -0.59916772 0.29454513
[6] 0.38979430 -1.20807618 -0.36367602 -1.62667268 -0.25647839
> rnorm(10)
[1] -0.5963106 -2.1852868 -0.6748659 -2.1190612 -1.2651980
[6] -0.3736616 -0.6875554 -0.8721588 -0.1017610 -0.2537805
> set.seed(10)
> rnorm(10)
[1] 0.01874617 -0.18425254 -1.37133055 -0.59916772 0.29454513
[6] 0.38979430 -1.20807618 -0.36367602 -1.62667268 -0.25647839
```

22.4 Q-Q 图

如果数据服从正态分布，使用 qqnorm()函数生成的 Q-Q 图将是一条直线。相应的程序如下，运行结果如图 22-1 所示。

```
> set.seed(123)
> x<-rnorm(1000)
> qqnorm(x)
```

反之，如果我们有一组不服从正态分布的随机数（例如来自一个均匀分布），我们将得到一条非直线，如图 22-2 所示。

```
>y<-runif(1000)
>qqnorm(y)
```

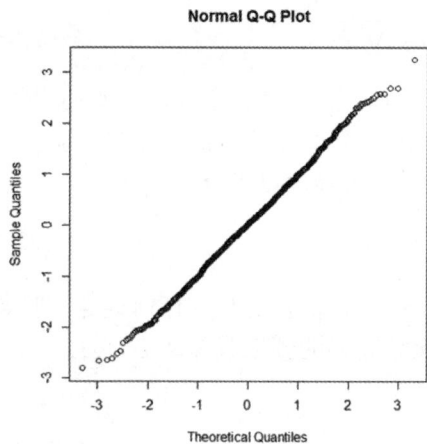

图 22-1　qqnorm 函数结果（1）

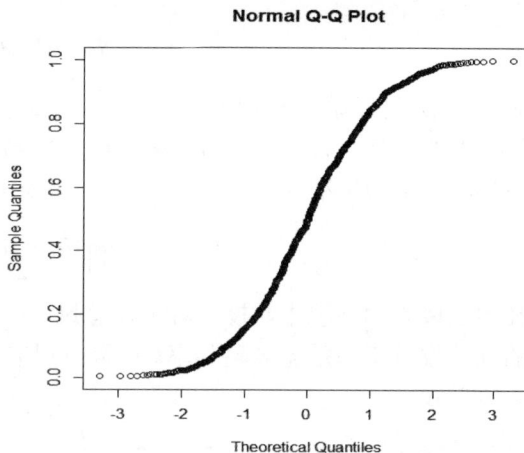

图 22-2　qqnorm 函数结果（2）

这些 Q-Q 图向我们展示了如何从图形是否为一直线来判定给定数据是否服从正态分布。值得一提的是，Q-Q 图示并非正式的正态检测。在后面的章节中，我们将介绍正式检验，以确定一组数据是否遵循正态分布。

22.5　蒙特卡罗随机模拟

对于正态分布，我们可以使用 rnorm(n, mu, std)生成 n 个随机数。rnorm()函数中的第一个字母 r 是英文词 random 的第一个字母。英文 random 的中文含义为"随机"。norm 是英文 normal 的前 4 个字符，英文 Normal 的译为正态分布。

```
> set.seed(123)
> mu<-0.25
> std<-0.3
> n<-100
> x<-rnorm(n,mu,std)
> head(x)
[1] 0.08185731 0.18094675 0.71761249 0.27115252
[5] 0.28878632 0.76451950
```

为了产生服从对数正态函数的随机数，我们使用 rlnorm()函数。

```
> log_normal_random<-function(n) return(rlnorm(n))
> log_normal_random(5)
[1] 0.4914444 1.2928948 0.7813814 0.7064219 0.3861156
```

22.6　模拟股票价格的路径

在金融领域，研究者常常假设股票价格遵循对数正态分布，详见以下公式：

$$S_{t+1} = S_t + \hat{\mu}S_t\Delta t + \sigma S_t\epsilon\sqrt{\Delta t} \ , \tag{22-5}$$

其中，S_{t+1} 是股票在 $t+1$ 时的价格，S_t 是股票在 t 时的价格。μ 是股票收益率的期望值，T 是期权到期的时间（以年计），n 是步数，$\Delta t=T/n$，ε 是一个来自标准正态分布的随机数，σ 是股票收益率的标准离差（即波动率）。从公式（22-5）可导出以下公式：

$$S_{t+1} = S_t\exp\left(\hat{\mu} - \frac{1}{2}\sigma^2\right)\Delta t + \sigma\epsilon\sqrt{\Delta t}\right) \tag{22-6}$$

在中性风险的环境中，投资者不在意风险。因此，在这样的世界里，任何证券、股票或投资的预期收益率都是无风险利率。在以无风险利率代替股票的预期收益率后，公式（22-6）变成以下形式：

$$S_{t+1} = S_t\exp\left(r - \frac{1}{2}\sigma^2\right)\Delta t + \sigma\epsilon\sqrt{\Delta t}\right) \tag{22-7}$$

下面程序给出股票价格路径的 R 代码。

```
ST_path_f<-function(S,r,T,n,sigma){
    delta_T<-T/n
    ST<-seq(1:n)*0
    ST[1]<-S
    for (i in 2:n){
        temp1<-r-0.5*sigma*sigma*delta_T
        temp2<-sigma*rnorm(1)*sqrt(delta_T)
        ST[i]<-ST[i-1]*exp(temp1+temp2)
    }
    return(ST)
}
```

输出是一个 $n\times1$ 阶的向量，表示沿路径的 n 个股票价格。对于终端股票价格而言，我们有以下等式：

$$S_T = S_0\exp\left(\left(\hat{\mu} - \frac{\sigma^2}{2}\right)T + \sigma\epsilon\sqrt{T}\right) \tag{22-8}$$

在中性风险的世界中，我们有下面等价的公式，即以无风险利率（r）代替股票的预期收益率（$\hat{\mu}$）。

$$S_T = S_0\exp\left(\left(r - \frac{\sigma^2}{2}\right)T + \sigma\epsilon\sqrt{T}\right) \tag{22-9}$$

以下程序通过一组输入值给出股票在 T 时的一个有可能的价格。

```
ST_f<-function(S,r,T,sigma){
```

```
temp1<-(r-0.5*sigma*sigma)*T
temp2<-sigma*rnorm(1)*sqrt(T)
final<-S*exp(temp1+temp2)
return(final)
}
```

我们可以通过输入一组值来调用上述两个程序。

```
> ST_path_f(40,0.1,1,5,0.2)
[1] 40.00000 37.92817 40.35381 48.22527 50.42175
> ST_f(40,0.1,1,0.2)
[1] 45.61589
>
```

22.7 利用蒙特卡罗模拟来验证 Black-Scholes-Merton 期权模型

从第 21 章的 Black-Scholes-Merton 期权模型中，我们有下面的 R 程序来计算欧式看涨期权。

```
bsCall<-function(s,x,T,r,sigma){
    d1 = (log(s/x)+(r+sigma*sigma/2.)*T)/(sigma*sqrt(T))
    d2 = d1-sigma*sqrt(T)
    s*pnorm(d1)-x*exp(-r*T)*pnorm(d2)
}
```

根据前面介绍的公式，可以编写下面的 R 程序来用蒙特卡罗随机模拟来对欧式看涨期权进行定价。在下面的程序中，输入值为 s（今天的股票价格）、x（执行价格）、T（以年计的到期时间）、r（无风险利率）、sigma（波动率）和 n（模拟次数）。n 的默认值是 100。

```
bsCallSimulation<-function(s,x,T,r,sigma,n=100){
    temp1<-(r-sigma*sigma/2.0)*T
    temp2<-sigma*rnorm(n)*sqrt(T)
    ST<-s*exp(temp1 + temp2)
    payoff<-((ST-x) + abs(ST-x))/2
    final<-mean(payoff)*exp(-r*T)
    return(final)
}
```

在该程序中，ST 是在 T 时的股票价格。$((ST-x)+abs(ST-x))/2$ 与 $MAX(ST, x)$ 相同。假定我们有一个股票。其目前的价格是 40 美元，执行价格是 42 美元，到期时间为 6 个月，连续复利的无风险利率为 10% 以及相关股票的波动性是 20%。从下面结果可知，Black-Scholes-Merton 给出的结果约为 2.28 美元。而用蒙特卡罗随机模拟得到的结果约为 2.27 美元。

```
> bsCall(40,42,0.5,0.1,0.2)
[1] 2.27778
> set.seed(212)
```

```
> bsCallSimulation(40,42,0.5,0.1,0.2,5000)
[1] 2.268195
```

要注意的是，如果再运行上述最后一行代码"bsCallSimulation（40，42，0.5，0.1，0.2，5000）"时，我们将得到不同的结果。你知道为什么么？

22.8　利用蒙特卡罗模拟计算亚式期权（Asian Options）

欧式期权的收益函数与股票价格所经过的途径无关，即其收益函数只与股票在期权到期时的价格及执行价格有关。如欧式看涨期权买方的受益函数有以下公式。

$$\text{欧式看涨期权买方的受益函数} = \max(sT - x, 0) \tag{22-10}$$

与其不同的是，亚式期权的与股票经过的途径有关。亚式平均股票价格看涨期权的收益函数为：

$$\text{亚式平均股票价格看涨期权买方的受益函数} = \max(\bar{S} - x, 0) \tag{22-11}$$

在公式（22-11）中，$\bar{S}$ 是股票的平均价格。假定计算股票的路径的 **ST_f** 函数可调用（见前面有关 **ST_f** 的 R 函数）。我们可以使用以下代码来为亚式平均股票价格的看涨期权定价。

```
asianCallAveragePrice<-function(s,x,r,T,sigma,n_steps,n_trial){
    payoff<-rep(0,time=n_trial) # initialization
    for(i in 1:n_trial){
        Saverage<- mean(ST_path_f(s,r,T,n_steps,sigma))
        payoff[i]<-max(Saverage-x,0)
    }
    return(mean(payoff)*exp(-r*T))
}
> set.seed(12345)
> asianCallAveragePrice(50,50,0.01,0.5,0.2,100,500)
[1] 35.69038
```

另一种亚式看涨期权是使用 $\bar{S}$ 作为执行价格的，其亚式看涨期权买方的受益函数为：

$$\text{亚式看涨期权以平均值为执行价格买方的受益函数} = \max(s_T - \bar{s}, 0) \tag{22-12}$$

在公式（22-12）中，s_T 为到期时股票的价格，$\bar{s}$ 股票从 T_0 到 T 的日平均价格。

22.9　如何生成两个相关的随机数序列

我们知道大多数股票的收益率是正相关的。为模仿两只股票未来的走向，有时我们需要生成两列随机数，并要求它们的相关性满足预先给定的数值。假设要求的相关性为 ρ，以下是生成这两个序列的两个步骤。

（1）生成两个不相关的正态分布随机数序列，让我们称它们为 x_1 和 x_2。

（2）使用以下公式生成 y_1 和 y_2：

$$\begin{cases} y_1 = x_1 \\ y_2 = \rho x_1 + \sqrt{1-\rho^2}\, x_2 \end{cases} \qquad (22\text{-}13\text{A})$$

对于上式而言，因为总有学生将 x_2 错放在开方运算符下。为避免误解，以下公式可能更清晰些。

$$\begin{cases} y_1 = x_1 \\ y_2 = x_1\rho + x_2\sqrt{1-\rho^2} \end{cases} \qquad (22\text{-}13\text{B})$$

其中 y_1 和 y_2 就是我们所需要的序列。即 y_1 和 y_2 的相关性满足我们预先指定的值（ρ），相应的代码如下所示。

```
x1<-rnorm(1000)
x2<-rnorm(1000)
cor(x1,x2)
[1] -0.006533303 # correlation coefficient is almost zero
rho<-0.5 # assume a value
y1<-x1
y2<-x1*rho + sqrt(1-rho^2)*x2
cor(y1,y2)
[1] 0.522907 # test the correlation coefficient
```

22.10 如何从 n 只股票中随机选择 m 只股票

若如要从 500 只股票中随机选取 10 只，我们可以使用 runif()函数。下面程序使用一个名为 SnP500List 的数据集。该数据集是 2005 年标准普尔 500 指数的成分股票，该数据集包含在名为 PortRisk 的 R 包中。如果在调用该包时，library(PortRisk)收到错误消息，则需用 install.packages("PortRisk")安装它。

```
> library(PortRisk)
> data(SnP500List)
> head(SnP500List)
          Company
A      Agilent Technologies Inc
AA                    Alcoa Inc
AAPL                Apple Inc.
ABBV                    AbbVie
ABC      AmerisourceBergen Corp
ABT          Abbott Laboratories
```

```
> n<-nrow(SnP500List)
> set.seed(12345)
> m<-10
> x<-unique(as.integer(runif(m,1,n)))
> x
[1] 360 438 380 443 228  84 163 255 364 494
> y<-SnP500List[x,]
> y
[1] "Pfizer Inc."              "Tiffany & Co."
[3] "PVH Corp."               "T. Rowe Price Group"
[5] "Harris Corporation"      "Crown Castle International Corp."
[7] "Ensco plc"               "KeyCorp"
[9] "Parker-Hannifin"         "Xerox Corp."
```

22.11 sobol()函数

为了完成不同的任务，我们要生成各类随机数。当随机数的数量很大时，往往需要计算很长一段时间才能得到最终结果。相对而言，Sobol 序列比一般方法生成的随机数分布得更为均匀。因此，研究者往往可以应用 Sobol 序列的随机数来提高效率。在以下代码中，首先先生成 100 个随机数及它们的分布（见图 22-3），然后从 Sobol 序列生成 100 个随机数及它们的分布（见图 22-4）。

```
set.seed(12345)
x1<-rnorm(200)
y<-matrix(x1,100,2)
plot(y)

set.seed(12345)
library(fOptions)
x<-rnorm.sobol(n=100,dimension=2,scrambling=3)
plot(x,main="Sobol")
```

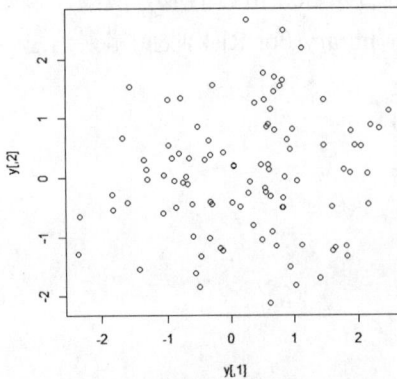

图 22-3 100 个随机数及其分布

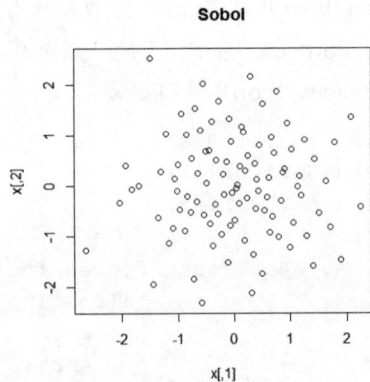

图 22-4 Sobol 序列生成的 100 个随机数及其分布

22.12　Shapiro-Wilk 正态分布检验

Shapiro-Wilk() 函数是用来检样本 $x_1, \cdots, x_n$ 是否服从正态分布。零假设或基本假设是该组数据服从正态分布。

$$H_0 : x_i \in N(\mu, \sigma)$$

在下面的测试中，我们首先生成一组服从正态分布来的随机数。然后用 Shapiro-Wilk 函数检验是否服从正态分布。对该例子而言，我们预先知道检验的结果。

```
> x<-rnorm(1000)
> mean(x)
[1] 0.04619816
> sd(x)
[1] 0.9987476
> shapiro.test(x)
        Shapiro-Wilk normality test
data:  x
W = 0.99777, p-value = 0.1988
```

从上面结果而知，p 值是 0.1988。如果选择的置信水平是 0.95，我们不能拒绝零假设。换句话说，我们确认这组数据的确服从正态分布。下面来看看明显的非正态分布的序列。

```
> x<-runif(1000)
> shapiro.test(x)
        Shapiro-Wilk normality test
data:  x
W = 0.94982, p-value < 2.2e-16
```

因为 p 值几为零，我们拒绝零假设。以下程序检测国际通用商业公司（IBM）的日收益率是否服从正态分布。

```
> ibmDaily = read.csv("http://datayyy.com/data_csv/ibmDaily.csv")
> head(ibmDaily)
> n<-nrow(ibmDaily)
> p<-ibmDaily$Adj.Close
> ret<-p[2:n]/p[1:(n-1)]-1
> shapiro.test(ret)
Error in shapiro.test([n - 5001:n])  : 样本大小必须在 3 和 5000 之间
```

下面结果证明国际通用商业公司（IBM）的日收益率不服从正态分布。

```
> shapiro.test(ret[n-5000:n])
        Shapiro-Wilk normality test
```

```
data: ret[n - 5000:n]
W = 0.96523, p-value < 2.2e-16
```

22.13 蒙特卡罗模拟所需的时间

对多数模拟而言，通常研究者通常不关心计算所需的时间。然而，当研究课题变得十分复杂或使用大量的随机数时，分析所需的时间可能会急剧增加。因此，我们需要一种方法来估计执行某个程序所需的时间。下面，我们生成一组随机数并估计它们的平均值。

```
set.seed(123)
n<-5000
x<-mean(rnorm(n))
print(x)
```

实际上，我们可以将最后两行合并为一行语句。mean(rnorm(100))。显然当 n 增加，我们需要更多时间来获得最终的结果。一共需要多少时间？为此，我们可用 system.time()函数。

```
> n<-1e5
> system.time(mean(rnorm(n)))
   user   system elapsed
   0.02    0.00    0.02
> n<-1e8
> system.time(mean(rnorm(n)))
   user   system elapsed
   9.63    0.15    9.81
```

这个过程共花费了9.78秒的CPU时间（9.63+0.15=9.78），其中9.63秒花费在用户空间中，系统操作花费了0.15秒。当程序运行时，会涉及几种时间，如表22.3所示。

表22.3 运行程序有3种类型的时间

名称	用户 CPU	时间系统 CPU 时间	总时间
R 名称	用户（user）	系统（system）	耗时（elapsed）
解释	处理器运行程序代码（或库中的代码）	花在处理器上的时间	在操作系统内核中运行代码所需的时间

22.14 练习题

（1）下载 IBM 最近五年的日数据并估算其回报，它的 Q-Q 图是直线吗？

（2）在上题中使用月数据，其月收益率的 Q-Q 图是直线吗？

（3）将服从均匀分布的随机数转换为服从正态分布的随机数有以下公式：$norm = \sum_{i=1}^{12} \epsilon_i - 6$ 生成 5000 个正态分布的随机数，估计它们的值平均值、标准差和 Q-Q 图。

（4）假设当前股票价格为 10.25 美元，过去 5 年的平均价格为 9.35 美元，标准离差是 4.24。编写一个程序来产生 1000 个未来的价格。

（5）从雅虎财务下载花旗集团（股票代码为 C）最近 5 年的日数据，测试其日收益率是否遵循正态分布。

（6）下载最近 5 年内 10 只股票的价格数据（见表的股票代码），组成一个等权重的投资组合和对其投资组合每日回报进行 Shapiro-Wilk 测试。

表 22.4   10 只股票的数据

公司名称	股票代码	行业
家庭美元商店（Family Dollar Stores）	FDO	零售
沃尔玛商店（Wal-Mart Stores）	WMT	超市
麦当劳（McDonald's）	MCD	餐饮
戴尔公司（Dell company）	DELL	计算机硬件
国际商业机器（International Business Machine，IBM）	IBM	计算机
微软（Microsoft）	MSFT	软件业
通用电气（General Electric）	GE	大集团
谷歌（Google）	GOOG	互联网服务
苹果（Apple）	AAPL	计算机硬件
易贝（eBay）	EBAY	互联网服务

（7）从雅虎财经下载 IBM 的历史价格，估算过去 10 年的平均值和标准差，预测明年的收益率。

（8）以下简单的程序可以用来计算 π 的估计值，解释其逻辑。

```
n<-100
x<-runif(n)
y<-runif(n)
z<-0*(1:n)
for(i in 1:n){
    if( (x[i]-0.5)^2 + (y[i]-0.5)^2<=0.5^2) z[i]=4;
}
print(mean(z))
```

（9）对于美国的 Powerball，我们从 59 个白球中选择 5 个白球，编号从 1 到 59 和一个红球从 39 个红球编号为 1 到 39 编写一个 R 程序进行选择那 6 个球随机。

（10）对于 20 个公司，下载并将他们的每日价格保存为 20 个不同的 CSV 文件。写一个 R 程序随机选择 5 只股票并估算它们的平均加权投资组合收益和风险。

（11）重复上述程序，但将其另存为一个文件而不是 20 个单独的 CSV 文件。

（12）班上有 15 名学生，编写一个 R 程序随机选择其中 7 个。

（13）通过检索 prcD50.Rdata 和 prcD50.csv 来测试时差。首先加载 prcD50Rdata 将其另存为 CSV 文件。

（14）人们通常观察到，投资组合的波动性与投资组合中的股票数量呈负相关。即股票数量越多，投资组合的风险越小。编写一个 R 程序来显示该关系。

（15）从 1 到 10 个标记的十个球中提取 1、2、3 和 4 的概率是多少？使用两种方法：

1）使用公式。

2）编写一个 R 程序来生成 5 个随机数。

> **提示**
>
> 可使用 runif() 函数。

（16）从 20 只股票中检索 7 只股票，选择前 7 只股票的概率是多少？使用模拟来证明你的结果。

（17）假设我们有 500 个选择题。我们可以有以下格式的输入文件（见表 22.5）。

表 22.5　输入文件的内容

Question	A1	A2	A3	A4	correct
1+1=	3	4	2	2/5	A3
The present value formula is:	FV/(1+R)	FV/(1+R)^n	PV*(1+R)^n	PV*(1+R)	A2
The highest risk portfolio is	Small stock portfolio	Corporate Bond portfolio	S&P500	T-bills	A1
Risk and return are negatively correlated	True	False			A2

编写一个 R 程序输入这个文件，然后随机选择每个选择题的答案。

（18）基于上个题目，如果我们始终将正确的答案放在第一个。写一个 R 程序将答案随机排列。下面是用分号（;）分隔的输入文本文件。

```
The present value formula is; FV/(1+R)^n ; FV/(1+R) ; PV*(1+R)^n ; PV*(1+R).
```

（19）通过阅读本章，我们知道以下代码可生成两组随机数，且它们的相关性为 rho。

```
x1<-rnorm(1000); x2<-rnorm(1000)
rho<-0.5 # assume a value
y1<-x1
y2<-x1*rho + sqrt(1-rho^2)*x2
cor(y1,y2) # [1] 0.522907 # test the correlation coefficient
```

编写一个相应的 R 程序。输入为相关性、个数及种子数值。

第 23 章
投资组合理论

当给定两只股票的波动率（标准离差）*sigma*1 和 *sigma*2，它们之间的相关性 *rho* 和一个权重 *w*1 时，我们可以计算这两只股票投资组合的波动性（标准离差），详见以下 R 程序。

```
vol2stocks<-function(sigma1,sigma2,rho,weight_1){
    w1<-weight_1
    w2<-1-w1
    temp1<- w1^2*sigma1^2
    temp2<- w2^2*sigma2^2
    temp3<-2*w1*w2*rho*sigma1*sigma2
    var<-temp1+temp2 +temp3
    std<-sqrt(var)
    return(std)
}
```

当两只股票的收益率不完全正相关时，它们的投资组合风险将减小。

```
> vol2stocks(0.1,0.2,-0.3,0.1)
[1] 0.1772569
> vol2stocks(0.1,0.2,0.3,0.1)
[1] 0.1832485
> rho<-seq(-0.2,0.5,by=0.01)
> vol<-vol2stocks(0.3,0.2,rho,0.5)
> plot(rho,vol)
>
```

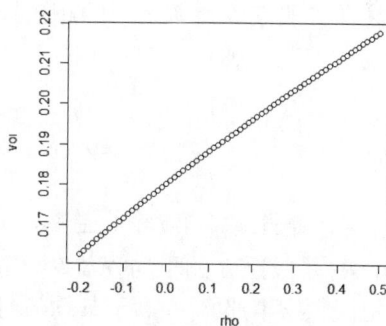

图 23-1   相关性对投资组合的影响

图 23-1 显示了相关性对两只股票投资组合波动率的影响。

23.1   投资组合简介

投资组合理论在金融领域占有独特的地位。常言道，不该把所有的鸡蛋放在一个篮子里。也就是说，投资多样化将减少投资风险。在本章中，我们将讨论个股和投资组合的各种风险度量，例如对于一组给定的股票如何选择有效投资组合，如何构建"高效"的投资组合包罗线。重点将放在如何将投资组合理论应用于现实世界的情况。

例如，今天我们拥有 1000 万美元的现金如果只打算购买两只股票，比如购买国际商业通用公司（IBM）和沃尔玛。如果我们在 IBM 的投资占 60%，在沃尔玛的投资占 40%，我们的总体风险是多少？如何基于这两只股票生成风险最小的投资组合？对于给定的风险等级，如何取得最优的投资组合？扩展而言，如果有 10 只股票可选用，如何分配我们的投资以取得预期的目的？如何建立一个基于 50 只股票的最佳投资组合的包罗线（有效边界）？常言道：不要把所有的鸡蛋放在同一个篮子里。许多人都知道这句俗语，遗憾的是，很少有人知道其背后的假设是什么。

23.2　方差、标准差和相关性

在金融领域，人们使用方差和标准离差来代表风险，用它们来描述股票等收益的不确定性。即使用收益率的标准差来表示某个股票或投资组合的风险。对一只股票而言，如果有 n 个收益率，那么它们的方差（σ^2）和标准离差（σ）的定义如下：

$$\begin{cases} \sigma^2 = \dfrac{\sum_{i=1}^{n}(R_i - \overline{R})^2}{n-1}, \\ \sigma = \sqrt{\sigma^2} \end{cases} \tag{23-1}$$

其中 R_i 是股票的第 i 个收益率，$\overline{R}$ 是它们的均值，n 是收益率的个数。协方差（$\sigma_{A,B}$）描述两支股票收益率之间的相向运动。如对股票 A 和 B 而言，假设有 n 对收益率，它们之间的协方差（$\sigma_{A,B}$）定义如下：

$$cov(R_A, R_B) = \sigma_{A,B} = \frac{\sum_{i=1}^{n}(R_{A,i} - \overline{R}_A)(R_{B,i} - \overline{R}_B)}{n-1} \tag{23-2}$$

$R_{A,I}$ 是股票 A 第 i 个收益率，$\overline{R}_A$ 是股票 A 的平均收益率。同理，$R_{B,I}$ 是股票 B 第 i 个收益率，$\overline{R}_B$ 是股票 B 的平均收益率。当协方差为负值时，表示两只股票的收益率向相反方向运动。即当股票 A 的收益率高于其均值时，股票 B 的收益率十有八九要低于其相应的均值。而正值表示方向相同，大多数股票之间具有正的协方差。两只股票之间的相关性（σ）定义如下：

$$\rho_{A,B} = \frac{\sigma_{A,B}}{\sigma_A \sigma_B} \tag{23-3}$$

相关性的取值范围为[-1,1]。在描述股票之间的协同运动时，相关性（σ）是比协方差更好的衡量标准。例如，如果我们给定 $cov(R_A, R_B)=0.4$，$cov(R_A, R_C)=1.3$，我们就不能断定哪只股票（B 或 C），与股票 A 有更强的相关性。可是当我们知道 $\rho(R_A, R_B)=0.3$，$\rho(R_A, R_C)=0.2$，那么我们可以得出结论：股票 B 与股票 A 有更强的相关性。方差和标准差的 R 函数分别是 var() 和 sd()。

```
> var(1:10)
[1] 9.166667
> sd(1:10)
[1] 3.027650
```

协方差和相关性的 R 函数为 cov() 和 cor()，接下来我们将用到这两函数。在计算方差时，我们往往使用月数据或日数据。相应得出的数据是基于这些频率的。因此，我们需将结果年度化，详见以下公式：

$$\begin{cases} \sigma^2_{annual} = 252\sigma^2_{daily} \\ \sigma^2_{annual} = 12\sigma^2_{monthly} \end{cases} \tag{23-4}$$

$$\begin{cases} \sigma_{annual} = \sqrt{252}\sigma_{daily} \\ \sigma_{annual} = \sqrt{12}\sigma_{monthly} \end{cases} \tag{23-5}$$

基于日频率，以下 R 代码估算在两日之间给定股票的年化波动率。

```
vol_stock<-function(ticker,date1,date2){
    t<-'http://datayyy.com/data_csv/$VDaily.csv?s=$V'
    x<-read.csv(sub("$V",ticker,t ,fixed=T))
    n<-nrow(x)
    p<-x[,6]
    ret<-p[2:n]/p[1:(n-1)]-1
    d<-data.frame(as.Date(x[2:n,1]),ret)
    colnames(d)<-c("date","ret")
    vol_daily<- sd(subset(d[,2],d[,1]>=date1 & d[,1]<=date2))
    return(vol_daily*sqrt(252))
}
```

在调用函数时，请注意 date1 和 date2 的格式。

```
> date1<-as.Date("2001-01-01")
> date2<-as.Date("2001-01-20")
> vol_stock("ibm",date1,date2)
[1] 0.7226186
```

23.3 Markowitz 均值-方差优化理论

投资组合理论的基石是权衡风险和收益，以优化分配我们的资产。马尔科维茨（Markowitz）认为我们应该只考虑证券收益率的平均值和方差之间的均衡。此外，其他两个度量是偏度和峰度。在讨论如何优化投资组合时，我们有一个简单的规则：（1）对于一个给定的风险，理性的投资者更喜欢预期收益较高的股票或风险组合；（2）对于给定的回报，理性投资者更喜欢风险水平较低的股票或风险组合。在图 23-2 的左图中，风险组合 A 比 B 好，因为 A 有更高的预期收益率，但风险与 B 相同。同理，风险组合 C 比 D 好，因为 C 的风险较低，但具有相同的预期回报。

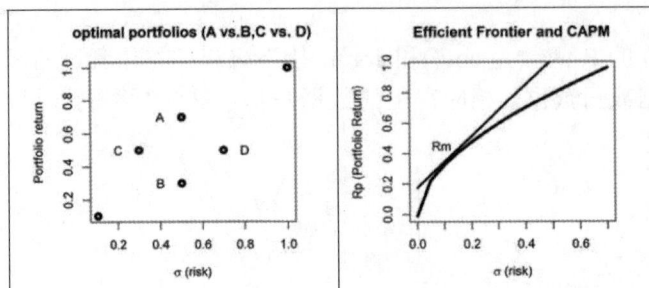

图 23-2　风险组合对比

在图 23-2 的右图中，纵轴为风险投资的收益率，横轴为组合投资的风险，即收益率的标准离差。曲线下的区域代表可能的投资组合。曲线是所有的有效的投资组合包罗线，包含那些满足上述规则的投资组合的前沿。即对于给定的风险，投资组合具有最高回报率;对于给定的回报，投资组合具有最低的风险。在博士论文中，Markowitz（1955 年）提出了这个均值-方差图。Sharpe（1956 年）加入了无风险利率和市场组合，该直线是与投资组合前沿相交的切线。这条线表示最佳投资策略实际上是由两项投资组成：无风险投资与市场投资组合。在图中，切点代表市场投资组合。基于此项贡献，Markowitz、Sharpe 和 Miller 分享了1990 年的诺贝尔经济学奖。Markowitz 得奖是因为投资组合选择理论，Sharpe 得奖是因为他对金融资产价格形成理论的贡献（CAPM），Miller 得奖是因为他对企业融资理论的贡献。

23.4　单期投资组合优化

有时我们称单期投资组合优化为 Markowitz 投资组合优化，输入数据包括预期收益，标准偏差以及它们之间的相关矩阵。输出是这些资产形成的有效边界。在本章的其余部分，我们将用历史收益率来代替预期收益，并使用股票的历史相关性代替股票的预期相关性。

```
> x<- rnorm(100)
```

23.5　股票收益率矩阵

以下程序用于估算给定股票的每月收益率，输出只有两个变量：日期和收益率。在估算收益率时，我们假设股票排序是从最早到最新的。有关排序的更多详细信息，请参阅第 11 章。

```
getMonthlyRet<-function(ticker){
    t1<-"http://datayyy.com/data_csv/"
    t2<-paste(t1,tolower(ticker),'Monthly.csv',sep='')
```

```
x<-read.csv(t2,header=T)
#
n<-nrow(x)
dd<-Sys.Date()
for(i in 1:n){
    tt<-toString(x[i,1])
    dd[i]<-as.Date(tt,"%Y-%m-%d")
}
#
p<-x$Adj.Close
ret<-p[2:n]/p[1:(n-1)]-1
d<-data.frame(dd[2:n],ret)
colnames(d)<-c('DATE',toupper(ticker))
return(d)
}
```

下面我们检索 4 只股票的数据。

```
begdate<-as.Date("2006-01-01")
enddate<-as.Date("2010-12-01")
stocks<-c("IBM","C","MSFT","WMT")
d<-getMonthlyRet("^GSPC") # ^GSPC is S&P500
base<-subset(d,d[,1]>=begdate & d[,1]<=enddate)
rm(d)
for(i in 1:length(stocks)){
    d<-getMonthlyRet(stocks[i])
    base<-merge(base,d)
}
```

下面给出输出的前几行。

```
> head(base)
        DATE          ^GSPC          IBM            C         MSFT          WMT
1 2006-01-01  2.546677e-02 -0.010948679 -0.040181312  0.07648170 -0.01174737
2 2006-02-01  4.531576e-04 -0.013037730 -0.004508413 -0.04547072 -0.01626515
3 2006-03-01  1.109581e-02  0.030372502  0.019624890  0.01608515  0.04144649
4 2006-04-01  1.215565e-02 -0.001576552  0.057590688 -0.11245849 -0.04326391
5 2006-05-01 -3.091692e-02 -0.029633227 -0.011999250 -0.06211225  0.07594906
6 2006-06-01  8.659623e-05 -0.035072407 -0.021298230  0.03270927 -0.00230260
>
```

通过使用上面的代码，我们预计 60 个月（即行数是 60）。但是，如果一只股票只有 45 个月的收益，我们最终只有 45 行而不是 60 行。原因是当使用 merge(x, y)时，默认情况下最终输出的是重叠结果。有时候我们要求输出有一个预期的维度。一种方法是对较短的时间序列加 NA，NA 是 R 的默认代码，NA 取自英文 NotAvailable 两个单词的首字母详见以下例子。

```
> x<-c(1,2,3,4,5,6)
> y<-c(1,2.,3,4.6)
```

```
> x2<-matrix(x,3,2)
> y2<-matrix(y,2,2)
> colnames(x2)<-c("id","value1")
> colnames(y2)<-c("id","value2")
> merge(x2,y2)
id value1 value2
1 1 4 3.0
2 2 5 4.6
> merge(x2,y2,all.x=T)
id value1 value2
1 1 4 3.0
2 2 5 4.6
336NA
> x2
id value2
[1,] 1 4
[2,] 2 5
[3,] 3 6
> y2
id value2
[1,] 1 3.0
[2,] 2 4.6
```

all.x 是指在 merge()函数中的第一个变量。

23.6 投资组合的收益率

投资组合的收益率等于个股收益率的加权平均值，详见以下公式：

$$R_{port} = \sum\nolimits_{i=1}^{n} w_i R_i , \tag{23-6}$$

其中 n 是股票数量，w_i 和 R_i 是股票 i 的权重和预期收益率。例如，表 23.1 列出了 2010 年 1 月 1 日 4 种股票的持有情况。在当年年底的投资组合的收益率和终值是多少？

表 23.1 2010 年 1 月 1 日 4 种股票数据

Stock	Number of shares	Stock	Number of shares
IBM	5,000	MSFT	10,000
DELL	6,000	WMAT	20,000

假设股票价格在 2010 年 1 月 1 日为 P_{IBM}^0、P_{DELL}^0、P_{MSFT}^0 和 P_{WMAT}^0 投资组合的价值将是 $P_{port}^0 = \sum_{i=1}^{4} n_i P_i^0$。同理在当年年底，我们有 $P_{port}^1 = \sum_{i=1}^{4} n_i P_i^1$，投资组合的收益率将是 $((P_{port}^1 - P_{port}^0)/P_{port}^0))$。

23.7 两只股票投资组合收益率的标准离差（波动率）

以下公式给出了如何计算由两只股票组成投资组合的方差：

$$\sigma_{port}^2 = x_1^2\sigma_1^2 + x_2^2\sigma_2^2 + 2x_1x_2\sigma_{1,2} = x_1^2\sigma_1^2 + x_2^2\sigma_2^2 + 2x_1x_2\rho\sigma_1\sigma_2, \tag{23-7}$$

其中 x_1 是股票 1 的权重，x_2 是股票 2 的权重，σ_1 是股票 1 的标准离差，σ_2 是股票 2 的标准离差，ρ 是它们之间的相关性。下面给出对应于公式（23-7）的 R 程序。返回值是两个股票组成的投资组合的方差。两个股票各有 n 行收益率，weight_1 为投资组合第一支股票的权重。显然，第二支股票的权重是 1−weight_1。

```
portfolio_vol_2stocks<-function(ret_matrix,weight_1){
    x1<-weight_1
    x2<-1-x1
    std1<-sd(ret_matrix[,1])
    std2<-sd(ret_matrix[,2])
    temp1<-x1^2*std1^2
    temp2<-x2^2*std2^2
    temp3<-2*x1*x2*cov(ret_matrix[,1],ret_matrix[,2])
    final<-temp1+temp2+temp3
    return(final)
}
```

从公式（23-7）可知，当 rho(ρ) 为负数时，通过选择合适的权重（x_1 和 x_2），我们有可能形成无风险的投资组合。请思考为什么用"有可能"而不是"总是"？

```
weights_zero_risk2stock_port<-function(sigma1,sigma2,rho){
    " > weights_zero_risk2stock_port(0.1,0.2,-1)
      x1 x2
     [1,] 1.651 -0.651
     [2,] 0.418 0.582
    "
    x<-matrix(NA,2,2)
    a<-sigma1^2 + sigma2^2 -2*rho*sigma1*sigma2^2
    b<-2*rho*sigma1*sigma2 - 2*sigma2^2
    c<-sigma2^2
    if(b^2<4*a*c) {
            stop("no solution")
    } else{
        x[1,1]<- (-b+sqrt(b^2-4*a*c))/(2*a)
        x[1,2]<-1-x[1,1]
        x[2,1]<- (-b -sqrt(b^2-4*a*c))/(2*a)
        x[2,2]<-1-x[2,1]
    }
```

```
    colnames(x)<-c("x1","x2")
    return(round(cbind(x),digits=3))
}
```

我们可以用一组输入值调用上述函数。

```
> weights_zero_risk2stock_port(0.1,0.3,-0.4)
weight1 weight2
[1,] 1.208 -0.208
[2,] 0.695 0.305
```

在下面的程序中，对于一组给定的代码，我们使用来自最近两年的每日数据雅虎财经来估计这些股票的标准偏差及其相关性，然后构建风险最小的投资组合。

```
get_ret<-function(ticker){
    t <- 'http://datayyy.com/data_csv/$V.csv'
    x <- read.csv(sub("$V",ticker,t, fixed=T))
    n<-nrow(x)
    p<-x$Adj.Close
    ret<-p[2:n]/p[1:(n-1)]-1
    d<-data.frame(as.Date(x[2:n,1]),ret)
    colnames(d)<-c("date",ticker)
    return(d)
}
#
min_vol_2stocks<-function(ticker1,ticker2){
    x<-get_ret(ticker1)
    y<-get_ret(ticker2)
    d<-merge(x,y)
    s1<-sd(d[,2])
    s2<-sd(d[,3])
    rho<-cor(d[,2],d[,3])
    w<-seq(0,1,by=0.01)
    vol<-port_vol2stocks(s1,s2,rho,w)
    k<-cbind(w,vol,s1,s2,rho)
    f<-round(matrix(k[k[,2]==min(vol),],1,5),digits=4)
    colnames(f)<-colnames(f)<-c(paste(ticker1," _weight",sep=""),"port_vol",
    paste(ticker1,"_vol",sep=""),paste(ticker2, "_vol",sep=""),"rho")
    return(f)
}
#
port_vol2stocks<-function(s1,s2,rho,w1){
    x1<-w1;x2<-1-x1
    return(sqrt(x1^2*s1^2 +x2^2*s2^2+2*x1*x2*rho*s1*s2))
}
```

我们可以输入两个股票代码来调用该程序。

```
> min_vol_2stocks("ibm","c")
```

```
ibm_weight port_vol ibm_vol c_vol rho
[1,] 0.96 0.0141 0.0146 0.0897 -0.1024
```

23.8 n 只股票投资组合收益率的标准离差

由 n 只股票组成的投资组合的方差如下:

$$\sigma^2_{port} = \sum_{i=1}^{n} \sum_{j=1}^{n} x_i x_j \sigma_{i,j} \qquad (23\text{-}8)$$

当 i 和 j 相等时,我们有以下公式:

$$\sigma_{i,i} = \sigma^2_i$$

基于以上公式,以下 R 代码用于估计 n 只股票投资组合的波动性。当然,两只股票投资组合只是上式的一个特例,详见本章后面的练习。当 n=2 时,上述公式将对应 2 只股票投资组合相应的公式。

```
portfolio_vol<-function(ret_matrix,weight){
    m<-ncol(ret_matrix)
    m2<-length(weight)
    if(m!=m2) stop(" dimensions are not matched!!!")
    COV<-cov(ret_matrix)
    sum<-0
    for(i in 1:m)
        for(j in 1:m)
            sum<-sum + weight[i]*weight[j]*COV[i,j]
    return(sqrt(sum))
}
```

下面是对该函数的一个简单的调用。

```
set.seed(12345) # this guarantees the same result
ret<-matrix(rnorm(60),12,5)# 5 stocks with 12 monthly returns
w<-c(0.1,0.2,0.2,0.4,0.1) # weights of those 5 stocks
portfolio_vol(ret,w)
[1] 0.6781459
```

23.9   方差-协方差矩阵

如果数据矩阵的第一列是日期变量,我们只需在估计协方差矩阵之前将其删除。

```
> library(PortRisk)
> data(SnP500Returns)
> n<-5
> base<-data.frame(rownames(SnP500Returns),SnP500Returns[,1:n])
```

```
> names<-colnames(base)
> colnames(base)<-c("DATE",names[2:n])
> rownames(base)<-NULL
> head(base,2)
        DATE           A           AA        AAPL         ABBV           NA
1 2013-01-02 0.022692202 0.035452541  0.03118478           NA  0.007264238
2 2013-01-03 0.003612286 0.007834399 -0.01270333 -0.008390819 -0.002103542
base2<-na.omit(base)
cov(base2[,2:n])
               A           AA         AAPL         ABBV
A    1.901283e-04 5.555116e-05 8.946271e-06 5.131498e-05
AA   5.555116e-05 2.289971e-04 4.202145e-05 3.315804e-05
AAPL 8.946271e-06 4.202145e-05 3.293066e-04 1.017466e-05
ABBV 5.131498e-05 3.315804e-05 1.017466e-05 2.455843e-04
>
```

23.10 相关矩阵

计算协方差的 R 函数为 cov()。对相关性而言，估计相关性矩阵的 R 函数为 cor()。

```
> base<-SnP500Returns
> n<-4
> x<-base[,1:n]
> x2<-na.omit(x)
> cov(x2)
               A           AA         AAPL         ABBV
A    1.901283e-04 5.555116e-05 8.946271e-06 5.131498e-05
AA   5.555116e-05 2.289971e-04 4.202145e-05 3.315804e-05
AAPL 8.946271e-06 4.202145e-05 3.293066e-04 1.017466e-05
ABBV 5.131498e-05 3.315804e-05 1.017466e-05 2.455843e-04
> cor(x2)
              A          AA        AAPL        ABBV
A    1.00000000 0.2662286  0.03575349  0.23747641
AA   0.26622861 1.0000000  0.15302267  0.13982135
AAPL 0.03575349 0.1530227  1.00000000  0.03577829
ABBV 0.23747641 0.1398214  0.03577829  1.00000000
```

23.11 两个股票组合的最小风险投资组合

假设我们有两只股票，它们各自的方差为 0.0036 和 0.0576。这两只股票是完全负相关的，即 $\rho=-1$。当投资组合波动率最小时，两只股票的权重是多少？这里至少存在 3 种解法。

方法 1：将给定值插入公式（23-7），并将其设为等于零，其中 $x=x_1$ 且 $x_2=1-x$。

$$x_1^2\sigma_1^2 + x_2^2\sigma_2^2 + 2x_1x_2\sigma_{1,2} = x_1^2\sigma_1^2 + x_2^2\sigma_2^2 + 2x_1x_2\rho\sigma_1\sigma_2 = 0$$

$$x^2*0.0036+(1-x)^2*0.0576-2x(1-x)\sqrt{0.0036}\sqrt{0.0576}=0$$

对于 $ax^2+bx+c=0$ 的一般公式，我们有以下公式。

$$x = \frac{b \pm \sqrt{b^2-4ac}}{2a} \qquad (23\text{-}9)$$

输入相应的 a、b 和 c 值，我们得到 $x=80\%$。换句话说，当 $x_1=0.80$ 和 $x_2=0.2$ 时，这两只股票组成的投资组合将是无风险的。

方法 2：对股票一而言，从 0 到 100% 生成若干权重（x_1）。我们知道 $x_2=1-x_1$。应用公式（23-7），我们可以为给定的相关性（本例中为–1）生成一组投资组合方差。之后，我们将投资组合方差从最小到最高排序。第一个最小的观察值将是最佳投资组合。

```
std1<-sqrt(0.0036)
std2<-sqrt(0.0576)
rho<- -1
x1<-seq(0,1,0.01)
x2<-1-x1
var_p<-x1^2*std1^2 + x2^2*std2^2 +2*x1*x2*rho*std1*std2
final<-cbind(x1,x2,var_p)
final2<-final[order(final[,3]),]
head(final2)
x1 x2 var_p
[1,] 0.80 0.20 8.673617e-19
[2,] 0.79 0.21 9.000000e-06
[3,] 0.81 0.19 9.000000e-06
[4,] 0.78 0.22 3.600000e-05
[5,] 0.82 0.18 3.600000e-05
[6,] 0.77 0.23 8.100000e-05
```

方法 3：在我们选择一对 x_1 和 x_2，例如 0.1 和 0.90 之后，我们可以估计相应的两只股票组成的投资组合方差。我们选择 5000 对 x_1 和 x_2 来估计方差。最小方差的投资组合将是我们的最佳选择。

```
set.seed(123)
x1<-runif(5000)
x2<-1-x1
var_p<-x1^2*std1^2 + x2^2*std2^2 +2*x1*x2*rho*std1*std2
final<-cbind(x1,x2,var_p)
final2<-final[order(final[,3]),]
```

```
head(final2)
          x1        x2        var_p
[1,] 0.7999653 0.2000347 1.081783e-10
[2,] 0.8000401 0.1999599 1.449664e-10
[3,] 0.8000787 0.1999213 5.568790e-10
[4,] 0.8001358 0.1998642 1.658932e-09
[5,] 0.8002285 0.1997715 4.698080e-09
[6,] 0.8003739 0.1996261 1.258483e-08
```

粗看起来，方法 2 似乎比方法 3 更好，而方法 1 比方法 2 更好。造成这种错觉的主要原因是我们所举的例子相当简单。对于 10 只股票的组合，方法 1 就会失效。此外设计一个好的循环对于方法 2 是必不可少的。

23.12　optim()函数

optim()函数可用于寻找最小化问题的解决方案。例如，我们有以下目标函数。

$$f = 3x^2 - 4x + 1 \qquad (23\text{-}10)$$

由于只有一个变量，我们可以手动解决它。取一阶导数并设置它等于零。对于调用该函数，我们有以下例子。

```
f<-function(x)3*x^2-4*x+1
optim(0.3,f)
optim(0,f,method="Brent",lower = -100, upper = 100)
```

23.13　二次规划

如果自变量的最高指数是 1，那么我们称之为线性模型。如果自变量的最高指数为 2，我们称之为二次函数。

$$\begin{cases} 线性模型：S = 4L \\ 二次函数：A = \pi r^2 \end{cases} \qquad (23\text{-}11)$$

下面的优化公式具有一组约束条件：

$$\begin{cases} minimize\ x_1^2 + 0.1x_2^2 + x_3^2 - x_1 x_3 - x_2 \\ subject\ to：x_1 + x_2 + x_3 = 1 \\ x_1 \geqslant 0, x_2 \geqslant 0, x_3 \geqslant 0 \end{cases} \qquad (23\text{-}12\text{A})$$

我们可以使用矩阵格式来重写上述公式：

$$
\begin{cases}
minimize\ \dfrac{1}{2}X^{T}QX+C^{T}X \\
\qquad AX = b \\
\qquad X \geqslant 0
\end{cases}
\qquad,\qquad （23\text{-}12\text{B}）
$$

在公式（23-12B）中，$X = \begin{bmatrix} x_1 \\ x_2 \\ x_2 \end{bmatrix}$，$Q = \begin{bmatrix} 2 & 0 & -1 \\ 0 & 0.2 & 0 \\ -1 & 0 & 2 \end{bmatrix}$，$C = \begin{bmatrix} 0 \\ -1 \\ 0 \end{bmatrix}$，$A = \begin{bmatrix} 1 \\ 1 \\ 1 \end{bmatrix}$，$b$=1。试试扩展

公式（23-12B）以确定它是否与公式（23-12A）相同则是一个很好的练习。

23.14　与投资组合有关的 R 包

使用与投资组合理论有关的某些 R 包或软件包，可加速我们的理解及计算。表 23.2 提供了与组合优化有关的 R 包。

表 23.2　与投资组合构建、优化和有效边界相关的 R 包

包名称	描述
Portfolio	分析股票组合
Parma	投资组合分配和风险管理应用程序
PortRisk	组合风险分析
MarkowitzR	Markowitz 投资组合的统计程序
pa	股票投资组合的业绩归属
Crp.CSFP	信用风险及投资组合模型
backtest	探索有关金融工具的投资组合
portfolioSim	模拟股票投资组合策略的框架
FRAPO	用 R 进行金融风险建模和投资组合优化
stockPortfolio	建立股票模型并分析股票投资组合
Rportfolios	随机组合生成
tawny	组合优化策略

23.15　R 包相关手册

有几种方法可以找到这些相关手册。下面，我们以名为 portfolio 的 R 包为例。

方法 1：首先在计算机上找到 tidyquant\doc 子目录，然后学习相应的文档。

```
> path.package('tidyquant', quiet=FALSE)
[1] "D:/R-4.0.5/library/tidyquant"
```

方法 2：去 R 官网，单击 CRAN，选择一个就近的服务器，单击"packages"，并用关键词搜索"tidyquant"，并找到相应的 Vignettes。

23.16　R 软件包中的数据集

表 23.3 给出了可以应用于测试的各种 R 包中包含的数据集。

表 23.3　包含在 R 包中有关投资组合的一些数据集

包	数据集名称	描述
PortRisk	SnP500List	标准普尔 500 指数在 2013 年的股票
	SnP500Returns	2013 年 500 股股票收益率
stockPortfolio	stock04	24 只股票和 1 个指数数据
	stock94	24 只股票和 1 个指数数据
	stock94Info	股票和行业信息
	stock99	1999-2004 年的 24 只股票和 1 个指数数据
portfolio	dow.jan.2005	DJIA2005 年 1 月
	global.2004	2004 年的大型跨国公司
	assay	12/31/2004，全球 5000 种最大的股票
parma	eftdata	5/28/2003-6/1/2012，15 个 iShareETF 每日收市价（2272 日）
pa	jan	基于 2010 年 MSCIBarraGEM2 数据集的修改版本
	quarter	基于 2010 年 GEM2 数据集编辑的数据集版本
FRAPO	StockIndex	6 个世界指数：1991 年 7 月至 2011 年 6 月的 SP500、N225、FTSE100、CAC40、GDAX 和 HIS
	MultiAsset	股票、债券指数和黄金的月末价格 2004 年 11 月到 2011 年 11 月
	NASDAQ	纳斯达克成分股 2196 家每周价格数据 2003 年 3 月 3 日到 2008 年 3 月 24 日
	FTSE100	79 富时 100 指数成分股的每周价格数据 2008 年 2 月 18 日到 2008 年 3 月 24 日
	INDTRCK1	恒生指数和 31 个成分股的每周价格数据 1991 年 3 月到 1997 年 9 月

续表

包	数据集名称	描述
FRAPO	INDTRCK2	DAX100 和 85 成分股的每周价格数据
	INDTRCK3	富士 100 指数和 89 个成分股的每周价格数据 1991 年 3 月到 1997 年 9 月
	INDTRCK4	标准普尔 100 指数和 98 个成分股价格数据 1991 年 3 月到 1997 年 9 月
	INDTRCK5	日经 225 指数和 225 个成分股周价格数据 1991 年 3 月到 1997 年 9 月
	INDTRCK6	标准普尔 500 指数和 457 个成分股周价格数据 1991 年 3 月到 1997 年 9 月
backtest	starmine	StarMine 在 1995 年的一些股票排名，相应的回报和其他数据
portfolioSim	starmine.sim	StarMine 排名，1995 年和补充数据
stockPortfolio	stock04	从 2009 年 9 月 1 日到 2004 年 10 月 1 日的 24 个股票和标准普尔 500 指数的月度数据
	stock99	24 只股票和标准普尔 500 指数月度数据 1999 年 10 月 1 日到 2004 年 9 月 1 日
	stock94Info	提示一个股票属于哪个行业
tawny	sp500.subset	2008 年 5 月 5 日至 2009 年 2 月 27 日每日回报 75 只股票

23.17　一些函数的例子

下面是一个使用几个 R 包包含数据集的例子。

```
> library(portfolio)
> data(dow.jan.2005)
> dim(dow.jan.2005)
[1] 30 6
> head(dow.jan.2005,2)
symbol            name price   sector   cap.bil   month.ret
140     AA       ALCOA INC 31.42 Materials  27.35045 -0.06078931
214     MO ALTRIA GROUP INC 61.10    Staples 125.41258  0.04468085
> library(PortRisk)
> data(SnP500List)
> head(SnP500List)
Company
A Agilent Technologies Inc
AA Alcoa Inc
AAPL Apple Inc.
ABBV AbbVie
ABC AmerisourceBergen Corp
ABT Abbott Laboratories
```

```
> data(SnP500Returns)
> dim(SnP500Returns)
[1] 252 500
```

在下面的小节中，我们将讨论包含 R 包中的一些函数。

23.17.1 risk.attribution()函数

假设我们要估计投资组合的波动率（风险）、个股的波动率及其波动率的贡献。

```
>library(PortRisk)
>data(SnP500Returns)
>stocks <- c("AAPL","IBM","INTC","MSFT")
>w <- c(10000,40000,20000,30000)
>begdate<-"2013-01-01"
>enddate<- "2013-01-31"
>risk.attribution(tickers=stocks,weights=w,start=begdate,
end =enddate,data=SnP500Returns)
```

输出如下所示，其中 MCTR 是对总风险的边际贡献的百分比，CCTR 是对总风险的有条件贡献百分比，CCTR（%）是相应占比的股票对给定权重贡献的投资组合波动率。

```
Weight MCTR CCTR CCTR(%) Volatility
AAPL 0.1 2.0614388 0.2061439 18.80638 3.505336
IBM 0.4 0.9297546 0.3719018 33.92837 1.169305
INTC 0.2 1.2062182 0.2412436 22.00851 1.948613
MSFT 0.3 0.9228293 0.2768488 25.25674 1.194353
Portfolio 1.0 NA 1.0961382 100.00000 1.096138
```

23.17.2 用目标收益率计算投资组合的最小风险

从 SMALL.RET 数据集中检索并使用 4 只股票的数据。

```
library(fPortfolio)
d<-SMALLCAP.RET
d2<-d[, c("BKE","GG","GYMB","KRON")]
spec = portfolioSpec()
setSolver(spec) = "solveRquaprog"
setTargetReturn(spec) = mean(d2)
constraints = "LongOnly"
solution<-solveRquadprog(d2, spec, constraints)
```

目标回报将是这 4 只股票的重要指标。

```
> mean(d2)
[1] 0.02430841
> (mean(d2[,1])+mean(d2[,2])+mean(d2[,3])+mean(d2[,4]))/4
[1] 0.02430841
```

```
> solution[[4]][1:4]
[1] 0.2802874 0.3514335 0.1806685 0.1876105
```

在上述练习中，我们确定了预期收益率（2.43%）以找出这 4 只股票的权重（即最佳的 4 只股票的投资组合）。当改变预期的投资组合收益率时，我们可以找到其他有效投资组合如果将这些高效的投资组合连接起来，可以得到有效的边界线。

23.17.3　组合优化

函数 portfolio.optim()用于计算一个给定的返回矩阵的有效投资组合均值-方差的意义。相应的 R 包时 tseries。

```
>require(fPortfolio)
>require(tseries)
>d<-SMALLCAP.RET[,c("BKE","GG","GYMB","KRON")]
>k<-portfolio.optim(d)
>k$pw
[1] 0.2802874 0.3514335 0.1806685 0.1876105
```

portfolio.optim()函数的完整格式如下所示：

```
portfolio.optim (x, pm = mean (x), riskless = FALSE, shorts = FALSE,
rf = 0.0, reslow = NULL, reshigh = NULL, covmat = cov (x), ...)
```

表 23.4 给出了一些符号：

表 23.4　portfolio.optim 函数中一些变量的描述

名称	描述
X	收益率矩阵
Pm	期望的平均投资组合收益
Riskless	逻辑变量表明是否存在无风险的贷款和借款利率
Shorts	逻辑表明是否允许卖空风险证券
Rf	无风险利率
Reslow	指定投资组合权重（可选）下限的向量
Reshigh	指定投资组合权重的（可选）上限的向量
Covmat	资产收益率的协方差矩阵

23.17.4　两股投资组合的有效投资组合

以下代码用于构建几股投资组合的最佳组合。

```
require(fPortfolio)
```

```
require(tseries)
d<-SMALLCAP.RET[,c("BKE","GG","GYMB","KRON")]
d2<-as.timeSeries(d)
data<-d2[,1:3]
factors<-d2[,4]
attr(data, "factors") <- factors
tailoredFrontierPlot(portfolioFrontier(data))#Long-only Markow M
```

相应的结果如图 23-3 所示。

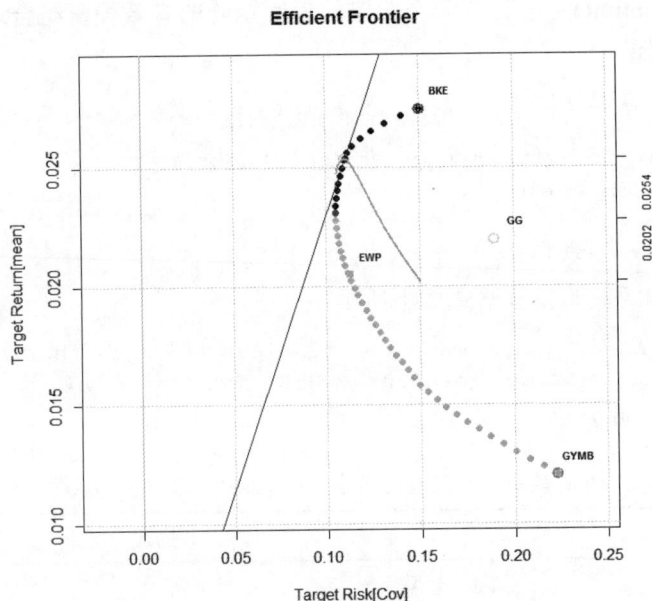

图 23-3 有效投资组合

在上面的程序中，最好用 S&P500 作为 factor。

23.18 投资组合保险（套期保值与目标市场风险）

和期权一样，我们可以通过买卖期货来对冲风险。期货是一个合约双方（买方和卖方）决定在今后某一时间以固定价格购买和出售某一资产或商品。例如，进口商预计在 3 个月后支付 1000 万英镑。该厂家可以通过买英镑的期货来确定 3 个月后的汇率以对冲这汇率风险。对于投资组合经理，他们可以通过买卖指数期货以保护其投资组合价值。假设他们的目标投资组合市场风险为 β^*，目前的投资组合市场风险为 β，投资组合的当前市场价值是 $V_{\text{portfolio}}$，指数期货合约一个和同的 V_{futures}。指数期货合约的价格为指数乘以 250 美元。以下公式用于估计指数期货合约所需的个数：

$$n = (\beta^* - \beta)\frac{V_{\text{portfolio}}}{V_{\text{futures}}} \tag{23-13}$$

其中 n 是期货合约的数量。当 n 为负数时，表示卖空。下面为一简单的例子。一基金现有 3600 万美元的投资组合，其 β 值为 1.2。标准普尔 500 合约的期货价格指数是 2666.53（2018年 4 月 12 日），如图 23-4 所示。

期货合约的价格是标准普尔 500 指数水平的 250 倍。基金需要多少个指数期货合同来实现以下 3 个目标：消除所有系统性风险，将投资组合的贝塔值降到 0.9，将投资组合的贝塔值增至1.8？从下面计算可知，如果要消除所有系统性风险，该公司需卖空 65 个期货合同。

S&P 500 (^GSPC) ☆ Add to watchlist
SNP - SNP Real Time Price. Currency in USD
2,666.53 +24.34 (+0.92%)
As of 11:14AM EDT. Market open.

图 23-4　期货价格指数

```
> (0-1.2)*36000000/(2666.53*250)
[1] -64.80332
>
```

23.19　练习题

（1）在金融领域，我们如何从数学角度来衡量风险和收益？

（2）如果股票 A 比股票 B 具有更高的风险和更高的预期收益，我们如何对它们进行排名？

（3）一对历史收益的方差和相关性是否具有相同的符号呢？

（4）协方差和相关性有什么区别？

（5）相关性对投资组合风险有什么影响？

（6）为什么说相关性比协方差更好表征两只股票之间的互动关系？

（7）根据过去 5 年的月度数据，IBM 和 WMT 之间的关系是什么？

（8）从雅虎财经下载 8 只股票数据和 S&P500 的月数据。计算方差-协方差矩阵。股票代码是 IBM、C、MSFT、WMT、AAPL、AF、AIG、AP 和^GSPC(S&P500)。

（9）股票之间的相关性是否为常数？

> **提示**
> 可以选几只股票估计它们在几个 5 年期间的相互关系。

（10）证明：大股票之间的相关性比小股票之间的相关性更强（更弱）？

（11）为形成投资组合，我们有以下 3 只股票可供选择，如表 23.5 所示。

表 23.5　3 只股票的数据

Stock	Variance	Stock	Variance	Stock	Variance
A	0.0036	B	0.0576	C	0.0196

相应的相关（系数）矩阵如表 23.6 所示。

表 23.6 相关系数

	A	B	C
A	1.0	−1.0	0.0
B	−1.0	1.0	0.7
C	0.0	0.7	1.0

回答下面问题:

1)是否有可能形成零投资组合风险的两股票投资组合?

2)为构成一个无风险投资组合,这两只股票的权重是多少?

(12)编写一个 R 程序,通过使用 10 只股票来估计预期的投资组合回报,使用最近 5 年的数据并假设你自己的权重。

(13)为 50 只股票选择最近 3 年的回报。估算每只股票的波动率,计算它们的平均值,然后形成若干等权两股票投资组合并估算其波动性及其平均值。继续这种方式,并将是 n 股等权重的平均波动率投资组合。用 n(投资组合中股票的数量)作为 x 轴绘制图形,n 股票投资组合的风险作为 y 轴。评价你的结果。

(14)从两个行业中选择格 5 只股票并估计其相关矩阵。评价你的结果。

(15)编写一个 R 程序,通过使用 3 只股票来估算最佳投资组合,可选取微软(股票代码为 MSFT)、沃尔玛(WMT)和花旗集团(C)。

(16)找出 5 个行业的平均相关性,每个行业至少有 10 只股票。

(17)为了估计投资组合的波动率,我们有两个公式:对于两只股票的投资组合和 n 只股票的投资组合。证明当 n 等于 2 时,我们的一般公式就变成两只股票投资组合的公式。

(18)有人说:股票收益不相关。对否?用几只股票说明你的结论。

(19)从雅虎财经,下载 IBM 一年的日数据,并使用两种方法估计夏普比率:

1)定义

$$S = \frac{\overline{R} - \overline{Rf}}{\sigma} \tag{23-14}$$

2)tseries 包中的 sharpe()函数。

数据来源:

1)对股票而言,请从雅虎财经下载数据。

2)对无风险利率,可从作者网页下载数据。

```
> path<-"http://datayyy.com/data.R"
> dataSet<-"ff3daily"
> link<-paste(path,dataSet,".RData",sep='')
> load(url(link))
> head(ff3daily)
```

```
     DATE   MKT_RF       SMB       HML      RF
1 1926-07-01  0.0010  -0.0024  -0.0028  9e-05
2 1926-07-02  0.0045  -0.0032  -0.0008  9e-05
3 1926-07-06  0.0017   0.0027  -0.0035  9e-05
4 1926-07-07  0.0009  -0.0059   0.0003  9e-05
5 1926-07-08  0.0021  -0.0036   0.0015  9e-05
6 1926-07-09 -0.0071   0.0044   0.0056  9e-05
```

第24章
在险价值

如果我们今天拥有 100 股国际通用商业公司（IBM）的股票，今天的市场价值是多少？根据以下 R 代码，我们持有的市场价值为 15572 美元。请注意，价值估计于 2018 年 3 月 6 日，参考使用 tail(x,3)语句时得出的数据。

```
> x<-read.csv("http://datayyy.com/data_csv/ibmDaily.csv")
> tail(x,3)
            Date   Open   High    Low  Close Adj.Close  Volume
14139 2018-03-02 152.79 154.76 151.88 154.49    154.49 3261100
14140 2018-03-05 154.12 157.49 153.75 156.95    156.95 3670600
14141 2018-03-06 157.28 157.89 155.16 155.72    155.72 3586600
>
> tail(x,1)$Adj.Close
[1] 155.72
> tail(x,1)$Adj.Close*100
[1] 15572
>
```

那么在 99%的置信水平时，10 天内最大的损失是多少？从下面的计算结果可知，最大可能损失为 1740.036 美元，这就是股票的在险价值（VaR）。

```
> n_shares<-100
> n_days<-10
> n<-nrow(x)
> LastPrice<-x[n,]$Adj.Close
> position<-n_shares*LastPrice
> #
> p<-x$Adj.Close
> ret<-p[2:n]/p[1:(n-1)]-1
> mu<-(mean(ret)+1)^n_days-1
> VaR<-position*(mu-2.33*sd(ret)*sqrt(n_days))
> VaR
[1] -1740.036
```

如果我们对国际通用商业公司（IBM）、戴尔公司（DELL）和沃尔玛商场（WMT）的股票持有量分别是 100 股、200 股和 500 股。在 95%置信区时，5 天之内最大可能的损失是多少？

24.1 在险价值简介

为了评估企业、证券或投资组合的风险，人们可以使用各种衡量标准，如标准差、方差、贝塔值、夏普（Sharpe）比率、Treynor 比率或 Sortino 比率。但是，大多数公司的高管喜欢简单的数值。常用的一个衡量指标是在险价值，它可被定义为"在预定时期内，在某一置信水平上，最大的损失"。简言之，其定义有三点。

（1）在给定时间内，如 1 天、5 天、一个月或其他时间长度。

（2）在给定的置信度上，常用用置信度为 95%和 99%。99%的置信度即有 1%的机会。

（3）可能的最大损失。

以下是 3 个例子。

1）今天，我们拥有 200 股 DELL 股票，总价值为 2942 美元。明天最大可能的损失是 239 美元，置信度为 99%。即我们有 1%的几率在一天内损失 239 美元。

2）该共同基金今天的价值为 1000 万美元，未来 3 个月的最大损失为 50 万美元，置信度为 95%。

3）银行 A 的价值是 1.5 亿美元，该银行在未来 6 个月内的在险价值为 1000 万美元。置信度为 99%。

VaR 最常用的参数是概率为 1%和 5%（置信度为 99%和 95%），时间为一天和两周（十天）。基于正态分布，我们有以下一般形式：

$$VaR_{period} = position * (\mu_{period} - z * \sigma_{period})$$ (24-1)

其中 *position* 是我们投资组合的当前市场价值，μ_{period} 是预期的平均收益率，*z* 是取决于置信水平。对于正态分布，对于 99%的置信水平，*z*=2.33；对于 95%的置信水平，*z*=1.64，σ 是波动率。当时间较短（比如一天）时，我们可以忽略平均收益率（μ_{period}）的影响。因此，我们有以下简洁的公式：

$$VaR = p * z * \sigma$$ (24-2)

在上式中，我们忽略了预期收益时，与前一式相比有多大的区别？以下代码基于 99%的置信水平，时间为一天，*VaR* 的差别只有 1.4%。

```
> n_shares<-100
> n_days<-1
> n<-nrow(x)
> LastPrice<-x[n,]$Adj.Close
> position<-n_shares*LastPrice
> #
```

```
> p<-x$Adj.Close
> ret<-p[2:n]/p[1:(n-1)]-1
> mu<-(mean(ret)+1)^n_days-1
> std<-sd(ret)
> VaR<-position*(mu-2.33*std*sqrt(n_days))
> VaR
[1] -567.4512
> VaR2<-position*2.33*std
> VaR2
[1] 575.3807
>
> (abs(VaR2)-abs(VaR))/abs(VaR)
[1] 0.01397393
```

24.2　正态分布及其图示

对于在险价值的估计，用公式来进行计算是基于股票的收益率服从某种分布。在若干的分布中，正态分布是最常用的一种分布。主要是因为简单：均值和标准差完全决定了整个分布。正态分布的密度函数的定义如下：

$$f(x) = \frac{1}{\sqrt{2\pi\sigma^2}} e^{-\frac{(x-\mu)^2}{2\sigma^2}}$$
（24-3）

式中 μ 为平均值，σ 为标准偏差。将 μ 设置为 0，并将 σ 设置为 1，则上式将成为标准正态分布。

$$f(x) = \frac{1}{\sqrt{2\pi}} e^{-\frac{x^2}{2}}$$
（24-4）

表 24.1 给出与正态分布相关的 4 个 R 函数。

表 24.1　与正态分布有关的 R 函数

名称	函数	示例
密度函数	dnorm(n,mean,sd)	> dnorm(0) [1]0.3989423
生成随机数函数	rnorm(n,mean,sd)	> x<-rnorm(5) > x[1:2] [1]-1.3010525-0.9832462
累积分配函数	pnorm(q,mean,sd)	> pnorm(0) [1]0.5

名称	函数	示例

反累积正态函数	qnorm(p,mean,sd)	`> qnorm(0.5)`
		`[1] 0`
		`> qnorm(0.01)`
		`[1] -2.326348`
		`> qnorm(0.05)`
		`[1]-1.644854`

对于标准的正态分布，我们可以很容易地验证密度函数 dnorm()，例如其在参数为零时的数值。即 dnorm(0)=0.3989423，详见下面的例子。

```
> 1/ sqrt(2*pi) # from Equation (4)
[1] 0.3989423
```

以下代码显示标准正态分布的图形。

```
> x<-seq(-4,4,length=500)
> y<-1/sqrt(2*pi)*exp(-x^2/2)
> plot(x,y,type="l",lwd=2,col="red")
# 'l'是 L 的小写字母
#lwd: 轴线的线宽
```

相应的结果如图 24-1 所示。

我们知道在 99%置信水平（即 1%的概率）下，标准正态分布左尾的截止点为-2.33。以下代码可用于显示左侧 1%的尾部图示。

```
x<-seq(-4,4,length=200)
y<-dnorm(x,mean=0,sd=1)
plot(x,y,type="l",lwd=2,col="red")
x<-seq(-4,-2.33,length=200)
y<-dnorm(x,mean=0,sd=1)
polygon(c(-4,x,-2.33),c(0,y,0),col="gray")
```

相应的结果如图 24-2 所示。

对估计 *VaR* 而言，最相关的函数是反累积正态函数，即 qnorm()函数。该函数对输入左尾的百分比输出相应的 *x* 值。例如，我们知道一个标准的正态分布以 *y* 轴为中心。因此，qnorm(0.5)应该为零，详见以下结果。

```
> qnorm(0.5)
[1] 0
```

对于 99%的置信水平（左尾的百分比为 1%），我们有 qnorm(0.01)。

```
> qnorm(0.01) # i.e., qnorm(1-confident)
[1] -2.326348
```

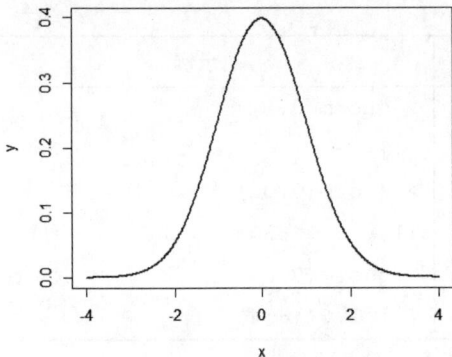

图 24-1　标准正态分布

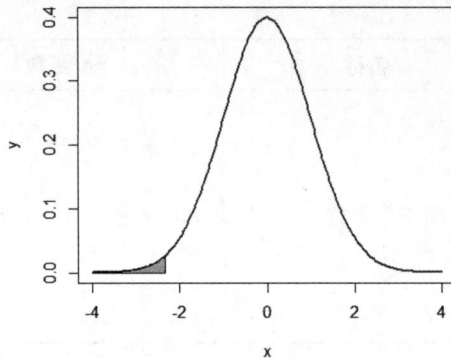

图 24-2　标准正态分布的左尾的 1%

pnorm()和 qnorm()函数是彼此相反的一对函数：pnorm()提供了给定 x 的累积值（百分比），而 qnorm()函数为给定的累积值输出 x 值。

```
> pnorm(1.025)
[1] 0.8473184
> pnorm(0)
[1] 0.5
> qnorm(0.8473184)
[1] 1.025
> qnorm(0.5)
[1] 0
```

24.3　置信水平与左侧损失的百分比

在本章中，99%的置信水平相当于 1%的左尾概率。而 95%的置信水平是相当于剩下 5%的尾巴。换言之，99%的置信水平相当于有 1%的机会有损失。

```
>confident<-0.99
> LeftTail<-1-confident
> qnorm(1-confident)
[1] -2.326348
> qnorm(LeftTail)
[1] -2.326348
```

对于 c 的置信度，相应的左尾将是 $1-c$。

24.4　基于正态分布估计 VaR

如果股票收益率服从正态分布，我们用下式估计 *VaR*：

$$VaR_{period} = position * [\mu_{period} + qnorm(1-confident)\sigma_{period}]$$ （24-5）

对于 99% 和 95% 的置信水平，上式转换为表 24.2 中的公式。

表 24.2 不同置信水平对应的公式

置信水平	对应的公式
99%	$VaR_{period} = position(\mu_{period} - 2.33\sigma_{period})$
95%	$VaR_{period} = position(\mu_{period} - 1.64\sigma_{period})$

在 R 中，我们可以使用 qnorm() 函数以 1% 的可能性估计 z 值（99% 置信水平）左尾。如果收益率遵循正态分布，那么我们可以应用上述公式估算其一天的在险价值。

24.5 公式中 z 的符号问题

在忽略平均收益率的影响时，对 99% 置信度而言，我们有以下公式计算 *VaR*：

$$VaR = 2.33 * P * \sigma$$

由于所有 3 个参数都是正数，*VaR* 亦为正数。然而，若考虑平均收益的影响，我们有下面公式：

$$VaR = P * (R_{daily} - 2.33\ \sigma)$$

由于 R_{daily}（日均值）相当小，*VaR* 的最终值将为负。除了符号相反外，这两个 *VaR* 值应该非常接近。在考虑日均值时，我们应记住一个基本准则：当投资组合具有正的平均收益时，其 *VaR* 价值会降低。即在险价值会因正的预期回报而降低。反之，负的平均回报率会增加 *VaR* 的数值。

24.6 一日的 VaR 与多日的 VaR

在计算标准离差时，通常是利用日濒率数据。即用日收益率计算 σ_{daily}。下面公式给出从 σ_{daily} 转换到其他频率的方差或标准差。

$$\begin{cases} \sigma_{n\_day}^2 = n * \sigma_{daily}^2 \\ \sigma_{n\_day} = \sqrt{n} * \sigma_{daily} \end{cases}$$ （24-6）

例如，年波动率等于日波动率乘以 252 的平方根（$\sigma_{annual} = sqrt(252) * \sigma_{daily}$）。基于每日收益率，我们具有以下计算 *VaR* 的通式（99% 或 95% 的置信度）：

$$\begin{cases} \mu_{n\_day} = (\mu_{daily} + 1)^n - 1 \\ \sigma_{n\_day} = \sigma_{daily}\sqrt{n} \\ VaR_{n\_day} = p * [\mu_{n\_day} + qnorm(1-confident)\sigma_{n\_day}] \end{cases}$$ （24-7A）

其中 μ_{daily} 是预期的日收益率的均值，n 是天数，σ_{daily} 是日波动率，σ_{n_day} 是一个 n 日的波动率，*confident* 是置信度，如 99%或 95%，而 p 是为我们投资组合的市场价格。如果我们不知道预期收益率的均值，我们可以用历史平均收益率来代替。见下面的公式：

$$\begin{cases} \overline{R}_{n\_day} = (\overline{R}_{\text{daily}}+1)^n - 1 \\ \sigma_{n\_day} = \sigma_{\text{daily}}\sqrt{n} \\ VaR_{n\_day} = p * [\overline{R}_{n\_day} + qnorm(1-confident)\sigma_{n\_day}] \end{cases} \quad (24\text{-}7B)$$

对于 99%和 95%的置信度，我们有以下公式：

$$\begin{cases} VaR_{n\_day} = p * [(\mu_{\text{daily}}+1)^n - 1 - 2.33\sigma_{\text{daily}}\sqrt{n}] \\ VaR_{n\_day} = p * [(\mu_{\text{daily}}+1)^n - 1 - 1.64\sigma_{\text{daily}}\sqrt{n}] \end{cases} \quad (24\text{-}7C)$$

24.7　基于历史收益率的排序来估计 VaR

我们知道股票收益率不一定遵循正态分布。为此，另一种方法是使用股票收益率的排序来计算 *VaR*。假设我们有一个叫作 ret 的日收益率向量，我们将它们从最小到最大排列。假如排序后的向量称为 sorted_ret 且第一个收益率为最小。对于给定的置信水平，*VaR* 的计算如下：

$$\begin{cases} n = \text{length}(ret) \\ t = \text{as.integer}((1-confident)*n), \\ VaR = position \times sorted\_ret[t] \end{cases} \quad (24\text{-}8)$$

position 是我们的财富，即投资组合的价值。length()给出输入向量包含数据的个数，*confident* 是置信程度，而 n 是指排序后的第 n 个收益率。例如，如果收益率向量的中长度是 200，置信度是 99%，那么第二低的收益率（2=200×0.01）乘以 *position* 将是我们的在险价值。从下面计算可知，如拥有 100 只 IBM 的股票，最大损失在 99%的置信水平上，一日的 *VaR* 为 2420.211 美元。

```
> n_shares<-100
> confidence<-0.99
> x<-read.csv("http://datayyy.com/data_csv/ibmDaily.csv")
> n<-nrow(x)
> LastPrice<-x[n,]$Adj.Close
> position<-n_shares*LastPrice
> #
> p<-x$Adj.Close
> ret<-p[2:n]/p[1:(n-1)]-1
> t<-as.integer(length(ret)*(1-confidence))
```

```
> ret2<-ret[order(ret)]
> VaR<-position*ret2[2]
> VaR
[1] -2420.211
```

通常，如果我们有更长的时间序列，即更多的收益率观察值，最终计算的 *VaR* 就会更为准确。与基于正态性假设的结果相比较，可否认为基于排序历史收益率的 *VaR* 有较高的绝对值？

```
> n_shares<-100
> n_days<-1
> x<-read.csv("http://datayyy.com/data_csv/ibmDaily.csv")
> n<-nrow(x)
> LastPrice<-x[n,]$Adj.Close
> position<-n_shares*LastPrice
> #
> p<-x$Adj.Close
> ret<-p[2:n]/p[1:(n-1)]-1
> mu<-(mean(ret)+1)^n_days-1
> VaR<-position*(mu-2.33*sd(ret)*sqrt(n_days))
> VaR
[1] -567.4512
```

有一个问题是：如何使用历史收益数据的排列来估计 *n* 天的 *VaR*？详见本章后的相应习题。

24.8　均值、标准差、偏度和峰度（峭度）

表 24.3 提供了它们的定义。

表 24.3　均值、标准差、偏度系数和峰度的定义

顺序	定义	相应的 R 函数
1	均值	`> mean(x)`
2	标准差	`> sd(x)`
3	偏度系数	`> library(PerformanceAnalytics)` `>skewness(x)`
4	峰度	`> library(PerformanceAnalytics)` `> kurtosis(x)`

峰度测量对称性，而峰度试图测量分布是否达到峰值或相对于正态分布的平坦性。在金融研究方面，通常我们假设股票/投资组合收益率服从正态分布。如想了解更多的细节，详见第 23 章。对于一个标准的正态分布，偏度为 0，峰度为 3。要注意的是一些软件将峰度定义为过度峰度，如以下公式（24-9）所示。总之，对正态分布而言，前两个函数足以描述其整个分布。

```
> library(PerformanceAnalytics)
```

```
> set.seed(100)
> x<-rnorm(50000)
> mean(x)
[1] 2.499166
> sd(x)
[1] 3.995863
> skewness(x)
[1] -0.005318185
> kurtosis(x)
[1] -0.01185601
```

偏度和峰度的定义如下：

$$
\begin{cases}
skewness(x) = \dfrac{\sum_{i=1}^{n}(x_i - \overline{x})^3}{(n-1)\sigma^3} \\[3mm]
kurtosis(x) = \dfrac{\sum_{i=1}^{n}(x_i - \overline{x})^4}{(n-1)\sigma^4} \\[3mm]
Excess\ kurtosis = \dfrac{\sum_{i=1}^{n}(x_i - \overline{x})^4}{(n-1)\sigma^4} - 3
\end{cases}
\tag{24-9}
$$

名为 Performance Analytics 的 R 软件包中定义的 kurtosis()函数实际上是超额的峰度（即峰度减 3）。下面，我们用一些数据来证明。我们知道对正态分布而言，其偏度为 0，峰度为 3。

```
> set.seed(12345)
> kurtosis(rnorm(500000))
[1] 0.002290026
attr(,"method")
[1] "excess"
>
```

24.9 修正的 VaR（mVaR）

对于正态分布，偏度和过度峰度均为零。然而，对许多股票而言，收益率的偏斜和过度峰度不为零。对此，我们可以用 $mVaR$ 来包含它们的影响，详见以下定义。

$$
\begin{cases}
z = abs(qnorm(1 - confident)) \\
S = skewness(ret) \\
K = excess\ kurtosis(ret) \\
t = z + \dfrac{1}{6}(z^2 - 1)S + \dfrac{1}{24}(z^3 - 3z)K - \dfrac{1}{36}(2z^3 - 5z)S^2 \\
mVaR = position * (\mu - t * \sigma)
\end{cases}
\tag{24-10}
$$

其中 $z=abs(qnorm(1\text{-}confident))$，$skewness()$ 和 $kurtosis()$ 包含在 R 包 PerformanceAnalytics 中。另外，读者可以编写自己的 R 函数来计算偏度和峰度。PerformanceAnalytics 的 R 包中的 kurtosis() 函数可用于计算过度峰度。

```
> library(PerformanceAnalytics)
> n_shares<-100
> confident<-0.99
> x<-read.csv("http://datayyy.com/data_csv/ibmDaily.csv")
> n<-nrow(x)
> p<-x$Adj.Close
> ret<-p[2:n]/p[1:(n-1)]-1
> n<-nrow(x)
> S<-skewness(ret)
> S
[1] 0.04360613
> K<-kurtosis(ret)
> K
[1] 10.01156
```

24.10　计算投资组合的 VaR

如果我们持有 200 股 IBM 的股票和 500 股 DELL 的股票。若置信区间为 90%，这样的投资组合在一各月内的 *VaR* 是多少？关键是投资组合的波动性。在计算投资组合的波动性后，我们可以简单地应用相关公式来估计投资组合的 *VaR*。以下公式给出了两股票投资组合的方差。

$$\begin{cases} \sigma^2(R_p) = x_1^2\sigma_1^2 + x_2^2\sigma_2^2 + x_1x_2cov(R_1,R_2) \\ \sigma^2(R_p) = x_1^2\sigma_1^2 + x_2^2\sigma_2^2 + x_1x_2\rho_{1,2}\sigma_1\sigma_2 \end{cases} \tag{24-11}$$

其中 $x_1(x_2)$ 是第一个（第二个）股票的权重。$\sigma_1(\sigma_2)$ 是第一个（第二个）股票的标准差，$cov(R_1, R_2)$ 是这两种股票回报之间的协方差，ρ 是它们之间的相关性。以下函数为给定的收益矩阵提供投资组合风险（波动率）（$n*2$）和它们的权重。

```
portfolio_vol_2stocks<-function(ret_mat,weight_1){
    x1<-weight_1
    x2<-1-x1
    s1<-sd(ret_mat[,1])
    s2<-sd(ret_mat[,2])
    temp1<-x1^2*s1^2
    temp2<-x2^2*s2^2
    temp3<-2*x1*x2*cov(ret_mat[,1],ret_mat[,2])
    v<-temp1+temp2+temp3
    return(sqrt(v))
}
```

我们可以尝试以下代码来测试上述函数。

```
> set.seed(100)
> ret2<-matrix(rnorm(100),50,2)
> portfolio_vol_2stocks(ret2,0.4)
[1] 0.7869263
```

对于 n 股票投资组合，我们有以下公式：

$$\sigma^2(R_p) = \sum_{i=1}^{n} \sum_{j=1}^{n} x_i x_j \sigma_{i,j}^2 \tag{24-12}$$

其中 $\sigma_{i,j}^2$ 是当 $i \neq j$ 时，股票 i 和 j 之间的协方差，而当 $i=j$ 时，$\sigma_{i,j}^2 = \sigma_i^2$，即为 i 股票的方差。

```
portfolio_vol<-function(ret_matrix,weight){
    m<-ncol(ret_matrix)
    m2<-length(weight)
    if(m!=m2) stop(" not match!!!")
    COV<-cov(ret_matrix)
    sum<-0
    for(i in 1:m)
        for(j in 1:m)
            sum<-sum+ weight[i]*weight[j]*COV[i,j]
    return(sqrt(sum))
}
portfolio_vol(ret2,c(0.4,0.3))
[1] 0.5649635
```

在获得投资组合的收益率和波动率后，应用相同的方法来估计在险价值。例如基于正态分布的假设，我们有以下公式：

$$VaR_{period}^{port} = position_{port} * \left(\mu_{period}^{port} - z * \sigma_{period}^{port} \right)$$

其中 z 为正值，即 $z=\text{abs}(qnorm(1-confidence))$，通常 VaR 为负值。

24.11 计算预期损失

在险价值的一个主要缺点是它依赖于投资组合的收益率的分布。如果投资组合的收益率的分布服从正态分布的假设或接近该假设时，得到的 VaR 与实际值相差不大。否则，我们可能会低估最大损失（风险）。主要原因是所谓的肥尾，指在相应计算 VaR 的 z 点之后的左尾比正态分布更胖，那么我们的 VaR 就可能低估了真正的风险。反之，如果左尾比正态分布更为稀薄，我们的在险价值会高估了真正的风险。在这些情况下，我们可以应用预期不足的概念。预期的短缺（Expected Shortfall）是 VaR 计算时的预期损失。例如，我们的持股是 100 股来自我们本章开头的第一个例子的 IBM，两周的 VaR 是 1989 美元。如果达到这个在险价值，我们预期的损失是什么？以下公式给出了答案。

$$ES = (loss|z < -\alpha) = \frac{\int_{-\infty}^{-\alpha} x f(x)\mathrm{d}x}{\int_{-\infty}^{-\alpha} f(x)\mathrm{d}x} = \frac{-\varnothing(\alpha)}{F(\alpha)} \qquad (24\text{-}13)$$

对使用 R 语句，我们有以下形式。

$$ES = (loss|z < -\alpha) = \frac{-dnorm(qnorm(1-divident),0,sigma)}{1-confident}. \qquad (24\text{-}14)$$

ES 也被称为条件 *VaR*（CVaR）或预期尾部损失（Expected Tail Loss，ETL）。预计的不足 5%的水平是 5%最差情况下的预期回报。

```
> k<- -dnorm(qnorm(1-0.99),0,1)/0.01
> k
[1] -2.665214
> ES<-position*(mu+k*sd(ret)*sqrt(n_days))
> ES
[1] -2244.405
```

24.12   PerformanceAnalytics 软件包

在该 R 包中，有一个名为 edhec 的 R 数据集（对冲基金风格指数收益率）。要上传和查看数据集，请用 install.packages("PerformanceAnalytics")来安装该包。

```
> library(PerformanceAnalytics)
> data(edhec)
> colnames(edhec)
 [1] "Convertible Arbitrage"  "CTA Global"       "Distressed Securities"
 [4] "Emerging Markets"   "Equity Market Neutral" "Event Driven"
 [7] "Fixed Income Arbitrage" "Global Macro"     "Long/Short Equity"
[10] "Merger Arbitrage"    "Relative Value"   "Short Selling"
[13] "Funds of Funds"
```

要查看第一个观察值，可使用 edhec[1,]，详见以下语句。

```
> edhec[1,]
Convertible Arbitrage CTA Global Distressed Securities
Emerging Markets Equity Market Neutral Event Driven
1997-01-30 0.0119 0.0393 0.0178 0.0791 0.0189 0.0213
Fixed Income Arbitrage Global Macro Long/Short Equity
Merger Arbitrage Relative Value Short Selling
1997-01-30 0.0191 0.0573 0.0281 0.015 0.018 -0.0166
Funds of Funds
1997-01-30 0.0317
```

调用 VaR 函数的第一种方法是使用"historical"方法。通过使用 colname（edhec）语句，我们知道第一栏的名称是 Convertible Arbitrage。为估计其 VaR，我们将数据源指定为 edhec[,1]。

```
> VaR(edhec[,1], p=.95, method="historical")
Convertible Arbitrage
VaR -0.01916
```

基于"historical"，我们可以使用以下代码来计算其 VaR。

```
> y<-data.frame(as.numeric(edhec[,1]))
> n<-as.integer(0.05*nrow(y)+0.5)
> y[order(y),1][n]
[1] -0.0196
```

该功能包括几种方法："modified""gaussian""historical"和"kernel"详见以下语句。

```
# method = c("modified","gaussian","historical","kernel"),
> VaR(edhec[,1],p=.95, method="historical")
Convertible Arbitrage
VaR -0.01916
> VaR(edhec[,1], p=.95, method="gaussian")
Convertible Arbitrage
VaR -0.02645782
> VaR(edhec[,1], p=.95, method="modified")
Convertible Arbitrage
VaR -0.03247395
```

现在我们来比较一下基于自己的代码的结果和调用包含在 Performance Analytics 包中的 VaR 函数得到的结果。下面结果彼此非常接近。

```
> library(PerformanceAnalytics)
> n_shares<-100
> x<-read.csv("http://datayyy.com/data_csv/ibm.csv",header=T)
> position<-n_shares*x$Close[n]
> n<-nrow(x)
> p<-x$Adj.Close
> ret<-p[2:n]/p[1:(n-1)]-1
> position*(mean(ret)-2.33*sd(ret))
[1] -384.0385
> VaR(ret, p=.99, method="gaussian")*position
[,1]
VaR -383.4256
```

对于估计 VaR 的各种方法，表 24.4 总结了几种方法及其表述相应的定义。

表 24.4 几种方法及其定义

方法	解释
`#ModifiedVaR` `>VaR(ret,p=.99,method="modified")`	使用康沃尔-费舍尔修正的风险价值
`#GaussianVaR` `>VaR(ret,p=.99,method="gaussian")`	使用传统的风险价值
`#HistoricalVaR` `>VaR(ret,p=.99,method="historical")`	计算传统的风险价值
`#ModifiedES` `>ES(ret,p=.99,method="modified")`	使用康沃尔-费舍尔修正的预期短缺
`#GaussianES` `>ES(ret,p=.99,method="gaussian")`	使用传统的预期短缺
`#HistoricalES` `>ES(ret,p=.99,method="historical")`	计算历史预期缺口

24.13 练习题

（1）DELL 的日收益率是否遵循正态分布？它们的偏度和峰度是 0 还是 3（超峰度为零）？

（2）写一个 R 函数来估计给股票收益率的均值、标准偏差、偏度和峰度。例如，moments4("ticker", begdate, enddate)。

（3）正态分布的偏度和峰度的值是多少？随机生成 n 个通过使用 rnorm() 来支持你的回答。

（4）假设我们拥有 134 个微软（MSFT）的股票，置信水平为 95%，今天的总价值是多少？明天最大的损失是多少？若持有期是一个月而不是一天，情况又将如何？

（5）重复以上问题，使用月数据而不是日数据。

（6）编写一个 R 程序以使用历史值生成 VaR，函数可为 VaR_historical(ticker, confidence_level, n_days)。

（7）我们的投资组合为 100 股 IBM（IBM）和 300 股微软（MSFT）。该投资组合的 VaR 是多少？假设有 99%的置信度及一天的持有期。

（8）为了估计一个月花旗集团（股票代码为 C）的 VaR，我们可以将日 VaR 转换为月 VaR 或直接从月数据计算 VaR。

（9）在估算风险价值时，我们可以使用不同的时间段，例如过去一年或过去 5 年。这是取值对最终答案是否有影响？使用一些股票的数据来加以检验。

（10）评论不同的 VaR 方法，如基于正太分布假设的方法，用历史收益率排列的方法以及修正 VaR 的方法。

（11）如果一个基金投资 IBM 的比例是 10%，Google（股票代码市 GOOG）是 12%，其余的则是沃尔玛（股票代码为 WMT），投资组合的波动性是多少？

（12）如果投资组合中 IBM（股票代码为 IBM）股票的占比为 10%，戴尔（DELL）股票的占比为 12%，沃尔玛（WMT）股票的占比为 20%，其余是他们持有的十年期国债。该投资组合的波动性是什么？

（13）根据练习题（11），如果投资组合价值为 1000 万美元，那么 99% 的置信度下的风险价值是多少？在未来六个月的水平如何？

（14）使用 99% 的置信水平和 10 个交易日作为持有期，用排列历史收益法来计算 VaR。在该投资组合中，IBM100 股，Citygroup（股票代码为 C）200 股，200 股微软（MSFT）和沃尔玛（WMT）400 股。

（15）基于正态假设的 VaR 是否低于基于排列历史收益率得到的 VaR？

提示

可以几只股票来回答。

（16）编写基于偏度的代码，写出一个 R 函数来计算峰度。使用 PerformanceAnalytics 中的 kurtosis() 函数与你自己编写的程序进行对比。

（17）解释以下代码：

```
confident<-0.99
position<-1000000
x<-read.csv("http://datayyy.com/data_csv/ibm.csv",header=T)
n<-nrow(x)
ret<-x$Adj.Close[2:n]/x$Adj.Close[1:(n-1)]-1
ret_sorted<-ret[order(ret)]
n2<-(1-confident)*n
VaR1<- ret_sorted[n2]*position
VaR2<-position*(mean(ret)-qnorm(1-confident)*sd(ret))
```

（18）如果我们的持有期不是一天，那么如何用对历史收益率的排列计算 VaR？

（19）如果持有期限为两周（十个交易日），那么如何用对历史收益率的排列计算一只股票的 VaR？股票代码为 MSFT，置性度 95%，总价值为 100 万。

（20）如果我们同时持有 IBM（100 股），戴尔（200 股）和沃尔玛（500 股）的股票，置信水平为 99%，并持有期限是两周最大可能损失（VaR）是多少？

（21）如持有 5000 股 IBM 的股票，置信水平为 99%，5 日内的 VaR 是多少？用收益率排列方法计算。

```
> x<-read.csv("http://datayyy.com/data_csv/ibmDaily.csv")
```

第 25 章
信用风险

　　信用风险是指投资者未能得到发行债卷公司所承诺的利息，本金或其他报酬的风险。信用评级反映了公司或债券的信用级别，公司的评级与其债券评级可能不同，原因是后者的信用等级还取决于债券的年限、债券年利息率及其所含有的某些特征，如投资者是否可以提前兑换债卷（puttable），公司是否可以提前买断债卷（callable），等等。债券相应的收益率（YTM）常常反映其信用风险。信用风险越高，投资者所要求的收益率就越高。对于 AAA 级债券，请参阅以下 R 代码。

```
> loc<-"http://datayyy.com/data_R/"
> dataSet<-"AaaYieldMonthly"
> link<-paste(loc,dataSet,".RData",sep='')
> load(url(link))
> head(.AaaYieldMonthly)
        DATE  YIELD
1 1919-01-01 0.0535
2 1919-02-01 0.0535
3 1919-03-01 0.0539
4 1919-04-01 0.0544
5 1919-05-01 0.0539
6 1919-06-01 0.0540
>
```

　　对有相同期限的债券而言，信用评级越高，投资者所要求的收益率（YTM[到期收益率]或借贷成本）就越低。对于相同的信用评级而言，债券到期时间越长，投资者所要求的收益率就越高。道理很简单：时间愈长，风险愈大。

25.1　简介

　　在本章中，我们将讨论与信用风险相关的基本概念，如信用评级、信用溢价（利差）、一年的信用评级迁移矩阵、5 年的信用评级迁移矩阵、违约概率（PD，probability of default）、恢复率和违约损失率（LGD）。信用差价（YTM-R_f）是公司债券收益率与基准收益率（如无风险利率）之间的差异，该差价反映了发行公司或债卷本身的信贷风险或违约风险。例如，估算两年后所支付的现金流，其折现率（收益率）将是无风险收益率（如国库券收益率）加上与信用评级相对应的信用溢价（价差）。

25.2 违约的基本概念

假定一年期到期债券的面值为 100 美元，票面利率为 6%，YTM（收益率）为 7%。我们有以下 4 种可能的情况。

情况 1：没有违约的可能性。今天的价格将是未来现金流量的现值：$(6+100)/(1+0.07)$。也就是该债券今日的价格为 99.07 美元。

情况 2：公司肯定会违约。并且投机者无法收回任何投资。也就是说，假设我们 100% 确定这个债券会违约。且违约之后，我们什么也得不到。当然，没有人会购买这样的债券。因此，其今日的价格将为零。

情况 3：公司可能违约，也可能不违约。如果公司违约，投资者什么也得不到。如果公司不是违约，投资者将收到承诺金额（6+100）。如果违约概率是 P，那么该债券的价格为：$99.07*(1-P)$。其逻辑为：债券价格=PV(所有未来现金流量) = $(1-P)*PV$(无违约)$+P*PV$(违约)。由于第二项是零，该债券今日的价格为 $99.07*(1-P)$ 美元。

情况 4：公司可能违约，也可能不违约。如果公司违约，投资者将能收回其约定金额的一部分（一定的百分比，Recovery）。也就是说，恢复率大于零（Recovery>0）。这是一般情况，其他 3 种情况都是其特例，所有这些情况汇总在表 25.1 中。

表 25.1　4 种情况下的不同违约概率和回收率（P 为违约概率，面值为 100 美元，年票息率为 6%，YTM 为 7%，Recovery 为回收率）

#	条件	公式	今日价格（美元）
1	100%没有违约	$P=0$, Recovery Rate(NA)	99.07
2	100%违约。且什么都得不到	$P=100\%$, $R_{recovery}=0$	0
3	可能违约。如违约什么都得不到	$0<P<100\%$, $R_{recovery}=0$	$99.07*(1-P)$
4	可能违约。如违约能得到一些	$0<P<100\%$, $R_{recovery}>0$	$99.07*[1-P*(1-R_{recovery})]$

债券今日的价格是其预期未来现金流量的所有现值的总和。

$$\text{Price}\,(bond) = PV\,(expected\ cash\ flows) \tag{25-1}$$

如果 P 是违约概率，我们有以下预期未来现金流量。

$$\begin{cases} expected\ FV = (1-P)FV + P*FV*R_{recovery} \\ \qquad = FV - P*FV + P*FV*R_{recovery} \\ \qquad = FV - FV*P(1-R_{recovery}) \\ \qquad = FV[1-P*(1-R_{recovery})] \end{cases}$$

贴现所有未来现金流量将生成债券今日的价格。

$$PV(bond\ with\ default) = PV(no\ default) * [1 - P(1 - R_{recovery})]$$

如债券 100% 不会违约，其今日价格为 99.07 美元。假设其有 9.3% 的违约机会，且回收率为 65%。则该有违约可能债券今日的价格约为 95.85 美元，详见下面的计算过程。

```
> 99.07*(1-0.093*(1-0.65))
[1] 95.84527
```

25.3 违约风险溢价

对于给定的信用评级，我们可以通过使用历史数据找到其信用溢价（差价）。表 25.2 显示了信用风险溢价（价差）与信用评级之间的关系。表中的价差单位是基点（base），每个基点等于百分之一的百分之一。

表 25.2 基于信用评级风险 YTM 溢价（价差）

信用评级	1yr	2yr	3yr	5yr	7yr	10yr	30yr
Aaa/AAA	5	8	12	18	28	42	65
Aa1/AA+	10	18	25	34	42	54	77
Aa2/AA	14	29	38	50	57	65	89
Aa3/AA−	19	34	43	54	61	69	92
A1/A+	23	39	47	58	65	72	95
A2/A	24	39	49	61	69	77	103
A3/A−	32	49	59	72	80	89	117
Baa1/BBB+	38	61	75	92	103	115	151
Baa2/BBB	47	75	89	107	119	132	170
Baa3/BBB−	83	108	122	140	152	165	204
Ba1/BB+	157	182	198	217	232	248	286
Ba2/BB	231	256	274	295	312	330	367
Ba3/BB−	305	330	350	372	392	413	449
B1/B+	378	404	426	450	472	495	530
B2/B	452	478	502	527	552	578	612
B3/B−	526	552	578	604	632	660	693
Caa/CC+	600	626	653	682	712	743	775
US Treasury Yield	0.13	0.45	0.93	1.74	2.31	2.73	3.55

比如对于 BB 评级而言，其两年期的价差为 256 个基点，等于 256×0.0001（即 0.0256）。仔细研究表 25.2 后，我们会发现两种呈单调递增或单调递减的趋势。首先，信用风险溢价与信用质量负相关（单调递减）。信用评级越低，其价差越高。第二，对于某一信用评级而言，其价差随年份增加而增加（单调递增）。例如，对于 AA 级债券，其一年期债券有 14 个基点，5 年则为 50 个基点，而 10 年则为 65 个基点。为了估计今天的债券价格，我们首先列出其未来的现金流量，然后找出相应的所有未来现金流的贴现率（收益率）。不同年份的收益率（贴现率）应该有所不同。这些未来现金流现值的总和将是我们今日债券的价格。下面是一个例子。一家公司计划发行面值为 5000 万美元的债券，每个债券面值为 1000 美元。债券将在 10 年到期，票面年利率为 8%。如果该债卷的信用评级是 BB+，则公司今天可以收到多少钱？详见在本章结尾处的一个习题。

25.4 下载美国国库券的收益率

我们知道债券的收益率与债券年限往往正相关。我们可以下载有关数据，如图 25-1 所示。

Date	1 Mo	3 Mo	6 Mo	1 Yr	2 Yr	3 Yr	5 Yr	7 Yr	10 Yr	20 Yr	30 Yr
04/02/18	1.68	1.77	1.92	2.08	2.25	2.37	2.55	2.67	2.73	2.85	2.97
04/03/18	1.70	1.75	1.92	2.09	2.28	2.41	2.60	2.73	2.79	2.90	3.02
04/04/18	1.67	1.71	1.90	2.07	2.28	2.42	2.61	2.73	2.79	2.91	3.03
04/05/18	1.67	1.72	1.93	2.07	2.30	2.45	2.64	2.76	2.83	2.95	3.07
04/06/18	1.68	1.73	1.91	2.06	2.27	2.40	2.58	2.70	2.77	2.89	3.01

图 25-1 债券数据

我们可以用 R 语言来下载数据。

```
> path<-"http://datayyy.com/data_R/"
> dataSet<-"termStructure"
> link<-paste(path,dataSet,".RData",sep='')
> load(url(link))
> head(.termStructure)
```

输出结果如图 25-2 所示。

```
> head(.termStructure)
      DATE   R1MO   R3MO   R6MO   R1YR   R2YR   R3YR   R5YR   R7YR  R10YR  R20YR  R30YR
1 04/02/18 0.0168 0.0177 0.0192 0.0208 0.0225 0.0237 0.0255 0.0267 0.0273 0.0285 0.0297
2 04/03/18 0.0170 0.0175 0.0192 0.0209 0.0228 0.0241 0.0260 0.0273 0.0279 0.0290 0.0302
3 04/04/18 0.0167 0.0171 0.0190 0.0207 0.0228 0.0242 0.0261 0.0273 0.0279 0.0291 0.0303
4 04/05/18 0.0167 0.0172 0.0193 0.0207 0.0230 0.0245 0.0264 0.0276 0.0283 0.0295 0.0307
5 04/06/18 0.0168 0.0173 0.0191 0.0206 0.0227 0.0240 0.0258 0.0270 0.0277 0.0289 0.0301
6 04/09/18 0.0167 0.0176 0.0193 0.0208 0.0229 0.0243 0.0260 0.0272 0.0278 0.0289 0.0302
> |
```

图 25-2 输出结果

25.5 穆迪（Moody）的公司债券历史收益率

从圣路易斯联邦储备银行（St. Louis Federal Reserve Bank）的研究数据库，我们可以下载穆迪 AAA 级公司债券收益率（Moody's Seasoned AAA Corporate Bond Yield），如图 25-3 所示。

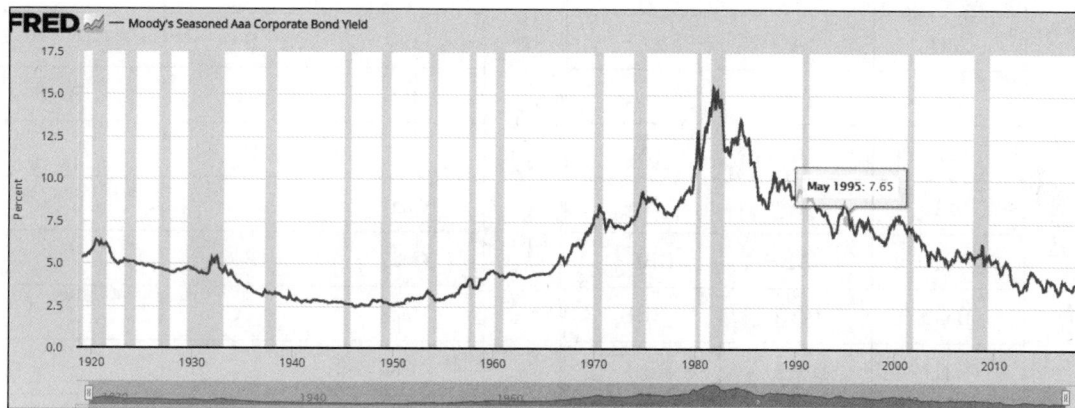

图 25-3　穆迪 AAA 级公司债券收益率

部分数据如下所示。

```
DATE,AAA
1919-01-01,5.35
1919-02-01,5.35
1919-03-01,5.39
1919-04-01,5.44
1919-05-01,5.39

2017-12-01,3.51
2018-01-01,3.55
2018-02-01,3.82
2018-03-01,3.87
2018-04-01,3.85
```

25.6 信用评级

美国三大信用评级机构是穆迪（Moody's）、标准普尔（Standard&Poor's）和惠誉（Fitch）。虽然它们的评分有不同的符号（字母），但很容易从一个评级机构的信用级别转换到另一个评级机构对应的信用级别，详见表 25.3。

表 25.3　穆迪（Moody's）、标准普尔（S&P）和惠誉（Fitch）之间信用评级的对照

	Moody's	S&P	Fitch		Moody's	S&P	Fitch
投资等级的债卷	Aaa	AAA	AAA	投机性投资的债卷	Ba1	BB+	BB+
	Aa1	AA+	AA+		Ba2	BB	BB
	Aa2	AA	AA		Ba3	BB−	BB−
	Aa3	AA−	AA−		B1	B+	B+
	A1	A+	A+		B2	B	B
	A2	A	A		B3	B−	B−
	A3	A−	A−		Caa1	CCC+	CCC
	Baa1	BBB+	BBB+		Caa2	CCC	
	Baa2	BBB	BBB		Caa3	CCC−	
	Baa3	BBB−	BBB−		Ca	CC	
						C	
					C	D	DDD

任何等于或高于 BBB 评级的债卷被归类为投资级别。许多共同基金、养老基金只允许购买评级为投资级别的债券。债卷评级低于 BBB 被称为垃圾债券、投机性债卷或高风险高收益的债卷。

25.7　信用评级迁徙矩阵

当一家公司今年获得 AAA 评级时，明年的预期评级是多少？根据表 25.4，它在明年仍保持 AAA 评级的概率是 90.81%。同样，AAA 评级公司/债券在下一年成为 AA 公司的概率为 8.33%。沿着主对角线（从左上到右下）的值是明年仍保持相同信用评级的概率。主对角线下方的值（向左向下）是升级的概率，而主对角线以上的值（向上向右）三角形）是降级的概率。最后一列提供了对各种信用评级违约的概率，例如，AAA 评级的债券有 0.01% 的违约概率，而 CCC 评级债券有 19.79% 的违约概率。

表 25.4　一年信贷评级的迁徙矩阵

		YearT+1							
		AAA	AA	A	BBB	BB	B	CCC	Default
YearT	AAA	<u>0.9081</u>	0.0833	0.0068	0.0006	0.0008	0.0002	0.0001	0.0001
	AA	0.0070	<u>0.9065</u>	0.0779	0.0064	0.0006	0.0013	0.0002	0.0001
	A	0.0009	0.0227	<u>0.9105</u>	0.0552	0.0074	0.0026	0.0001	0.0006
	BBB	0.0002	0.0033	0.0595	<u>0.8593</u>	0.0530	0.0117	0.0112	0.0018
	BB	0.0003	0.0014	0.0067	0.0773	<u>0.8053</u>	0.0884	0.0100	0.0106
	B	0.0001	0.0011	0.0024	0.0043	0.0648	<u>0.8346</u>	0.0407	0.0520
	CCC	0.0021	0.0000	0.0022	0.0130	0.0238	0.1124	<u>0.6486</u>	0.1979
	D	0.0000	0.0000	0.0000	0.0000	0.0000	0.0000	0.0000	<u>1.0000</u>

要检索上述表格，请使用名为 one_year_migration 的 R 数据集。

```
>  path<-"http://datayyy.com/data_R/"
>  dataSet<-"credit"
>  link<-paste(path,dataSet,".RData",sep='')
>  load(url(link))
>  rm(path,dataSet,link)
>  ls()
[1] "equivalent3rating"    "moody5year_migration" "one_year_migration"
[4] "yield_AAA"
>
```

图 25-4 显示同样的矩阵。

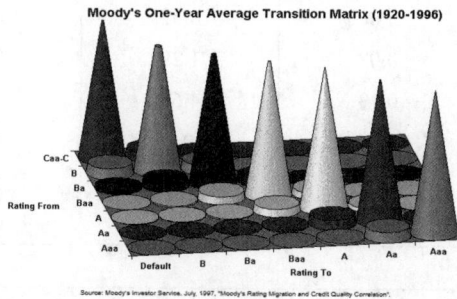

图 25-4　one_year_migration 矩阵

表 25.5 给出了穆迪（Moody's）的 5 年信用评级迁徙矩阵。在 Default 下的列是违约概率。

表 25.5 穆迪的平均 5 年信用评级迁徙（转换）矩阵（1920-1992）

		YearT+5								
		Aaa	Aa	A	Baa	Ba	B	Caa-C	Default	WR
YearT	Aaa	0.6078	0.1521	0.0433	0.0096	0.0049	0.0009	0.0003	0.0014	0.1796
	Aa	0.0343	0.5414	0.1593	0.0342	0.0116	0.0020	0.0002	0.0058	0.2112
	A	0.0020	0.0585	0.5574	0.1034	0.0258	0.0069	0.0008	0.0108	0.2343
	Baa	0.0009	0.0092	0.1001	0.4706	0.0803	0.0200	0.0032	0.0228	0.2928
	Ba	0.0004	0.0026	0.0192	0.1040	0.3648	0.0809	0.0129	0.0590	0.3562
	B	0.0002	0.0009	0.0048	0.0241	0.1025	0.3212	0.0353	0.1291	0.3819
	Caa-C	0.0000	0.0000	0.0002	0.0157	0.0403	0.0777	0.2960	0.2798	0.2904

资料来源：穆迪投资者服务公司，1997 年 7 月，"穆迪评级迁移和信用质量相关性"，WR 代表 WithdrawRating。

25.8 信用评级和违约概率

评级和违约率呈负相关：评级越高，违约概率越低。累计历史违约率（百分比）在表 25.6 中给出。

表 25.6 信用评级与违约概率（DP）之间的关系

信用等级	违约率（%）			
	Moody's		S&P	
	Muni	Corp	Muni	Corp
Aaa/AAA	0.00	0.52	0.00	0.60
Aa/AA	0.06	0.52	0.00	1.50
A/A	0.03	1.29	0.23	2.91
Baa/BBB	0.13	4.64	0.32	10.29
Ba/BB	2.65	19.12	1.74	29.93
B/B	11.86	43.34	8.48	53.72
Caa-C/CCC-C	16.58	69.18	44.81	69.19
平均				
投资级别	0.07	2.09	0.20	4.14
非投资级别	4.29	31.37	7.37	42.35
全部	0.10	9.70	0.29	12.98

注：Muni 是省/市政府发行的债券。Corp 是由一般商业公司所发行的债券。

25.9 违约后的平均恢复率

在公司破产时，不同的债务可能有不同的优先权以得到相应的补偿。因此，债券的优先权对其收回率有很大影响。根据 Altman 和 Kishore（1997 年）的理论，我们有表 25.7。

表 25.7 基于债券优先权的回收率

债券的优先权	英文	回收率（%offacevalue）
高级担保债务	Senior-secureddebt	58%
高级无担保债务	Senior-unsecureddebt	48%
高级下属	Senior-subordinate	35%
次级债	Subordinated	32%
打折/无利息债券	Discountedandzerocoupon	21%

在表 25.7 中，高级（senior）和下属（subordinated）指的是优先权结构。有抵押债务是以某一资产作为担保的债务。表 25.8 是基于行业的回收率。

表 25.8 基于行业的回收率

行业	平均回收率	观测数量
公共设施	70.5%	56
化工、石油、橡胶和塑料制品	62.7%	35
机械、仪表及相关产品	48.7%	36
服务-商业和个人	46.2%	14
食品和亲缘产品	45.3%	18
批发和零售业	44.0%	12
多元化的制造	42.3%	20
酒店和娱乐等	40.2%	21
建筑材料、金属制品等	38.8%	68
运输和运输设备	38.4%	52
通信、广播和电影制作	37.1%	65
印刷和出版		
金融机构	35.7%	66
建筑和房地产	35.3%	35
一般商店	33.2%	89

续表

行业	平均回收率	观测数量
采矿和石油钻井	33.0%	45
纺织和服装产品	31.7%	31
木材、纸张和皮革产品	29.8%	11
住宿、医院和护理设施	26.5%	22
总计	41.0%	696

25.10 恢复率和损失率

LGD 的英文为 Loss Given Default，即违约损失。*LGD* 等于 1 减去回收率。

$$LGD = 1 - Recovery\ rate \tag{25-2}$$

25.11 估计公司破产概率的 Z 比值

所谓的 Z 比值被用来预测企业破产的可能性。这个比值是根据公司的资产负债表和损益表生成 5 个比值的加权平均。对于上市公司而言，Altman 提供了以下公式：

$$Z = 3.3X_1 + 0.99X_2 + 0.6X_3 + 1.2X_4 + 1.4X_5 \tag{25-3}$$

其中 X_1、X_2、X_3、X_4 和 X_5 的定义在表 25.9 中给出。

表 25.9 估计 Z 比值变量的定义

变量	定义
X_1	息税前利润/总资产
X_2	净销售额/总资产
X_3	股权的市场价值/负债总额
X_4	营运资本/总资产
X_5	保留收益/总资产

根据 Z 比值的范围，我们可以将上市公司分为以下 4 类，如表 25.10 所示。

表 25.10 按 Z 比值对企业进行分类

Z 比值的范围	说明
>3.0	安全
2.7~2.99	警报

续表

Z 比值的范围	说明
1.8~2.7	两年内破产的可能性很大
<1.80	财务困境的可能性非常高

Eidleman（1995 年）发现 Z 比值在两年前正确预测了 72% 的破产事件。对于未上市的公司而言，Z 比值定义如表 25.11 所示，Altman 提供了以下公式：

$$Z = 3.3X_1 + 0.99X_2 + 0.6X_3 + 1.2X_4 + 1.4X_5 \tag{25-4}$$

表 25.11　估计 Z 比值变量的定义

变量	定义
X_1	（流动资产 − 流动负债）/总资产
X_2	留存收益/总资产
X_3	在利息和税收之前的收益/总资产
X_4	账面价值/总负债
X_5	销售额/总资产

以下 R 代码可用于估计 IBM 公司的 Z 比值。

```
> load("datas/IBMfinance.rda")

> current_a <- BS$'Current Assets'
> current_l <- BS$'Current Liabilities'
> working_capital <- current_a-current_l
> NI <- IS$'Net Income'
> Assets <- BS$'Total Assets'
> IBT <- IS$'Pretax Income'
> Interest <- IS$'Interest Expense Non Operating'
> total_liab <- BS$'Total Liabilities Net Minority Interest'
> sales <- IS$'Total Revenue'
#
market_cap<-132.835*10^9
#
> x1<-working_capital/Assets
> x2<-NI2/Assets
> x3<-IBT/Assets
> x4<-market_cap/(total_liab2*1000)
> x5<-sales/Assets
> z<-1.2*x1+ 1.4*x2+ 3.3*x3+0.6*x4+0.999*x5
> names(z) = BS$Year
```

```
> z
2020-12-30 2019-12-30 2018-12-30 2017-12-30
1.203722   1.426758   1.901716   1.853975
>
```

从最后一行显示的输出中，我们知道 IBM 的 Z 比值有所下降，这不是一个好兆头。奥特曼的 Z 比值属于信用评分的类别或方法。而更先进的模式（如 KMV 模式）则要基于现代模式金融理论，如期权理论。

25.12 基于 KMV 模型估计公司的市场价值及股票收益率的波动性

KMV 代表 Kealhofer、McQuown 和 Vasicek，他们注册了一家估算公司违约风险的公司。KMV 方法是估计概率的最重要方法之一，通过使用其资产负债表信息和股票市场，给出公司的违约信息。该模型的目的是估计总资产（A）的市场价值及其相应的波动性（σ_A），然后将这两个估算值用在一些相关的公式中。

基本思路是将公司的股权看成是欧式看涨期权（call），债务视为执行价格（K），让我们看看以下简单的例子。如果一家公司的债务为 80 美元，股权为 20 美元，那么总资产将为 100 美元。

假设资产上升至 110 美元，债务保持不变，而股票增加至 30 美元（110-80）。另外，如果资产下降到 90 美元，那么股权将只有 10 美元（90-80）。也就是说，股票持有人是剩余价值的拥有者。他们的股票价值有以下表达式：

$$E = \max(assets - debt, 0) = \max(A - D, 0) \qquad (25\text{-}5)$$

回想一下欧式看涨期权，有以下的收益函数：

$$\text{Payoff(call)} = \max(S_T - K, 0) \qquad (25\text{-}6)$$

这意味着我们可以以将债务（D）作为执行价格，用 A 替代 S_T，即作为看涨期权。即 KMV 模型有下面的定义。

$$
\left\{
\begin{array}{l}
E = A * N(d_1) - e^{-rT} N(d_2) \\[2mm]
d_1 = \dfrac{\ln\left(\dfrac{A}{D}\right) + \left(r + \dfrac{1}{2}\sigma_A^2\right)T}{\sigma_A \sqrt{T}} \\[4mm]
d_2 = d_1 - \sigma_A \sqrt{T}
\end{array}
\right.
\qquad (25\text{-}7)
$$

另外，股权波动与总资产之间的关系如下。在下面的等式中，我们有 $\Delta = \dfrac{dE}{dV_A} = N(d_1)$。

$$\sigma_E = \frac{A}{E}\Delta\sigma_A = \frac{N(d_1) * A * \sigma_A}{E} \qquad (25\text{-}8)$$

d_1 和 d_2 由上面的公式定义。当我们有两个联立公式，两个未知数（A 和 σ_A）。因此，我们可以使用试错法或联立公式法来求解这两个未知数。最终，我们通过以下两个联立公式，得到 A 和 σ_A 的解。

$$\begin{cases} E = A * N(d_1) - e^{-rT} N(d_2) \\ \sigma_E = \dfrac{A}{E} N(d_1) \sigma_A \end{cases} \qquad (25\text{-}9)$$

从公式（7）中的估计值 A（总资产的市场价值）不同于资产市场价值（E）加上债务账面价值（D）。即 $A \neq E + D$。这两个派生值（A 和 σ_A）将用于公式 10～公式 12。

25.13 估算公司总资产和股票收益率波动性

以下 R 程序用于估算给定资产的总资产（A）及其波动率（*sigmaA*）。输入值为股票权益市场价格（E）、债务（D）、到期日（T）、无风险利率（r）以及股票权益波动率（*sigmaE*）。程序的基本逻辑是：输入大量的 A 和 *sigmaE*，根据公式（9）估计 E 和 *sigmaE*。由于 E 和 *sigmaE* 都是已知的，我们可以估计它们的差异：*diff_1=E−E*（已知）和 *diff_2 = sigmaE−sigmaE*（已知）。一对 A 和 *sigmaA* 使两个绝对差异的总和为最小，这将是我们的解。

```
KMV<-function(E,D,T,r,sigmaE){
    n<-1000;m<-100
    for(i in 1:n){
        for(j in 1:m){
            A<-E+D/2+i*D/n
            sigmaA<-0.05+j*(0.5-0.05)/m
            d1=(log(A/D)+(r+sigmaA*sigmaA/2.)*T)/(sigmaA*sqrt(T))
            d2=d1-sigmaA*sqrt(T)
            diff1<- A*pnorm(d1)-D*exp(-r*T)*pnorm(d2)-E
            diff2<- A/E*pnorm(d1)*sigmaA-sigmaE
            if(i+j==2){
                diff<-abs(diff1) + abs(diff2)
                final<-c(A,sigmaA,diff)
            }else{
                if(abs(diff1)+abs(diff2)<diff){
                diff<-abs(diff1) +abs(diff2)
                final<-c(A,sigmaA,diff)
                }
            }
        }
    }
    return(final=round(final,digits=4))
}
```

以下是一个 KMV 的例子：E=110688（股票个数乘以股票价格），D=64062（总债务），Rf = 0.07

（无风险利率），$T=1$（1 年）。通常我们在 KMV 模型中使用 $T=1$。结果是 $A=170558$；$sigmaA=0.29$。基于以下代码，我们有 $A=170393$ 和 $sigmaE=0.3695$。

```
KMV(D=64062,E=110688,T=1,r=0.07,sigmaE=0.4)
[1] 170393.7840 0.3695 0.7165
```

输出是 A=170393.78 和 sigmaE=0.3695。为了验证这两个值，我们可以使用标准的 Black-Scholes-Merton 模型。

```
> bs_f('c',170393,64062,1,0.07,0.3695)
[1] 110662.2
```

请注意，债务账面价值和股票市值的总和是 174750 而不是 170558。由于公司的股权是看涨期权，可以使用 Black-Scholes-Merton 模型来检查我们的结果。

```
bs_f('C',170558,64062,1,0.07,0.29)
[1] 110828.0
```

25.14   nlm()函数

对于下面的二次公式，我们知道其最小值是 7，且这是当 $x=0$ 时实现的。

$$f(x)=7+x^2 \tag{25-10}$$

我们可以使用 nlm()函数，该函数的英文名字为 Non-Linear Minimization，中文译为非线性最小化。

```
>f <- function(x) 7+x^2
>nlm(f, 10) # 10: starting value
$minimum
[1] 7
$estimate
[1] -2.49973e-12
$gradient
[1] 1.000089e-06
$code
[1] 1
$iterations
[1] 1
```

为了使输出更具可读性，我们使用转置函数 $t()$，请参阅下面代码。

```
>t(nlm(f, 10))
minimum estimate gradient code iterations
[1,] 7 -2.499626e-12 1.000089e-06 1 1
```

有时我们需要输入一常量参数 a，如以下公式：

$$f(x)=7+(x-a)^2 \tag{25-11}$$

```
>f <- function(x, a) 7+(x-a)^2
>t(nlm(f, 10, a=10.5)) # 10 is an initial value
minimum estimate gradient code iterations
[1,] 7 10.5 -4.229421e-13 1 2
```

输入变量可为向量，详见下面对 *x* 的定义：

```
>f <- function(x, a) 7+(x[1]-a)^2+ (x[2]-2*a)^2
>y<-nlm(f, x<-c(10,10), a=10.5)
>y$estimate
[1] 10.5 21.0
```

25.15　KMV 模型和 nlm()函数

首先，我们有一组输入参数 *E*、*D*、*T*、*rf* 和 *E*。对于下面的一组参数，我们得到 *A*=12.5 和 *sigmaA*=9.6%的正确结果。

```
E=3;D=10;T=1;r=0.05;sigmaE=0.4;
a<-c(E,D,T,r,sigmaE)
KMV_f<-function(x,a){
    " nlm(f,x<-c(D,sigmaE),a) ->y
      y$estimate
      [1] 12.51195139 0.09608728 (correct)
    "
    A<-x[1]
    sigmaA<-x[2]
    E<- a[1]
    D<- a[2]
    T<- a[3]
    r<- a[4]
    sigmaE<-a[5]
    d1 = (log(A/D)+(r+sigmaA*sigmaA/2.)*T)/(sigmaA*sqrt(T))
    d2 = d1-sigmaA*sqrt(T)
    diff1<- A*pnorm(d1)-D*exp(-r*T)*pnorm(d2)-E
    diff2<- A/E*pnorm(d1)*sigmaA-sigmaE
    return(abs(diff1)/E + abs(diff2)/sigmaE)
}
```

下面展示在最终结果中使用不同初始值的影响。

```
nlm(KMV_f,x<-c(E/2+D,sigmaE),a)$estimate
[1] 12.51162493 0.09609593
nlm(KMV_f,x<-c(E+D,sigmaE),a)$estimate
[1] 12.95429496 -0.05v366289
nlm(KMV_f,x<-c(D,sigmaE),a)$estimate
[1] 12.51195139 0.09608728
```

```
nlm(KMV_f,x<-c(D,0.7),a)$estimate
[1] 9.935777088 -0.004770128
nlm(KMV_f,x<-c(D,0.27),a)$estimate
[1] 12.51162747 0.09608916
```

25.16　距违约点的距离

距违约的距离（DD），DD 的英文为 Default Distance。DD 由公式（25-12）定义，其中 A 是市场价值总资产，σ_A 是其相应的风险。这项措施的解释是明确的：DD 值越高，公司更安全。

$$DD = \frac{A - Default\ Point}{A * \sigma_A} \quad (25\text{-}12)$$

就违约点而言，没有关于如何选择理想违约点的相关理论。然而，我们可以将所有短期债务加上长期债务的一半作为违约点。当有了资产的市值（A）及其波动性（σ_A）后，我们可以用下面的公式来估计违约距离。A 和 σ_A 来自公式（25-7）的输出。另一方面，如果违约点等于 E，我们将有以下公式：

$$DD = -\frac{\ln\left(\frac{V_A}{D}\right) + \left(r - \frac{1}{2}\sigma_A^2\right)T}{\sigma_A\sqrt{T}} \quad (25\text{-}13)$$

根据 Black-Scholes-Merton 期权模型，DD 和 DP 之间的关系（违约概率）由下式给出。

$$DP(Default\ Probability) = N(-DD) \quad (25\text{-}14)$$

25.17　credit.RData 数据集

我们可以使用 load() 函数加载它。

```
load("datas/credit.RData")
```

目前 credit.RData 包含等价的 3 年，moody5year_migration、one_year_迁移和 yield_AAA。

```
> one_year_migration
    AAA    AA      A      BBB    BB     B      CCC    D
AAA 0.9081 0.0833 0.0068 0.0006 0.0008 0.0002 0.0001 0.0001
AA  0.0070 0.9065 0.0779 0.0064 0.0006 0.0013 0.0002 0.0001
A   0.0009 0.0227 0.9105 0.0552 0.0074 0.0026 0.0001 0.0006
BBB 0.0002 0.0033 0.0595 0.8593 0.0530 0.0117 0.0112 0.0018
BB  0.0003 0.0014 0.0067 0.0773 0.8053 0.0884 0.0100 0.0106
B   0.0001 0.0011 0.0024 0.0043 0.0648 0.8346 0.0407 0.0520
CCC 0.0021 0.0000 0.0022 0.0130 0.0238 0.1124 0.6486 0.1979
D   0.0000 0.0000 0.0000 0.0000 0.0000 0.0000 0.0000 1.0000
```

25.18 CreditMetrics 包

名为 CreditMetrics 的 R 包是与信用风险相关的包。首先，我们来看一个称为 cm.cs 的函数，它为给定的一年迁移矩阵和给定的 LGD 提供信用点差（违约后的损失）。如果我们使用 CS 代表信用价差，则 V_t 的现值将具有以下形式。

$$V_0 = PV(V_t) = V_t e^{-(r_f + CS)t} \qquad (25\text{-}15)$$

其中 t 是一年中的时间。在无风险的世界中（在无风险概率的情况下），价值在时间 t 的信用头寸将是以下形式：

$$V_0 = E[V_t]e^{-r_f t} \qquad (25\text{-}16)$$

如果定义 $P_{default}$ 为违约概率，我们有下式。

$$E[V_t] = (1 - P_{default}) * V_t + P_{default} * V_t[1 - LGD] \qquad (25\text{-}17)$$

上述公式经过适当的变换后，我们得到下面信用利差的公式。

$$CS_t = (\ln(1 - LGD * P_{default}))/t \qquad (25\text{-}18)$$

对于违约概率=0.0001、LGD=0.45 和 t=1 的 AAA 评级债券，我们有以下结果。

```
> -log(1-0.45*0.0001)
[1] 4.500101e-05
```
对于一组信用评级，我们有以下程序得到相应的结果。

```
library(CreditMetrics)
load("datas/credit.RData")
loss_given_default<- 0.45
> cm.cs(one_year_migration,loss_given_default)
AAA AA A BBB BB B CCC
4.500e-05 4.50e-05 2.70e-04 8.103e-04 4.78e-03 2.368e-02 9.3236e-02
```

为了使结果更具可读性，我们将其转换为基点（base）并保留两位小数，这意味着 BBB 评级债券的价差为 8 个基点（base）。

```
> round(cm.cs(one_year_migration, loss_given_default)*10000, digit=2)
AAA AA A BBB BB B CCC
0.45 0.45 2.70 8.10 47.81 236.78 932.73
```

对于一年的信用迁徙矩阵，我们有以下代码。

```
> t(one_year_migration[,8])
AAA AA A BBB BB B CCC D
[1,] 1e-04 1e-04 6e-04 0.0018 0.0106 0.052 0.1979 1
```

因此，信用利差= $-\log(1-0.45*0.0001)=4.500101e-05=0.0045\%$。对于 CCC 评级的债券，我们有以下代码。

```
>   -log(1-0.45 * 0.1979)
[1] 0.09327276。
```

表 25.12 列出 CreditMetrics 包中包含的主要函数。

表 25.12　CreditMetrics 中包含的主要函数

功能	说明	功能	说明
cm.CVaR	计算风险信用值（CVaR）	cm.quantile	计算五分位数
cm.cs	计算信用利差	cm.ref	计算参考值
cm.gain	计算模拟的利润和损失	cm.rnorm	标准正态分布随机数的计算
cm.hist	利润/亏损分布直方图	cm.rnorm.cor	计算相关标准正态分布随机数
cm.matrix	测试迁移矩阵	cm.state	状态空间的计算
cm.portfolio	计算模拟投资组合值	cm.val	估值每个场景的信用位置

函数 cm.matrix()用于测试转换矩阵是否具有属性概率的总和等于 1。

```
>cm.matrix(one_year_migration)
```

为进一步检验，我们可以使用 rowSums()函数。

```
> rowSums(one_year_migration)
AAA AA A BBB BB B CCC D
1 1 1 1 1 1 1 1
```

函数 cm.ref()为给定集合提供一年内信用值的现值的信用评级、信用值、折现率和损失等参数。假设我们有一个只有 3 个债券的债券投资组合，如表 25.13 所示。

表 25.13　债券投资组合

债券	价值（百万）	评级
1	4	BBB
2	1	AA
3	10	B

进一步假定无风险利率为 3%，LGD 为 0.45。用一年信用迁移矩阵。要估算 3 个现值，我们有以下代码。

```
>rf <- 0.03 # risk-free rate
>values <- c(4, 1, 10)*1e6 # credit values
>rating <- c("BBB","AA","B")
>loss_give_default<- 0.45
x<-cm.ref(one_year_migration,loss_given_default,values,rf,rating)
```

以下输出显示初始价值为 400 万美元，对 BBB 债卷评级而言，其信用风险一年后可能会达到 388 万美元。

```
x
$constVal
BBB AA B
3878637.9 970401.9 9477371.1
$constPV
[1] 14326411
```

函数 cm.CVaR() 通过模拟利润/损失提供信用风险。假设是与上面讨论的相同的债券组合，今天的总价值是 1500 万美元。3 个债券的债券评级为 BBB、AA 和 B。LGD 是 0.45。这三者的相关矩阵公式如下。

信贷风险价值估计如下：

```
>n <- 50000 # number of random numbers
>rf <- 0.03 # risk-free rate
>values <- c(4, 1, 10)*1e6 # credit values
>LGD<- 0.45 # LGD: loss given default
>rating <- c("BBB","AA","B") # rating of three firms
>alpha <- 0.99 # confidence level
>firmnames <- c("f1","f2","f3") # three names
> rho
firm 1 firm 2 firm 3
firm 1 1.0 0.4 0.6
firm 2 0.4 1.0 0.5
firm 3 0.6 0.5 1.0
>N<-length(values)
cm.CVaR(one_year_migration,LGD,values,N,n,rf,rho,alpha,rating)
1%
4065061
```

结果表明，我们的三债券投资组合的信用风险价值为 410 万美元。注意每次运行上述代码时，都会产生稍微不同的输出结果。

25.19 信用违约互换期货

贷款人可以购买所谓的信用违约互换（Credit Default Swap ，CDS）以在发生违约时保护贷款人。买家的 CDS 向卖方进行一系列付款（CDS 费用或 CDS 差价）。作为交换，如果贷款违约，买家则可以获得相应的回报。据报道，2012 年初该类有价值 25.5 万亿美元的合同。下面是一个简单的例子。某养老基金购买了 1 亿美元十年到期的公司债券，如果发行债券的公司没有违约，养老基金每年将享有利息及到期的本金。但是，养老基金担心发行债券的公司可能违约。为了保护自己，他们与一家金融机构签订了为期 10 年的 CDS 合同。基于债券发行公司的信誉度，商定的利差为每年支付 80 个基点。这意味着，养老基金（CDS 买家）在未来 10 年内每年都会支付 80000 美元的费用给该金融机构（CDS 卖家）。如果发生违约有关的信用事件，CDS 卖方将根据 CDS 合同，给 CDS 的买方赔偿因信用事件而造成的损失。如果合同规定了实物结算，CDS 买方可以将其债券以 1 亿美元的价格卖给 CDS 卖家。如果合同规定了现金结算，那么 CDS 卖方将向 CDS 买方支付 Max(1 亿美元$-X$,0)，其中 X 是债券当前的市场价值。如果债券的市场价值为 7000 万美元，那么 CDS 卖方将支付 CDS 买方 3000 万美元。在上述情况下，利差或费用与发行公司的违约概率密切相关。违约概率越高，CDS 价差越高。表 25.14 呈现出这样的关系。

表 25.14　由违约概率和信用违约互换估计的 5 年累积概率的违约（P）和 5 年期信用违约掉期（5 年期 CDS）

CDS	P	CDS	P	CDS	P	CDS	P	CDS	P	CDS	P	CDS	P
0	0.0%	100	7.8%	200	13.9%	300	19.6%	500	30.2%	500	30.2%	1000	54.1%
5	0.6%	105	8.1%	205	14.2%	310	20.2%	510	30.7%	525	31.4%	1025	55.2%
10	1.1%	110	8.4%	210	14.5%	320	20.7%	520	31.2%	550	32.7%	1050	56.4%
15	1.6%	115	8.7%	215	14.8%	330	21.2%	530	31.7%	575	33.9%	1075	57.5%
20	2.0%	120	9.1%	220	15.1%	340	21.8%	540	32.2%	600	35.2%	1100	58.6%
25	2.4%	125	9.4%	225	15.4%	350	22.3%	550	32.7%	625	36.4%	1125	59.7%
30	2.8%	130	9.7%	230	15.7%	360	22.9%	560	33.2%	650	37.6%	1150	60.9%
35	3.2%	135	10.0%	235	16.0%	370	23.4%	570	33.7%	675	38.8%	1175	62.0%
40	3.6%	140	10.3%	240	16.2%	380	23.9%	580	34.2%	700	40.0%	1200	63.1%
45	4.0%	145	10.6%	245	16.5%	390	24.5%	590	34.7%	725	41.2%	1225	64.2%
50	4.3%	150	10.9%	250	16.8%	400	25.0%	600	35.2%	750	42.4%	1250	65.3%
55	4.7%	155	11.2%	255	17.1%	410	25.5%	610	35.7%	775	43.6%	1275	66.4%
60	5.0%	160	11.5%	260	17.4%	420	26.0%	620	36.1%	800	44.8%	1300	67.5%
65	5.4%	165	11.8%	265	17.7%	430	26.6%	630	36.6%	825	46.0%	1325	68.6%
70	5.7%	170	12.1%	270	17.9%	440	27.1%	640	37.1%	850	47.2%	1350	69.7%
75	6.1%	175	12.4%	275	18.2%	450	27.6%	650	37.6%	875	48.3%	1375	70.7%
80	6.4%	180	12.7%	280	18.5%	460	28.1%	660	38.1%	900	49.5%	1400	71.8%
85	6.8%	185	13.0%	285	18.8%	470	28.6%	670	38.6%	925	50.6%	1425	72.9%
90	7.1%	190	13.3%	290	19.1%	480	29.1%	680	39.1%	950	51.8%	1450	74.0%
95	7.4%	195	13.6%	295	19.3%	490	29.6%	690	39.6%	975	52.9%	1475	75.1%
100	7.8%	200	13.9%	300	19.6%	500	30.2%	700	40.0%	1000	54.1%	1500	76.1%

25.20 练习题

（1）信用风险的定义是什么？

（2）信用风险和市场风险有什么区别？

（3）美国主要的信用评级机构有几家？

（4）我们为什么关心国债收益率（yield-to-maturity，YTM）？YTM 是如何定义的？

（5）从哪里可以下载美国国债收益率？

（6）信用溢价（利差）的定义是什么？

（7）从何处，我们可以找到信用溢价（利差）有关的数据？

（8）基于美国国债的年限与 YTM 的包罗曲线有何用途？

（9）研究 Z-score 公式中 $X1$、$X2$、$X3$、$X4$ 和 $X5$ 的定义。为什么更高 Z 分数越低，破产概率越低？

（10）什么是一年信用评级的迁徙矩阵？

（11）一年迁移矩阵的用途是什么？

（12）信用评级和违约概率之间的关系是什么？

（13）使用债券现值的概念即贴现的预期未来现金流动来推导公式。

（14）信用转移矩阵的（主要）对角线（从 NW 到 SE）的值是多少？

（15）使用以下 6 个数据集（CSV 文件）生成一个 R 数据集，涉及"文件;标题;单位;频率;季节性调整;最近更新时间"几项内容。

```
    DAAA.csv    ;Moody's Seasoned Aaa Corporate Bond Yield; %; D; NA; 2011-
04-29
    AAA.csv     ;Moody's Seasoned Aaa Corporate Bond Yield; %; M; NA; 2011-
04-05
    WAAA.csv    ;Moody's Seasoned Aaa Corporate Bond Yield; %; W; NA; 2011-
04-26
    DBAA.csv    ;Moody's Seasoned Baa Corporate Bond Yield; %; D; NA; 2011-
04-29
    WBAA.csv    ;Moody's Seasoned Baa Corporate Bond Yield; %; W; NA; 2011-
04-26
    BAA.csv     ;Moody's Seasoned Baa Corporate Bond Yield; %; M; NA; 2011-
04-05
```

注意：为下载数据，请转至 stlouisfed 网站下载 IRCAB_csv_2.zip。

（16）通过 z_score 找出问题并找出解决问题的方法。

（17）通过下面 FRED Economic Research 网站检索"corporate spread"。

结果如图 25-5 所示。为节省篇幅，下面只显示的最前面的几个。从图 25-5 可知一共有 59 个相应的数据集。

图 25-5

下载 14 个数据集以生成相应的 R 数据集。

（18）沃尔玛（股票代码为 WMT）计划发行面值为 5000 万美元（面值总额）的公司债券。单个债券的面值为 1000 美元，债券在 30 年后到期，票面年利率为 8%，每年付一次。沃尔玛今天能收到多少钱？如果沃尔玛设法提高信用评级一级，企业可以提高多少额外的现金流？注：不同年限的 YTM 将不同。

（19）下载有关 IBM 公司两个 R 数据集，参考对应方法生成沃尔玛（股票代码为 WMT）的 R 数据集。

```
> path<-"http://datayyy.com/data_R/"
> dataSet1<-"ibmBS"
> dataSet2<-"ibmIS"
> link1<-paste(path,dataSet1,".RData",sep='')
> link2<-paste(path,dataSet2,".RData",sep='')
> load(url(link1))
> load(url(link2))
> head(.ibmBS)
                          12/31/2017 12/31/2016 12/31/2015
Current Assets                    NA         NA         NA
Cash And Cash Equivalents   11972000    7826000    7686000
Short Term Investments        608000     701000     508000
Net Receivables             31630000   29245000   28554000
Inventory                    1583000    1553000    1551000
Other Current Assets         3942000    4564000    4205000
> head(.ibmIS)
                          12/31/2017 12/31/2016 12/31/2015
Total Revenue               79139000   79919000   81741000
Cost of Revenue             42913000   41625000   41057000
Gross Profit                36227000   38294000   40684000
```

```
Operating Expenses                                    NA           NA           NA
Research Development                             5787000      5751000      5247000
Selling General and Administrative              18641000     19438000     19748000
```

（20）对 10 个公司（股票代码分别为 IBM、C、WMT、A、MSFT、JNJ，等等），生成两个数据集。一个是利润报表（损益表），另一个为资产负债表。

（21）从作者网页可下载 IBM 的年报表。

```
> path<-"http://datayyy.com/data_R/"
> dataSet<-"ibmBSannual"
> link<-paste(path,dataSet,".RData",sep='')
> load(url(link))
> head(.ibmBSannual)
                             12/31/2017 12/31/2016 12/31/2015
Current Assets
Cash And Cash Equivalents      11972000    7826000    7686000
Short Term Investments           608000     701000     508000
Net Receivables                31630000   29245000   28554000
Inventory                       1583000    1553000    1551000
Other Current Assets            3942000    4564000    4205000
>
```

参考以上代码，对沃尔玛（股票代码为 WMT）而言，生成相同的数据集。

第 26 章
买卖差价、交易成本及流动性

要价（ask）是股票或证券拥有者愿意出售的价格，而出价（bid）是买方或投资者愿意支付的价格。要价是高的价格，出价是低的价格，它们之间的差别被称为买卖差价或简单的差价（spread）。见以下定义。

$$S = Ask - Bid \tag{26-1}$$

S 是英文字 spread 的第一个字母。为了估计买卖差价，我们往往需要高频交易数据。下面是高频数据的一个例子。

```
> head(.TORQcq)
  SYMBOL     DATE     TIME    BID    OFR BIDSIZ OFRSIZ MODE QSEQ EX
1     AC 19901101  9:30:44 12.875 13.125     32      5   10 1586  N
2     AC 19901101  9:30:47 12.750 13.250      1      1   12    0  M
3     AC 19901101  9:30:51 12.750 13.250      1      1   12    0  B
4     AC 19901101  9:30:52 12.750 13.250      1      1   12    0  X
5     AC 19901101 10:40:13 12.750 13.125      2      2   12    0  M
6     AC 19901101 13:36:15 12.875 13.000     32     10   12 1593  N
>
```

从最后一行我们可知差价为 0.125 美元（13.000–12.875）。在本章中，我们将显示从何处下载.TORQct 有关高频交易的 R 数据集。

```
> 13.000-12.875
[1] 0.125
```

26.1 简介

上述价差或买卖差价在实际应用上和学术方面具有许多重要的作用。例如，当我们调整投资组合时，应该考虑交易成本。因为上述的价差从一方面与交易成本有关。通常价差（问价减去出价）用于表示买卖的成本（即两笔交易）。基于市场微观结构数据，我们可以估计一些更好、度量更准确（如买卖差价）、更有效的买卖价差，并对订单流量方面的价格做出回应。因此，买卖价差基于高频数据更加准确，其被用作其他各种测量方法的基准。但是，使用高频数据有许多缺点。首先，我们是最早的一年有关美国的股票高频数据是 1983 年。

而日频率的数据可追溯至 1926 年。因此，研究人员基于日数据设计了各种流动性指标，因为它们可以利用更长的时间序列。第二，高频数据的规模是巨大的，2010 年约为 1TB（1terabyte=1012 字节）每月 TAQ（纽约证券交易所的交易和报价数据库）。处理大数据则要求大量的计算时间。日常数据的大小要小得多。第三，购买高频成本非常昂贵。典型的数据集如 TAQ 数据库。

26.2　估算股票买卖差价

对于买卖差价，Roll（1984 年）证明我们可以根据日数据中的股票价格差价的协方差来估计。下面是具体的公式。

$$\begin{cases} S = 2\sqrt{-cov(\Delta P_t, \Delta P_{t-1})} \\ \% \, spread = \dfrac{S}{\bar{P}} \end{cases} \quad (26\text{-}2)$$

S 估计的买卖差，P_t 是第 t 天的收盘价，ΔP_t（$=P_t-P_{t-1}$）是 t 天的收盘价与前一天收盘价的变化。以下代码使用其日价格估算 IBM 的价差。

```
> a<-"http://datayyy.com/data_csv/ibmDaily.csv"
> x<-read.csv(a)
> head(x,2)
        Date     Open     High      Low    Close Adj.Close Volume
1 1962-01-02 7.713333 7.713333 7.626667 7.626667  0.689273 387200
2 1962-01-03 7.626667 7.693333 7.626667 7.693333  0.695299 288000
> p<-x$Adj.Close
> p<-na.omit(p)
> deltaP<-diff(p)
> n<-length(deltaP)
> covP<-cov(deltaP[1:(n-1)],deltaP[2:n])
> covP
[1] -0.01060898
> 2*sqrt(-covP)
[1] 0.2059998
```

以上结果表明协方差为-0.010，差值为 0.21，这表明单向交易成本将为 10 美分。例如，我们可以使用下面的 R 代码来估计 ΔP_t 和 ΔP_t 之间的协方差 ΔP_{t-1}。下面的 R 代码将估计给定股票代码-DELL 的 Roll 的价差，在这种情况下是使用雅虎财经去年 252 个交易日的每日数据。

因此，基于 Roll 模型的去年（252 个交易日）DELL 价差将会为 0.21。Roll 模型的主要假设是 ΔP_t 和 ΔP_{t-1} 之间的协方差是负。当它的值为正时，Roll 模型将失败。在现实世界中，通常有两种解决方案。第一种方法是，当协方差为负时，我们忽略这些情况（股票）或使用其他方法来估计价差。第二种方法是添加负号在正面协方差前面。参见以下代码。

```
> n1<-nrow(x)
> p<-x$Adj.Close[(n1-500):n1]
> p<-na.omit(p)
> deltaP<-diff(p)
> n<-length(deltaP)
> covP<-cov(deltaP[1:(n-1)],deltaP[2:n])
> covP
[1] 0.03045293
> if(covP>0){
    s<--2*sqrt(covP)
 }else{
    s<-2*sqrt(-covP)
 }
> print(s)
[1] -0.3490154
```

26.3   估算买卖差价

Corwin 和 Schultz（2011 年）设计了一种新的方法来估计每天观察到的高（H）和低（L）。

$$\begin{cases} S = \dfrac{2(e^\alpha - 1)}{1 + e^\alpha} \\[2mm] \alpha = \dfrac{\sqrt{2\beta} - \sqrt{\beta}}{3 - 2\sqrt{2}} - \sqrt{\dfrac{\gamma}{3 - 2\sqrt{2}}} \\[2mm] \beta = log\left(\dfrac{H}{L}\right)^2_{daily} \\[2mm] \gamma = log\left(\dfrac{H}{L}\right)^2_{2-day\ period} \end{cases} \tag{26-3}$$

其中 S 是 Corwin 和 Schultz 定义的传播，H 是在两天窗口内的日高或高点，L 是在两天窗口内的每日低点或低点。以下是根据 Corwin 和 Schultz（2011 年）的方法估算 IBM 差价的代码。下面我们将介绍如何手动获取一天和两天窗口的高低比率。

```
> H<-x$High
> L<-x$Low
> n<-nrow(x)
> s<-NA
> for(i in 2:n){
+   beta<-log(H[i]/L[i])^2
+   H2<-max(H[i+1],H[i])
+   L2<-min(L[i+1],L[i])
+   gamma<-log(H2/L2)^2
+   t<-3-2*sqrt(2)
+   alpha<-(sqrt(2*beta)-sqrt(beta))/t- sqrt(gamma/t)
```

```
+        s[i-1]<-(2*exp(alpha)-1)/(1+exp(alpha))
+    }
> s2<-s[is.na(s)==F]
> print(mean(s2))
[1] 0.4825939
```

基于股票价格的高低，Corwin 和 Schultz 的价差有几个问题。Corwin 和 Schultz 的方法论的假设是持续交易。当股票交易不连续，期望会有一些差异。最重要的影响是隔夜收益，我们使用以下公式来表示隔夜收益的影响。

$$\begin{cases} if\ A_t < P_{t-1}\ then\ \Delta P = P_{t-1} - A_t \\ if\ B_t > P_{t-1}\ then\ \Delta P = B_t - P_{t-1} \\ H_t = A_t + \Delta P \\ L_t = B_t - \Delta P \end{cases} \tag{26-4}$$

我们设计了一个与公式（26-4）有关的问题。参见本章最后的练习。

26.4　基于高频数据估算买卖差价

要价息差与流动性呈负相关（即息差越高，流动性越低），买卖差价是全能交易成本。换句话说，当一个交易者买入一只股票然后出售它，他/她将不得不高价买入（卖出）并以低价出售。因此，我们可以对待 bidask 作为交易成本进行摊派。这一价差越高，流动性越低的基础股票。

```
> path<-"http://datayyy.com/data_R/"
> dataSet<-"TORQcq"
> link<-paste(path,dataSet,".RData",sep='')
> load(url(link))
> head(x)
  SYMBOL      DATE     TIME    BID     OFR BIDSIZ OFRSIZ MODE QSEQ EX
1     AC 19901101  9:30:44 12.875 13.125     32      5   10 1586  N
2     AC 19901101  9:30:47 12.750 13.250      1      1   12    0  M
3     AC 19901101  9:30:51 12.750 13.250      1      1   12    0  B
4     AC 19901101  9:30:52 12.750 13.250      1      1   12    0  X
5     AC 19901101 10:40:13 12.750 13.125      2      2   12    0  M
6     AC 19901101 13:36:15 12.875 13.000     32     10   12 1593  N
>
```

第一种价差与公式（26-1）中定义的买价和卖价相同。通常研究人员使用 a 体积加权传播。每日交易量加权点差如下。

$$\begin{cases} S = \sum w_i * (A_i - B_i) \\ w_i = \dfrac{v_i}{\sum v_i} \end{cases} \tag{26-5}$$

其中 S 是价差，w_i 是第 i 次交易的权重，v_i 是其相应的交易量。TAQ 不用报价数据，而是使用相同的时间戳提供高频交易数据。根据 TAQ 数据，我们既有报价也有交易价格，因此，可以定义各种不同的价差。

```
> dataSet<-"TORQct"
> link<-paste(path,dataSet,".RData",sep='')
> load(url(link))
>  head(.TORQct)
  SYMBOL      DATE     TIME PRICE SIZE G127 COND TSEQ EX
1     AC 19901101 10:39:06    13  100    0      1587  N
2     AC 19901101 10:39:36    13  100    0         0  M
3     AC 19901101 10:39:38    13  100    0         0  M
4     AC 19901101 10:39:41    13  100    0         0  M
5     AC 19901101 10:41:38    13  300    0      1591  N
6     AC 19901101 11:52:07    13  200    0      1592  N
```

在匹配同一交易日的交易和报价数据后，我们可以估算一个有效的传播，其定义如下：

$$Effective\ spread = 2\left|\log(P) - lag(\log(MidQ))\right| \tag{26-6}$$

其中 P 是交易价格，lag 是 lag()函数，MidQ 是竞价和询价的中点（平均）。美元有效价差定义如下：

$$Dollar\ effective\ spread=2*I*(P-MidQ), \tag{26-7}$$

变量 I 是一个二元指标：对于买方启动的交易，$I=1$；对于卖方启动的交易，$I=-1$。为了确定交易方向，我们应用 Lee 和 Ready 的算法：首先进行报价测试然后进行勾号测试。对于报价测试，如果当前的交易价格高于最新的中点报价，那么这是一个买方发起的交易。如果它低于中点，那么它是卖方发起的交易。如果它们相等，我们采用滴答测试：如果 $P_t>P_{t-1}$（或 $P_t<P_{t-1}$)），那么它是买方（或卖方）-引发交易。相对美元差价是由 $MidQ$ 定义的美元差价。

$$Relative\ effective\ spread=dollar\ effective\ spread/MidQ \tag{26-8}$$

26.5 从日最高和最低股票价格估算买卖差价

为了估计价差，Chung 和 Zhang（2009 年）在日常数据分析中使用了 CRSP 增加的两个新变量，然后计算了 i 在 t 日的 CRSP 买卖价差股票，公式如下所示：

$$S = \frac{A_t - B_t}{\dfrac{A_t + B_t}{2}} \tag{26-9}$$

A_t 是第 t 天的股票 i 的要价 B_t 是第 t 天股票 i 的投标价格，结果显示 CRSP 价差和 TAQ 价差的相关性非常高。

26.6 流动性简介

流动性衡量的是投资者如何快速将其投资转化为现金，而不会损失大部分真实价值。根据 Amihud（2002 年）的理论，流动性反映了订单流对价格的影响。由于非流动性是流动性的倒数，因此流动性的非流通价值越低，基础证券的流动性越高。流动性具有许多重要的实践和学术影响。由于流动性是不能直接观察到的，而是有许多方面，不能在一个单一的方面捕捉到，流动性的各种代理已被使用。一些容易获得的代理包括周转率、交易量或者交易美元价值、公司规模等。但是，正如 Lesmond（2002 年）所指出的，这些代理可能会受到与流动性无关的变量的影响。我们可以根据市场微观结构数据（如买卖价差、摊销有效买卖价差、对签署订单流的价格反应以及信息化交易的概率等），得到更精细更准确的测度。因此，基于高频数据的买卖差价更准确。

买卖价差及其变化通常用作基准。但是，使用高频数据也有很多的缺点。首先，美国股市最早可以追溯到 1983 年，而日常数据最早可以追溯到 1926 年。因此，许多研究人员基于日常数据设计了各种流动性指标，因为它们需要较长的历史时间序列。其次，高频数据是规模巨大的，2010 年每月大约 1TB。研究人员需要处理所有股票的价差，这就需要大量时间，而日常数据则要少得多。为了衡量股票（公司）的流动性，研究人员和从业人员需要用到很多参数，例如公司的年龄、公司、交易量、美元交易量、Amihud 的非流动性（2002 年）、Pastor 和 Stambaugh's 流动性度量（2003 年）、买卖差价以及零交易日的百分比等。

26.7 用公司的市值表征流动性

公司越大，流动性就越高。逻辑是，当一家公司刚刚起步时，其规模相对较小。在证券交易所上市后，其交易频率会降低。换句话说，其流动性会很小。当一家公司增长时，其规模也将增长，它的交易量将变得更加活跃（即流动性更高）。因此，相对大小可以衡量流动性，这里的大小被定义为"价格乘以已发行股票数"。

营业额定义为"总交易量除以其相应的市值（价格乘以已发行股数）"，因此营业额越高，流动性就越高。

```
> p0<-144.77
> mktCap<-133.357*10^9
> sharesOutStanding<-mktCap/p0
> sharesOutStanding
[1] 921164606
```

26.8 用股票的交易量表征流动性

这里，交易量被定义为"交易股数"。显然，交易量越高，流动性越高。以下代码将每天估算平均值 IBM 和戴尔的交易量。由于戴尔的交易量远远高于 IBM，我们可以认为戴尔更具流动性。

```
> a<-"http://datayyy.com/data_csv/ibmMonthly.csv"
> x<-read.csv(a)
> tail(x)
        Date    Open   High    Low  Close Adj.Close    Volume
665 2017-05-01 160.05 160.42 149.79 152.63 149.5731 103329100
666 2017-06-01 152.80 157.20 150.80 153.83 152.2217  83977000
667 2017-07-01 153.58 156.03 143.64 144.67 143.1575  93293500
668 2017-08-01 145.00 145.67 139.13 143.03 141.5346  80268700
669 2017-09-01 142.98 147.42 141.64 145.08 145.0800  78296700
670 2017-10-01 145.35 162.48 145.21 162.07 162.0700  86695500
>
```

为了估算一年中的总交易量，比如 2010 年，为戴尔计算，我们应用了以下 R 代码：

```
> year<-2000
> x2<-data.frame(as.Date(x$Date,"%Y-%y-%d"),x$Volume)
> x2[,3]<-format(x2[,1],"%Y")
> colnames(x2)<-c("date","volume","year")
> head(x2,3)
        date   volume year
1 2001-05-01 8760000 2001
2 2002-05-01 5737600 2002
3 2003-05-01 5344000 2003
> x3<-subset(x2,x2$year==as.character(year))
> dim(x3)
[1] 670   3
> sum(as.numeric(x3$volume))/1e9
[1] 68.35925
```

26.9　用股票的年周转率表征流动性

年周转率定义为"总交易量除以其相应的市值（价格乘以已发行股数）。"营业额越高，流动性就越高。假设两家公司拥有相同的市值（1000 万美元）。第一家公司的年周转率为 5，第二家公司的年周转率是 1，那么我们可以宣称第一家公司比第二家公司流动性更强。

26.10　用美元交易量表征流动性

许多人认为，交易的股票数量不是衡量流动性的好指标。例如，如果我们使用美元交易量来评估，那么 IBM 比 DELL 更具流动性（请参阅下面的结果）。

```
> a<-"http://datayyy.com/data_csv/ibmMonthly.csv"
> x<-read.csv(a)
> dim(x)
[1] 670    7
> head(x,2)
        Date     Open     High      Low    Close Adj.Close   Volume
1 1962-01-01 7.713333 7.713333 7.003334 7.226666  2.077531  8760000
2 1962-02-01 7.300000 7.480000 7.093333 7.160000  2.058365  5737600
> x[,8]<-x$Adj.Close*x$Volume
> colnames(x)<-c(colnames(x)[1:7],"DollarVolume")
> head(x,3)
        Date     Open     High      Low    Close Adj.Close   Volume DollarVolume
1 1962-01-01 7.713333 7.713333 7.003334 7.226666  2.077531  8760000     18199172
2 1962-02-01 7.300000 7.480000 7.093333 7.160000  2.058365  5737600     11810075
3 1962-03-01 7.186666 7.413333 7.070000 7.103333  2.042352  5344000     10914329
```

26.11 流动性对股票价格和收益率的影响

假设你是一名共同基金经理。由于某些原因，你想购买 1000 万美元的股票 A，因为你不能立即下达 1000 万美元的订单，所以你必须把 1000 万美元划分成几个较小的交易。现在你担心前几笔交易会对股票价格造成影响。如果前几个交易把股票价格推高，你的总交易成本将会大幅提升。当你打算出售大量相同的股票时，情况正好相反。该一笔交易对价格的影响将是衡量交易影响的重要指标。

26.12 反流动性度量

Amihud 的非流动性（ILLIQ）定义如下：

$$ILLIQ = \frac{1}{N}\sum_{t=1}^{N}\frac{|R_t|}{DVOL_t} \qquad (26\text{-}10)$$

其中 N 是一个月内的交易日数量，R_t 是每日回报，而 $DVOL$ 是美元数量。为了估算 2007 年 1 月 IBM 的反流动性，我们有以下程序：

```
> library(quantmod)
> getSymbols("IBM",src='yahoo')
[1] "IBM"
> x<-dailyReturn(IBM)
> y<-merge(IBM,x)
> z<-y[1:20,]
> head(z,2)
           IBM.Open IBM.High IBM.Low IBM.Close IBM.Volume IBM.Adjusted daily.returns
2007-01-03    97.18    98.40   96.26     97.27    9196800     72.61198  0.0009260856
```

```
2007-01-04    97.25    98.79   96.88      98.31   10524500      73.38837   0.0106918992
> tail(z,2)
          IBM.Open IBM.High IBM.Low IBM.Close IBM.Volume IBM.Adjusted daily.returns
2007-01-30    98.57    99.45   98.50      99.37    7177900      74.17966   0.008422996
2007-01-31    98.80    99.48   98.35      99.15    6432600      74.01540  -0.002213958
> illiq<-sum(abs(z$daily.returns)/(z$IBM.Volume*z$IBM.Adjusted))
> illiq
[1] 2.232931e-10
>
```

ILLIQ 根据每日数据计算每月频率。Amihud 设计的非流动性措施很简单，因为它不需要运行回归，也没有滞后。另一个好处是可以在很短的时间内使用该措施，例如几天。当然，有一些缺点，例如措施的稳定性很低。Amihud 的非流动性指数被许多研究人员使用，如 Acharya 和 Pedersen。

26.13   流动性度量模型

基于 Campbell、Grossman 和 Wang（1993 年）的方法论和经验证据，Pastor 和 Stambaugh（2003 年）设计了一个很好的模型来衡量个股的流动性和市场流动性。以下是他们的模型。

$$y_t = \alpha + \beta_1 x_{1,t-1} + \beta_2 x_{2,t-1} + \epsilon_t \tag{26-11}$$

其中 y_t 是高于市场平均收益率部分的超额收益（$R_t - R_{m,t}$）；R_t 是股票的每日回报；$R_{m,t}$ 是 CRSP 价值加权市场回报的回报；$x_{1,t}$ 是股票的回报；$x_{2,t}$ 是签署的美元交易量，其符号（正或负）取决于变量（$R_t - R_{m,t}$）的符号，$prct*vol_t$ 是美元交易量，$prct$ 是股票价格，vol_t 是交易量。

根据每个月的每日数据运行回归。换句话说，每个月，我们都会得到一个 β_2，它被定义为标的股票的流动性指标。最小数量的回归观察值应大于 15。其他约束条件包括只能使用 NYSE/AMEX 股票。在此之前，股价应该在 5 美元至 1000 美元之间，只能使用 CRSP 数据库中共享代码为 10 或 11 的普通股。虽然论文没有具体说明，但我们的实证结果表明数据过滤器将负价格删除，并删除了交易量为零的部分。首先，我们下载 IBM 和标准普尔 500 日价格数据，估算其日收益率并合并它们（请参阅下面的 R 代码）。

```
> library(quantmod)
> getSymbols("IBM",src='yahoo')
[1] "IBM"
> a<-dailyReturn(IBM)
> colnames(a)<-"RET"
> getSymbols("^GSPC",src='yahoo')
[1] "GSPC"
> b<-dailyReturn(GSPC)
> colnames(b)<-"MKT_RET"
> z<-merge(a,b)
> head(z,2)
```

```
                    RET        MKT_RET
2007-01-03 0.0009260856 -0.001008479
2007-01-04 0.0106918992  0.001228286
> final<-merge(z,IBM)
> head(final,2)
                    RET     MKT_RET IBM.Open IBM.High IBM.Low IBM.Close IBM.
Volume IBM.Adjusted
2007-01-03 0.0009260856 -0.001008479    97.18    98.40   96.26     97.27
9196800      72.61198
2007-01-04 0.0106918992  0.001228286    97.25    98.79   96.88     98.31
10524500     73.38837
```

之后，我们通过使用一个月的数据来运行回归系数 x_2，这是我们的流动性指标。

```
> myLag<- function(x, k) {
+   if (k>0) {
+     return (c(rep(NA, k), x)[1 : length(x)] );
+   }
+   else {
+     return (c(x[(-k+1) : length(x)], rep(NA, -k)));
+   }
+ }
> #
> z<-final[1:20,]
> y<-as.numeric(z$RET)-as.numeric(z$MKT_RET)
> x1<-myLag(y,1)
> x2<-sign(x1)*z$IBM.Close*z$IBM.Volume
> x<-cbind(x1,x2)
> lm(y~x)
Call:
lm(formula = y ~ x)
Coefficients:
(Intercept)        xRET     xIBM.Close
 -5.849e-20    1.000e+00    -3.144e-28
```

这种情况下的流动性指标是 2.827e-28。

26.14 流动性度量指标

Liu（2006 年）根据营业额和零日交易天数设计了流动性指标。

$$LMx = \left[days\,with\,zero\,trading\,volume + \frac{1/(x-month\,turnover)}{Deflator} \right] \times \frac{21x}{N} \quad (26\text{-}12)$$

其中 LMx 是流动性指标，即标准化周转率调整后前几个月的零日交易量。x 月周转率是前 x 个月的周转率，估计为过去 x 个月的每日周转率总和。每日周转率是这个当天交易的股票数量与当日结束时留存的股票数量之比，N 是市场中前几个月的交易日总数。参数须满足以下条件：

$$0 < \frac{1/(x - month\ turnover)}{Deflator} < 1 \qquad (26-13)$$

26.15　公司的流动性和市场的流动性

毫无疑问，公司的流动性可能会随着时间而改变。例如，使用一些度量参数，我们发现一家公司的流动性在去年有所改善。在这里，我们可以有两个解释：（1）整个市场的流动性较大；（2）整个公司的流动性较大；有时我们必须区分这两种效应。为此，我们可以将公司的流动性除以相对流动性（或非流动性）来度量市场流动性，这是一种价值加权的个人流动性，这个权重将影响公司的市值。

26.16　用高频数据计算买卖差价

高频数据是指以秒（或毫秒）为单位的交易和报价数据，例如 TAQ（纽约证券交易所和报价，NYSE trade and quote）数据库。做市商或交易商公布买卖价格来增加相关股票的流动性。买卖双方之间的差价将是他们的利润。价差也代表流动性：价差越低，流动性越高。出于许多原因，研究人员和从业人员已经开发出许多方法来通过使用低频数据估计传播性。一个原因是高频数据的可用性；另一个原因是在 1983 年以前，美国没有高频数据股票。最著名的例子是 Roll（1984 年）使用每日序列自协方差估计传播，另一个例子是 Corwin 和 Schultz（2010 年）提出的高低点差，他们使用两个相邻日子的高低价格来估算价差。

26.17　练习题

（1）为什么要关心传播？

（2）估算 Roll 的价差的公式是什么？

（3）与 Roll 的传播有关的主要问题是什么？

（4）使用日常数据测量传播的优点是什么？

（5）使用高频数据估计点差的优点和缺点是什么？

（6）我们如何使用日常数据来衡量价差？

（7）根据每日最高价和最低价为 Corwin 和 Schultz 的价差编写 R 程序（考虑隔夜回报）。

（8）价差与流动性有关吗？

（9）如果你有 TAQ 数据库的访问权限，2004 年 1 月的股票前 50 次的平均买卖价差是多少？

（10）以买卖价差为准，Amihud 的方法以及 Pastor 和 Stambaugh 的方法哪个更好？

（11）资产流动性的常规定义是什么？

（12）如何衡量资产的流动性？

（13）为什么不少投资者喜欢流动性高的资产？

（14）周转率的定义是什么？周转率可以测量什么？

（15）为什么投资者关心流动性？

（16）我们可以用多少种方法来衡量一只股票的流动性？

（17）估算流动性最简单的方法是什么？

（18）哪种流动性指标具有较大的影响力？

（19）为什么我们关心交易的影响？

（20）你如何衡量交易的影响？

（21）对 IBM、MSFT、WMAT 和 C，估计其 2017 年度的非流动性。

（22）对于上述股票，基于 Pastor 和 Stambaugh 的模型估计它们的流动性。

（23）Amihud 的方法和 Pastor 和 Stambaugh 的方法是负相关的吗？

（24）编写一个 R 程序来估计同等加权月度市场流动性（2010 年 1 月至 2010 年 12 月）。

（25）如果你有 TAQ 数据库的访问权限，第一个平均买卖价差是多少（2004 年 1 月有 50 只股票）？

（26）假设你有 TAQ 数据库的访问权限。使用买卖差价作为基准，用 Amihud 的方法和 Pastor 和 Stambaugh 的方法测量流动性，哪个更佳？

第 27 章
文本处理在金融领域的应用

通常我们可以将信息或数据分为两大类：结构型数据和非结构型数据。结构型数据有悠久的历史，对于经济、财务和会计研究而言，CRSP 和 Compustat 金融会计数据库是两个典型的例子。

CRSP 代表 Center for Research in Security Prices，该数据库由芝加哥大学生成和维护，该数据库提供从 1926 年开始所有交易所上市的美国股票的数据，例如股票的价格、收益率、交易量和股票数量，有日、月和年频率。例如，从图 27-1 中，我们知道 CRSP 数据库有一个名为 "Optimum Manufacturing Inc." 的公司，见第一条记录，这里给出了该公司从 1986 年 1 月 31 日到 1987 年 6 月 30 日的数据。

```
> load("c:/temp/crspInfo.RData")
> head(crspInfo)
  PERMNO PERMCO   CUSIP                    FIRMNAME TICKER EXCHANGE   BEGDATE   ENDDATE
1  10000   7952 68391610 OPTIMUM MANUFACTURING INC   OMFGA        3 1986-01-31 1987-06-30
2  10001   7953 36720410 GAS NATURAL INC             EGAS        2 1986-01-31 2011-12-30
3  10002   7954 05978R10 BANCTRUST FINANCIAL GROUP INC BTFG       3 1986-01-31 2011-12-30
4  10003   7957 39031810 GREAT COUNTRY BK ASONIA CT  GCBK        3 1986-01-31 1995-12-29
5  10005   7961 95815510 WESTERN ENERGY RESOURCES INC WERC       3 1986-01-31 1991-07-31
6  10006  22156 00008010 A C F INDUSTRIES INC         ACF        1 1925-12-31 1984-06-29
> |
```

图 27-1　CRSP 数据

Compustat 是美国 Standard&Poor's 生成及维护的有关公司各类报表的数据库。以下是非定量数据或信息的典型示例。为节约篇幅，只给出前几行。

Safe Harbor Statement Under the Private Securities Litigation Reform Act of 1995: Investors are cautioned that certain statements in this report not based upon historical fact are forward-looking statements as defined in the Private Securities Litigation Reform Act of 1995. These statements often use words such as "estimate," "expect," "intend," "plan," "believe," and other words and terms of similar meaning, or are tied to future periods, in connection with a discussion of future operating or financial performance. Forward-looking statements are based on current expectations and projections about future events, and are subject to certain risks, assumptions and uncertainties that could cause actual events and results to differ materially from those discussed herein. These risks and uncertainties include, without limitation, uncertainties related to estimates, assumptions, and projections generally; inflation and

changes in general economic conditions (including changes in interest rates
and financial markets); the possible failure of one or more governmental,
corporate, or other entities to make scheduled debt payments or satisfy other
obligations;

有报道称，非结构型数据远比结构型数据要多：它们的比例约为 80% 比 20%。相关数据指出，非结构型信息可能占公司所有数据的 70%～80%。

27.1　文本分析在金融学及会计学上的应用

将文本分析（text analysis 或 natural language analysis）应用于财务和会计方面的历史并不长，也就是最近十多年的事。Li（2008 年）的研究表明，美国公司的年报表可以预测公司后续业绩的表现，即年报表的可读性和公司的业绩相关。当公司业绩不好时，有关管理人员就会就有动力将他们的报表搞得很复杂，即晦涩难懂。当公司的业绩很好时，管理人员就没有必要将他们的报表搞得很复杂。伴随着文本分析技术的强大和美国证券交易委员会提出的简明英文倡仪，定义和衡量财务信息披露的可读性变得非常重要，Lougran 和 McDonald（2015年）表明，Fog 指数（常用的可读性指标）在金融中领域的应用并不是很恰当。Fog 指数的两个组成部分，一部分度量不当，另一部分则难以度量。他们建议使用 10-K 文件的大小来衡量 10-K 文件的可读性，该指标优于 Fog 指数。另一个附加优势是它不需要文档解析，因此便于复制。根据 Loughran 和 McDonald（2015）的说法，有 632 种不同的形式。另一方面，大多数研究人员只使用一种或两种形式，如 10-K。因此，美国证券交易委员会提交的"数据库"是一个等待探索的金矿。

27.2　美国股票交易管理委员会的开源数据库

在第 11 章，我们已经介绍了多种数据源了。根据美国法律，所有上市公司必须在规定的时间内将其年度、季度的财务报表及其他有关信息（如公司经理及员工买卖他们公司股票的有关信息），提交给美国证券交易委员会（SEC）。而 SEC 则将这些财务报表放在其网站上供大众使用。SEC 使用的是 EDGAR 平台用于电子数据收集、分析和检索（Electronic Data Gathering，Analysis and Retrieval）。对 SEC 数据库而言，公司用 CIK（Central Index Key）作为它们的标识代码，用户可以用 CIK 或公司名来检索与公司有关的信息。

27.3　文本信息的输入

我们有很多方法读入数据。

```
a <- readLines("datas/obama2018.txt")
```

对于 PDF 文件，我们可以手动将其保存为文本文件，如图 27-2 所示。

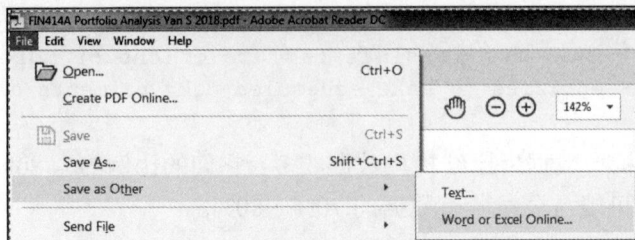

图 27-2　读入数据存成文件

另一个方法是用 readtext 包中的 readtext()函数读取，详见以下程序。

```
> library(readtext)
> data = readtext("datas/MBA508.pdf")
> b = data$text
> nchar(b)
[1] 7468
> substr(b,100,200)
[1] "n two important ways. First, most of the existing literature\r\nexamines
the level impact of capital fl"
```

27.4　计算文件的行数

下面我们用一个简单的例子计算文件中文本的行数。

```
> a<- readLines("datas/obama2018.txt")
> length(a)
[1] 269
```

但原文中有些空行。Rnchar()函数是计算字符串长度的。

```
> y = nchar(a)
> y   # 部分
 [1]   96   94   96   94   77    0   95   94    0   96   42    0
[13]   88   89   82    0   95   96   99  101  101  101   99   99
[25]   99  104   73    0  106  108  104  106  103   41    0  105
[37]  106  105  100  100  104  104   44    0  108  108  101  106
[49]  108  105  107  108  106  106  106   61    0  110  109  107
[61]  110  112  111  109    0  104  100  103  105  109  105  103
[73]    0  106  104  107  106  103  109   74    0  101  102  100
>
```

若取 5 为最小的长度，我们可以用以下程序过滤掉这些空行。

```
> a2<-a[y>5]
> length(a2)
[1] 194
>
```

27.5 计算文件中的词汇数

我们可以生成以下函数以计算总词汇量。

```
library(tm)
countWords<-function(x){
  words<-tolower(x)
  y<- paste(x,collapse=' ')
  z<- Corpus(VectorSource(y))
  z<- tm_map(z, content_transformer(tolower))
  z<- tm_map(z, removePunctuation)
  z<- tm_map(z, stripWhitespace)
  z<- tm_map(z, removeWords, stopwords('english'))
  d<- as.matrix(DocumentTermMatrix(z))
  return(sum(d))
}
```

下面我们先输入一个文本文件，然后调用上述函数。

```
> a<- readLines("datas/obama2018.txt")
> countWords(a)
[1] 4445
```

27.6 计算文件中词汇的频率

在以下程序中，我们使用数据集 crude，该数据集包含在 tm 软件包中。

```
> library(tm)
> data("crude")
> x<- as.matrix(TermDocumentMatrix(crude))
> final<- data.frame(ST=rownames(x),freq=rowSums(x),row.names=NULL)
> head(final)
          ST freq
1      "(it)    1
2    "demand    1
3 "expansion    1
4       "for    1
5    "growth    1
6        "if    1
> final2<-final[order(final$freq,decreasing =TRUE),]
> head(final2)
       ST freq
1148  the  229
782   oil   80
157   and   77
```

```
1013 said    52
505    for   50
614    its   40
```

27.7   用 Fog 指标度量文章难易程度

在语言学方面，Fog 指数或 Gunning Fog 指数是英语文档的可读性测试，该指数估计一个人在阅读时要能理解该文章所需的在校学习年限。例如，Fog 指数为 12，是需要美国高中毕业。即小学 6 年加上初中 3 年及高中 3 年，共 12 年学习的阅读水平。该测试是由罗伯特·盖宁于 1952 年设计的。Fog 指数的定义如下。

$$Fog = 0.4(n + p) \tag{27-1}$$

Fog 为 Fog 指数，n 为每句话平均有多少词，其值等于词的总数除于行数；p 为一个比值，是复杂词的个数除以总词数。复杂词是指至少有 3 个音节的词，如 we 就是一个简单词，因为其只有一个音节。**Difficulty** 是一个复杂词，因为其只有 4 个音节。Fog 指数通常用于确认文本是否可以被读者理解。一般读者阅读的文件通常需要保证 Fog 指数小于 12，接近普遍理解的文本通常需要保证 Fog 指数小于 8。KoRpus 包就是为文本分析打造的。

```
> library(koRpus)
> library(koRpus.lang.en)
> inFile <-"datas/obama2008.txt"
> x <- tokenize(inFile, lang="en")
> FOG(x)

Gunning Frequency of Gobbledygook (FOG)
  Parameters: custom
       Grade: 11.62

Text language: en
```

我们可以用 str(describe())发现相应的信息。

```
> str(describe(x))
List of 15
 $ all.chars      : int 51726
 $ lines          : int 269
 $ normalized.space: int 51522
 $ chars.no.space : int 42723
 $ punct          : int 1508
 $ digits         : int 48
 $ letters        : Named num [1:21] 41215 431 1641 1776 1529 ...
  ..- attr(*, "names")= chr [1:21] "all" "l1" "l2" "l3" ...
 $ letters.only   : int 41167
 $ char.distrib   : num [1:6, 1:20] 1899 1899 8590 18.1 18.1 ...
```

```
 ..- attr(*, "dimnames")=List of 2
 .. ..$ : chr [1:6] "num" "cum.sum" "cum.inv" "pct" ...
 .. ..$ : chr [1:20] "1" "2" "3" "4" ...
 $ lttr.distrib    : num [1:6, 1:20] 431 431 8590 4.78 4.78 ...
 ..- attr(*, "dimnames")=List of 2
 .. ..$ : chr [1:6] "num" "cum.sum" "cum.inv" "pct" ...
 .. ..$ : chr [1:20] "1" "2" "3" "4" ...
 $ words           : int 9021
 $ sentences       : int 544
 $ avg.sentc.length: num 16.6
 $ avg.word.length : num 4.57
 $ doc_id          : chr "obama2018.txt"
>
```

我们可以用 describe(x)[["lttr.distrib"]]找到单词和句子的数量，单词和句子的平均长度以及描述字长如何分布的表格。

```
> describe(x)[["lttr.distrib"]]
                    1            2           3           4           5            6
num        431.000000  1641.00000  1776.00000  1529.00000   979.00000   752.000000
cum.sum    431.000000  2072.00000  3848.00000  5377.00000  6356.00000  7108.000000
cum.inv   8590.000000  6949.00000  5173.00000  3644.00000  2665.00000  1913.000000
pct          4.777741    18.19089    19.68740    16.94934    10.85246     8.336105
cum.pct      4.777741    22.96863    42.65602    59.60537    70.45782    78.793925
pct.inv     95.222259    77.03137    57.34398    40.39463    29.54218    21.206075
                    7            8           9          10          11
num        593.000000   437.000000  366.000000  237.000000  132.000000
cum.sum   7701.000000  8138.000000 8504.000000 8741.000000 8873.000000
cum.inv   1320.000000   883.000000  517.000000  280.000000  148.000000
pct          6.573551     4.844252    4.057200    2.627203    1.463252
cum.pct     85.367476    90.211728   94.268928   96.896131   98.359384
pct.inv     14.632524     9.788272    5.731072    3.103869    1.640616
                   12           13           14           15           16
num         63.0000000   54.0000000   15.0000000  8.000000e+00  3.000000e+00
cum.sum   8936.0000000  8990.0000000 9005.0000000  9.013000e+03  9.016000e+03
cum.inv     85.0000000   31.0000000   16.0000000  8.000000e+00  5.000000e+00
pct          0.6983705    0.5986033    0.1662787  8.868196e-02  3.325574e-02
cum.pct     99.0577541   99.6563574   99.8226361  9.991132e+01  9.994457e+01
pct.inv      0.9422459    0.3436426    0.1773639  8.868196e-02  5.542623e-02
                   17           18           19           20
num       1.000000e+00  2.000000e+00  1.000000e+00  1.000000e+00
cum.sum   9.017000e+03  9.019000e+03  9.020000e+03  9.021000e+03
cum.inv   4.000000e+00  2.000000e+00  1.000000e+00  0.000000e+00
pct       1.108525e-02  2.217049e-02  1.108525e-02  1.108525e-02
cum.pct   9.995566e+01  9.997783e+01  9.998891e+01  1.000000e+02
pct.inv   4.434098e-02  2.217049e-02  1.108525e-02  0.000000e+00
>
```

当美国前总统布什在 911 事件发生后的演讲。

```
> tf <- "datas/bush911.txt"
> x <- tokenize(tf, lang="en")
> FOG(x)

Gunning Frequency of Gobbledygook (FOG)
  Parameters: custom
        Grade: 11.25


Text language: en
```

阅读的水平为 11.25。因为他希望全国人民都能听得懂。

继续上面的程序。所有包装函数默认关闭了特性。以下示例演示如何计算具有以下特征的经典类型-标记的比率。

```
ttr.res <- TTR(x, char=TRUE)
plot(ttr.res@TTR.char, type="l", main="TTR degredation over text length")
```

结果如图 27-3 所示。

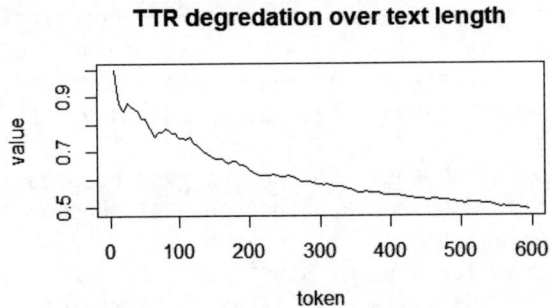

TTR degredation over text length

图 27-3　代码运行结果

关于阅读的难易程度的评估，详见以下代码。

```
> y <- hyphen(x)
> final <- readability(x,hyphen=y, index="all")
> summary(final)

Text language: en
```

	index	flavour	raw	grade	age
1	ARI			8.5	
2	ARI	NRI		6.99	
3	ARI	simplified	57.89		
4	Coleman-Liau			48	9.85
5	Danielson-Bryan DB1		7.23		
6	Danielson-Bryan DB2		52.73	7-8	

#	Formula	Variant			
7	Dickes-Steiwer		49.22		
8	ELF		4.92		
9	Farr-Jenkins-Paterson		62.46	8-9	
10	Farr-Jenkins-Paterson	Powers-Sumner-Kearl		5.43	
11	Flesch	en (Flesch)	66.41	8-9	
12	Flesch	Powers-Sumner-Kearl		5.72	10.7
13	Flesch	nl (Brouwer)	64.93	8-9	
14	Flesch	es (Szigriszt)	99.44	5	
15	Flesch	de (Amstad)	78.2	7	
16	Flesch	es (Fernandez-Huerta)	102.51	5	
17	Flesch	fr (Kandel-Moles)	90.86	5	
18	Flesch	nl (Douma)	78.92	7	
19	Flesch-Kincaid			7.91	12.9
20	FOG			11.25	
21	FOG	Powers-Sumner-Kearl		5.67	
22	FOG	New FOG (NRI)		9.14	
23	FORCAST			9.68	14.7
24	FORCAST	precise reading grade level		9.08	14.1
25	Fucks		23.18	4.81	
26	Linsear-Write			8.83	
27	LIX		39.14	6	
28	nWS1			4.93	
29	nWS2			5.56	
30	nWS3			5.55	
31	nWS4			5.88	
32	RIX		3.68	8	
33	SMOG			11.1	16.1
34	SMOG	de ("Qu", Bamberger-Vanecek)		5.64	10.6
35	SMOG	Fomula C		10.83	15.8
36	SMOG	simplified		10.64	15.6
37	Strain		6.96		
38	TRI		-24.32		
39	Tuldava		4.06		
40	Wheeler-Smith		49.21	> 4	
41	Wheeler-Smith	de (Bamberger & Vanecek)	49.21	> 8	

27.8　投资人的情绪对股票的影响

　　研究者、基金经理、公司管理人员及股票交易员一直在试图弄清楚股票涨跌的原因。有些影响是很容易理解的，如石油价格上扬或下跌。对出口公司而言，影响因素包括汇率的波动、公司年度报告等。但随着专家们的深入钻研，他们发现投资人的情绪对股票是有一定影响的。

27.9 对投资人情绪的度量

衡量股市在特定时间的态度（看涨、看跌或者处于中间位置），这种类型的分析通常会被短期交易者或技术分析师用来试图从短期股价变动中获利。例如，如果短期交易者看到股票价格全线上涨，那很可能表明市场情绪目前看涨。换句话说，愿意购买股票并抬高价格的人比愿意出售的人多得多。

为了试图（尽可能）测量投资者情绪，我们有具体的定量方法。像 Chartcraft 这样的公司发布情绪指数，为投资者提供对市场状况的持续衡量。Chartcraft 分析投资者情绪指数量化结果和编制投资顾问报告，并研究内部人员的活动，以获得市场总体前景的鸟瞰图。像 Chartcraft 这样的公司持续公布其情绪指数，因此投资者可以追踪市场情绪随时间的变化，并利用这些信息来预测牛市和熊市的转折点。

27.10 与金融学相关的词汇

基于文本分析的数据集，我们生成了一个简单的 R 数据集。

```
load("datas/positiveNegativeWords.RData")
```

我们可以用 head() 及 tail() 函数来关查前几行及最后几行，以下展示了正面和负面因素对应的词汇。

```
> head(.x)
        WORDS POSITIVE
1      ABANDON    FALSE
2    ABANDONED    FALSE
3   ABANDONING    FALSE
4  ABANDONMENT    FALSE
5 ABANDONMENTS    FALSE
6     ABANDONS    FALSE
> dim(.positiveNegativeWords)
[1] 2709    2
> tail(.positiveNegativeWords)
          WORDS POSITIVE
2704      WRONG    FALSE
2705 WRONGDOING    FALSE
2706 WRONGDOINGS    FALSE
2707   WRONGFUL    FALSE
2708 WRONGFULLY    FALSE
2709    WRONGLY    FALSE
>
```

为找到正面相关的词，可以用 subset() 函数。

```
> x<-.positiveNegativeWords
> good<-subset(x,x$POSITIVE==TRUE)
> head(good)
         WORDS POSITIVE
17         ABLE    TRUE
38    ABUNDANCE    TRUE
39     ABUNDANT    TRUE
51     ACCLAIMED   TRUE
52   ACCOMPLISH    TRUE
53 ACCOMPLISHED    TRUE
```

27.11 练习题

（1）为什么我们关心文本处理？

（2）文本处理在金融学上有何应用？

（3）如何输入文本文件？

（4）有几种方法将 PDF 文件转换成文本文件？

（5）若我们有 54 个 PDF 文件。如何在程序中将它们转换成文本文件？

（6）Fog 指标是如何定义的？

（7）选择一篇演讲稿，分析演讲内容的 Fog 指标为多少？

（8）在 KoRpus 有一个名为 freq.analysis()的函数，了解其用法，并举几个例子。

（9）WesleyBricker 在 2018 年巴鲁学院（BaruchCollege）财务报告会前的演讲的 Fog 指标是多少？

（10）下载几个上市公司的总经理的年终总结，计算它们的 Fog 指标。

（11）上面的 Fog 指标是否与这些公司的收益率相关？

（12）Farr-Jenkins-Paterson 指标是如何定义的？

（13）Flesch 指标是如何定义的？

（14）SMOG 指标是如何定义的？

（15）将一份演讲分成正面及负面词汇，计算它们的频率。请参考以下代码。

```
path<-"http://datayyy.com/data_R/"
dataSet<-"positiveNegativeWords"
link<-paste(path,dataSet,".RData",sep='')
load(url(link))
```

第 28 章
与金融相关的包

在阅读本章之前，最好先阅读第 5 章。为找出在美国 AMEX 股票交易所上市的所有股票的代码、公司名称、股票总市值，以及在哪一个交易所上市，我们有下面 3 行代码：第一行加载一个名为 fImport 的 R 包（软件包），第二行加载一个名为 amexListing 的数据集；第三行是列出数据的前几行。

```
> library(fImport)
> data(amexListing)
> head(amexListing)
  Symbol                          Name MarketCap Exchange
1  AA-P                    Alcoa Inc.      $43.6     AMEX
2   AAC            Ableauctions.Com Inc       $4.3     AMEX
3   AAU         Almaden Minerals, Ltd.      $89.4     AMEX
4   ABL           American Biltrite Inc.      $19.1     AMEX
5   ABP Abraxas Petroleum Corporation     $219.0     AMEX
6   ACU         Acme United Corporation.      $46.9     AMEX
```

若 fImport 包已经预先装了，就不会有以下出错信息。

```
> library("fImport")
Error in library("fImport") : there is no package called 'fImport'
>
```

该出错信息意味着 fImport 包未预先安装。有几个方法可以用来安装该包。方法一：我们可用 install.packages()语句来加以安装，详见下面语句。

```
> install.packages("fImport")
```

方法二：单击菜单栏上的 "Install Packages"，选择一个就近的位置，然后安装该包。

28.1 金融相关的 R 包

在理解了基本的 R 概念和一些简单的语法后，学习者应该学会利用各类 R 包以节约大量的时间。简言之，我们不应该重复造轮子。为找到所有 R 包的名称及用途，我们有以下步骤：

1. 打开 R 网站；
2. 单击左侧的 CRAN；
3. 选择一个就近的源；
4. 单击左侧的 Packages；
5. 从两个列表中任选一个；
6. 找到所需的包。

在本章中，我们将简要地讨论若干与金融财务相关的包/软件包，见表 28.1。

表 28.1 本章简要讨论的软件包列表

包名称	说明
fImport	获取开源/公共财务数据
quantmod	定量金融建模
pdfetch	获取开源数据
metafolio	股票最优组合的构建
fOptions	基本期权模型，如 Black-Scholes-Merton 模型
fAsianOptions	依赖股票路径的亚式期权定价模型
fExoticOptions	奇异期权定价模型
fBasics	与市场和基本统计相关的函数集
fBonds	Nelson-Siegel 和 Svensson 等利率-期限曲线的构建
termstruc	利率-期限曲线的构建
YieldCurve	利率-期限曲线构建
CreditMetrics	信贷迁移矩阵，信用风险价值评估
timeDate	与日历相关的函数集
tseries	用于计算金融处理时间序列的函数集
fAssets	与资产选择和建模相关的函数集
zoo	与固定和不固定时间序列相关的函数集
TTR	技术交易规则
ttrTests	技术交易规则的回测
stockPortfolio	股票及投资的最优组合
XML	阅读并分析各种网页
PerformanceAnalytics	用于绩效和风险分析的计量经济工具箱

续表

包名称	说明
RquantLib	定量金融、期权、固定收益和日历功能
MASS	功能/数据集支持

28.2　下载并安装与金融有关的包

为尽快找到与金融学有关的大部分 R 包，我们可以阅读用与金融学相关的 task view。

步骤 1：打开 R 网站。

步骤 2：单击左侧的 "CRAR"，选取较近的源。

步骤 3：单击左侧的 "Task Views"。

步骤 4：单击 "Finance"，我们就可以发现相应的介绍。见下面最初几行。

要安装 view finance，我们有以下 3 行代码。

```
>install.packages("ctv")
>library("ctv")
>install.views("Finance")
```

作者在不到 10 分钟就安装了有关金融的 148 个 R 包，要注意的是并非所有与金融学相关的包都可以用上述 3 条语句安转，如 pdfetch 包就没有被安装。

28.3　fImport 包

该软件包用于输入有关经济和金融的开源数据，该软件包有几个程序可用于从美联储经济数据（FRED）中检索金融市场数据，检索来自圣路易斯联邦储备银行的汇率数据，来自 OANDA 以及来自雅虎财经的股票历史交易数据。要注意的是，雅虎财经更改了其数据结构。因此，可能大部分从雅虎财经下载股票历史交易数据的程序无法正常运行。要下载日频率的最优惠利率，我们只有两行语句。

```
> x<-fredSeries("DPRIME") # DPRIME for daily prime rate
> head(x)
GMT
           DPRIME
2017-05-01      4
2017-05-02      4
2017-05-03      4
2017-05-04      4
2017-05-05      4
2017-05-08      4
```

对于相应月频率的优惠利率，我们以下类似的命令。

```
> library(fImport)
> y<-fredSeries("MPRIME")
> head(y)
GMT
             MPRIME
2017-05-01   4.00
2017-06-01   4.13
2017-07-01   4.25
2017-08-01   4.25
2017-09-01   4.25
2017-10-01   4.25
>
```

28.4 fImport 包的说明书

方法一：使用 help() 函数。

```
>library(fImport)
> help(package=fImport)
starting httpd help server ... done
```

方法二：首先打开 R 网站，单击左侧的"CRAN"，选择一个就近的源，然后单击左侧的"packages"。从两表中任选一个，找到 fImport 并下载 fImport.pdf。

该包还包括了几个有关股票数据的数据集，见表 28.2。

表 28.2　股票数据的数据集

名称	说明
amexListing	美国证券交易所上市的 1553 只股票
H15Listing	来自 FRED 的 39 个时间系列
nyseListing	纽约证券交易所上市的 3383 只股票
oandaListing	来自 OANDA 的 191 个数据项目
stoxxListing	欧洲股市 2323 只股票
swxListing	瑞士证券交易所的 2085 只股票

下面是一个简单的例子。

```
> data(amexListing)
> head(amexListing)
```

```
    Symbol                               Name MarketCap Exchange
  1   AA-P                         Alcoa Inc.     $43.6     AMEX
  2    AAC              Ableauctions.Com Inc      $4.3     AMEX
  3    AAU            Almaden Minerals, Ltd.     $89.4     AMEX
  4    ABL           American Biltrite Inc.     $19.1     AMEX
  5    ABP Abraxas Petroleum Corporation     $219.0     AMEX
  6    ACU          Acme United Corporation.     $46.9     AMEX
```

28.5　quantmod 包

该包包含几个基于统计的财务建模函数，可用于检索实时财务数据，构建简洁的图表和进行操作技术分析等。如果要找到 IBM 当前股票信息，可以使用以下两行 R 代码。

```
> library(quantmod)
> getQuote("IBM", src = "yahoo")
                Trade Time   Last    Change  % Change  Open   High   Low Volume
ibm 2018-06-15 16:02:30 145.39 0.1900024 0.1308557 144.9 145.47 143.7 9116048
```

28.6　pdfetch 包

该软件包用于从公共资源中检索经济和财务数据。在下面的例子中，我们使用 pdfetch_BLS() 函数来从美国劳工统计局（US Bureau of Labor Statistics）获得通货膨胀率。EIUIR 是进口/出口价格指数为期一个月的变化。

```
> library(pdfetch)
> x<-pdfetch_BLS(c("EIUIR","EIUIR100"), 2005, 2014)
> head(x,2)
            EIUIR EIUIR100
2005-01-31 104.6    141.2
2005-02-28 105.5    148.4
> tail(x,2)
            EIUIR EIUIR100
2014-11-30 133.5    297.6
2014-12-31 130.1    248.7
>
```

该包包含一些从各种开源数据提取经济和财务数据的函数，见表 28.3。

表 28.3　各种功能来检索数据

函数	说明
pdfetch_BLS	从美国劳工统计局获取数据
pdfetch_BOE	从英格兰银行互动统计数据库获取数据

函数	说明
pdfetch_ECB	从欧洲中央银行的统计数据仓库中提取数据
pdfetch_EIA	从美国能源信息管理局获取数据
pdfetch_EUROSTAT	从 Eurostat 获取数据
pdfetch_EUROSTAT_DSD	获取 Eurostat 数据集的描述
pdfetch_FRED	从圣路易斯联储的 FRED 数据库提取数据
pdfetch_INSEE	从法国国家统计和经济研究所（INSEE）获取数据
pdfetch_ONS	从英国国家统计局获取数据
pdfetch_WB	从世界银行获取数据
pdfetch_YAHOO	从雅虎财经获取数据

28.7　metafolio 包

该软件包用于处理投资组合，例如构建最佳投资组合。plot_efficient_porfolio()函数在可能的资产权重上创建均值方差高效的投资组合，为有效边界着色，并显示不同股票/资产的贡献。

```
library(metafolio)
n<-3000 # number of simulation
w<-create_asset_weights(n_pop=6,n_sims=n,weight_lower_limit=0.001)
p<-monte_carlo_portfolios(weights_matrix=w,n_sims=n,mean_b=1000)
col_pal<-rev(gg_color_hue(6))
plot_efficient_portfolios(port_vals=p$port_vals,pal=col_pal,weights_matrix= w)
```

上面语句的相关输出如图 28-1 所示。

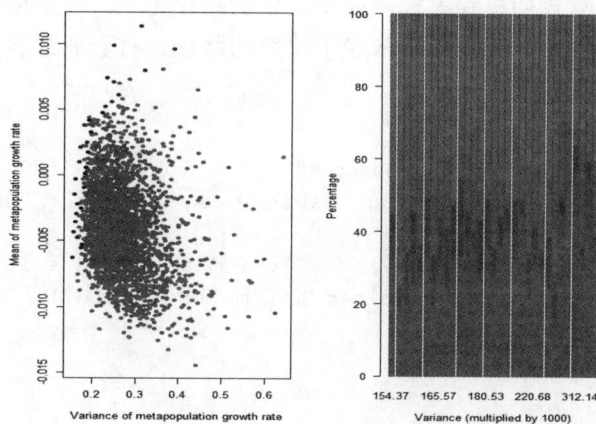

图 28-1　代码运行结果

28.8　fOptions 包

该包包含一系列与期权相关的 R 程序，如 Black-Scholes-Merton 欧式期权定价模型、美式期权定价模型、二叉树模型（CRR）定价模型及蒙特卡罗模拟期权定价。表 28.4 列出了其所包含的几个重要函数。

表 28.4　fOptions 包包含的几个函数

函数	说明
GBSOption	Black-Scholes-Merton 欧式期权定价模型
BasicAmericanOptions	基于美式期权的定价模型
BSAmericanApproxOption	美式期权的 Bjerksund 和 Stensland 近似模型
BinomialTreeOptions	二叉树期权定价模型
HestonNandiOptions	Heston-NandiGarch 期权定价模型
MonteCarloOptions	期权的蒙特卡罗模拟
PlainVanillaOptions	普通期权定价模型
RollBeskeWhaleOptions	Roll、Beske、Whale 美式期权定价模型
unif.sobol	sobol 序列

28.9　fAsianOptions 包

欧式期权的买家只能在到期日行使其权益。美式期权的买家在到期日之前或到期之日的任何时间行使其权益。欧式期权和美式期权与股票的路径无关，这意味着它们最终的回报与股票的路径无关。不同的是，亚式期权依赖于股票的路径。对于亚式看涨期权，我们有以下例子。

```
library(fAsianOptions)
MomentMatchedAsianOption(TypeFlag ="c",S = 100, X = 100,
Time = 1,r = 0.09, sigma = 0.30, table = NA, method = "LN")
Call:
MomentMatchedAsianOption(TypeFlag = "c", S = 100, X = 100, Time = 1,
    r = 0.09, sigma = 0.3, table = NA, method = "LN")

Option Price:
8.885762
```

对于相应的看跌亚式期权，我们只需改变类型标志，即 TypeFlag="p"。对于亚式看涨期权，我们有以下代码及结果。

```
> ZhangAsianOption(TypeFlag = "c",S = 100, X = 100, Time = 1,r = 0.09, sigma=
0.30, table = NA, correction = TRUE, nint = 800,eps = 1.0e-8, dt = 1.0e-10)
 [1] 8.814305
```

上述两结果有微小的差异，经四舍五入之后的价格分别为 8.89 美元和 8.81 美元。

28.10 fExoticOptions 包

该包包括亚式期权（Asian options）、屏障期权（Barrier options）、二元期权和货币转换期权。以下是几个例子。

```
> library(fExoticOptions)
> GeometricAverageRateOption(TypeFlag="p",S = 80,X = 85,Time = 0.25, r =
+ 0.05, b = 0.08,sigma= 0.2)
Title:
 Geometric Average Rate Option
Call:
 GeometricAverageRateOption(TypeFlag = "p", S = 80, X = 85, Time = 0.25,
     r = 0.05, b = 0.08, sigma = 0.2)
Parameters:
          Value:
 TypeFlag p
 S        80
 X        85
 Time     0.25
 r        0.05
 b        0.08
 sigma    0.2
Option Price:
 4.69222
Description:
 Wed May 16 15:50:32 2018
```

以下函数用于 Levy 对亚式期权的近似计算。

```
> LevyAsianApproxOption(TypeFlag = "c",S = 100, SA = 100, X = 105,Time =
0.75,time = 0.5, r = 0.1, b = 0.05, sigma = 0.15)
Title:
 Levy Asian Approximated Option
Call:
 LevyAsianApproxOption(TypeFlag = "c", S = 100, SA = 100, X = 105, Time =
0.75, time = 0.5, r = 0.1, b = 0.05, sigma = 0.15)
Parameters:
          Value:
 TypeFlag c
```

```
S          100
SA         100
X          105
Time       0.75
time       0.5
r          0.1
b          0.05
sigma      0.15
Option Price:
0.3564905
Description:
Wed May 16 15:52:43 2018
```

对于屏障期权（**Barrier options**），我们有以下示例：

```
> SoftBarrierOption(TypeFlag = "cdo",S = 100, X = 100, L = 70,
+ U = 95, Time = 0.5, r = 0.1, b = 0.05, sigma = 0.2)
Title:
 Soft Barrier Option
Call:
 SoftBarrierOption(TypeFlag = "cdo", S = 100, X = 100, L = 70,
     U = 95, Time = 0.5, r = 0.1, b = 0.05, sigma = 0.2)
Parameters:
          Value:
 TypeFlag cdo
 S         100
 X         100
 L         70
 U         95
 Time      0.5
 r         0.1
 b         0.05
 sigma     0.2
Option Price:
 6.442895
```

28.11　fBasics 包

该包是一系列函数的集合，这些函数可用于探索和调查财务的基本性能，包括探索性数据分析、分布分析、估算和假设检验。

```
require(fBasics)
set.seed(123)
x<-timeSeries(matrix(rnorm(12)), timeCalendar())
```

用户可以使用 basicStats() 函数来显示时间序列的基本统计信息。

```
> basicStats(x)
                     TS.1
nobs          12.000000
NAs            0.000000
Minimum       -1.265061
Maximum        1.715065
1. Quartile   -0.474365
3. Quartile    0.651708
Mean           0.194179
Median         0.099898
Sum            2.330152
SE Mean        0.267117
LCL Mean      -0.393741
UCL Mean       0.782100
Variance       0.856218
Stdev          0.925321
Skewness       0.274851
Kurtosis      -1.225650
>
```

为处理缺失的数据，可用的方法之一是线性插值，代码如下所示。

```
require(akima)
set.seed(1953)
x = runif(999) - 0.5
y = runif(999) - 0.5
z = cos(2*pi*(x^2+y^2))
ans = linearInterp(x, y, z, gridPoints = 41)
persp(ans,theta=-40,phi=30,col="steelblue",xlab="x",ylab="y",zlab="z")
contour(ans)
```

相应的结果如图 28-2 所示。

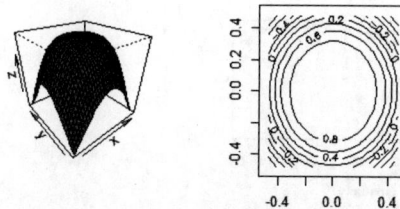

图 28-2　线性插值法处理数据的结果

28.12　fBonds 包

该包包括两个功能：基于 Nelson-Siege 利率曲线模型的 NelsonSiegel()函数和基于

Nelson-Siegel-Svensson 利率曲线模型的 Svensson()函数。

```
require(fBonds)
#
Yield = c(0.04984, 0.05283, 0.05549, 0.05777, 0.05961, 0.06102, 0.06216,0
.06314,0.06403,0.06488, 0.06568, 0.06644, 0.06717, 0.06786, 0.06852, 0.06913,
0.06969,0.07020,0.07134, 0.07205, 0.07339, 0.07500, 0.07710, 0.07860, 0.08011,
0.08114, 0.08194,0.08274, 0.08355, 0.08434, 0.08512, 0.08588, 0.08662, 0.08731,
0.08794,0.08851,0.08900, 0.08939, 0.08967, 0.08980, 0.08976, 0.08954, 0.08910,
0.08843,0.08748,0.08626, 0.08474, 0.08291)
#
Maturity = c(0.083, 0.167, 0.250, 0.333, 0.417, 0.500, 0.583, 0.667,0.750,0
.833,0.917,1.000, 1.083, 1.167, 1.250, 1.333, 1.417, 1.500,1.750, 2.000,
2.500, 3.000, 4.000, 5.000, 6.000, 7.000, 8.000, 9.000, 10.000,11.000,12.000,
13.000, 14.000, 15.000, 16.000, 17.000, 18.000, 19.000, 20.000,21.000,22.000,
23.000, 24.000, 25.000, 26.000, 27.000, 28.000, 29.000)
#
NelsonSiegel(Yield, Maturity)
par(mfrow = c(2, 2))
Svensson(Yield, Maturity)
```

相应的结果如图 28-3 所示。

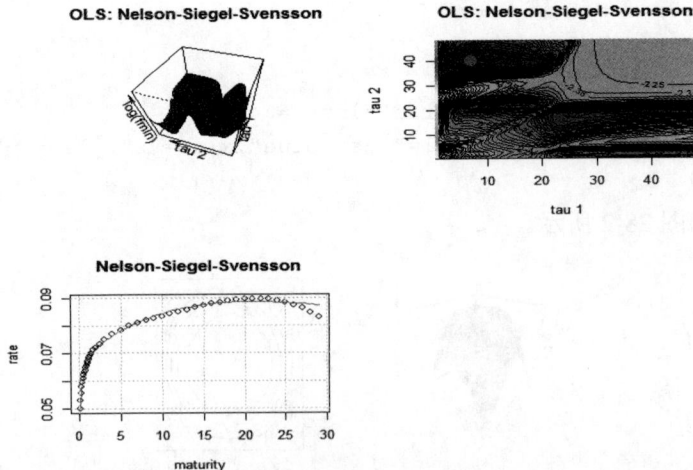

图 28-3　fBonds 包的功能

28.13　termstrc 包

基于静态和动态优惠债券和收益率数据，该包提供与相关利率曲线的估计。总共有 3 组数据包含在软件包中，见表 28.5。

表 28.5   包包含的 3 个数据集

名称	描述	长度
govbonds	德国、奥地利和法国政府债券	3
datadyncouponbonds	动态的德国政府债券	65
zyields	零利息债券曲线	17

下面使用名为 govbonds 的数据集作为例子。该数据集是一个长度为 3 的列表，参见以下语句及输出。

```
> library(termstrc)
> data(govbonds)
> typeof(govbonds)
[1] "list"
> length(govbonds)
[1] 3
>
```

要生成一个现金流矩阵，我们使用 create_cashflows_matrix()函数，输入数据为 govbonds。

```
> cf <- create_cashflows_matrix(govbonds[[1]])
> dim(cf)
[1] 32 52
> cf[1:5,1:5]
     DE0001141414 DE0001137131 DE0001141422 DE0001137149 DE0001135093
[1,]       104.25          103          103       103.25      104.125
[2,]         0.00            0            0         0.00        0.000
[3,]         0.00            0            0         0.00        0.000
[4,]         0.00            0            0         0.00        0.000
[5,]         0.00            0            0         0.00        0.000
>
```

为了估计债券价格，我们可以应用 bond_prices()函数，详见以下程序。

```
> cf <- create_cashflows_matrix(govbonds[[1]])
> m <- create_maturities_matrix(govbonds[[1]])
> beta <- c(0.0511,-0.0124,-0.0303,2.5429)
> price<-bond_prices(method="ns",beta,m,cf)$bond_prices
> length(price)
[1] 52
> head(price)
DE0001141414 DE0001137131 DE0001141422 DE0001137149 DE0001135093
    104.2482     102.9952     102.9923     103.2357     104.1084
DE0001135077
```

```
    104.7333
>
```

为估计债卷的固定收益率（YTM），我们可以使用 bond_yields() 函数。

```
cf_p=create_cashflows_matrix(govbonds[[1]],include_price=TRUE)
m_p=create_maturities_matrix(govbonds[[1]],include_price=TRUE)
> y<-bond_yields(cf_p,m_p)
> dim(y)
[1] 52  2
> head(y)
                Maturity        Yield
DE0001141414  0.04383562  0.03525805
DE0001137131  0.12054795  0.03424302
DE0001141422  0.19726027  0.03798065
DE0001137149  0.36986301  0.03773425
DE0001135093  0.42739726  0.03784595
DE0001135077  0.42739726  0.03813817
```

28.14　YieldCurve 包

该包使用一些参数化模型对收益率曲线进行建模，例如 Nelson-Siegel、Diebold-Li 及 Svensson 模型。它还包括美联储的数据（利率曲线）和来自欧洲中央银行的相关利率数据。

```
> library(YieldCurve)
> data(FedYieldCurve)
> head(FedYieldCurve,2)
            R_3M  R_6M  R_1Y  R_2Y  R_3Y  R_5Y  R_7Y R_10Y
1981-12-31 12.92 13.90 14.32 14.57 14.64 14.65 14.67 14.59
1982-01-31 14.28 14.81 14.73 14.82 14.73 14.54 14.46 14.43
 > tail(FedYieldCurve,2)
            R_3M R_6M R_1Y R_2Y R_3Y R_5Y R_7Y R_10Y
2012-10-31 0.09 0.14 0.18 0.27 0.36 0.67 1.08  1.65
2012-11-30 0.07 0.12 0.16 0.26 0.35 0.70 1.13  1.72
```
使用联邦储备银行的数据，基于 Nelson-Siegel 模型可以相应的图表。

```
> rate.Fed = first(FedYieldCurve, '5 month')
> maturity.Fed <- c(3/12, 0.5, 1,2,3,5,7,10)
> NSParameters <- Nelson.Siegel( rate= rate.Fed, maturity=maturity.Fed )
> y <- NSrates(NSParameters[5,], maturity.Fed)
> plot(maturity.Fed,rate.Fed[5,],main="Fitting Nelson-Siegel yield curve",
+ type="o")
> lines(maturity.Fed,y, col=2)
> legend("topleft",legend=c("observed yield curve","fitted yield curve"),
+ col=c(1,2),lty=1)
>
```

相应的结果如图 28-4 所示。

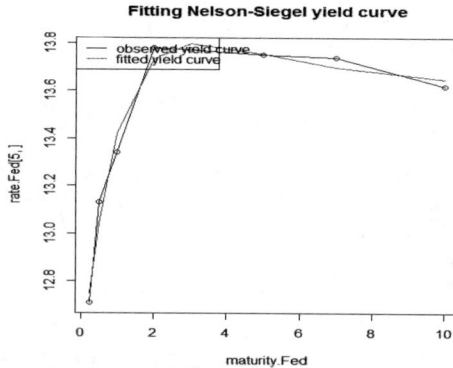

图 28-4　用 Nelson-Siegel 模型处理数据

28.15　CreditMetrics 包

该包有一系列用于计算信用风险的函数集。下面我们输入一年的信誉评级的迁移矩阵。

```
# one year empirical migration matrix from standard&poors website
rc <- c("AAA","AA","A","BBB","BB","B","CCC","D")
M <- matrix(c(90.81,8.33,0.68, 0.06, 0.08, 0.02, 0.01, 0.01,
0.70,90.65, 7.79, 0.64, 0.06, 0.13, 0.02, 0.01,
0.09, 2.27, 91.05, 5.52, 0.74, 0.26, 0.01, 0.06,
0.02, 0.33, 5.95, 85.93, 5.30, 1.17, 1.12, 0.18,
0.03, 0.14, 0.67, 7.73, 80.53, 8.84, 1.00, 1.06,
0.01, 0.11, 0.24, 0.43, 6.48, 83.46, 4.07, 5.20,
0.21, 0, 0.22, 1.30, 2.38, 11.24, 64.86, 19.79,
0, 0, 0, 0, 0, 0, 0, 100
)/100, 8, 8, dimnames = list(rc, rc), byrow = TRUE)
```

从上述一年期信贷迁移矩阵可知，一年后 AAA 评级的债券有 90.81% 的概率保持 AAA 评级。而从 AAA 降级到 AA 的概率为 8.33%。最后一列 D 显示了不同评级的债券的相关违约概率，如 BBB 评级债券的违约概率为 0.18%。

```
> M
       AAA      AA       A     BBB      BB       B     CCC       D
AAA 0.9081 0.0833 0.0068 0.0006 0.0008 0.0002 0.0001 0.0001
AA  0.0070 0.9065 0.0779 0.0064 0.0006 0.0013 0.0002 0.0001
A   0.0009 0.0227 0.9105 0.0552 0.0074 0.0026 0.0001 0.0006
BBB 0.0002 0.0033 0.0595 0.8593 0.0530 0.0117 0.0112 0.0018
BB  0.0003 0.0014 0.0067 0.0773 0.8053 0.0884 0.0100 0.0106
B   0.0001 0.0011 0.0024 0.0043 0.0648 0.8346 0.0407 0.0520
```

```
CCC 0.0021 0.0000 0.0022 0.0130 0.0238 0.1124 0.6486 0.1979
D   0.0000 0.0000 0.0000 0.0000 0.0000 0.0000 0.0000 1.0000
>
```

函数 cm.ref 计算给定评级在一年内的信用数值。此外，一年的投资组合价值是单个价值的总和，即称为 constPV 的值。

```
> library(CreditMetrics)
> rf<-0.03 # M from previous operation
> exposure<-c(100,100)
> loss_given_default=0.5
> rating<-c("AAA","BBB")
> cm.ref(M, loss_given_default, exposure,rf,rating)
$constVal
     AAA      BBB
97.03970 96.95721

$constPV
[1] 193.9969
```

要使用 cm.CVaR() 函数（信用 VaR），我们有以下代码：

```
> n_firm <- 3
> ead <- c(4000000, 1000000, 10000000)
> rating <- c("BBB","AA","B")
> firmnames <- c("firm 1","firm 2","firm 3 ")
> rf <- 0.03
> rc <- c("AAA","AA","A","BBB","BB","B","CCC","D")
> loss_given_default <- 0.45
> alpha <- 0.99 # confidence level
> n <- 50000 # number of simulations
> rho<-matrix(c( 1, 0.4, 0.6,0.4, 1, 0.5,
+ 0.6,0.5,1),3,3,dimnames=list(firmnames, firmnames),
+ byrow = TRUE)
> cm.CVaR(M,loss_given_default,ead,n_firm,n,rf,rho,alpha,rating)
     1%
4000190
>
```

28.16 timeDate 包

该包包含与各种日期格式相关的函数，为财务专业的教学提供了良好的环境以便于金融计算。下面语句显示今日的日期及时间。

```
> library(timeDate)
> Sys.timeDate()
```

```
GMT
[1] [2018-05-17 13:28:08]
```

要将字符串转换为日期和时间变量，我们有以下代码：

```
> x<-"2019-07-08 20:20:10"
> timeDate(x)
GMT
[1] [2019-07-08 20:20:10]
> timeDate(x)+60
GMT
[1] [2019-07-08 20:21:10]
>
```

名为 listFinCenter() 的函数可用于检索特定金融中心的名称，该函数的使用方法是 listFinCenter("关键字")。

```
> x<-listFinCenter("Asia")
> length(x)
[1] 75
> head(x)
[1] "Asia/Aden"    "Asia/Almaty" "Asia/Amman"  "Asia/Anadyr"
[5] "Asia/Aqtau"   "Asia/Aqtobe"
> tail(x,3)
[1] "Asia/Yakutsk"         "Asia/Yekaterinburg" "Asia/Yerevan"
>
```

要找到纽约证券交易所（NYSE）的假期，我们有以下代码：

```
> holidayNYSE(2018)
NewYork
[1] [2018-01-01] [2018-01-15] [2018-02-19] [2018-03-30]
[5] [2018-05-28] [2018-07-04] [2018-09-03] [2018-11-22]
[9] [2018-12-25]
>
```

28.17 tseries 包

名为 tseries 的包用于时间序列分析和金融计算。第一个例子是与增强的 Dickey-Fuller 测试（ADF）相关，测试是否存在于一个自回归模型。ADF 测试的测试过程与 Dickey-Fuller 相同，但使用以下模型：

$$\Delta y_t = \alpha + \beta t + \gamma y_{t-1} + \delta_1 \Delta y_{t-1} + \ldots + \Delta y_{p-1} \Delta y_{t-p+1} \qquad (28\text{-}1)$$

其中 α 是常数，β 是描述时间趋势的系数，p 是自回归过程的滞后阶数。强加约束 $\alpha=0$ 和 $\beta=0$ 对应于对随机游走进行建模，并使用约束 $\beta=0$ 对应于带有漂移的随机游走模型。

```
> require(tseries)
> require(quantmod)
> getSymbols('IBM',src='yahoo')
[1] "IBM"
> x<-dailyReturn(IBM)
> adf.test(x)
        Augmented Dickey-Fuller Test
data:  x
Dickey-Fuller = -13.815, Lag order = 14, p-value = 0.01
alternative hypothesis: stationary
```

这里的零假设是"基础时间序列不是固定的"。由于 P 值为 0.01，我们拒绝零假设。换句话说，该结果支持备选假设：IBM 的日常收益率是固定的。为了测试股票收益是否遵循正态分布，我们可以使用 Jarque-Bera 正态分布测试。以 IBM 收益率为例，我们拒绝零假设（基础股票）遵循正态分布）。换句话说，IBM 每日回报并不遵循正态分布。

```
> jarque.bera.test(x)
        Jarque Bera Test
data:  x
X-squared = 4505.5, df = 2, p-value < 2.2e-16
```

从上述结果可知，IBM 收益率不服从正太分布。要删除 NA，我们可以使用 na.remove() 函数。

```
> y<-c(100,20,NA)
> y
[1] 100  20  NA
> na.remove(y)
[1] 100  20
attr(,"na.removed")
[1] 3
>
```

为了获得给定股票的日收益率，我们有以下代码：

```
> getSymbols('wmt',src='yahoo')
[1] "WMT"
> z<-dailyReturn(WMT)
> head(z)
           daily.returns
2007-01-03   0.009768507
2007-01-04   0.004837014
2007-01-05  -0.008162411
2007-01-08  -0.008229563
2007-01-09   0.008297851
2007-01-10  -0.002321165
> tail(z)
           daily.returns
```

```
2018-05-09  -0.031257290
2018-05-10  -0.004454563
2018-05-11   0.008344358
2018-05-14   0.012113241
2018-05-15   0.001540443
2018-05-16   0.019048747
>
```

当方差不是常数时，我们可以使用 ARCH(q)模型来描述 σ_t^2，有以下等式：

$$\sigma_t^2 = \alpha_0 + \alpha_1\epsilon_{t-1}^2 + \ldots + \alpha_q\varepsilon_{t-q}^2 = \alpha_0 + \sum_{i=1}^{q}\alpha_i\epsilon_{t-i}^2 \qquad (28\text{-}2)$$

其中 ϵ_t 是时间 t 的误差项。下面，我们使用 IBM 的日常数据来估计 ARCH(1)过程。

```
> x2 <- ts(x[1:252])
> out<-garch(x2,c(0,1))
```

基于以下输出，我们知道 a_0 接近于 0，a_1 为 0.22。

```
> out
Call:
garch(x = x2, order = c(0, 1))
Coefficient(s):
        a0          a1
0.0001336   0.2213749
```

GARCH(p, q)模型具有以下形式：

$$\sigma_t^2 = \alpha_0 + \sum_{i=1}^{q}\alpha_i\epsilon_{t-i}^2 + \sum_{i=1}^{p}\beta_i\sigma_{t-i}^2 \qquad (28\text{-}3)$$

下一个例子展示了如何估计一个 GARCH(0, 2)过程，即 ARCH(2)。

```
> n <- 1100
> a <- c(0.1, 0.5, 0.2) # ARCH(2) coefficients
> set.seed(12345) # fix a seed
> e <- rnorm(n) # generate a set of random numbers
> x <- double(n) # make sure they are in a correct format
> x[1:2] <- rnorm(2, sd = sqrt(a[1]/(1.0-a[2]-a[3])))
> for(i in 3:n) { # generate ARCH(2) process
    x[i] <- e[i]*sqrt(a[1]+a[2]*x[i-1]^2+a[3]*x[i-2]^2)
  }
> x <- ts(x[101:n]) # skip the first 100 numbers
> x.garch <- garch(x, order = c(0,2)) # Fit ARCH(2)
```

为了显示最终结果，只需输入变量 x.garch 的名称。从下面输出可知，最终结果约为 0.1、0.5 和 0.13。

```
> x.garch
Call:
garch(x = x, order = c(0, 2))
Coefficient(s):
      a0        a1        a2
0.09906   0.53909   0.12911
```

下面，我们使用 IBM 的日常数据来估计其 GARCH(1, 1) 过程。

```
> garch(x2,c(1,1))
```

输出结果如下：

```
***** FALSE CONVERGENCE *****
 FUNCTION      -9.715679e+02    RELDX          2.662e-15
 FUNC. EVALS        72          GRAD. EVALS       21
 PRELDF        6.266e-19        NPRELDF        2.933e-08
     I       FINAL X(I)         D(I)           G(I)
     1       3.620622e-05     1.000e+00     7.069e-02
     2       1.377928e-01     1.000e+00     1.320e-01
     3       6.516557e-01     1.000e+00     2.801e-02
Call:
garch(x = x2, order = c(1, 1))
Coefficient(s):
       a0        a1        b1
3.621e-05   1.378e-01   6.517e-01
```

28.18 fAssets 包

该软件包与选择资产和建模有关。让我们看看这个 R 数据集 LPP2005REC。

```
> library(fAssets)
> dim(LPP2005REC)
[1] 377   9
```

我们来看看前两行。

```
> head(LPP2005REC,2)
GMT
            SBI         SPI          SII          LMI          MPI          ALT       LPP25
 2005-11-01 -0.000612745 0.008414595 -0.003190926 -0.001108882 0.001548062 -
0.002572971 -0.000130008
 2005-11-02 -0.002762009 0.002519342 -0.004117638 -0.001175939 0.000342876 -
0.001141604 -0.001561421
                 LPP40        LPP60
 2005-11-01  0.000199980  0.000809672
 2005-11-02 -0.001120404 -0.000469730
```

要查找离群值（outliers），我们可以使用以下代码：

```
> x <-as.timeSeries(data(LPP2005REC))[, 1:2]
```

```
> head(x,2)
GMT
                      SBI          SPI
2005-11-01 -0.000612745 0.008414595
2005-11-02 -0.002762009 0.002519342
> assetsOutliers(x, colMeans(x), cov(x))
$center
          SBI           SPI
-1.501522e-05  1.310444e-03

$cov
              SBI           SPI
SBI  1.561119e-06 -8.879654e-07
SPI -8.879654e-07  4.218738e-05

$cor
           SBI         SPI
SBI  1.0000000 -0.1094175
SPI -0.1094175  1.0000000

$quantile
[1] 10.8133
$outliers
2006-05-17 2006-05-22 2006-05-26 2006-06-06 2006-06-08 2006-06-13 2007-02-27
2007-03-14
        142        145        149        156        158        161        346
        357
$series
GMT
                      SBI          SPI
2006-05-17 -0.001963788 -0.02840692
2006-05-22  0.003050094 -0.02599776
2006-05-26  0.000389848  0.02584213
2006-06-06 -0.001091193 -0.02232654
2006-06-08  0.001168998 -0.02737931
2006-06-13  0.001397624 -0.02399230
2007-02-27  0.001600305 -0.03574624
2007-03-14  0.001142031 -0.02820549
```

28.19　zoo 包

该包适用于处理规则和不规则的时间序列数据。为去除 NA，我们可以使用 na.trim()
函数。

```
> x <- c(NA, 6,2, 4, 6,NA)
> na.trim(x)
```

```
 [1] 6 2 4 6
```

na.fill()函数非常有用，该函数组对中间的缺省值使用插值法。对左边缺省值使用最左边的数值代替。同理，对右边的缺省值用最右边的数字代替，详见以下代码。

```
> library(zoo)
> x<-c(NA,NA,1,NA,2,NA,4,NA,10,NA)
> x2<-na.fill(x,"extend")
> x2
 [1]   1.0   1.0   1.0   1.5   2.0   3.0   4.0   7.0  10.0  10.0
>
```

28.20　TTR 包

TTR 是英文"TechnicalTradingRule"的缩写，中文译为"技术交易规则"，该包包含与技术交易规则有关的函数和几个数据集。要获得 IBM 的日价格数据，我们可以使用 read.csv() 函数。

```
> x<-read.csv("http://datayyy.com/data_csv/ibmDaily.csv")
> head(x)
        Date     Open     High      Low    Close Adj.Close Volume
1 1962-01-02 7.713333 7.713333 7.626667 7.626667  0.689273 387200
2 1962-01-03 7.626667 7.693333 7.626667 7.693333  0.695299 288000
3 1962-01-04 7.693333 7.693333 7.613333 7.616667  0.688370 256000
4 1962-01-05 7.606667 7.606667 7.453333 7.466667  0.674813 363200
5 1962-01-08 7.460000 7.460000 7.266667 7.326667  0.662160 544000
6 1962-01-09 7.360000 7.506667 7.360000 7.413333  0.669993 491200
```

我们使用 momentum()函数来估计差异。

```
> # momentum(x, n=1, na.pad=TRUE)
> # n is the number of periods
> # na.pad asks whether to keep the first several observations
> library(TTR)
> diff<-momentum(x["Adj.Close"])
> head(diff,3)
[1]          NA  0.006026 -0.006929
> diff2<-momentum(x["Adj.Close"],2)
> head(diff2,3)
[1]          NA         NA -0.000903
>
```

ROC()函数用变化率来估计变化的百分比。默认值类型是"continuous"，中文译为"连续的"。要仔细检查一个值。对第一个数字而言，我们可得到以下结果。

```
> log(184.95/183.99)
[1] 0.00520411
```

请记住默认设置是"continuous"。如果使用"discrete",我们可得到正常百分比的收益率,详见以下例子。

```
> y2 <- ROC(x[,"Close"],1,"discrete")
> head(y2)
                    Close
1962-01-02             NA
1962-01-03   0.008741171
1962-01-04  -0.009965252
1962-01-05  -0.019693653
1962-01-08  -0.018749999
1962-01-09   0.011828844
> y3 <- ROC(x[,"Close"],1)
> head(y3)
                    Close
1962-01-02             NA
1962-01-03   0.008703188
1962-01-04  -0.010015237
1962-01-05  -0.019890158
1962-01-08  -0.018928009
1962-01-09   0.011759430
>
```

28.21　ttrTests 包

该包包含许多用于技术交易测试的相关函数,其中一个非常有用的函数是 deleteNA(),见下面例子。

```
>library(ttrTests)
> x<-c(1,3,NA,3,5,NA)
> y<-deleteNA(x)
> y
[1] 1 3 3 5
```

对于一个给定的数据集,我们可以使用 bootstrap()函数对其进行重新采样。

```
>x <- runif(100)
>mean(x)
>var(x)
>sample <- bootstrap(x)
>mean(sample)
>var(sample)
```

为了能让随机采样的工作轻松点,我们可以使用一个简单的函数 bootstrap_f()。

```
>set.seed(12345)
>x <- runif(100)
>n<-500
>d<-bootstrap_f(x,n)
```

为了测试数据窥探问题，我们使用 dataSnoop()函数，详见下面的示例。

```
>data(spData)
>rc <- dataSnoop(spData,bSamples=3,test="RC")
>spa <- dataSnoop(spData,bSamples=3,test="SPA")
```

28.22 stockPortfolio 包

该软件包用于构建各种类型的投资组合，详见以下代码。

```
require(stockPortfolio)
data(stock94)
data(stock99)
data(stock94Info)
sim1 <- stockModel(stock94, model='SIM', industry=stock94Info$industry,index=25)
```

28.23 XML 包

该包包含一些用于阅读和分析各种 HTML 网页的函数。下面是一个简单的列子。

```
> library(XML)
> x<-readHTMLList("http://www.omegahat.net")
> length(x)
[1] 6
> x[1]
[[1]]
[1] "RGoogleDocs"              [2]"Zillow"
[3] "RAmazonS3"                [4]"RAmazonDBREST"
[5] "Rflickr"                  [6]"RNYTimes"
[7] "twitteR\n       by Jeff Gentry" [8]"RLastFM by Greg Hirson"
>
```

xmlParseDoc()函数可用于解析 HTML 文档，请参阅下面列子。

```
> f = system.file("exampleData","mtcars.xml",package="XML")
> f
[1] "D:/R-4.0.5/library/XML/exampleData/mtcars.xml"
> x<-xmlParseDoc(f)
> typeof(x)
[1] "externalptr"
>
```

28.24 PerformanceAnalytics 包

该包包含用于性能和风险分析的计量工具，该包有 4 个 R 数据集，它们的名字和描述在表 28.6 中给出。

表 28.6　PerformanceAnalytics 包包含的数据集

名称	描述
managers	这是一个 xts，其中包含 6 个假设资产管理人（HAM1 至 HAM6）的月回报，EDHEC 长短期股票对冲基金指数，标准普尔 500 总回报以及美国国债 10 年期债券总回报系列和 3 个月的账单。所有的月报表于 2006 年 12 月结束，并从 1996 年 1 月开始的不同时期开始
| edhec | ```
> colnames(edhec)
 [1] "Convertible Arbitrage"   "CTA Global"
 [3] "Distressed Securities"   "Emerging Markets"
 [5] "Equity Market Neutral"   "Event Driven"
 [7] "Fixed Income Arbitrage"  "Global Macro"
 [9] "Long/Short Equity"       "Merger Arbitrage"
[11] "Relative Value"          "Short Selling"
[13] "Funds of Funds"
  > dim(edhec)
[1]275 13
``` |
| weights | ```
> colnames(weights)
 [1] "Convertible Arbitrage"   "CTA Global"
 [3] "Distressed Securities"   "Emerging Markets"
 [5] "Equity Market Neutral"   "Event Driven"
 [7] "Fixed Income Arbitrage"  "Global Macro"
 [9] "Long/Short Equity"       "Merger Arbitrage"
[11] "Relative Value"
> dim(weights)
[1]8 11
``` |
| Prices | ```
> dim(prices)
[1] 2011    1
> head(prices,1)
            AdjClose
1999-01-04     82.28
``` |

为估计基于 CAPM 的 beta 值，我们可使用 CAPM.beta() 函数。

```
> require(PerformanceAnalytics)
> data(managers)
> stock<- managers[, "HAM2", drop=FALSE]
> mkt<- managers[, "SP500 TR",drop=FALSE]
> rf<- managers[, "US 3m TR",drop=FALSE]
```
```

```
> CAPM.beta(stock,mkt,rf)
[1] 0.3383942
>
```

为估计牛市和熊市，我们可以使用两个函数：CAPM.beta.bull()和 CAPM.beta.bear()。前者只考虑市场收益率为正的数据，而后者只考虑市场收益率为负的数据。第一个函数将显示与牛市相关的测试，而第二个函数显示与熊市有关的测试。

```
> CAPM.beta.bull(stock,mkt,rf)
[1] 0.5226596
> CAPM.beta.bear(stock,mkt,rf)
[1] 0.0698255
>
```

为了估计 Sharpe 比率，我们可以应用 SharpeRatio()函数。

```
> require(tseries)
> require(quantmod)
> getSymbols('IBM',src='yahoo')
[1] "IBM"
> x<-monthlyReturn(IBM)
> SharpeRatio(x, Rf=.035/12, FUN="StdDev")
                                 monthly.returns
StdDev Sharpe (Rf=0.3%, p=95%):       0.02813546
>
```

第三个变量 "FUN=" 还可以有其他值。

```
> SharpeRatio(x, Rf=.035/12, FUN="VaR")
                               monthly.returns
VaR Sharpe (Rf=0.3%, p=95%):        0.01697871
>
```

Treynor 比率是超额收益除以 beta 值。

```
> TreynorRatio(stock,mkt,rf)
[1] 0.3882701
```

为了估计 VaR，我们可以直接使用 VaR 函数。

```
> x<-dailyReturn(IBM)
> VaR(x,p=0.95,method="gaussian")
     daily.returns
VaR   -0.02265466
```

28.25　RquantLib 包

该包包括几个为期权定价的函数。

```
>library(RQuantLib)
>aa<- AmericanOptionImpliedVolatility
>x<-aa(type="call",value=11.10,underlying=100,strike=100,
dividendYield=0.01,riskFreeRate=0.03,maturity=0.5, volatility=0.4)
> x[1]
$impliedVol
[1] 0.3805953
```

28.26　MASS 包

该包包含各种功能和数据集，总共有 84 个数据集。我们可以使用 library(help=MASS)
查看所有这些数据集。

```
> library(MASS)
> data(SP500)
> length(SP500)
[1] 2780
> head(SP500)
[1] -0.2588908 -0.8650307 -0.9804139  0.4504321 -1.1856666 -0.6629097
>> dim(survey)
[1] 237  12
> head(survey)
    Sex Wr.Hnd NW.Hnd W.Hnd Fold Pulse    Clap Exer Smoke Height    M.I     Age
1 Female  18.5   18.0 Right  R on L   92    Left Some Never 173.00   Metric 18.250
2   Male  19.5   20.5  Left  R on L  104    Left None Regul 177.80 Imperial 17.583
3   Male  18.0   13.3 Right  L on R   87 Neither None Occas     NA     <NA> 16.917
4   Male  18.8   18.9 Right  R on L   NA Neither None Never 160.00   Metric 20.333
5   Male  20.0   20.0 Right Neither   35   Right Some Never 165.00   Metric 23.667
6 Female  18.0   17.7 Right  L on R   64   Right Some Never 172.72 Imperial 21.000
```

函数 fitdistr()可用于查找特定分布的参数。在函数 fitdistr（vector，distribution）中，
distribution 变量不区分大小写，可以取值为贝塔分布（beta）、柯西分布（Cauchy）、卡方分
布（chi-squared）、指数分布（exponential）、F 分布（f）、伽马分布（gamma）、几何分布（geometric）、
对数正态分布（log-normal）、Logistic 分布（logistic）、负二项式分布（negativebinomial）、正
态分布（normal）、泊松分布（Poisson）、T 分布（t）和韦布尔分布（Weibull）。

```
> set.seed(123)
> x<-rnorm(10000)
> fitdistr(x,"normal")
      mean             sd
 -0.002371702    0.998586702
 ( 0.009985867)  ( 0.007061074)
```

函数的输出为数值。在括号中的是标准离差（standard error）。MASS 有一名为 qda()的

函数，qda 是英文 Quadratic Discriminant Analysis 的首字母缩写，中文译为二次判别分析。

```
> library(MASS)
> data(iris3)
> tr <- sample(1:50, 25)
> train <- rbind(iris3[tr,,1], iris3[tr,,2], iris3[tr,,3])
> test <- rbind(iris3[-tr,,1], iris3[-tr,,2], iris3[-tr,,3])
> cl <- factor(c(rep("s",25), rep("c",25), rep("v",25)))
> z <- qda(train, cl)
> predict(z,test)$class
 [1] s s s s s s s s s s s s s s s s s s s s s s s s s
[26] c c c c c c c c c c c c c c c c v c c c c c c c c
[51] v v v v v v v v v v v v v v c v v v v v v v v v v
Levels: c s v
```

28.27 练习题

（1）如果我们正在评估债券的价格，可以使用哪个 R 包？

（2）使用 holidayNYSE（2010 年），我们可以找到 2010 年纽约证券交易所的假期。从雅虎财经下载多个股票数据以确认或否定这些所谓的假日。

（3）从哪里可以找到关于 isBizday()函数的信息？

（4）我们可以使用 ARCH 的哪些功能？

（5）ARCH 和 GARCH 过程有什么区别？

（6）我们如何将 GARCH(1, 1)模型应用于过去 3 年 DELL 的日收益？

（7）我们可以使用什么样的测试来确定时间序列是否静止？

（8）用什么函数或包可以测试时间序列的稳定性？

（9）IBM 过去 10 年的月收益率是否稳定？

（10）从哪个软件包可以获取名为 govbonds 的数据集？该数据集有何用处？

（11）找出以下标准普尔 500 指数的时间段。

```
>require(ttrTests)
>length(spData)
 [1] 755
```

（12）重新生成 stock94 并将其扩展到 2010 年。

```
> library(stockPortfolio)
>data(stock94)
```

（13）如何过滤掉数据中的 NA？请列出至少 3 个相关函数。

第 5 篇　R 高级技能

第 29 章
用 R 实现简单加密

用 R 为文本信息做简单的加密会增加我们学习编程的乐趣。最简单的为文字加密的方式是将字母顺移，如将每个字母向右边顺移一个位置，因此 love 将成为 mpwf。因为小写字母 l 右边的字母为 m，所以字母 l 变成为 m。以此类推，o 成为 p，v 成为 w，e 变成 f。同理，我们可将每个字母向右边顺移两个位置。在此方法下，apple 将成为 crrng。第一个字母 a 向右移两位就变成 c。这是一种非常简单的加密方法。下面，我们提供一个 R 程序来实现它。通常人们在对文本信息做加密前会将其包含的空格删除。因此，"our company's net income this year is\$234,124" 将成为 "ourcompanysnetincomethisyearis234124"。主要理由是：若保留词之间的空白，破解密码将变得相当容易。因为破译的人员可以利用字母的频率来解码。在本章的后面我们将列出按子母出现频率进行排序的字母表。以下两条程序说明如何使用字母顺移的方法加密。

```
> .encodeShift("I love you")
[1] "j mpwf zpv"
> .encodeShift("I love you",1,1)
[1] "jmpwfzpv"
```

为了在线发布学生的成绩并保护他们的隐私，老师可以为学生的成绩加密。下面语句中，函数的第一个输入值是成绩，而第二个输入值是密码。

```
> .encode5("eighty","great")
[1] "FZFZXZFZGYYY"
```

加密后，老师将学生所有的成绩在网上公布。如对某学生而言，他的成绩为 "FZFZXZFZGYYY"。为了将其解码，学生需调用 decode() 函数。对该函数而言，第一个输入值是加密后成绩，而第二个输入参数是密码。显然我们应该使用与编码信息相同的密码。不同的学生有不同的密码。

```
> .decode5('FZFZXZFZGYYY','great')
[1] "eighty"
```

29.1 为何不去掉空白

当存在空格时，一般而言，解密要容易得多。其基本原理是解码者可以从 1 个字母的单词和两个字母的单词入手。如对单个词而言，其最可能是字母 "a" 或 "I"。因此，在加密前，往往要做的第一件事就是将所有的空白去掉。为达到此目的，我们可用 gsub() 函数，详见下面的代码。

```
> text<-" This is great "
> gsub(' ', '',text)
[1] "Thisisgreat"
>
```

不过，为了使简单加密更加有趣，我们可以保留所有的空白。换句话说，我们故意让加密的结果更容易被解码。

29.2 加密方法一：字母顺移

下面 R 程序利用字母顺移来对文字信息进行简单加密。加密的方法是将字母相右移动若干个字母。在下面程序中，第二个输入值给出向右移动的个数。如 shift=5 是指将每个字母右移 5 个字母，shift 的缺省值为 1。

```
encode_1<-function(text,shift=1){
    #text<-gsub(' ','',text)
    ciphertxt<-''
    for(i in 1:nchar(text)){
        for(j in 1:26){
            if(tolower(substr(text,i,i))==letters[j]){
                k<-(j+shift)%%26
                if(k==0)k=26
                ciphertxt<-paste(ciphertxt,letters[k],sep='');break
            }
        }
    }
    return(ciphertxt)
}
```

下面我们简单解释上述程序的逻辑，有两个循环：第一个是从 1 到 n，其中 n 是输入文本信息中字母的个数，即其长度。第二个循环是从 1 到 26，即 26 个字母。注意的是 tolower() 函数将所有字母变成了小写。例如，对于字母 c 而言，在 letters 变量中的位置为 3，即 $k=3$，程序将显示相应的加密字母为[k+shift]。变量 shift 是该函数的第二个输入值。假定 shift 的值是 4。那么字母 c(letters[3])将被字母 g(letters[3+4])所替换。

```
> shift<-4
```

```
> letters[3]
[1] "c"
> letters[3+shift]
[1] "g"
>
```

29.3　加密方法二：字母对换

该加密方法是将从 a 到 z 的这 26 个字母将被另外的 26 个字母替换。我们知道有一个保留变量 letters，其包含英文 26 个字母，第一个字母为 a，最后的字母为 z，见下面语句。

```
> letters[1]
[1] "a"
> letters[26]
[1] "z"
```

按此逻辑，存在可以多种方法，其中最简单的方法是用户自己定义可替换的字母，见表 29.1 中的例子。

表 29.1　字母替换例子

a→l	b→a	c→i	d→j	e→n
f→h	g→b	h→c	i→k	j→q
k→m	l→o	m→d	n→y	o→x
p→r	q→u	r→s	s→e	t→z
u→p	v→v	w→w	x→t	y→f
z→g				

从表 29.1 可知，a 变成 l，b 变成 a，c 变成 i，等等。从第 22 章中，我们知道可以使用 runif() 函数生成均匀分布的随机数。以下代码生成 1000 个分布在 1～26 之间的随机数。由于我们只需要 26 个数字，用它们代表独特的含义。第一个数字是 15，对应于字母 o，因此，我们用字母 o 代替字母 a。第二个数值为 20，即用字母 t 代替字母 b。

```
> unique(as.integer(runif(1000,1,27)))
 [1] 15 20 26  7  1  2  9 14 18 23 21 16 19 24 25  3  8 12 22 11 17
[22] 13  4  6  5 10
>
> letters[15]
[1] "o"
> letters[20]
[1] "t"
```

为了确保我们确实有 26 个整数，其最小值和最大值分别为 1 和 26，可以使用 summary()
函数来加以验证。

```
> x<-unique(as.integer(runif(1000,1,27)))
> summary(x)
   Min. 1st Qu.  Median    Mean 3rd Qu.    Max.
   1.00    7.25   13.50   13.50   19.75   26.00
```

每当我们运行 runif()函数时，都会得到一组完全不同的随机数。为得到相同的随机数集
合，我们需要使用 set.seed()函数，通过取相同的种子值，不同的读者也可以得到相同的数值。

```
> set.seed(123)
> x<-unique(as.integer(runif(1000,1,27)))
> x
 [1]  8 21 11 23 25  2 14 24 15 12 18  3  7  9 19 17
[17] 26 16  4  1 13 20  6 10 22  5
> letters
 [1] "a" "b" "c" "d" "e" "f" "g" "h" "i" "j" "k" "l"
[13] "m" "n" "o" "p" "q" "r" "s" "t" "u" "v" "w" "x"
[25] "y" "z"
> letters[x]
 [1] "h" "u" "k" "w" "y" "b" "n" "x" "o" "l" "r" "c"
[13] "g" "i" "s" "q" "z" "p" "d" "a" "m" "t" "f" "j"
[25] "v" "e"
>
```

从上面的结果可知，我们可以用字母 h 置换字母 a，用字母 u 置换字母 b，依次类推。
我们有函数 code_sub()，如以下代码所示。

```
code_sub<-function(message){
    set.seed(123)
    x<-unique(as.integer(runif(1000,1,27)))
    y<-letters[x]
    text<-gsub("[^a-z]",'',tolower(message)) # remove non-letter
    coded_text<-''
    for(i in 1:nchar(text)){
        for(j in 1:26){
            if(letters[j]==substr(text,i,i)){
                coded_text<-paste(coded_text,y[j],'',sep='')
                break
            }
        }
    }
    return(coded_text)
}
```

要使用此函数，只需输入参数即可，参见下面例子。

```
> code_sub("I love you")
[1] "ocstyvsm"
```

从上面的结果可知，程序将删除所有非字母，包括空格。如果想保存空格，我们有以下程序。

```
> code_subKeepBlank<-function(message){
    set.seed(123)
    x<-unique(as.integer(runif(100,1,27)))
    y<-letters[x]
    text<-gsub("[^a-z ]",'',tolower(message)) # remove non-letter
    coded_text<-''
    for(i in 1:nchar(text)){
        if(substr(text,i,i)==" ") coded_text<-paste(coded_text,' ',sep='')
        for(j in 1:26){
            if(letters[j]==substr(text,i,i)){
                coded_text<-paste(coded_text,y[j],'',sep='')
                break
            }
        }
    }
    return(coded_text)
}
> code_subKeepBlank("I love you")
[1] "o csty vsm"
>
```

29.4　英文字母频率表

分析字母出现的频率对解码尤其有用。从下面排列可知字母 e 有最高的频率，而字母 z 有最低的频率。

e-t-a-o-i-n-s-h-r-d-l-c-u-m-w-f-g-y-p-b-v-k-j-x-q-z

下面程序可以用来计算字母的濒率。

```
 letterFreq<-function(text, letter){
    sum(charToRaw(text) == charToRaw(letter))
 }
> text<-"This is great!"
> text<-tolower(text)
> x<-table(strsplit(text, ""))
> x

  ! a e g h i r s t
2 1 1 1 1 1 2 1 2 2
> prop.table(x)
```

```
                         !        a         e         g         h         i
0.14285714 0.07142857 0.07142857 0.07142857 0.07142857 0.07142857 0.14285714
              r         s         t
0.07142857 0.14285714 0.14285714
> letterFreq(text,"a")
[1] 1
> letterFreq(text,"t")
[1] 2
>
```

29.5 用 5 个字母表征 26 个字母

正如上节讨论的那样，破译者可以使用按字母频率生成的字母排列来猜测被字母顺移加密的信息。如果可以用少数几个字母表示所有 26 个字母，频率表对破译以字母顺序来加密的信息将不太有用，也将增加破译的难度。下面我们显示如何使用 5 个字母：F、G、X、Y和 Z 来代表所有 26 个字母。为此，我们可以生成一个 5 行 5 列的表格如表 29.2 所示。如下面除却第一行及第一列的 5×5 表格，该表包括 26 个字母(字母 i 和 j 将分享相同的字母组合)。

表 29.2 用 5 个字母来表示所有 26 个字母

	F	*G*	*X*	*Y*	*Z*
F	r	w	f	a	e
G	h	s	l	z	o
X	m	v	x	c	g
Y	b	u	k	y	d
Z	i,j	p	q	t	n

该表的设计是这样的：用 5 个字母的来代表所有 26 个字母。例如，我们使用 FY 代替字母 a，GG 代替 s，FF 代替 r，ZZ 代替 n，等等。注意 i 和 j 的字母是共享 ZF。换言之，ZF 代表 i 和 j。现在，让我们用一个例子来展示如何编写信息。假设我们的文字信息为 eighty。根据上表，字母 e 的行和列是第一行和最后一列（即，FZ）。对于第二个字母 i，从上表我们有 ZF。以这种方式对其他字母进行转换。最终加密后的信息是 FZZFXZGFZYYY。这个方案的优点是破译者将难以使用频率表来破译用字母顺移而加密的信息。

29.6 更复杂的加密法

基于上述种种方案，我们可以使解码更加难被破解。假如原有的信息为 eighty。我们的密码为 great。下面 4 个步骤用来加密该信息。

步骤 1：使用 5 个字母的方法（见上面表 29.2），我们对 eighty 作简单加密。我们称之为 code1：

FZZFXZGFZYYY

步骤 2：根据密码的长度排列 code1。由于密码 great 有 5 个字母，我们有 5 列，见下。下面我们将这 12 个字母（FZZFXZGFZYYY）按 5 列顺序排列。

密码→	_**G**_	_**R**_	_**E**_	_**A**_	_**T**_
Code1	F	Z	Z	F	X
	Z	G	F	Z	Y
	Y	Y			

步骤 3：根据密码的字母顺序，重新排列所有的列，即从 GREAT 到 AEGRT。

按字母顺序将密码排列	_**A**_	_**E**_	_**G**_	_**R**_	_**T**_
Code2	F	Z	F	Z	X
	Z	F	Z	G	Y
			Y	Y	

步骤 4：收集所有的字母，我们的最终编码信息 "FZFZXZFZGYYY"，即 code2。下面是几个例子。

```
> encode("eighty","great")
[1] "FZFZXZFZGYYY"
> encode("eighty","vector")
[1] "ZZXZFFZFYYYG"
> encode("nightyfive","vector")
[1] "ZZXZFZZFYYYGZXXGFFZF"
```

29.7 用 6 个字母表征 26 个字母及 10 个数字（0～9）

因为 6 行 6 列，我们一共有 36 个位置。显然，我们可以从取自 6 个字母的成双成对来代表 26 个字母加 10 个数字（0～9）。下面是一个简单的例子，如表 29.3 所示。

表 29.3 用 6 个字母来表示所有 26 个字母加上 0～9

	_**B**_	_**C**_	_**G**_	_**X**_	_**Y**_	_**Z**_
_**B**_	r	w	f	a	E	1
_**C**_	h	s	l	z	O	6
_**G**_	m	v	x	c	G	2
_**X**_	b	u	k	y	D	9
_**Y**_	i	p	q	t	N	8
_**Z**_	0	3	5	4	7	j

下面是一个 R 程序。

```
#input area
letter6<-"bcgxyz"
all36<-letters
for(i in 27:36){
    k<-i-27
    all36[i]<-toString(k)
}
#
set.seed(1267)
x<-unique(as.integer(runif(1000,1,37)))
all36[x]
 [1] "8" "v" "o" "p" "z" "6"
 [7] "9" "h" "n" "t" "s" "q"
[13] "r" "2" "f" "j" "3" "a"
[19] "x" "0" "y" "g" "u" "k"
[25] "w" "b" "c" "l" "4" "d"
[31] "5" "7" "m" "i" "1" "e"
```

也就是说 BB 代表数字 8, 见表 29.4。

表 29.4 用 6 个字母表示

	B	C	G	X	Y	Z
B	8	v	o	p	z	6
C	9	h	n	t	s	q
G	r	2	f	j	3	a
X	x	0	y	g	u	k
Y	w	b	c	l	4	d
Z	5	7	m	i	1	e

29.8 练习题

（1）对文本信息加密有何意义？

（2）有几种常见的加密方法？

（3）什么是字母顺移加密法？该法有何优缺点？

（4）我们如何使用字母顺移法来加密信息？写一个程序将输入字母顺移 10 个字母。

（5）什么是字母置换加密法？该方法有何优缺点？

（6）我们如何使用字母置换加密法来加密输入信息？

（7）为什么我们在编写代码之前要删除消息中的所有空格？

（8）我们如何用 5 个字母来表示所有 26 个字母？

（9）我们如何用 6 个字母来代表所有 26 个字母加 10 个数字（0～9）？

（10）请编码以下信息："我们的出价为 10.234 美元。"

（11）在编码方案中使用密码有何含义？

（12）对班级学生的分数进行加密。

（13）使用频率表对英文字母的文本进行解密，其用途是什么？

（14）利用下面字母替换表格（见表 29.5），编写一个 R 程序对文本信息进行加密解密。

表 29.5　字母替换规则

a→o	b→a	c→i	d→j	e→n
f→h	g→b	h→c	i→k	j→q
k→m	l→u	m→d	n→y	o→x
p→r	q→l	r→s	s→e	t→z
u→p	v→v	w→t	x→w	y→f
z→g				

（15）写一个 R 程序对输入文本信息用字母置换法加密。写另一个程序按字母的频率顺序，对加密的信息进行解密。

第 30 章
用 R 读取压缩文件

现如今很多公司都要处理大量的数据，特别是与财务相关的数据。为了节省空间，人们通常会压缩收集到的数据集。通过电子邮件发送压缩文件也非常方便。从作者网页我们可以下载下面的压缩文件 new.zip。假定该文件存在于 datas/tt/目录之下。以下 R 语句用 zip 包中的 zip_list()函数查看其包含文件集的内容。

```
> setwd("datas/tt")
> library(zip)
> zip_list("new.zip")

    ilename compressed_size uncompressed_size              timestamp permissions
1 aaplMonthly.csv           11799             32701 2021-04-11 14:55:04         600
2    cMonthly.csv           12524             36392 2021-04-11 14:55:12         600
3  ibmMonthly.csv           16503             49819 2021-04-11 14:55:28         600
4  jnjMonthly.csv           15403             47195 2021-04-11 14:55:38         600
5 msftMonthly.csv            9971             28215 2021-04-11 14:55:40         600
```

30.1 下载压缩软件（WinRAR）

从 WinRAR 官网可以下载本章使用的 WinRAR 压缩软件。本章内容也适用于其他类似的压缩软件。

30.2 生成压缩文件

首先我们从雅虎财经网站下载几个公司的月数据保存到相应的文件中。假如一共有 5只股票，它们相对应的 5 个月数据集保存在 datas/tt/目录之下，详见图 30-1。

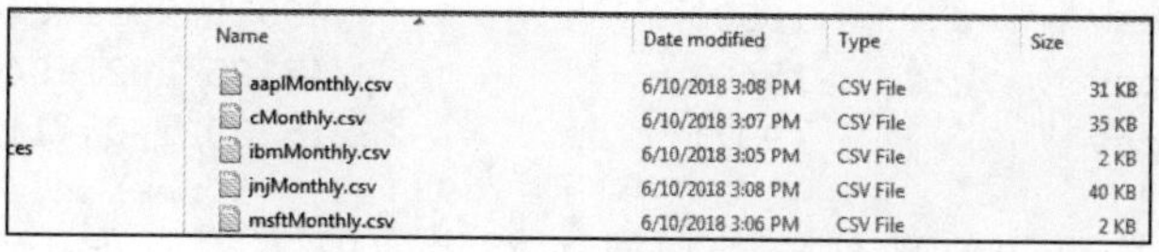

图 30-1　5 只股票的数据文件

假设想生成一个位于 datas/tt/new.zip 的压缩文件以包含上述 5 个数据集，我们有以下 R 指令。该指令有 4 个输入值，第一个输入值是为运行 7z.exe；第二个输入值为字母 "a"，其意思为 Add files to archive，中文为 "添加文件到压缩文件中"；第三个输入值为生成压缩文件的名称（包括其路径）。最后的输入值为我们想要压缩的 5 个文件及它们的路径。*.* 表示所有的文件。因为我们这 5 个数据集都以.csv 为结尾的，system()函数的最后一个输入值也可以是 datas/tt/*.csv。

```
> files = list.files(pattern="csv")
> files
[1] "aaplMonthly.csv" "cMonthly.csv"    "ibmMonthly.csv"
[4] "jnjMonthly.csv"  "msftMonthly.csv"
> zip("new.zip", files=files)
```

当然，我们可以直接使用压缩软件，而不必借助于 R。运行 WinRAR，找到包含待定文件的文件夹，如图 30-2 所示。

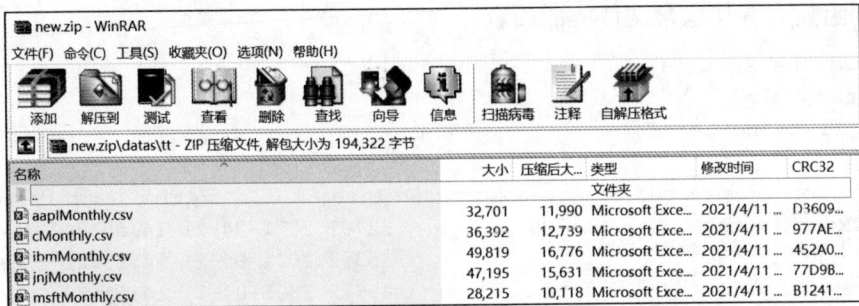

图 30-2　用 WinRAR 打开文件

选取所要压缩的文件及输出文件名，最后生成我们需要的压缩文件。

30.3　查看压缩文件的内容

在知道 zip 文件的位置和名称后，我们可以通过 zip 包中的 zip_list()函数查看压缩文件中的内容。

```
> zip_list("new.zip")
         filename compressed_size uncompressed_size        timestamp permissions
1 aaplMonthly.csv           11799             32701 2021-04-11 14:55:04         600
2    cMonthly.csv           12524             36392 2021-04-11 14:55:12         600
3  ibmMonthly.csv           16503             49819 2021-04-11 14:55:28         600
4  jnjMonthly.csv           15403             47195 2021-04-11 14:55:38         600
5 msftMonthly.csv            9971             28215 2021-04-11 14:55:40         600
```

zip_list()函数返回结果是数据框，想要查看或使用 zip 文件内包含的文件只需提取

filename 列即可。

```
files <- zip_list("new.zip")
files$filename
[1] "aaplMonthly.csv" "cMonthly.csv"    "ibmMonthly.csv"
[4] "jnjMonthly.csv"  "msftMonthly.csv"
```

输出结果告诉我们，第一个文件为 aaplMonthly.csv。

30.4 从压缩文件检索数据

从上面的说明我们知道，可以找到所有包含在压缩文件中的文件名。上面最后的输出告诉我们，第一个文件为 aaplMonthly.csv.。下面我们用 unz()函数来读取 aaplMonthly.csv 所包含的数据。

```
> unzip("new.zip", file="aaplMonthly.csv", exdir="unzip")
> data <- read.csv(unz("datas/new.zip", "aaplMonthly.csv"))
> head(data)
        Date    Open     High     Low     Close  Adj.Close    Volume
1 1980-12-01 0.513393 0.645089 0.450893 0.609375  0.027618 336212800
2 1981-01-01 0.616071 0.620536 0.504464 0.504464  0.022863 152247200
3 1981-02-01 0.477679 0.515625 0.424107 0.473214  0.021447  80404800
4 1981-03-01 0.475446 0.482143 0.386161 0.437500  0.019828 175179200
5 1981-04-01 0.435268 0.524554 0.433036 0.506696  0.022964 134232000
6 1981-05-01 0.506696 0.593750 0.479911 0.591518  0.026808 147604800
> tail(data)
        Date    Open    High    Low    Close  Adj.Close     Volume
468 2019-11-01 249.54 268.00 249.16 267.25   265.8192   448331500
469 2019-12-01 267.27 293.97 256.29 293.65   292.9547   597198700
470 2020-01-01 296.24 327.85 292.75 309.51   308.7772   733592600
471 2020-02-01 304.30 327.22 256.37 273.36   272.7128   754962800
472 2020-03-01 282.28 304.00 212.61 254.29   254.2900  1570018100
473 2020-04-01 246.50 248.72 236.90 241.41   241.4100   117956300
```

30.5 用 R 下载压缩文件

通常我们手动下载 zip 文件。首先，需找到要下载的压缩文件。下面以 French 数据集的文件为例。

1. 访问 http://mba.tuck.dartmouth.edu/pages/faculty/ken.french/data_library.html。

2. 单击 CSVforFama/French3Factors。

3. 你会看到一个 F_Research_Data_Factors_CSV.zip。

Rdownload.file()函数可用来下载各类文件，请参阅下面的几行代码。

```
path<-"http://mba.tuck.dartmouth.edu/pages/faculty/ken.french/ftp/"
name<-"F-F_Research_Data_Factors_CSV.zip"
loc<-paste(path,name,sep='')
download.file(loc,"datas/ffMonthly.zip")
```

30.6　练习题

（1）压缩文件有什么意义？

（2）为什么我们关心用 R 从压缩文件中读取数据？

（3）从解压后的文本文件中读取数据和从压缩文件中检索数据有什么优缺点？

（4）从解压缩的文件中检索数据似乎很简单。我们为什么要关注从压缩文件中直接检索数据？

（5）编写一个 R 程序，下载雅虎财经和 10 家股票的日价格数据将它们保存为 10 个单独的输出文件，并将它们压缩到一个名为 stock10.zip 的文件中。

（6）编写一个 R 程序以从上面的压缩文件中检索数据并将它们组合在一起，将其另存为名为 stock10.RData 的 R 数据集。

（7）访问 French 教授的数据库并下载一个名为 F-F_Research_Data_的 zip 文件因素，编写一个 R 程序来检索其中的数据。

（8）从 French 教授的数据库中下载 5_industry_portfolios.zip，写一个 R 程序来处理它。